-। राजस्थान ।-

RAJASTHAN

LAND DER KÖNIGE

Linden-Museum Stuttgart

3. Juni bis 8. Oktober 1995

-। राजस्थान ।-

RAJASTHAN

Land der Könige

Gerd Kreisel
Björn-Uwe Abels
Ralf Martius
Ingrid Heermann
Mohan Dhamotharan
Jyotindra Jain
Mahendra Singh Nagar
Joachim K. Bautze
Aditya Malik

Linden-Museum Stuttgart
STAATLICHES MUSEUM FÜR VÖLKERKUNDE
in Zusammenarbeit mit
Kunstverlag Gotha

Herausgegeben vom Linden-Museum Stuttgart,
anläßlich der Ausstellung „Rajasthan – Land der Könige"
(3. Juni bis 8. Oktober 1995)

Herausgeber
Gerd Kreisel
Fotografen s. Abbildungsverzeichnis
Visuelle Konzeption und Gestaltung
Kishan Desai

Die Deutsche Bibliothek – CIP-Einheitsaufnahme
Rajasthan : Land der Könige / Linden-Museum Stuttgart.
Gerd Kreisel ... - Wechmar : Kunstverl. Gotha, 1995
ISBN 3-931182-04-5
NE: Kreisel, Gerd; Linden-Museum <Stuttgart>

Gesamtherstellung
Gotha Druck, Wechmar

Buchhandelsausgabe
Kunstverlag Gotha
Gutenbergstr. 3
99869 Wechmar

ISBN 3-931182-04-5

Dem Mehrangarh Museum Trust, Jodhpur, und allen privaten Leihgebern danken wir für ihre Kooperation, ebenso allen an der Publikation und am Aufbau der Ausstellung Beteiligten außerhalb und innerhalb des Linden-Museums. Maßgebliche Unterstützung erhielten wir durch Sponsoren, die in der Danksagung aufgeführt sind.

Der Herausgeber

Erläuterungen zur Schreibweise:
Der besseren Lesbarkeit wegen sind keine diakritischen Zeichen in den Umschriften der indischen Wörter und Texte gesetzt worden. Termini erscheinen in Kursiv, eingeführte Begriffe, Namen und geographische Bezeichnungen in Normalschrift.

Abbildungen auf dem Umschlag:
vorn: Turbanstoff in Bandhani-Färbung, Baumwolle, Ost-Rajasthan, um 1900, sowie Kat.Nrn. 204, 186, 132 (= Abb. 42) und Manuskript Bhagavata Mahapurana in 13 Teilen, geschrieben 1832 (A.D.);
hinten: Turbantücher (Abb. 106) und Gangoj-Topf Kat.Nr. 114
Innenklappe vorn und hinten: Türflügel Kat.Nr. 17
Innenseite vorn: Ganesha Kat.Nr. 112
Innenseite hinten: Hanuman Kat.Nr. 109
S. 1: Speerspitze Kat.Nr. 145
S. 2: Seiteninstrumente Kat.Nr. 137
S. 6: Malerei Abb. 115.
S. 8: Öllampen Abb. 83

Inhalt

Grußwort des Schirmherrn

Nicht viele Länder dieser Erde faszinieren die Menschen so sehr wie Indien, das widersprüchlichste, extremste, vielleicht auch schwierigste Land im asiatischen Raum. Einerseits gehört der indische Subkontinent mit seiner leistungsfähigen Industrie und modernen Wirtschaftspolitik zu den höchstentwickelten Staaten der Welt. Andererseits werfen die Massenarmut und der Reichtum weniger Priviligierter lange Schatten auf die sozialen Strukturen in diesem Land. Auf der einen Seite ist Indien die größte Demokratie der Welt. Religiöse und politische Toleranz haben Tradition im Land des gewaltfreien Widerstands Mahatma Gandhis. Auf der anderen Seite haben gerade religiös motivierte Gewalttaten den indischen Subkontinent in den vergangenen Jahren tief erschüttert.

In Indien verbinden sich Tradition und Moderne zu einer spannungsreichen und reizvollen Mischung. Obwohl Indien ein lebhaftes und vorwärtsdrängendes Land ist, scheint es in sich selbst zu ruhen, strahlen die Menschen eine westlichen Beobachtern unbekannte Gelassenheit und Besonnenheit aus. Dieses Land schöpft Kraft aus seinem Inneren, aus seinen uralten Traditionen und überlieferten Weisheiten. Dies ist seine Stärke und das Geheimnis seiner Faszination.

Ich selbst konnte mir im Februar diesen Jahres ein Bild von diesem einzigartigen Land machen, das mit seinem lebendigen Geist, seiner tiefen Religiosität, seiner reichen Kunst und Kultur ganze Generationen deutscher Dichter, Schriftsteller und Gelehrter zu herausragenden Werken inspirierte. Gerne habe ich deshalb die Schirmherrschaft über die Sommer-Ausstellung des Linden-Museum übernommen, die dem Indien-Interessierten tiefe Einblicke in die Kulturlandschaft Rajasthan gewährt. Anspruchsvolle Exponate der unterschiedlichsten Art beleuchten Religion, Geschichte, Kultur, Landschaft, Architektur und Alltag dieser traditionsreichen und farbenprächtigen Region Indiens, die durch ihre prachtvollen Maharaja-Paläste und reich verzierten Tempelanlagen weltweit berühmt ist.

Ich wünsche der Rajasthan-Ausstellung im Linden-Museum den verdienten großen Erfolg. Allen Besucherinnen und Besuchern wünsche ich unvergeßliche Eindrücke und anregende Begegnungen mit den vielfältigen Zeugnissen eines der reizvollsten Länder dieser Erde.

Erwin Teufel
Ministerpräsident des Landes Baden-Württemberg

A Welcome to Rajasthan

The State of Rajasthan, located in the Western region of India was known before Independence in 1947 as „Rajputana“ – both the names evoke its distinctive identity as „the Land of Rajas“ or princes. It encompassed a number of princely states, many of them linked with India's history and cultural heritage.

Rajasthan is a dry region, with virtually no perennial rivers, and despite its fertile soil, agriculture and rural life depends on the whims of the „monsoon“ rains – occasionally plentiful, but usually at a bare minimum, with frequent droughts when the rainy season might bring barely half the annual quota. The entire Western portion of the State, which runs along the frontier with Pakistan is arid or semi-arid, supporting little agriculture, save in the vicinity of the usually dry river beds. Some of this arid land is classic desert, with sand dunes and ferocious summer storms with swirling clouds of dust and sand. The low and ancient Aravali hill range, now crowded into a successsion of rock-strewn low hills, bisects the State.

This parched land with its predominantly dusty earthen tones supports an astonishingly varied peoples, striking in their love for colour, tradition and music, bonded to what outsiders might regard as an unattractive region. The legends of the princes, and their warrior clans – the Rajputs – lie at the centre of the Rajasthan heritage, but as elsewhere in India, the richness of Rajasthan belongs to all its peoples.

There are the Raikas, the nomadic shepherds who wander across the region, with herds of sheep and cattle, as this is one of the mainstay occupations. Their particular traditions, art and life-styles link them with Rabaris of neighbouring Gujarat. Their shawls, in the traditional colours of red, black and off-white are woven on narrow handlooms and are particularly beautiful. Then there are Bishnois, the followers of their 17th century chief who laid down a unique collection of 29 ecological principles which presage today's environmentalism and the Greens Movement. They sanctify nature, the antelopes and the trees, and understand the principles of water management and sanitation to an extent which matches contemporary thinking. They live in complete harmony with their environment. There are also the Marwaris the astute businessmen who belong originally to the Marwar region of North-Western Rajasthan. The limited local business opportunities forced them to migrate and make their fortunes far from their homes – much akin to the M'zabites of North Africa, or indeed to immigrant trader communities anywhere in the world, forced by geography or circumstances to leave home regions, and almost always preeminently successful as minority groups in distant lands. There are also the Garasiyas and Bhils and other tribal groups, with their own richness of ethnic tradition, also interlinked with neighbouring States.

The traditions of the Rajput warriors and the princes were documented in the pioneering work of Col. James Tod in the 19th century in his classic „The Annals and Antiquities of Rajasthan“.

In a work of considerable range, he put together the history, the folk-songs of the bards and poets, and the apocryphal tales which encompass chivalry, heroism, and even barbarity. This is centered on the rivalries among the princes, and their battles against outsiders, since Rajasthan controlled access to the rich Gangetic Valley and the fabled treasures of Delhi. This drew across Rajasthan successive waves of armies and marauders coming from the North and the West, between the 10th and the 17th century. Col. Tod writes: „Rajasthan exhibited the sole example in the history of mankind of a people withstanding every outrage, barbarity can inflict or human nature sustain, and bent to earth and yet rising buoyant from the pressure and making calamity a whetstone to courage".

The establishment of the Moghul Empire under Babar in the 16th century brought a golden era to Rajasthan, initially in battle and sacrifice, and subsequently, in the flowering of culture, architecture and the arts. Leading princely states like Mewar (Udaipur) resisted Moghul domination even in the face of impossible odds. The battle of Haldi Ghati and the name of Chittor have become synonymous with valour and the national spirit of sacrifice. Emperor Akbar pursued reconciliation with the princes, which helped the extraordinary renaissance, but Rajput resistance against Moghul dominance could never be eliminated altogether. This golden era produced the likes of the astronomy observatory of Sawai Jai Singh at Jaipur, the profusion of miniature paintings (now identified with the „schools" of the royal patrons) and building of a great many forts and palaces.

Today Rajasthan draws among the highest numbers of tourists and visitors, foreign as well as domestic. Part of the attraction is the variety of visions and experiences which it offers. Jaisalmer in the extreme North West is remarkable as a city in the midst of a desert, a living fortress town where more than half its inhabitants of about 400,000 live within the fort. Udaipur is famous for its incredibly romantic Lake Palace; it is also the chief city of Mewar region. Jodhpur is at the heart of Marwar, remarkable for the spectacular Mehrangarh Fort, impregnable in history, looming on a rock outcrop above the Old Town, visible from 20 km on a clear day. Jaipur has its enchanting „Hawa Mahal" (Palace of Winds), the ancient fort of Amber, plus a convenient geographic proximity to Delhi, which puts it on the „Golden Triangle" (together with Agra of the Taj Mahal). Beyond these principal cities, virtually every town and region has a distinctive identity or folklore tradition, or ancient temples or some other particularity. This adds up to a mosaic of many splendours.

Modern Rajasthan is undergoing transformation, as is the rest of India. Its principal industrial asset is a rich arry of minerals, which draws investment, and begins to compete with agriculture and pastoral activities. India's economic reforms implemented since 1991 have accelerated the modernisation process. The district of Ajmer achieved renown three years back when it became the first in North India to achieve 100% literacy. (Ajmer is also home to the annual Pushkar Fair, arguably the world's largest camel market, as also the tomb of the Muslim saint, popularly known as „Ajmer Sharif", which daily draws many thousands of Muslims and Hindus).

This exhibition at the Linden-Museum draws these diverse strands together in presenting to the people of Stuttgart, Baden-Wuerttemberg and Germany, a glimpse of India's „Land of the Kings". I hope very much that the exhibition will promote friendly understanding, as well as curiosity, and an urge to travel to Rajasthan and to India. One of our oldest theories of aesthetics holds that the appreciation of inanimate art objects, as also the performing arts, involves a „dialogue" between what is displayed and what the spectator perceives. This perception is necessarily subjective, personal to the individual concerned. May I then conclude, in the hope that the exhibition evokes the „Rasas" of wonder, romance, and curiosity. May the Rajasthan Exhibition further enrich Indo-German understanding.

K.K. Rana
Ambassador of India

Rajasthan – Bilder indischen Lebens

Vergangenheit und Gegenwart verbinden sich in Rajasthan zu einem kulturellen Ganzen, das sich aus vielfältigen ethnischen und historisch gewachsenen Lebensformen zusammengesetzt. Die Geschichte des Landes ist in den Bildern seiner Städte und Dörfer, selbst in Kleidung, Schmuck und Gerätschaften allgegenwärtig . Selten spürt man so deutlich wie in Rajasthan, daß die Gesellschaft und der Einzelne ihre Identitäten mit der kulturellen Tradition ihres Landes verknüpfen. Als 1947 die Unabhängikeit Indiens proklamiert wurde und sich die damaligen Königtümer in republikanische Bundesstaaten wandelten, war Rajasthan einer der letzten, die ihre politische Struktur aufzugeben bereit waren. Der Widerstand beruhte nicht zuletzt auf der Annahme, nicht nur das Herrschaftssystem, sondern damit auch die spezifische Kultur Rajasthans müßte preisgegeben werden. Die gesellschaftlichen Traditionen aufzugeben, hieße, seine familiäre und persönliche Einbindung zu verlieren.

Erstaunlicherweise war es dann gerade das standes- und traditionsbewußte Königreich Mewar, das die Rolle des Vorreiters übernahm und dem Anschluß an die Indische Union zustimmte. Ihm folgten die anderen 18 größeren und kleineren Königtümer. Die Jahrzehnte seither haben gezeigt, daß auch unter den veränderten Bedingungen der Gegenwart die Traditionen des gesellschaftlichen Lebens, der Ethik, Religiosität und Kunst in ihren spezifischen rajasthanischen Ausprägungen fortleben. Äußerlich erkennbar wird dies an der Teilnahme der Bevölkerung an Festlichkeiten, an der Farbfreudigkeit ihrer Kleidung oder der künstlerischen Ausstattung ihrer Häuser, aber stärker noch an der innerlichen Verbundenheit mit dem patriarchalischen Kastensystem und der Loyalität der ehemaligen Herrscherdynastie gegenüber. Die Bevölkerung erkennt mehrheitlich in ihrem traditionellen Brauchtum ein Ordnungs- und Lebensprinzip. Rajasthan, zu britischer Zeit Rajputana genannt, das „Land der Rajputs“ (Königssöhne), ist noch immer das Land der Rajas und Maharajas, auch als moderner republikanischer Staat.

Rajasthan ist mit etwa 345 000 qkm der zweitgrößte Bundesstaat Indiens. Seine 45 Millionen Einwohner machen nur etwa 5% der Bevölkerung Indiens aus. Die Vielfalt seiner landschaftlichen und klimatischen Bedingungen läßt nicht zu, das Land einheitlich zu charakterisieren. Von West nach Ost lösen sich der Wüstengürtel Thar, die Gebirgszüge der Aravalis und die fruchtbaren Ebenen ab, die an den nordindischen Doab („Zweistromland“) grenzen. Dorthin entwässern die Ströme Banas und Chambal, während Luni und Mahi als westliche Hauptflüsse mit geringen Wassermengen zum Arabischen Meer fließen. Der östliche und südliche Teil Rajasthans gehört der subtropischen Zone an, der an Pakistan grenzende Westen weist die Extreme des kontinentalen Wüstenklimas mit sengender Hitze und winterlicher Kälte auf.

Im Laufe der Geschichte bot Rajasthan neben seinen angestammten Ethnien vielen zugewanderten Völkerschaften Sied-

◀ **Abb. 1 Bürgerhäuser (Havelis) mit Sandsteinfassaden, Jaisalmer, West-Indien, 18. bis 19. Jh.**

lungsraum. So unterschiedlich die klimatischen und geographischen Verhältnisse sind, so zahlreich sind die heute noch zu beobachtenden Lebensformen, die sich die Menschen unter den jeweiligen Bedingungen geschaffen haben. Nomadisierende Viehzüchter mit Kamel- und Schafherden durchziehen die Steppengebiete, andere kamelhaltende Ethnien wie die Rabari und Raika bewohnen teils auch feste Siedlungen und betreiben Ackerbau und Kleinhandwerk. Das Gros der landbesitzenden Bauernschaft und Pächter siedelt in Haufendörfern mit lokalen Märkten und den nötigen Handwerken, andere landwirtschaftliche Gruppen wie die Bishnoi dagegen in Flächendörfern. Die Bhil und andere Adivasis („Ureinwohner") leben zumeist in Einzelgehöften. Die Städte sind vornehmlich Zentren des Handels, der Verwaltung und Regierung, aber zugleich Produktions- und Vertriebsstätten der Manufakturen. Gleich welcher Ausdehnung und Bevölkerungszahl, haben sie stets ähnlichen Charakter, der durch die nach Waren eingeteilten Basare geprägt wird. Heute lagern sich um die traditionellen Hauptstädte wie Jaipur, Kota, Udaipur, Ajmer und Jodhpur Industrieansiedlungen und Wohnstädte, die das schnelle Wachsen der konsumfreudigen neuen Mittelschichten anzeigen. Außer vom lärmenden Autoverkehr wird der Kern dieser Orte mit ihren alten Königspalästen, Tempeln und Basarstraßen davon nicht berührt.

Landschaftsbilder

Die Landschaft Thar erstreckt sich über den westlichen Teil des alten Marwar, des Herrschaftsgebiets der Rajputs des Rathor-Klans, und die Distrikte Barmer und Jaisalmer im äußersten Westen. Sie reicht jedoch über diese politische Grenze bis nach Kutch im südlich gelegenen Gujarat und in den Sind, der heute zu Pakistan gehört. Die Thar ist nur spärlich besiedelt und zu nur

Abb. 2 Sanddünen in der Thar-Wüste, der Trockenzone West-Rajasthans.

einem Zehntel für den Ackerbau nutzbar. Zwar karg bewachsen, aber nicht völlig von Sanddünen bedeckt, war die Thar bis in die Mitte unseres Jahrhunderts auch Weideland für große, periodisch wandernde Viehherden aus den heute pakistanischen Nachbarregionen. Von wirtschaftlicher Bedeutung waren die alten Karawanenwegen, die von der Gangesebene in den Sind und vom Panjab in die Hafenstädte Gujarats und Maharashtras verliefen. Als Warenumschlagplätze blühten über Jahrhunderte Jaisalmer und Barmer, die Hauptstädte der gleichnamigen Königtümer, wovon ihre reichverzierten, heute aber vielfach beschädigten Bürgerhäuser aus der Jahrhundertwende und davor zeugen. Die ehemaligen Handelszentren sind seither der Umlenkung des Gütertransports durch Schiffsverkehr, Eisenbahn und Motorisierung zum Opfer gefallen. Nach der Abtrennung Pakistans schien endgültig das Leben der Wüstenstädte zu erlöschen. Erst der Tourismus rückte diesen abseitigen Teil Indiens wieder ins öffentliche Bewußtsein und ließ die nostalgische Schönheit der Sandsteinfassaden neu erstehen.

Abb. 3 Gadsisar, See vor den Toren der Wüstenstadt Jaisalmer.

Aus den Ebenen Marwars, des „Todeslandes" Marusthali, steigen im mittleren Rajasthan die Ketten des Aravali-Gebirges auf. Die trockenen, steinigen Landschaften der langgestreckten Bergzüge werden durch fruchtbare Täler belebt, deren Felder oft noch wie in alter Zeit mit Hilfe von Radbrunnen bewässert werden. Großflächige Felder mit einer industrialisierten Landwirtschaft sind die Ausnahme: Die meisten Parzellen sind klein, abgegrenzt durch Hecken, die der Erosion vorbeugen und das Vieh fernhalten. Diese Hecken bzw. Zäune bestimmen entscheidend das äußere Bild einer Region: Wo sie aus Steinquadern bestehen, werden aus diesem hier reichlich vorhandenen Material auch Häuser, ja sogar Dächer gebaut. Wo sich hohe Kakteenzäune oder Dornenhecken finden, ist das vorherrschende Baumaterial Lehm bzw. Lehmziegel. Aus Lehm und Ziegeln bestehen die meisten der ebenerdigen bis eingeschossigen, oft mit Flachdächern versehenen Dorfhäuser, die hinter einer Umfassungsmauer verschiedene „halb-öffentliche" Höfe, offene und überdachte Kochstellen und nebeneinander angeordnete Wohn- und Schlafräume vereinen, aber auch Platz für das Vieh und die Getreidevorräte bieten.

Abb. 4 Subtropische Landschaft auf der Hochfläche von Mt. Abu, Südwest-Rajasthan.

Zweimal im Jahr verwandelt der Monsun den größten Teil der sonst braunen Landschaft in grüne Flächen. Falls er nicht unzeitgemäß einsetzt oder, was häufig geschieht, gänzlich ausbleibt, ermöglicht er einen ertragreichen Anbau von Hirse, Weizen, Ölfrüchten, Gemüse und Chili sowie in manchen Gegenden Reis und Zuckerrohr. Baumwolle, Tabak und Opium zählen zu den gut verkäuflichen Feldfrüchten, die das dringend benötigte Bargeld einbringen. Trotz teilweise mechanisierter Anbaumethoden und motorisch betriebenen Tiefbrunnen ist die Regelmäßigkeit des Monsuns für den Wohlstand, bisweilen sogar für das Überleben der Menschen bis heute von größter Wichtigkeit. Traditionell wird der Regen durch Festlichkeiten begrüßt, bei denen Kleidung in besonderen Farben angelegt wird.

Um die Unwägbarkeiten des Regens auszugleichen, wurden schon früh in vielen Teilen Rajasthans Wasserreservoire angelegt und für die intensivere Nutzung des Landes Bewässerungskanäle gebaut. Diese Sorge für die Ernährung der Bevölkerung zählte traditionell zu den Hauptpflichten der Könige in Indien seit alter Zeit. Gleichzeitig war eine blühende Landwirtschaft Grundlage der Macht und des Reichtums der Herrschenden. Schon im ausgehenden Mittelalter wurde die Abgabenlast von Dörfern und Lehen nicht nur nach der Bodenqualität gestaffelt, entscheidend war auch, ob die Anbauflächen bewässert werden konnten.

Vom Wasser hing mitunter die Existenz des gesamten Staates ab. Ein von Rana Udai Singh in der Mitte des 16.Jh. künstlich aufgestauter See, nach ihm Udai Sagar benannt, bot die Möglichkeit zur Gründung der neuen Hauptstadt Udaipur, als die Moghularmeen Kaiser Akbars 1567 Chitorgarh (kurz: Chitor, eigentlich: Chittaurgarh) eroberten. Weitere Seen wurden durch Eindämmung hinzugefügt. Der Pichola-See garantierte jahrhundertelang das Leben der Stadt, die heute zusammen mit Jaipur und Jodhpur zu den größten Lebens- und Wirtschaftszentren Rajasthans zählt. Als Hauptstadt des Königreiches Mewar wurde Udaipur am ansteigenden Ostufer des Sees unter Rana Jagat Singh im zweiten Viertel des 17. Jh.prachtvoll ausgebaut, was schon den Engländer Col. James Tod, der von 1818 bis 1822 in offizieller Mission als Political Agent Rajasthan bereiste, zu poetisch gefärbten Beschreibungen veranlaßte. In anderen Teilen Mewars wurden durch nachfolgende Herrscher wie Raj Singh und Jai Singh im 17. Jahrhundert weitere künstliche Seen angelegt. Der Raj Samand bei Kankroli bietet mit seinen langen Marmortreppen (*ghat*) am flachen Ufer der Bevölkerung Badegelegenheiten für privaten und rituellen Gebrauch. Auf Terrassen sind luftige Pavillons mit reichem Reliefschmuck religiösen Inhalts errichtet. Rai Singh ließ an den Terrassenwänden eine in 25 Steinplatten gemeißelte Inschrift anbringen. In epischer Breite wird hier die Geschichte Mewars berichtet. Der Jai Samand im Südosten von Udaipur wurde 1685 bis 1691 mit einer 400 Meter langen Mauer aufgestaut und zählt zu den größten künstlichen Seen der Vergangenheit überhaupt. Der Nutzen der Seen für die Landwirtschaft ist heute noch gegeben, obwohl die technischen Möglichkeiten der Gegenwart ein großräumiges, an die weit entfernten Flüsse des Panjab angebundenes Kanalsystem geschaffen haben. Was in Zeiten der Seennutzung nicht eintrat, wird heute zum Problem: die Versalzung der Ackerböden durch die Überversorgung mit Kanalwasser.

Abb. 5 Treppenanlagen (ghat) und Pavillons am Raj Samand bei Kankroli.

Nutzbringend und zugleich als religiös verdienstvoll angesehen waren die Stiftungen von Treppenbrunnen (*vavra, baori*), wie sie in ganz Rajasthan von Osian (8. bis 9. Jh.) bis Bundi (17. bis 18.Jh.) anzutreffen sind. Mit religiösem Figurenschmuck ausgestaltet, gleichen sie mit ihren Säulenständen, dekorierten Konsolen und Nischen den rajputischen Palastbauten. Oft führen die durch Absätze gegliederten Treppenfluchten viele Etagen tief hinab. Vavras und Dorfbrunnen sind bis heute auch Kommunikationszentren der Frauen, die von hier in den Morgen- und

Abendstunden das Wasser für den Haushalt in Ton- oder Messinggefäßen holen.

Die Rajputs

Die Geschichte Rajasthans wurde durch die Königreiche, bzw. Fürstentümer der Rajput-Dynastien geprägt. Der Begriff Rajput leitet sich her aus dem Sanskrit-Kompositum *rajaputra*, wörtlich „Königsohn", das schon von altindischen Grammatikern wie Panini im 6. Jahrhundert v.Chr. gebraucht wird (Ashtadhyayi 4, Pada 2, Sutra 39), ferner verwenden es die Dichter Ashvaghosha (im 2. Jh.) und Kalidasa (5. bis 6. Jh.), Die führenden Herrscherhäuser Rajasthans seit dem Mittelalter sind die Rajputs des Guhilot-Klans, Sisodias genannt, im Stammland Mewar (mit Udaipur als Hauptstadt seit dem 16. Jh.), die Rathors von Marwar (Jodhpur) und Bikaner sowie Ratlam (im heutigen Staat Madhya Pradesh, südlich von Mewar), die Kachvahas von Jaipur (vormals Amber), die Haras von Bundi und Kota, ferner die Bhatis von Jaisalmer und andere. Sie teilen sich in drei Hauptlinien, die ihre Herkunft mythologisch von der Sonne, vom Mond, respektive vom Feuer ableiten. Zum Sonnengeschlecht(Suryavamsha) zählen sich vor allem die Sisodias, die Rathors und die Kachvahas. Die Bhatis gehören dem Mondgeschlecht (Chandravamsha) an. Über die Feuergeschlechter bestehen sehr unterschiedliche Überlieferungen (siehe dazu den Beitrag „Herkunft der Rajputs", unten). Zu ihnen gehören Dynastiennamen wie die der Chauhans, der Pratiharas, Solankis und Paramaras, die geschichtlich bereits gegen Ende des indischen Altertums – aller-

Abb. 6 Mehrangarh Fort in Jodhpur, Herrschersitz der Rathor-Dynastie von Marwar (15. Jh.).

Abb. 7 Palastportal mit Sandsteinrahmen, Bikaner, Nordwest-Rajasthan (siehe Kat.Nr.19).

dings vage – in Erscheinung traten. Während der Jahrhunderte der muslimischen Eroberungen übernahmen die Rajputs die Rolle der Verteidiger der traditionellen indischen Kultur. Unter den Moghulkaisern wurden die meisten Rajputherrscher zu Vasallen, sie konnten ihre Staaten jedoch weiterhin nach indisch-hinduistischer Tradition regieren.

Die Königreiche der Rajputs besaßen eine im Grundsatz ähnliche Verwaltungs- und Herrschaftsstruktur, an deren Spitze der König, der in der Regel durch direkte Erbfolge bestimmt wurde, stand. Er wurde als „Herr" und „Vater" aller Untertanen angesehen und von ihnen teilweise wie ein Gott verehrt. Ein „oberer Rat" – in Mewar sechzehnköpfig – kam aus den Adelsfamilien, die in einem engen Treueverhältnis zur Herrscherdynastie standen. Die eigentliche Lenkung des Staates lag indes oft in der Hand befähigter Vertrauter des Königs, was häufig Ursache für Mißgunst und offene Rivalitäten war. Einzelne Herrscherfamilien waren durch Abstammung oder Entstehungslegenden miteinander verbunden, andere durch vielfältige Heiratsbeziehungen. Eine über einzelne Königreiche hinausgreifende staatliche Einheit gab es trotz dieser gemeinsamen Traditionen jedoch weder in vorkolonialer noch in kolonialer Zeit. Während die Rajputstaaten als Vertreter einer grundlegenden indischen Identität jahrhundertelang ein Bollwerk gegen die eindringenden muslimischen Nachbarn bildeten, fanden sie sich zwar zu Allianzen zusammen, diese waren jedoch kurzzeitig und wechselhaft, ohne je zu einem politisch wirksamen Zusammenschluß und einer Konzentration der Kräfte zu führen. Zu groß waren die Machtinteressen der einzelnen Klane und Herrscher, zu groß die Konkurrenz um Land, Einfluß und Macht zwischen den Königshäusern.

Das gleichermaßen durch geschichtliche Tatsachen und Legenden geprägte Bild eines typischen Rajputs hebt alle ritterlichen Tugenden hervor: permanente Kampfbereitschaft und Heldenmut ebenso wie Treue, Galanterie und Aufopferung. Dieses Bild entstand in den Kämpfen mit äußeren Eindringlingen, aber auch in den vielen Kriegen und Auseinandersetzungen zwischen den rajputischen Bruderstaaten selbst. Von dieser kriegerischen Tradition Rajasthans zeugen neben literarischen Werken bis heute bauliche Monumente. Uneinnehmbar erscheinende Forts wie in Chitorgarh oder Amber (eigentlich: Amer), in deren Umfriedungen nicht nur Paläste, sondern im Notfall auch die Bauern- und Handwerkerbevölkerung Platz fanden, die Reste langgezogener Wallanlagen entlang der Hügelkuppen oder die alten Wehrmauern der Städte sind Orte historischer Begebenheiten, bei denen nicht nur die Helden bis zum letzten Mann kämpfend, sondern auch die Frauen durch ihren freiwilligen Tod, den sie der drohenden Entehrung vorzogen, den Ruhm der Rajputs begründeten.

Die Forts wurden durch neue Waffen- und Kampftechniken obsolet oder nach Belagerungen und Zerstörungen als Wohnstätte aufgegeben, alte Stadtpaläste durch Bauten moderneren Zuschnitts ersetzt. Aber selbst bei den nur noch als Ruinen

Abb. 8 Gitterwerk (jali) aus Sandstein, Höhe 145 cm, Bikaner (siehe Kat.Nr. 24 u. 26).

erhaltenen Anlagen beeindrucken die Wehrhaftigkeit und ebenso die teils prachtvolle Ausstattung im Inneren: mit Wasserbecken ausgestattete Innenhöfe und durch steinernes Gitterwerk abgeteilte Wohnbereiche der Frauen, der in der Zeit muslimischen Einflusses entstandene Dekor mit Fliesen- und Steinintarsien der Mauern und die mit Halbedelsteinen, Spiegelglas oder mit reicher Wandmalerei ausgestalteter Gemächer. Den prächtigen Audienzhallen für den Darbar, den Hofstaat, standen die religiösen Bauten in den Palastanlagen nicht nach. Neben innovativen Bauformen wie an den Tempeln der Festung Kumbhalgarh schufen die Steinmetze Skulpturenschmuck in Fortführung der Tradition mittelalterlicher Plastik.
Ein größerer Teil des Reichtums und die immens erscheinende Prunkentfaltung an den Höfen der Maharajas stammten aus der Zeit der Allianz der Königshäuser mit den Moghulherrschern in Agra, Delhi und Lahore. Mit Ausnahme des Königreiches Mewar waren alle rajputischen Herrscherhäuser dem Moghulhof zumindest zeitweilig dienst- und tributpflichtig. Viele rajputische Herrscher führten im Auftrag der Moghulkaiser Kriegskampagnen durch und wurden dafür reichlich entlohnt, während das stolze Königreich Mewar durch seinen immer wieder aufflackernden Widerstand am Ende der Moghulzeit fast ruiniert war. Die Verbindung mit den Moghuln beeinflußte auch das bäuerliche Pachtwesen, die Verwaltungsstruktur und nicht zuletzt die bildenden und darstellenden Künste, Sprache und höfische Sitten. In Architektur und Dekor vollzog sich eine Symbiose hinduistischer und muslimischer Stilelemente, die das äußere Erscheinungsbild der Paläste und öffentlichen Bauten bestimmte. Bewußte Reaktionen darauf blieben nicht aus. So wurde in manchen Palastbauten im antimuslimischen Udaipur versucht, reinere „indisch-hinduistische" Stilelemente wie den Rundbogen statt des Vielpaßbogens zu verwenden. Solche Versuche einer künstlerischen „Hindu-Renaissance" blieben jedoch inkonsequente Einzelerscheinungen, während andrerseits in der Miniaturmalerei und dekorativen Kunst muslimische Meister schöpferisch maßgebend tätig waren. Der Anspruch, als Erben der alten Kshatriya-Dynastien in der Folge der Götterhelden Rama und Krishna die indische Kultur zu verteidigen, war allerdings ein ideologisches Axiom der Rajputs.

Über diesen Anspruch der Dynastien auf Zugehörigkeit zur Kaste der Kshatriyas gemäß der altindischem Kasteneinteilung streiten sich seit über einem Jahrhundert die Historiker, ebenso kontrovers wurde darüber argumentiert, ob den Geschlechtern der Rajputs ein außerindischer, ein indoarischer oder ein autochthon-indischer Ursprung zuzuschreiben sei. Blickt man auf die Anlagen von künstlichen Seen als Wasserreservoire, auf die von den Dynastien gestifteten Tempel für die öffentlichen Kulte und auf die Verehrung der kriegerischen Vorväter als vergöttlichte Ahnen, so haben die Rajputs in den Jahrhunderten ihres historischen Wirkens real diese gesellschaftliche Stellung als Herrscherkaste ausgefüllt, ob nun von fremder Herkunft, die mythologisch verschleiert wurde, oder indischen Ursprungs, der historisch mehr oder weniger getreu literarisiert worden ist. „They are the sons of this soil", lautet eine Stellungnahme zu diesem Problemkreis aus berufenem Munde (Dr. R.C. Agrawala, Jaipur, in mündlicher Kommunikation 1994).

Die Neuzeit

Beim Zusammenbruch der Moghulherrschaft stießen die Engländern in das entstandene Machtvakuum vor. Als „Princely States" behielten die rajputischen Königreiche zwar ihre innere Autonomie, in allen äußeren Angelegenheiten wurden sie aber von der britischen Kolonialmacht vertreten. Den traditionell kriegerischen Konflikten der Rajputs untereinander folgten im viktorianischen Kaiserreich die eher diplomatischen: Die Anzahl der Salutschüsse, die einem Maharaja zustanden (aufgelistet in englischer und indischer Literatur; siehe Shyamaldas 1886, vol 1, pp. 45–57), waren ebenso bedeutsam für seinen Status und sein Selbstverständnis wie etwa die Sitzordnung bei den großen, von England in Delhi 1877, 1903 und 1911 anläßlich der Indienbesuche der englischen Krone inszenierten „Durbars" (siehe Wheeler, S. 1904). Bei diesen Treffen aller Fürsten mit dem Souverän, dem sie ihre Loyalität zu bekunden hatten, wurde die Anzahl der Elefanten, die ein Herrscher mitführen durfte oder die Größe seiner Dienerschaft, die ihm als Begleitung zugestanden wurden, auf das genaueste registriert. Die Prachtentfaltung an den Königshöfen schien unendlich: Bei Hochzeiten und anderen Feierlichkeiten zeigten sich Fürsten und Adel mit kostbarsten Roben und Schmuck. In religiösen und höfischen Prozessionen sah die

Abb. 9 Haveli-Fassade, Sandstein, wahrscheinlich aus Jaisalmer, Höhe 195 cm, Länge 485 cm, 19. Jh. (siehe Kat.Nr. 1).

Bevölkerung ihre Herrscher in gold- und silberbeschlagenen *haudas* auf geschmückten Elefanten reitend, umgeben von Hofstaat und Lakaien, während sie selbst durch Geschenke für Tage in eine festliche Stimmung versetzt wurde.

Die einzelnen Herrscher pflegten, wie ein Blick in die Geschichte zeigt, durchaus unterschiedliche Lebensstile: Während einzelne durch ihre Liebe zum Spiel, zur Jagd und anderen Vergnügungen und durch unmäßige Prachtentfaltung ihre Staaten fast ruinierten und der Bevölkerung immer neue Steuern auferlegten, führten andere ein fast asketisches Leben, der Religion und dem Allgemeinwohl zu gewandt. Einzelne Herrscher erreichten in ihrer Regentschaft, die Lebensqualität für ihre Untertanen durch die Errichtung von Schulen oder Hospitälern wesentlich zu verbessern. Andere gingen als besondere Förderer der Wissenschaften oder der Künste in die Geschichte ein, indem sie Gelehrte, Künstler und Kunsthandwerker an ihre Höfe verpflichteten. Bis in unser Jahrhundert entstanden große Bauprojekte oft in Notzeiten und bei Hungersnöten, wenn von den Herrschern erwartet wurde, daß sie ihre Schatzkammern öffneten, um die Untertanen zu ernähren. Bauprojekte waren dann auch Arbeitsbeschaffungsmaßnahmen.

Als Rajasthan Bundesstaat der Indischen Union wurde, verzichteten die Herrscher für sich und ihre Nachfahren auf ihre angestammten Privilegien. Die Macht ging auf gewählte Gremien und Parlamente über. Entschädigt wurden sie dafür durch eine jährliche Apanage und durch Steuerprivilegien. Aber bereits 1969 wurden diese vertraglich festgelegten Privilegien unter Indira Gandhi vom Bundesparlament gestrichen. Seither müssen auch die Herrscherfamilien ihre Einkünfte und ihren Besitz versteuern und sich neue Einkommensmöglichkeiten erschließen. In der Folge wurden viele Schlösser oder Palastteile in Hotels

Abb. 10 Dörfliches Gehöft mit Getreidespeicher (kota), östliches Marwar.

umgewandelt, andere Bauten ebenso wie alte Forts an den Staat übergeben oder in Stiftungen eingebracht und als Museen geführt. Dadurch können Besucher heute nicht nur die prachtvollen Empfangsräumen, sondern auch die Privatgemächer einzelner Herrscher bewundern oder selbst in einem Palast nächtigen.

Heute ist die *gaddi*, der traditionelle Herrschersitz, überall verwaist, die Standarten und Herrschaftszeichen von einst sind zu Zeugnissen der Geschichte geworden. Andere Aspekte der höfischen Tradition waren teilweise schon früher nach und nach aufgegeben worden: das behütete Leben der Frauen in der Zenana, weitgehend abgeschieden von der Öffentlichkeit, der Prunk königlicher Prozession mit ihren vielen, zum Teil gold- und edelsteingeschmückten Elefanten, die aufwendigen Tigerjagden oder die Elefantenkämpfe, an denen sich früher die Herrscher und ihre Gäste erfreuten.

Rajasthan ist heute ein Land im Umbruch. Alte Industrien wie die Textilherstellung oder die Stein- und Marmorbrüche arbeiten mit weltweiten Kontakten, neue, nicht notwendig umweltfreundliche Industrien sind hinzugekommen. In den alten Basaren der Innenstädte mit ihrem manchmal unüberschaubaren Gedränge ist die Schönheit der Bürgerhäuser aus dem 18. und 19. Jahrhundert hinter dem Gewirr von Elektroleitungen kaum noch erkennbar, westlich orientierte Geschäfte außerhalb der Basare bedienen eine eher mittelständische Klientel. Der innerindische wie auch der ausländische Tourismus schließlich haben für enorme Anstrengungen in der Infrastruktur und im Hotelwesen gesorgt.

Noch gibt es aber die Dörfer, in denen die Zeit stillzustehen scheint - mit ihren Töpfern, Webern, Schustern und Silberschmieden, den Möbelschreinern und Seilmachern, die den

Abb. 11 Motorisierte Gujar-Hirten, die die Milch für den städtischen Markt transportieren. Kota-Distrikt, 1994

Abb. 12 Odhanis, Umhangtücher der rajasthanischen Frauen, Baumwolle, gefärbt in Bandhani-Technik („tie-dye").

lokalen Bedarf befriedigen, den Bauern, die ihren zum Teil unbewässerten Feldern einen bescheidenen Ertrag abtrotzen, den Viehhirten, die mit ihren Herden über Land ziehen und für die Düngung der Äcker sorgen, oder den Nomaden, ohne deren Kamele ein Leben in den Wüstenregionen kaum denkbar wäre. Doch auch in Dörfern abseits der befestigten Überlandstraßen kennt man heute neben Ochsenkarren und Kamelen Lastwagen und Geländewagen, werden Wasserpumpen und Traktoren eingesetzt.

Auf den Straßen Rajasthans begegnen sich unterschiedliche Welten: Hier müssen sich hochbeladene Lastwagen, Busse und die zunehmende Menge der Privatautos des Durchgangsverkehrs den Straßenraum teilen mit Ochsen- und Kamelkarren, mit Vieh, das abends nach Hause getrieben wird, mit Frauen, die Töpfe mit Wasser, Feuerholz oder Grünfutter auf dem Kopf balancieren, mit lokal eingesetzten Autorikshas und einer Vielzahl von Motor- und Fahrrädern. Erstaunt stellt ein Fremder fest, daß trotz unterschiedlicher Geschwindigkeiten und Orientierungen, trotz nicht endenden Hupens und Klingelns auf den Straßen eher ein Miteinander als ein Gegeneinander herrscht.

Die Gesellschaft

Etwa 15 % der Bevölkerung Rajasthans sind Muslime, 4 % bekennen sich zur Jaina-Religion, 1 % zum Christentum. Die hinduistische Mehrheit teilt sich in die vier Hauptkasten, diese wiederum gliedern sich in zahlreiche *jatis*, „Geburtsstände“. An oberer Stelle sehen sich die Brahmanen des Priester- und Gelehrtenstandes, gefolgt von den Kshatriyas, der Kriegerkaste, die die Herrscher stellte und die gleichzeitig die größte landbesitzende Schicht war. Zu den Kshatriyas dreier Geschlechterlinien, der Sonnen-, der Mond- und der Feuerlinie, zählen sich auch die Rajputs. Als dritte Kaste bilden die Vaishyas den besitzenden Mittelstand der Bauern, Händler- und Handwerkerschichten. Darunter stehen die Shudras, die in abhängigen Berufen tätige Mehrheit der Bevölkerung. Sofern sie in sogenannten unreinen Berufen tätig sind, als Abdecker und Lederarbeiter, Straßenfeger, Müllwerker oder auch als Friseure, zählen sie zu den „Unberührbaren“. Andere Unberührbare sind kastenlos und stehen damit außerhalb des Hindusystems. Seit Mahatma Gandhis Kampagne zur offiziellen Abschaffung des Kastenwesens werden sie als Harijans, „Kinder Gottes“, bezeichnet. Ebenfalls außerhalb des Hinduismus stehen die „scheduled tribes“, die in Rückzugsgebieten lebenden Angehörigen tribaler Gruppen der Bhil, Garasia und Mina. Sie erhielten durch Gesetz einige quotenmäßig geregelte Privilegien in Bildung und Sozialversorgung, um die gesellschaftliche Kluft zur Hindubevölkerung zu verringern.

Tatsächlich unterscheidet man in Rajasthan über 280 verschiedene Kasten, die über größere und kleinere Gebiete verstreut sind, was in dörflichem Kontext zu immer neuen Kombinationen führt. Mitglieder der unterschiedlichen Kasten und Berufe leben in einem Dorf oder in einem Zusammenhang von Dörfern. Dies sorgte traditionell dafür, daß alle grundlegenden Bedürfnisse der Bewohner befriedigt werden konnten.

Jede Kaste oder Untergruppe beachtet bis heute ihre eigenen Gesetze, besonders die Speise- und Meidungsgebote sowie die Heiratsregeln, die eine Ehe nur zwischen gleichkastigen, aber familienfremden Partnern zulassen.

Zu den einflußreichsten Gruppierungen Rajasthan gehören zweifellos die Brahmanen. Als Tempelvorsteher wurden sie von den Herrschern mit unkündbaren, oft auf Metallplatten verbrieften Lehen versehen. Ihre kultischen Dienste werden in heutiger Zeit mit regelmäßigen Naturalienabgaben und Spenden der Gläubigen entlohnt. Teilweise betreiben sie auch Landwirtschaft oder sind als Köche oder in modernen Berufen, z.B. als Lehrer, tätig.

Die Kriegerkaste der Rajputs stellte die Herrscher, deren weitverzweigte Familien und verdiente Vasallen traditionell den größten Teil des Landes in Besitz hielten. Rajputs waren aber nicht nur die Feudalherren. Auch Bauern, die bis heute ihre Felder selbst oder mit Hilfe von Farmarbeitern bestellen, und beispielsweise die Familien der Waffenschmiede, sogar der

Abb. 13 Garasia-Mädchen beim Gangaur-Fest in Gogunda, Mewar.

Abb. 14 Katputli, das rajasthanische Marionettentheater. Holzgeschnitzte Puppen mit Baumwolltextilien, Gesamthöhe bis ca. 60 cm).

reisenden Grobschmiede, Lohars, zählen sich zu den Rajputs. Die ersten Bauern Rajasthans waren sicher die Mina, Bhil und andere Adivasis, „Ureinwohner“, die über Jahrhunderte durch die Landnahme der Hindugesellschaft zum Teil integriert, zum Teil in Rückzugsgebiete abgedrängt und in englischer Zeit als gefürchtete *dacoits*, Banditen, kriminalisiert wurden. Ihre von der „offiziellen“ Gesellschaftsordnung der Hindukasten abweichende Lebensform mit matrilinearen Elementen, ohne bindenden Ehezwang für die Frau und ohne Mitgiftsystem, lassen sie in den Augen der indischen Majorität als Außenseiter erscheinen. Eine ähnliche Außenseiterposition nehmen die nomadisierenden Viehhirten und die Vieh- und Kamelzüchter ein, die allerdings teilweise in einer engen Symbiose mit den Ackerbauern wirtschaften. Sie haben sich wie die Mina und Bhil ihre eigenen Lebensweisen und Bräuche erhalten. Sie prägen das farbenprächtigen und vielfältigen Bild der großen Viehmärkte und Festlichkeiten, zu denen sich die dörfliche Bevölkerung Rajasthans alljährlich einfindet. Hier treffen sich neben Bauern und Viehzüchtern auch die Gaukler, Musiker und Bhopas, die Bardensänger der volkstümlichen Epen um die Helden Pabuji oder Devnarayan.

Die nomadisierenden Sippen der Lohars, Grobschmiede, die in Ochsenwagen durch Nord- und Mittelindien ziehen und geschworen haben sollen, erst wieder in festen Häusern zu leben, wenn ihr Anspruch auf Zugehörigkeit zur Rajputkaste anerkannt wird, lagern für die Zeit ihrer Tätigkeit als Kesselflicker, Messerschmiede und Werkzeugmacher vor den Dörfern. Traditionell erhielten sie nicht das Recht, die Ortschaften zu betreten. Heute trifft man sie in den meisten Städten in Dauerlagern an den Straßenrändern. Stets aber führen sie ihren gesamten – bescheidenen – Hausrat in ihren Wagen mit sich.

Die Basare der Städte sind nicht ausschließlich Verkaufsläden, sondern im wesentlichen auch Arbeitsstätten der Kleinhandwerker wie Silber- und Goldschmiede, Textilfärber, Möbelschreiner, Besenbinder und ähnlicher Gewerke. Die Händlerschicht dominiert das Wirtschaftsleben durch ihr Kapitalvermögen und ihre Position als Geldverleiher. Rajasthan hat einige der reichsten Händler- und Industriellenfamilien Indiens hervorgebracht. Während diese heute außerhalb Rajasthans leben, zeugen die prächtigen Stadthäuser ihrer Vorfahren von ihrem kaufmännischen Geschick. Viele der Händler gehören der Jaina-Religionsgemeinschaft an, deren prächtige Tempel früher wie heute durch Stiftungen der wirtschaftlich so erfolgreichen Laienschaft unterhalten werden. Der Handel mit Tuchen, Gold und Silber, Waffen, Holz, Devotionalien und frischen Blumengirlanden, Kücheninventar, Armbändern, Getreide, Gewürzen und Früchten, Medizin usw. verteilt sich traditionell auf eigene Quartiere im Basar, wobei der Kunde aus dem Angebot mehrerer benachbarter Läden auswählen kann. So wie die Handwerker in eigenen Unterkasten organisiert sind, besitzen auch die Händler unterschiedliche Kastenzugehörigkeit. Bei den Eheschließungen bleiben die Branchen unter sich, so daß die scheinbar konkurrierenden Läden im Basar oft verwandschaftlich eng zusammengehören. Die große Zahl der Garküchen, der Kuchen- und Süßigkeitsstände, die aus keinem Basar wegzudenken sind, werden zumeist von Brahmanen betrieben. Da die Angehörigen aller Kasten die von ihnen zubereitete Speisen essen dürfen, stellen sie die überwiegende Zahl der Köche.

Daß Rajasthan trotz seiner oft harschen Landschaft einen so lebendigen, ja lebensfrohen Eindruck vermittelt, liegt an der Vielfalt seiner Menschen, die sich in ihrer wechselreichen Umwelt stets eigene, aber aus gemeinsamen Quellen gespeiste Traditionen geschaffen haben.

Religiöse Identitäten

Die heute dominierenden Religionen in Rajasthan sind der Hinduismus, der Jinismus und der Islam. Der Buddhismus ist zwar durch hervorragende Meisterwerke der Bronzeplastik (wie dem Torso einer meditierenden Buddhafigur von fast Lebensgröße in Ahar aus der Mitte des ersten Jahrtausends) belegt, hatte jedoch bis zu seinem Untergang durch die muslimischen Invasionen keine wesentliche Rolle gespielt. Der Islam wurde wie überall in den eroberten Gebieten in Indien von den neuen Herrschern als offizielle Religion propagiert. Ein Anreiz zur Konvertierung stellte das Bestreben zur Umgehung der Kopfsteuer dar, die Nicht-Muslime zu zahlen hatten. Zu einem Zentrum des rajasthanischen Islams wurde die früh eroberte Stadt Ajmer. Mit etwa 15% liegt heute der Anteil der muslimischen Bevölkerung Rajasthans leicht über dem gesamtindischen Durchschnitt. Der

Abb. 15 Mitte eines hölzernen Türsturzes eines jinistischen Haustempels, 17. bis 18. Jh. (siehe Kat.Nr. 82).

Abb. 16 Jinistisches Meditationsbild mit dem Mantra Hrim. Wasserfarben, Gold und Flußperlen auf Karton, 51 x 51 cm. Jaipur, Ende 19. Jh. (siehe Kat.Nr. 89).

Islam war – bei aller politischen und kulturellen Bedeutung, besonders zur Zeit der Moghul-Oberherrschaft – stets nur eine Minderheitsreligion gegenüber dem als Religion der Könige und des Volkes charakterisierbaren Hinduismus.

Der Jinismus hat traditionell seine Anhänger in Schichten des gebildeten Mittelstandes, der Verwaltungsangehörigen und vor allem der Kaufleute. Als relativ kleine Religionsgemeinschaft mit nur etwa einer Million Gläubigen in Rajasthan, ist der Jinismus dennoch durch die geistige und wirtschaftliche Potenz seiner Anhänger ein wichtiger Macht- und Kulturfaktor. Jinistische Tempel des Mittelalters finden sich überall in Rajasthan. Die Tempelstätten Delwara auf Mount Abu und Ranakpur zählen zu den künstlerisch bedeutendsten und größten des Landes. Der Jinismus ist eine Erlösungsreligion, die auf Vardhamana, genannt Mahavira, „großer Held", zur Zeit des historischen Buddhas zurückgeht. Jina bedeutet Sieger; gemeint ist der Sieg über das Leben und die Erlangung des Nirvana, der kosmischen Erlösung. Ähnlich dem Buddhismus begreift die Jaina-Lehre den Lebenszyklus, der nur einer in der langen Reihe der Wiedergeburten ist, als Leiden, das durch die Bindung an das Irdische und die Sünden im Lebenswandel verursacht und verstärkt wird. Dem erstrebten Ziel, die Kette der Wiedergeburten zu beenden, soll sich der Gläubige durch die Selbstbefreiung von weltlichen Wünschen in Meditation und durch die Einhaltung strikter Gebote wie der Nichttötung und der vegetarischen Ernährung, Opferbereitschaft und täglichen Andacht zur Reinhaltung der Seele nähern. Verehrt werden außer dem Religionsstifter seine mythischen 23 Vorgänger, Tirthankaras genannt („Furtbereiter"), die in je verschiedenen Weltperioden diese Lehre verkündet hatten. Ihre Bildwerke stehen oft in einzelnen Schreinen nebeneinander und flankieren den Haupttempel, in

Abb. 17 Mandana, Haus- und Bodenmalereien der Dorffrauen Rajasthans. Am Festtag Dipavali wird die Glücksgöttin Lakshmi ins Haus eingeladen. In Wasser gelöste Reispaste wird mit einem Pinselchen aus einem Zweig freihändig zu großen Mustern auf den frisch gestrichenen Erdboden aufgetragen.

dem zumeist der erste, der vorletzte oder der letzte der 24 Jinas angebetet wird. Jedem Tirthankara sind Paare von Schutzgöttern und -göttinnen zugeordnet, die - obgleich der Jinismus keine Schöpfergottheit anerkennt - ein vielfältiges Pantheon ergeben.

Die hinduistische Religion beruht ebenfalls auf der Weltsicht vom zyklischen Entstehen und Vergehen des Kosmos und der Seelen in fast unendlicher Wiederholung. Durch die Trennung des Menschen vom Schöpfergott ist seine Seele im Irdischen gefangen und findet erst bei der Wiedervereinigung mit Gott die Befreiung aus den Fesseln des Leidenskreislaufs.

Im Glauben der Hindus dominieren zwei charakterlich unterschiedliche Strömungen. Die Anhänger des Gottes Shiva sehen in ihm den Schöpfer der Welt durch die Kraft seiner Meditation. Aus der uranfänglichen, absoluten Gottheit, dem männlichen Prinzip, trat die Energie, das weibliche Prinzip, hervor und bewirkte die Schaffung aller Wesen. Dieses zweigeschlechtliche, aber dem Absoluten innewohnende Schöpfungsprinzip drückt sich im Kultbild des Linga (Phallus) aus. Der Weg zurück zur Vereinigung mit dem „Großen Gott“ Maheshvara führt über das Erkennen des Bezugs der Einzelseele zum gesamten Kosmos. Das shivaitische Ideal ist der weltentsagende Asket (*samnyasin*, *sadhu*), dem durch Kasteiung schöpferähnliche Kräfte erwachsen.

Abb. 18 Der Schwarze Bhairava (Kalabheru), die furchteinflößende Form Shivas. Er beschützt Dorf und Felder vor Unheil. Bemalter Seifenstein, Höhe 38 cm, Dungarpur, Süd-Rajasthan.

Abb. 19 Altarthron (simhasana) für private Krishnaverehrung. Die Gottheiten werden bekleidet, gespeist und umsorgt. Jodhpur, bzw. Nathdvar (siehe auch Kat.Nr. 208 bis 216).

Der andere große Schöpfergott ist Vishnu, die allesumfassende Gottheit, die sich als Vishvarupa („Allgestalt“, siehe Kat.Nr. 74) offenbart. Er vertritt einen majestätischen Aspekt der Göttlichkeit und wird vor allem in zwei irdischen Verkörperungen, der siebten und achten seiner zehn Herabkünfte auf diese Welt (*avatara*), verehrt: als König Rama und als Krishna (bisweilen als *avatara* angesehen, statt der kanonischen achten Inkarnation Balarama, seines älteren Bruders). Die altindischen Epen Ramayana und Mahabharata sowie die heiligen Texte des Bhagavata Purana enthalten ihre Mythen. Unter den sektenmäßigen Strömungen des Hinduismus wurden für Rajasthan besonders die Vallabhacharins mit ihrer tiefgläubigen Anbetung Krishnas in der Form des Shri Nathji in Nathdvar von größter Bedeutung. Weiteste Teile der Bevölkerung sowie der Herrscherhäuser sehen in den verschiedenen Formen Krishnas ihre Hauptgottheit. Unter den shivaitischen Sekten war zeitweise die Nath-Sekte um die Inkarnationen Jallandharnath und Gorakhnath mit zeitweiligem Zentrum in Jodhpur ein auch politischer Machtfaktor, indem ihr Sektenführer, Akhay Nath, in der ersten Hälfte des 19. Jahrhundert zum Minister und Vertrauten des Maharaja Man Singh aufstieg.

Der Hinduismus ist in seinem Wesen nicht auf den Aspekt der Religion beschränkt, sondern umfaßt alle Bereiche des gesellschaftlichen Lebens. Zu seinen Grundlagen zählt neben den Glaubenssätzen auch das Kastenwesen. Nur wer in eine der Kasten hineingeboren wird, wird als Hindu betrachtet. Diese scheinbare exklusive Haltung hat in der geschichtlichen Realität allerdings zu einem „Inklusivismus“ geführt, indem Völker oder Gruppen verschiedener Herkunft durch ihre lebensbedingte

Nähe zur Hindugesellschaft allmählich als eine Unterkaste „hinduisiert" wurden. Dieser seit dem Altertum ablaufende Prozess ließ viele kulturelle und religiöse Traditionen der integrierten Bevölkerung unberührt, so daß neben der „offiziellen", durch die Überlieferung heiliger Texte, der Epen und Puranas, begründeten Hindu-Religion eine Fülle lokaler Kulte existieren. Auch solche Volkskulte, die in gewissem Widerspruch zu manchen Hindu-Mythen stehen, sind nach hinduistischer Auffassung nur Teilaspekte der Verehrung der Hauptgötter Vishnu und Shiva.

Als Teil des Shivaismus wird der Kultbereich um die Göttin Durga in ihren unzähligen Erscheinungsformen betrachtet. Tatsächlich aber bildet die Verehrung der Göttin – oder besser: Göttinnen – sowohl historisch als auch inhaltlich einen eigenen Komplex, der in der kanonischen Form der Purana-Literatur nur einen Versuch der Systematisierung vieler Strömungen in der Volksreligiosität darstellt. Durga ist die Personifizierung der Energie (*shakti*) Shivas. Aus ihr entstehen beim Kampf gegen die Dämonen Gruppen von Göttinnen, die mit den einzelnen Attributen und Waffen der männlichen Götter ausgerüstet sind. Solche Göttinnengruppen sind allerdings als Muttergöttinnen religionshistorisch sehr viel älter, so daß die puranischen Mythen einen Prozeß der Integration ehemals eigenständiger Kulte um Natur-, Krankheits- oder Glücksgöttinnen widerspiegeln. Ihr kämpferisches Auftreten, verbunden mit Zorn bis zum Blutrausch, der von den Gläubigen auch Blutopfer verlangt, zeugt von ihrem quasi dämonischen Wesen in der vorhinduistischen Zeit. Als Repräsentantinnen von Kraft und Kampf sind viele Formen der Durga zu Klan- und Familiengottheiten (*kuldevata*) der Rajputs geworden. Den Göttinnen wurde die Waffe des Herrschers geweiht, unter ihrem Schutz ging der Krieger in die Schlacht.

Abb. 20 Haupttempel des Heldengottes Ramdev, einer Inkarnation Vishnus. Seine Symboltiere sind ein Pferdepaar, hier ein übergroßes Paar aus Silber. Ramdeora, West-Rajasthan.

Riten, die mit dem Fruchtbarkeit spendenden Wasser verbunden sind, stehen im Zentrum von Volksreligionen und Brauchtum. Bei den Feiern im Jahreszyklus sowie im alltäglichen Verhalten geben sie der Kultur Rajasthans ihren spezifischen Ausdruck. Diese aus der Bewältigung der Natur hervorgegangenen Kulte reichen bis in den Beginn des Ackerbaus im Neolithikum zurück. Sie wurden zwar letztlich von den großen Systemen des Hinduismus, Buddhismus und Jinismus vereinnahmt und erscheinen als Teil der „offiziellen" Religion, doch erweisen sich noch heute in Dörfern und an Wallfahrtsstätten praktizierte Riten als ehemals eigenständige Kultformen.

Selbst alltägliche Gegenstände des Dorf- und Hausinventars, wie Tongefäße für Wasser, das täglich von den Frauen vom Teich oder Brunnen geholt werden muß, und Speiseschalen einfachster Art können gleichzeitig Ritualgefäße darstellen. Mit fünf Öffnungen versehene, aus den praktischen Formen abgewandelte Gefäße dienen für die Wasserlibation an die Flußgöttin Ganga (Gangoj, aus *ganga* und *jal*, Gangawasser, siehe Kat.Nr.114) und sind zugleich ihr Symbol und das der Naturkräfte.

In kleinen Tonschalen werden nach der Frühjahrsernte die neuen Saatkörner bewässert, bis Keimlinge sprießen und über den Gefäßrand wachsen. Drei Wochen nach dem Frühlingsfest

Holi findet dann in den Dörfern Rajasthans das Gangor-Fest statt, bei dem der Göttin Ganagauri die Schale Keimlinge überreicht wird. Sie und ihr Gatte Isaji werden in Form von schön dekorierten Holzfiguren von Frauen auf dem Kopf im Tanz herumgeführt, um reichlichen Ertrag des Saatguts zu gewähren (siehe Kat.Nr. 90). Gangor und Isa sind das hinduistische Götterpaar Parvati und Shiva, doch in diesem Ackerbauritus steht der große Schöpfergott hinter seiner Gattin zurück. Auch die hinduistischen Herrscher Rajasthans pflegten das Tanzritual an ihren Höfen, wovon die prunkvollen, fast lebensgroßen Gangorfiguren aus edelstein- besetztem Silber in den Palastmuseen von Jaipur und Jodhpur zeugen.

Abb. 21 Bildnis der Kultfigur Shiladevi, die Klangöttin (kuldevi) der Kachvaha-Rajputs von Amber, die Ende des 16. Jh. von Man Singh aus Bengalen mitgebacht wurde.

Orte ökonomischer Bedeutung sind zugleich Pilgerstätten von überregionaler Anziehungskraft. Dies kennzeichnet insbesondere den nach der Mythologie der heiligen Purana-Texte von Gott Brahma selbst gegründeten Ort Pushkar (Sanskrit: *pushkara*, „Lotosteich"). Die Stadt und der dortige Brahmatempel gehören den alteingesessenen Angehörigen der Brahmanenkaste, der mehr oder weniger gelehrten Priesterschaft. Pushkar hat das Privileg, die einzige Stätte Indiens zu sein, an der der Hindugott Brahma die Hauptverehrung genießt. Die Brahmanen bieten den Pilgern und Besuchern ihre rituellen Dienste gegen Entgelt an. In einer reinigenden Zeremonie, die gleichermaßen der Verehrung der Ahnen wie der der Brahmanen selbst gewidmet ist, lassen sich die Angereisten von den Priestern die Andachtsformeln (*mantras*) in Sanskrit vorsprechen. Der Ritus endet mit dem ins Gebet eingeflochtenen Gelübde, den Brahmanen reichlich Spenden zukommen zu lassen. Nach dem Reinigungsritus kann sich der Gläubige zum Gottesdienst, dem *darshan* („Sichtbarwerdung" der Gottheit), in den Tempel mit der vierköpfigen Kultfigur Brahmas begeben. Einen gänzlich anderen rituellen Charakter hat Ramdeora, die Tempelstätte des vergöttlichten Rajputhelden Ramdev. Dem Helden werden nach wie vor helfende und heilende Kräfte zugesprochen. In Deshnok, nahe Bikaner, befindet sich der Tempel der Karni Mata, die die Familiengöttin (*kuldevi*) der Rathor-Dynastie Bikaners ist. Von der Rajputbevölkerung wird sie als Inkarnation der tausendnamigen Großen Göttin (Devi, Durga, Amba und vieler anderer) wie eine heilsbringende Muttergottheit verehrt. Sie residiert in einem palastähnlichen Marmortempel, der von unzähligen, durchaus friedlichen und gesunden Ratten bewohnt wird. Die Gläubigen streuen ihnen als Speiseopfer im Devotionalienhandel erworbene Süßigkeiten in ein Tablett vor der Cella. Die Gabe gilt den Vestorbenen, deren Seelen vorübergehend in den Tieren wohnen.

Viele religiöse Stätten bedürfen keiner Betreuung duch Brahmanen. Solche Tempel, zu denen die Gläubigen aus der dörflichen Umgebung aus familiären oder privaten Anlässen kommen, werden von Bhopas umsorgt. Sie sind Angehörige von Unterschichtkasten und haben sich zumeist erst im Laufe ihres Erwachsenseins aufgrund spiritueller Erlebnisse zur Priesterschaft entschlossen. Oft besitzen sie Heilkräfte schamanistischer

Art, die sie der Dorfbevölkerung zugute kommen lassen. Bhopas besonderer Art sind die Sänger der Pabuji - und der Devnarayan-Legenden. Diese Volksepen aus der mittelalterlichen Rajputzeit werden in der Art von Moritatenbildern auf meterlangen Leinwandrollen illustriert (Siehe Abb. 165 und Kat.Nrn. 133 bis 136). Zum Vortrag der Legenden wird das auf Stangen gerollte Bildertuch nach und nach abgewickelt und szenenweise besungen. Die mehrstündigen nächtlichen Vorführungen werden von Sponsoren veranlaßt, die zum Beispiel anläßlich einer Krankheit in der Familie oder wegen wirtschaftlicher Probleme ein diesbezügliches Gelübde geleistet haben. Durch diese Förderung machen sie sich um die Aufrechterhaltung der Tradition verdient und schöpfen dadurch rituelle Kräfte.

Die Menschen Rajasthans leben mit ihrem Kulturerbe, indem sie es alltäglich „gebrauchen“. Religion und Alltag sind untrennbar aufeinander bezogen. Das Arbeitsjahr gliedert sich in religiöse Abschnitte, die Kulte wiederum folgen den Bedingungen der Arbeit. Häufig überträgt sich noch immer der väterliche Beruf auf die Söhne. Sie sehen sich darin mit ihren Vorfahren verbunden: als Handwerker und Künstler, der die Werke der Vergangenheit als göttlich gelenkte Schöpfungen betrachtet und diesen nacheifert und der sein vom Vater ererbtes Werkzeug verehrt; als Bauer, der sein Vieh mit bunten Schutzamuletten schmückt, oder als Bäuerin, die ihren Hof mit abstrakten Mustern (*chauk*, *mandana*) aus geschlämmtem Reispulver bemalt und dabei die Glücksgöttin zur Einkehr bewegt; als Händler, der in seinem engen Basarladen neben Bildern seiner Vorfahren den erfolgverheißenden Gott Ganesha oder – als Anhänger der Jaina-Religion – Abbildungen seines „Furtbereiters“ (*tirthankara*) täglich verehrt, bevor er seine Kundschaft bedient, und auch als Lastwagenfahrer oder Taxichauffeur, der sein Fahrzeug an Feiertagen farbenprächtig schmückt.

Abb. 22 Vorhalle des Shiva-Tempels von Chandravati (Chandrabhaga), bei Jhalarapatan, 7. bis 8. Jh.

Archäologischer Rückblick: Die vorrajputischen Epochen

Im Grenzbereich zum Panjab, der wasserreichen nordindischen Ebene, liegt Kalibangan, die älteste archäologisch nachgewiesene Besiedlung in Rajasthan. Die früheste Phase reicht bis in die Vor-Harrappazeit und wird auf etwa 3000 v.Chr. datiert. Es handelt sich um eine Stadtbesiedlung aus Lehmziegelbauten, auf der in der Mitte des 3. Jahrtausends v.Chr. die Menschen der Harappazeit ihre planvoll angelgte Großstadt mit Kanalisation, rechtwinklig verlaufendem Straßennetz und anderen Merkmalen einer Hochzivilisation aufbauten. Heute in trockener Sanddünenlandschaft gelegen, ist Kalibangan ein sprechendes Beispiel für Bewässerungskenntnisse seit ältester Zeit. Drei Jahrtausende später bewältigte eine weitere Kultur, die von Rang Mahal, mehrere Jahrhunderte lang die Bewässerungsprobleme, bis im Mongolensturm um 1200 n.Chr. das ausgeklügelte Netz von Kanälen, das das Wasser des jetzt ausgetrockneten Flusses Sarasvati (Ghaggar) verteilte, irreparabel zerstört wurde.

Ahar, am Rande Udaipurs, der 1559 neu gegründeten Hauptstadt von Mewar, hat sich archäologisch als älteste Siedlung im südlichen Rajasthan erwiesen. Bis in die letzten Jahrzehnte der Kolonialzeit wurde der Ort vom Königshaus der Sisodias von Mewar und den Adligen als Bestattungsplatz genutzt. Heute erheben sich Dutzende von überkuppelten Kenotaphen aus Marmor, der aus den umliegenden Steinbrüchen stammt, in dem umwallten Gelände. Nahebei fanden sich in den von Regen ausgewaschenen, sandigen Erhebungen Keramikscherben, Ziegelreste und Metallgerätschaften. Die archäologische Untersuchung der Stätte erbrachte den Nachweis einer eigenständigen Kultur, die den heutigen Namen des Ortes erhielt und neben den Kulturen des 2. bis 1. Jahrtausends im Yamuna-Ganga-Doab (der nordindischen Gangesebene) einen gleichen Stellenwert für die Kulturgeschichte zur Vor- und Frühzeit der Aryabesiedlung Indiens einnimmt. Die Scherbenfunde der sogenannten Black-and-Red-Ware aus Ahar bilden den westlichen Verbreitungspunkt der vergleichbaren Ware von Rupar, Hastinapura und Mathura. Sie setzen damit den Bogenverlauf einer hypothetischen Völkerwanderung in der Epoche der arischen Landnahme fort, die anhand eines zeitweiligen Nebeneinanders von verschiedenen Leitkeramiken in der zweiten Hälfte des 2. Jahrtausends v.Chr. zu erschließen versucht wurde. Ob es sich hierbei um Aryas einer ersten und einer folgenden Wanderung handelte oder um die Verdrängung von nichtarischen Vorsiedlern durch die vedischen Eroberer oder andere, bleibt noch ungeklärt.

Abb. 23 Kolossalmauer aus Steinquadern bei Nagari, Chittaurgarh, mit einer religiösen Inschrift aus dem 1. Jh.v.Chr.

Von überragender Bedeutung in religionsgeschichtlicher Hinsicht nicht nur für Rajasthan, sondern für den gesamten Hinduismus ist die steinerne Wallanlage von Nagari in der Nähe von Chitorgarh. Hier befinden sich regelmäßig behauene, geglättete Steinquader als weitläufiges Geviert gesetzt, das an eine Elefantenarena erinnern könnte. Die wahre Bedeutung bleibt bislang verborgen, doch trägt ein großer Quader eine im 1. Jh. v.Chr. eingemeißelte Inschrift in Brahmi-Lettern, die besagt, daß für die Helden Samkarshana und Vasudeva eine Stiftung von (rituellen) Steinplatten, ein Wasserbecken und weitere Einrichtungen getätigt worden seien. Dieses Zeugnis einer religiösen Stiftung zählt zu den ersten Belegen des Vasudeva-Krishna-Kultes (siehe Bhandarkar, R.G. 1965), aus der letztendlich die fromme Verehrung (*bhakti*) des Gottes Krishna bis zur Gegenwart hervorgegangen ist. Der Ort Nagari blieb bis in die Mitte des 1. Jahrtausends ein religiöses Zentrum, wie die Reste eines Tempels aus der Guptazeit anzeigen. Heute ist es ein Dorf von der üblichen Anonymität wie tausend andere in Rajasthan, ohne daß sich die denkwürdige Vergangenheit bemerkbar machen würde.

Bis in die Mitte des 1. nachchristlichen Jahrtausends gab es kleinere Stätten wie Noh bei Bharatpur an der Ostgrenze Rajasthans, die als Ableger der dominierenden Mathura-Kultur im Umfeld dieser politischen und religiösen Metropole gelten können. Die nachgewiesenen Spuren der Kshatrapas und Kushanas lassen kaum auf eine Eigenständikeit Rajasthans in politischer und kultureller Hinsicht schließen.

Abb. 24 Ambika-Tempel von Jagat, südöstliches Mewar, im 9. bis 10. Jh. im nordindischen Nagari-Stil erbaut.

Daß bedeutende Werke der Mathura-Kunst aus der Kushanazeit des 2. bis Anfang des 4. Jahrhunderts in verschiedenen Teilen Rajasthans – wenn auch nur sporadisch – anzutreffen sind, kann als Beleg für eine Art Vasallenschaft oder kulturelle Abhängigkeit der betreffenden Gebiete von Mathura gesehen werden. Es überrascht jedoch, daß sich unter den Monumenten so einzigartige Skulpturen befinden wie das vielfigurige Linga von Nand bei Ajmer, das Anhänger des Hindugottes Shiva an einem nicht erhaltenen Tempel errichten ließen. Heute steht es unter freiem Himmel bei einem neueren Tempelschrein, umgeben von Ackerflächen (siehe Kreisel, G. 1986, S. 73–77, Abb. 63 a–h).

Die Zeugnisse der Guptazeit (Ende 4. bis Anfang 6.Jh.) sind an mehreren Orten zumindest spurenweise anzutreffen. Von den Reichszentren im Doab und Mittelindien (Madhyadesha) ausgehend, verbreitete sich der Tempelbau der Guptas über weite Gebiete Rajasthans. Die Hindutempel von Nagari bei Chitor oder Mukundwar im südöstlichen Landesteil bezeugen die Einbindung dieser Regionen als Westprovinzen des Guptareiches. Über den Krishna-Kult und die Shiva- und Matrika-Verehrung berichten die monumetalen Stelen aus Mandor bei Jodhpur sowie ein Felsrelief des 6.Jh. in Mandor selbst; Krishna wird mit den Stationen seines mythischen Wirkens bereits im 4.Jh. auf Terrakottapaneelen von Rang Mahal wiedergegeben. Diese Gruppe von Kunstwerken zählt zu den frühesten Darstellungen aus dem Leben des Hirten- und Heldengottes überhaupt. An den Tempeln von Osian aus dem 8.-10. Jh. erscheinen diese Legendenabbildungen als kanonisches Bildprogramm. Zeugnisse der Ambika-, der Surya- und der Vishnu-Verehrung in Rajasthan finden sich an den Tempeln von Jagat, Osian und Nagda, noch früher datiert die Tempelgruppe von Chandrabhaga im südöstlichen Rajasthan. Hier, wie auch in Chitorgarh in Mewar, zeigt sich ein Schwerpunkt der Surya-Verehrung, der unschwer mit dem dynastischen Anspruch auf Zugehörigkeit zum „Sonnengeschlecht“ (Suryavamsha) in Verbindung gebracht werden kann.

Die frühen Rajputdynastien der Pratiharas, Chauhans, Paramaras und Solankis, gefolgt von den Guhilots (Sisodias), Rathors und anderen, treten damit gegen Ende des 1. Jahrtausends als Nachfolger der Kshatriya-Könige in Erscheinung. Sie bildeten den Abschluß der zweitausendjährigen Kulturgeschichte des indischen Altertums und zugleich den Beginn einer Ära, die bewußt auf altem aufbaute, aber durch die Auseinandersetzung mit den muslimischen Eroberern seit Beginn unseres Jahrtausends – einer Umbruchsituation, die das indische Mittelalter genannt wird – zur Innovation und Reformierung aller Ebenen des gesellschaftlichen, politischen, religiösen und künstlerischen Lebens gedrängt wurde.

Historische Belege aus der Münzkunde

Münzen sind historische Quellen von großer Aussagekraft. Man untersucht ihre Formen, die bildlichen Darstellungen auf Vorder- und Rückseite, die Nominale und ihre Legierungen. Besonders bei den bildlichen Darstellungen lassen sich Verbindungen und Einflüsse zu Nachbarregionen nachweisen. Einige Darstellungen spiegeln bedeutsame historische Ereignisse wider, die allerdings oftmals in uns schwer zugänglichen Allegorien vermittelt werden. Von besonderer Wichtigkeit ist die Münzlegende. Sie nennt Namen von Staaten, von Herrschern und von Göttern und liefert somit dem Historiker und dem Religionswissenschaftler wichtiges Material.

In Indien kommt der Numismatik als historische Hilfswissenschaft eine wesentlich größere Bedeutung zu als in Europa oder China, weil in Indien die paläographischen Quellen nur in vergleichsweise geringem Umfang vorhanden sind, so daß historische Abläufe und dynastische Abfolgen teilweise nur an Hand von Münzlegenden rekonstruiert werden können. So lassen sich durch stilistische Vergleiche mit römischen Münzen die Münzen der chronologisch noch immer nicht völlig gesicherten Kushana-Dynastie einordnen. Gleichermaßen läßt sich durch die vielfältigen Götterdarstellungen auf den Rückseiten der Kushana-Münzen eine Aussage zu der religiösen Toleranz ihrer Herrscher machen.

Betrachten wir die Numismatik in Rajasthan, so unterscheidet diese sich vom übrigen Nordindien von der Zeit der Mauryas bis zur Zeit der Guptas nur unwesentlich. Es gibt eigentlich während der rund 800 Jahre zwischen 352 v.Chr. und 467 n.Chr. keine typischen Münzen aus Rajasthan, sieht man einmal von den Prägungen der Mahakshatrapas von Ujjayini ab, deren Herrschaftsbereich zeitweise unter Rudradaman I, um 150 n.Chr., ganz Gujarat, Malwa und große Teile Rajasthans umschloß. Die Prägungen der Mahakshatrapas sollten allerdings für die Genese der ersten echten bodenständigen Münzprägungen Rajasthans von großer Bedeutung sein. Diese Silbermünzen, die sogenannten Drammas, die ihrerseits von den graeco-baktrischen Drachmen abstammen, wurden von den Guptas seit Chandragupta II (etwa 375–415) übernommen. Ihre Rückseite zeigt den Pfau, das Reittier des Kriegsgottes Karttikeya. Die Beeinflussung sasanidischer Prägungen läßt sich nun bereits auf den Rückseiten der Drammas der Westprovinzen von Skandagupta (etwa 455–467) nachweisen, wo der Pfau durch einen sasanidischen Feueraltar ersetzt wird (Abb. 25).

Die erste Welle hunnischer Invasoren wurde von Skandagupta noch erfolgreich zurückgeschlagen. In der Folgezeit, nach Budhagupta (nach 477), gewannen die Hunas stetig an Terrain zu Ungunsten des sich in Auflösung befindenden Gupta-Reiches. Die ersten Huna-Münzprägungen in den ehemals westlichen Provinzen des Gupta-Reiches und damit in Rajasthan, dürften Drammas sein, deren Rückseite noch die Legende Skandaguptas

Abb. 25 Silberdramma der frühen Hunas, Maßstab ca. 1,5:1.

Abb. 26 Silberdramma der Iranischen Hunnen (nach R. Göbl), M 1:1.

trägt: Paramabhagavata Sri Skandagupta Kramadityah. Auf den ersten Blick scheint sich auch die Vorderseite kaum verändert zu haben. Dennoch tragen die Herrscherportraits nicht mehr die helmartige Mahakshatrapa-Gupta-Kopfbedeckung sondern offenbar ein Kopftuch zentralasiatischer Provenienz, wie es auch an den älteren Kushana-Figurenfriesen von Chaltschajan in Usbekistan anzutreffen ist. Hinzu tritt ein deutlich erkennbarer mongolischer Gesichtszug (Abb. 25). Aus diesen Münzen läßt sich also ablesen, daß die Hunnen bereits zu relativ früher Zeit, also im 5. Jh. eigene Münzen in Nordwestindien prägten. Sie waren allerdings noch nicht selbstbewußt genug, sich ganz vom Gupta-Reich zu lösen und das mit eigenen Herrscherlegenden zu unterstreichen.

Gleichzeitg und in den folgenden Jahrhunderten erscheinen die großen, dünnen Silberdrachmen der iranischen Hunnen mit Herrscherlegenden (Abb. 26). Diese von sasanidischen Prägungen abhängigen Münzen bestimmen fortan das numismatische Geschehen Nordwestindiens und leiten zu den ersten „echten" Münzprägungen der Rajputs über: den sogenannten Gadhia-Münzen (Abb. 27). Dieser Münztyp tritt voll entwickelt in der 1. Hälfte des 9. Jh. auf. Die Vorderseite zeigt das Herrscherportrait, auf der Rückseite ist ein mehrstufiger sasanidischer Feueraltar dargestellt, der von Assistenzfiguren flankiert wird.

Über sechs Emissionen hinweg degenerieren das Portrait und der Feueraltar mit Assistenzfiguren so stark, daß die bildlichen Darstellungen der jüngsten Emissionen des 11.–13. Jh. kaum noch erkennbar sind. Bei nahezu gleichbleibendem Gewicht verändert sich das Metall entsprechend von reinem Silber über Silberlegierungen bis hin zu Kupfer.

Die Schwierigkeit, diese Drammas einzelnen Rajput-Dynastien zuordnen zu können, liegt darin begründet, daß die Mün-

Abb. 27 Gadhia-Münzen. Umzeichnungen von Vorder- und Rückseiten mit Herausstellung der Sasanidenkrone und der Assistenzfiguren, M 2 :1.

zen keine Legenden tragen. Ausnahmen hiervon machen die Prägungen der Silaharas unter Chhittaraja (1026–1030) und der Chahamanas unter Ajayaraja (1110–1125), deren Königsnamen inschriftlich erscheinen. Jedenfalls treten die Gadhia-Drammas in relativ kurzer Zeit überall dort auf, wo Rajput-Dynastien an die Macht gelangten – das heißt praktisch in ganz Nordindien, oder, um es genauer zu umschreiben, auf dem Boden des Imperiums der Pratiharas, das zur Regierungszeit ihres bedeutendsten Herrschers Bhoja I (836–882) nahezu ganz Indien nördlich des Narmada mit Ausnahme Kashmirs und Bengalens umschloß. Die Nachfolgestaaten erkannten noch einige Zeit die nominelle Oberherrschaft der Pratiharas an, was durch ihre Münzprägungen zum Ausdruck kommt. Neben diesen Gadhia-Drammas wurden auch andere Münztypen – teilweise von ein und demselben Herrscher – geprägt, die aber nicht so charakteristisch für die Rajputs sind, sieht man einmal von dem Lakshmi-Typ ab, der ebenfalls nahezu ausschließlich in Rajput-Staaten vorkommt. Das historische Bild, das uns die Gadhia-Drammas vermitteln, zeigt einerseits die enge Verbindung der Rajput-Herrscher mit den Hunnen bzw. den Gurjara-Stämmen, von denen nach verbreiteter Meinung die Rajput-Klane abstammen sollen. Die Münzen zeigen uns ferner durch ihre weite Verbreitung in Nordindien, daß nach dem Zerfall des Pratihara-Imperiums die Rajputs sich aller Throne in Nordindien bemächtigten und somit die Stellung des alten Adels, der Kshatriya, übernahmen. Erst als der Druck des 1206 etablierten Sultanats von Delhi zunahm, gab man die Jahrhunderte gültige Währung zu Gunsten islamischer Münzfüße auf, die ihrerseits dann im späten 19. Jh. durch den britischen Münzfuß in Alwar, Bikaner und Udaipur abgelöst wurde.

Lassen sich auch an Hand der Münzen in Ermangelung von Legenden oft keine allzu genauen historischen Aussagen treffen, so spiegeln sie dennoch historische Abläufe und Machtstrukturen wider. In keinem Teil Indiens wird das so deutlich wie in Rajasthan: zwischen etwa 500 und 1250 sind es die hunnisch-rajputischen Prägungen, zwischen etwa 1250 und 1880 sind es die islamisch-rajputischen Prägungen und teilweise ab 1880 bis zur Unabhängigkeit Indiens die britisch-rajputischen Prägungen (Abb. 28 und 29). Auch jetzt noch, am Ende der rund 1400-jährigen stolzen Geschichte der Rajputs verdeutlichen die Münzlegenden das politische Verhalten der einzelnen Staaten: Die meisten Staaten Rajasthans prägten ihre Münzen bis 1857 im Namen des Moghul-Kaisers und anerkannten diesen somit als nominelles Staatsoberhaupt. Nach 1859 wurde der Name des Moghul-Kaisers durch den Victorias ersetzt, womit man die Unterwerfung unter die britische Herrschaft anerkannte. Lediglich der vornehmste Rajput-Staat, der allen Unwettern der Geschichte getrotzt hatte, das Königreich Mewar-Udaipur, ließ sich nur dazu bewegen, auf seinen Münzen ab 1851 bis zur Unabhängigkeit Indiens „Dosti Landhan" – Freund Londons – zu prägen und damit zwar seine Bündniswilligkeit, aber keinesfalls seine Unterwerfung zu bekunden.

Abb. 28 2-Rupee, Alwar, 1880, M 1:1.

Abb. 29 1-Rupee, Udaipur, 1928, M 1:1.

Abb. 30 Medaillonportraits in genealogischer Zusammenstellung der Herrscher von Mewar, gruppiert um die von einem Stammesangehörigen (Bhil) und einem Herrscher (Rana Pratap) gehaltenen Staatswappen: Schwert, Linga (für die Staatsgottheit Eklingji) und Sonnengott Surya über dem Band mit dem Staatsmotto Udaipurs zwischen 1882 und 1884; Maler: Staatsmaler Parasram. Sammlung Heil.

Die Herkunft der Rajputs

Die 36 bekannten Klane, die sich in Rajasthan als Rajputs bezeichnen, besitzen die unterschiedlichsten Mythen und Geschichten über ihre Herkunft. Historisch verwertbare Quellen über ihren Ursprung und die Zeit vor ihrer Machtentfaltung ab dem 7. Jahrhundert n.Chr. gibt es allerdings nicht. Selbst für die Epochen bis in das 12. Jahrhundert hinein sind kaum gesicherte historische Daten zu gewinnen. Die Existenz vieler, zum Teil widersprüchlicher Theorien über die Abstammung der Rajputs kann deshalb nicht verwundern.

Heutzutage trifft man die Bezeichnung Rajput als Kastennamen bei sozial sehr unterschiedlichen Teilen der Bevölkerung Rajasthans an. Ihren Ausgangspunkt nehmen sie bei den Klanen der Rajputs, die als Herrscherschicht über viele Jahrhunderte die Region regierten. Es bestehen unterschiedliche Anschauungen darüber, ob die Rajputs als eigene Ethnie zu verstehen sind oder nur als eine soziale Gruppe, verbunden durch gemeinsame Verhaltensweisen, indem sie beispielsweise dieselben kriegerischen Gepflogenheiten aufzeigten (Smith 1958, S. 190).

Über die Abstammung der Rajputs wird in mythischen Genealogien berichtet. Die Vorfahren der Herrscherhäuser werden dort über viele Generationen zurückverfolgt und, je nach Dynastie, von der Sonne, dem Mond oder auch den Göttern Rama oder Krishna abgeleitet. Über mehrere Jahrhunderte tradiert, waren die Geschichten der Familien Veränderungen unterworfen, so daß manche bis heute überlieferten Ursprungslegenden einzelner Rajputklane nicht mit erforschten genealogischen Inschriften an alten Bauten (wie z.B. die Harsha- oder die Bilhari-Inschriften) übereinstimmen (Vaidya 1924, S. 14f).

Der Versuch einer Herkunftsbestimmung der Rajputs kann sich auf nur wenige noch zugänglichen schriftlichen Quellen stützen. Dazu zählen Inschriften, Staatspapiere, Werke von Geschichtsschreibern, Gemälde und Münzen (wie z.B. die sasanidischen, hunnischen und Pratihara-Münzfunde in Nordindien), soweit sie der Vernichtung während der zahlreichen Invasionen seit dem 8. Jahrhundert entgingen. Erforderlich ist auch der Rückgriff auf eine andere, einheimische Geschichtsquelle: Barden, Poeten und Sänger erschufen eine Volksliteratur, die uns über die großen Ereignisse der Vergangenheit berichten. Zum Vorteil ihrer Werke waren die Barden unabhängig von einem Patron oder Auftraggeber, woraus ein spürbare Offenheit in den Berichten über die Herrschenden resultiert. Obgleich solche Erzählungen, historisch gesehen, äußerst ungenau sind, Rückgriffe auf mythologische Details lieben und in Übertreibungen schwelgen - was beispielsweise die Größe von Armeen betrifft - und sich oft in schwer verständlichen Allegorien ausdrücken, bietet diese Volksliteratur einen vielseitigen Einblick in die hier behandelte Problematik.

Einer der bekanntesten Vertreter dieser Literatur ist der Dichter Chand Bardai. Sein bedeutendes Werk Prithviraj Raso enthält den Bericht über die Herkunft einiger der Rajputklane,

Abb. 31 Gomukh, die Stätte des Agnikund, Mount Abu

Abb. 32 Das Staatssymbol von Shahpura, Distrikt Bhilwara. Der Sonnengott des Sisodia-Klans wird von zwei Hanuman-Figuren gehalten. Die Inschrift besagt, die erste Pflicht (dharma) der Kshatriyas sei, dem Wohl des Volkes zu dienen. Malerei auf Seide, wohl Ende 19. Jh.

wonach diese aus einem Feuerloch hervorgegangen seien. Desweiteren bestehen folgende Überlieferungen und Theorien, auf die anschließend eingegangen werden soll:

- Bestimmte Rajputs sollen, wie schon erwähnt, Nachkommen der Sonne und des Mondes sein. Auf diesem Mythos beruht die Darstellung von Sonnen- und Mondsymbolen in den Wappen einiger Rajputdynastien;
- Die Theorie eines nichtindischen Ursprungs der Rajputs vertreten vor allem europäische Wissenschsaftler, die sich auf den Engländer Colonel James Tod berufen, der Sakas, Kushanas, Hunas und Gurjaras zu den Vorfahren der Rajputs zählte;
- Einer indischen Theorie zufolge sind die Rajputs reine Aryas und keine Nachkommen von außerindischen Völkern.

Die Agnikula-Theorie

Die oben erwähnte Version vom Ursprung der Rajputs aus einem Feuerloch wurde von dem Hofdichter Chand in seinem Werk Prithviraj Raso im zwölften Jahrhundert aufgeschrieben und von James Tod in „Annals and Antiquities of Rajasthan" 1830 wiedergegeben. Die Legende knüpft an den Mythos von Parashurama an, einer Inkarnation des Gottes Vishnu, der alle Kshatriyas vernichtet hatte. Jedoch benötigten die Brahmanen eine Kriegerklasse, um sich verteidigen zu lassen. So sprachen sie Gebete an ihren Gott auf dem Gipfel des Berges Abu in den Ausläufern des Aravaligebirges. Vierzig Tage lang wurde eine Zeremonie (*havan*) abgehalten. Die Gebete der Brahmanen blieben nicht ohne Erfolg. Aus einem Feuerloch (*agnikund*) im Talkessel entsprangen vier Helden, und jeder von ihnen schuf eine eigene Rajputklasse. Einer der vier soll nicht das Aussehen eines Kriegers gehabt haben und mußte deshalb als Wächter des Tores dienen - eine Anspielung auf den Namen der Pratihara, was eben „Wächter" bedeutet. Ein anderer Held, der aus dem Feuerloch

Abb. 33 Ein gedruckter Briefkopf aus Kota mit dem Staatswappen: der Hara-Chauhan-Rajput steigt aus dem Agnikund (oben), 1932

hervorsprang, wurde in der Handfläche (*chalu*) geformt und Chalukiya genannt (Banerjee 1962, S. 9). So sollen die vier Rajputklane der Chauhans (Chahuvanas oder Chahamanas), der Solankis oder Chalukiyas, der Parmars (Paramaras) und der Parihars (Pratiharas) entstanden sein (Mahajan 1970, S. 313).

Die Feuerlochlegende ist in mehreren Versionen bekannt, die sich hauptsächlich in der Entstehungsart der einzelnen Rajputklane unterscheiden. A. Cunningham beschreibt (in: Epigraphia Indica, Vol. V, Appendix No.12) einen anderen Entstehungsvorgang: Der Solanki-Held wurde aus dem Wesen Brahmas geboren, der Held der Paramaras aus dem Wesen Shivas, der Pratihara-Held aus dem der Devi, und aus dem Feuerloch sprang der Chauhan.

Neben diesen zwei Hauptversionen, denen von Tod und Cunningham, gibt es noch andere Überlieferungen der Legende. Einer Tradition zufolge schuf Indra eine keulenschwingende Figur aus dem Feuerloch, die den Namen Paramara („Schlächter des Feindes") erhielt.

Abdul Fazl berichtet vom Feuerursprung der Paramaras in anderer Weise. Um das Feuerritual gegen die Intrigen der Buddhisten zu schützen, wurde der Paramara-Held in einem Tempel aus Feuer geboren (Banerjee 1962, S. 9f).

Eine etwas abgewandelte Version der Legende beschreibt Dasharatha Sharma, sich wie Tod auf das Werk des Barden Chand beziehend. Demnach begannen die Weisen Vishvamitra, Gautama, Agastya und andere eine große Opferzeremonie auf dem Berg Abu. Dämonen (*daityas*), die schon immer solche Riten verabscheuten, betrachteten die Zeremonie als unrein und ließen deshalb Fleisch, Blut, Knochen, Urin und andere unreine Dinge niederregnen. Um die Weisen von dieser Plage zu befreien, schuf Vasishtha aus dem Opferloch die drei Krieger Parihara, Chaulukya und Paramara. Aber keiner von ihnen war bei der

Abb. 34 Noppenschild aus Nashornhaut und Säbel mit Scheide, Griff goldtauschiert (wohl aus dem Panjab). 18. bis 19. Jh.

von Vasishtha zugeschriebenen Aufgabe erfolgreich. Deshalb grub er ein weiteres Loch, und als Resultat der hineingegebenen Opfer entstand ein vierarmiges Wesen. Es war von großer Statur, von roter Farbe und hielt in allen vier Händen Waffen. Die Weisen nannten diesen Krieger Chahuvana. Er konnte mit Hilfe von Asapuri, die danach zu seiner Familiengottheit (*kuladevi*) wurde, die Dämonen schlagen und sie zu den Regionen der Unterwelt (*patala*) vertreiben (D. Sharma 1959, S. 3f).

Die Feuergeburt der Klane wurde auf das Jahr 747 n. Chr. datiert. Durch dieses Ritual gereinigt, sollten die Rajputs als reine Kshatriyas anerkannt werden. Die Paramaras führten, auf dieses Feueropfer des göttlichen Heiligen Vasishtha auf dem Berg Abu zurückgehend, in ihren Inschriften den Titel Agnikula, „Feuer-Familie" (Kulke/Rothermund, S. 129).

Diese Ursprungsversion läßt sich für die Theorie einer außerindische Herkunft der Rajputs benutzen: Durch eine Reinigungszeremonie, wie hier durch das Feuer, konnten Fremde in das Kastensystem aufgenommen werden; dies könnte also der Anlaß für die Abhaltung dieses legendären Rituals gewesen sein.

Über den Wahrheitsgehalt der Agnikula-Legende bestehen unterschiedliche Auffassungen, zum Beispiel die Vermutung, die Brahmanen seien bemüht gewesen, den Rajputs eine Abstammung mit einem möglichst hohen sozialen Ansehen zuzusprechen, was diese zu hohen Geldstiftungen an die Brahmanen verpflichtete (Mahajan 1970, S. 313f). Andere Kritiker der Agnikula-Legende weisen auf alte Inschriften der vier Rajputklane hin, die Jahrhunderte vor dem Schreiben von Chands Geschichte auf eine Abstammung der Klane von den Sonnen- und Mondfamilien der vedischen Kshatriyas deuteten. Eine dieser Steininschriften ist die Gwalior-Bhoja-Inschrift, welche eine Abstammung der Pratiharas von Kanauj vom Helden Lakshmana, dem Bruder Ramas aus dem Sonnengeschlecht, ausweist. Es müßte deshalb im 9. Jahrhundert bei den Pratiharas eine Tradition für die Abstammung vom Sonnengeschlecht gegeben haben (Vaidya 1924, S. 13). Demnach habe Chand - in Unwissenheit der alten Inschriften - seine Geschichte erdichtet, um der Familie seines Herrschers eine legendäre Abstammung zu verschaffen.

Die Agnikula-Legende wurde dennoch von den Rajputklanen akzeptiert und seit dem 16. Jahrhundert als einzig richtige Abstammung angenommen. Dazu kam noch die englische Übersetzung von J. Tod, mit der die Legende sich auch in der europäischen Gelehrtenwelt etablierte.

In Chands Abstammungslegenden, die offenbar mehrere ältere Versionen in sich vereint, werden drei der vier Agnikula-Klane auch den Sonnen- und Monddynastien zugeordnet. Für C.V. Vaidya ergibt sich deshalb eine Neuinterpretation der Legende, indem die vier Helden, die aus dem Feuerloch sprangen (Paramara, Pratihara, Chaulukiya und Chahamana), nicht neu geschaffen wurden, sondern bereits existierten und den Brahmanen zur Abwehr der Dämonen zu Hilfe kamen (Vaidya 1924, S. 15f).

Diese Auslegung ist vor allem in Opposition zur

Abb. 35 Bhuj, Zeremonialwaffe mit abschraubbarem Stilett. Stahlklinge und Griff mit Goldauflagen. Gujarat oder Rajasthan, 19. Jh. (vergl. Kat.Nr. 149)

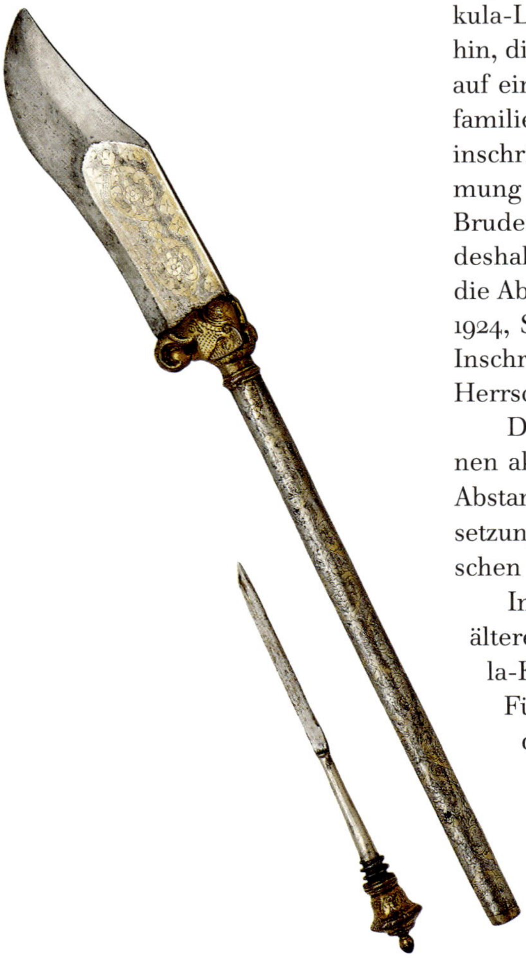

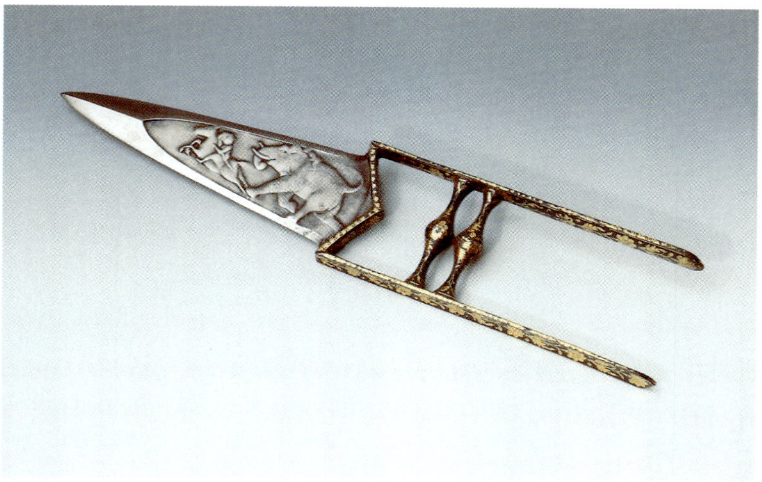

Abb. 36 Stoßdolch Katar mit Tierkampfszene in Stahlschnitt. Griff goldtauschiert, südöstliches Rajasthan (Bundi ?), 18. Jh.

Abb. 37 Zeremonieller Ankusha, Stachelstab der Elefantentreiber. Im Griff Rasselkugeln, Haken mit Goldauflage in Koftgari-Technik. 1 9. Jh.

Auffassung Tods zu begreifen, der aus Chands Abstammungsversion auf eine außerindische Herkunft der Rajputs schloß.

Die außerindische Abstammung der Rajputs

Tod gab in seinem Werk über Rajasthan, angeregt durch die Agnikula-Legende, zwei Möglichkeiten der Herkunft der Rajputs an. Zum einen können sie eine einheimische, niedere Klasse gewesen sein, die sich durch die Priester der vorherrschenden Religion aufwerten ließen, zum anderen außerindische Völker, welche sich unter der einheimischen Bevölkerung etabliert hatten.

Zwischen 500 v.Chr. und dem Beginn unserer Zeitrechnung wurde der Nordwesten Indiens von Invasionen der Perser und Griechen heimgesucht, es folgten Sakas und Kushanas aus Zentralasien, die aus dem westlichen China vertrieben worden waren. Im fünften Jahrhundert drang ein weiterer Nomadenstamm aus Zentralasien nach Indien ein, die Hunas (Hunnen). Nach Meinung vieler Wissenschaftler sollen sie die Vorväter der Rajputs und der Gujars (Gurjaras) gewesen sein, wiederum andere behaupten, die Rajputs seien zusammen mit den Hunas nach Indien gekommen und hätten sich für immer in Nordindien niedergelassen (Fuchs 1973, S. 36f).

Einen ausschließlich außerindischen Ursprung der Rajputs rekonstruierte J. Tod in seinem Buch „Annals and Antiquities of Rajasthan“. Aus der Agnikula-Legende folgerte er, die Rajputs seien Nachkommen der Sakas, Kushanas, Hunas und Gurjaras. Sie seien nach Indien gekommen und hätten hier gesiedelt, einheimische Frauen geheiratet und Indien zu ihrer Heimat gemacht. Nach Tods Meinung wurden sie später in die indischen Kasten integriert. Ihre Oberschicht bildete eine separate Kriegerklasse und begann sich selbst als Rajputs zu bezeichnen, während die niederen Klassen als Jats, Ahirs etc. bekannt wurden. Zur Unterstützung dieser Behauptungen führte Tod einige Übereinstimmungen zwischen den fremden Siedlern und den Rajputs an, die ihn zu der Überzeugung brachten, es mit derselben

Bevökerungsschicht zu tun zu haben. Diese Gemeinsamkeiten sind die Verehrung der Pferde, einschließlich des Pferdeopfers Ashvamedha, die Existenz von Kriegswagen, die Verehrung von Waffen und die Waffeninitiierung, die Stellung der Frauen, ferner Barden, Omen und Vorzeichen sowie die Vorliebe für stark fermentierten Likör (Tod II 1983, S. 357).

Der indische Ursprung der Rajputs

1. Ursprung der Sonnen- und Mondgeschlechter der Kshatriyas

Einige Rajputklane nehmen für sich in Anspruch, direkte Nachkommen der Kshatriyas aus der frühindischen Epoche der vedischen Aryas zu sein. Die Kshatriyas waren die Kriegerklasse der Aryagesellschaft, in der nur die Brahmanen einen höheren Rang besaßen. Ihre Herkunft führten die Kshatriyas auf die Sonne (Surya) und den Mond (Chandra) zurück. Inschriften des neunten und zehnten Jahrhunderts weisen aus, daß sich schon die damals regierenden Rajputfamilien von Ramachandra aus dem Suryavamsha herleiteten oder von Krishna aus dem Chandravamsha. Den beiden Geschlechtern Suryavamsha und Chandravamsha fühlen sich alle Rajputklane außer den vier Agnikulas zugehörig . Einen Ursprung vom Suryageschlecht beanspruchen beispielsweise die Rathors, die Rajputherrscher von Jodhpur und Bikaner, sowie die Sisodia-Guhilots von Mewar und die Kachvahas von Jaipur.

Abb. 38 Zeremonialschild, beschriftet mit der Pseudo-Zuordnung zu „Maharana Raj Singh" und Datierung 1657 (A.D.), hergestellt wohl im späten 19. Jh. (s. Kat.Nr. 144)

G.S. Ojha zufolge können die genannten Herkunftsansprüche zusammen mit den Inschriften nicht ohne eine historische Basis entstanden sein. In diesem Sinne verweisen er und C.V. Vaidya auf Traditionen der Rajputs, die ihnen eine klare arische Herkunft nachweisen sollen. Hierzu gehörten die Anbetung der Sonne, die Sitte der Witwenselbstverbrennung (sati), die Verehrung der Waffen und das Pferdeopfer Ashvamedha. Ojha verwarf alle Ähnlichkeiten zwischen Sakas sowie anderen zentralasiatischen Nomaden und den Rajputs. Sonnenanbetung soll es schon zu vedischer Zeit gegeben haben, und sati wurde, durch das Mahabharata belegt, bereits vor der Ankunft der Sakas ausgeführt. Ebenso wurde in den alten Epen über das Ashvamedha-Opfer berichtet. Die Verehrung der Waffen und der Pferde sollen keine neuen Elemente gewesen sein, welche die Sakas in Indien einführten, sonder schon vor ihrem Eindringen in Indien existiert haben.

Auch höchst zweifelhafte anthropometrische Messungen wurden als „Beweise" ins Feld geführt: Im Jahr 1901 wurden solche Messungen an Rajputs vorgenommen und daraus geschlossen, daß die häufig vorkommenden geraden Nasen, schmalen Kopfformen und die große Statur der Menschen das typische Erscheinungsbild der Arier auf der ganzen Welt seien (Vaidya 1924, S. 7). Daß solche Messungen und Vergleiche äußerst ungenau sind, mag wohl besonders aus der jüngeren deutschen

Abb.39 Übermaltes Foto-Portrait des Maharaja Himmat Singh, Mitglied der Shivarata-Familie der Sisodias und naher Verwandter des Maharana Fateh Singh, der nach Adoption 1885 den Thron Mewars bestieg. Etwa 1890-1900

Vergangenheit zu belegen sein. Ein Volk oder eine Rasse hat viele Gesichter, und dies mag auch für das alte Indien zutreffen, in dessen Verlauf der Geschichte unzählig viele Völker zusammenkamen.

Davon ausgehend, daß die Aryas im allgemeinen keine Verbindung mit Fremdvölkern eingingen, können nach Vaidya die Rajputs auch nicht mit den Gurjaras, die nach Indien gezogen waren, verwandt sein. Zwar gab es in vedischer Zeit zweifellos ein Vermischen zwischen Aryas und den alteingesessenen dravidischen Völkern, doch bald wurde dies gesellschaftlich geächtet. Eine Verbindung außerhalb der arischen Gesellschaft war nicht statthaft. Personen, geboren von nicht-arischen Frauen mit einem arischen Mann, mochten arische Qualitäten besitzen, doch Personen, deren Väter Nicht-Arier waren und deren Mütter Arier waren, konnten keine arischen Qualitäten zugesprochen werden. Manu verfaßte in seinen „Gesetzen" um 300 v.Chr. ein Verbot von Verbindungen mit Personen, die nicht derselben Kaste angehörten. Demnach war es Fremdvölkern unmöglich, in eine vorhandene Kaste aufgenommen zu werden. Selbst noch um das Jahr 600 n. Chr. vermerkte der chinesische Pilgerreisende Hiuen Tsang, daß die Mitglieder einer Kaste nur innerhalb der Kaste heiraten (Vaidya 1924, S. 27f.). Demnach müßten die Rajputs seit vedischer Zeit und unbeeinflußt von Fremdvölkern reine Ksatriyas sein, die ihr arisches Erbe bewahrten.

Abb. 40 Turbanschmuck Chandrama mit dem gemalten Portrait des Maharana Bhupal Singh, Nachfolger Fateh Singhs, 1930

Abb. 41 Steinernes Ahnenmal Paliya mit Reiterfigur, Höhe 67 cm, datiert 1718 (s. Kat.Nr. 128)

2. Die Abstammung von den Ureinwohnern Indiens

Erwähnt werden muß auch die Möglichkeit einer Verwandtschaft der Rajputs mit den einheimischen Völkern, die das rajputische Herrschaftsgebiet schon lange vor jenen besiedelten. Diesbezügliche Theorien sind kaum nachweisbar und werden von den Rajputs heutzutage nicht akzeptiert. Doch ist diese Abstammung für Teile der Rajputs nicht unwahrscheinlich. V.A. Smith vertrat die Ansicht, daß sich die heutigen Rajputs aus der Vermischung von Völkern unterschiedlichster Herkunft ergaben. Die berühmten, heute noch existierenden Rajputklane wären demnach, im Widerspruch zu ihrer selbst angenommenen erhabenen Abstammung, Nachkömmlinge außerindischer Einwanderer oder Nachfahren einheimischer Völker, beispielsweise der Gonds und Bhars (Mahajan 1970, S. 314). Als Beispiel für im sozialen Status gestiegene, geadelte einheimische Völker seien hier die Chandels und die Bundels aus Bundelkhand genannt. Die Chandels sind möglicherweise aus den Gonds hervorgegangen, letztere sollen eng mit den Bhars verbunden gewesen sein (Smith 1958, S.191). In den lokalen Überlieferungen werden die Gonds, Kols, Ghils, Chamars und andere von niederer Kaste, ferner kastenlose Völker als ursprüngliche Besitzer des Landes erwähnt. Deshalb nahm Smith an, daß die Chandels ein kleiner Klan waren, der die Mitglieder der regierenden Dynastie und einen großen Teil des Hofstaats stellte. Die von ihnen regierten Stämme wurden nie vom Land vertrieben, das sie vor dem Herrschaftsantritt der Chandels besaßen (Bose 1956, S. 3f).

Vaidya widersprach Smith mit der Ansicht, die Chandels seien nicht aus den Gonds hervorgegangen, sondern wären erobernd in das „wilde“, von den Ureinwohnern bewohnte Gebiet gezogen und hätten dort ein kleines Rajputkönigreich aufgebaut, da sie in ihrer arischen Heimat kein geeignetes Siedlungsland finden konnten. Ein solches Beispiel für die Überlagerung von alteingesessenen Völkern durch die Rajputs sind die Minas in der Jaipur-Region. Von den Kachvaha-Rajputs besiegt, verloren die Minas ihre Ländereien an die regierenden Rajputs. Die Beziehungen der Minas als einstigen Besitzern zu ihren neuen Herren ist dennoch von Respekt gekennzeichnet. Sogar heute noch gehören die Wächter des königlichen Staatsschatzes Jaipurs dem Volk der Minas an.

Schlußbetrachtung

Wie in den ersten drei Abschnitten gezeigt, bietet die Wissenschaft viele Möglichkeiten für die Herkunft der Rajputs an. Viele Argumente widersprechen sich oder beinhalten weitere Abstammungsmöglichkeiten. So wurden allein für die Chauhans folgenden Abstammungen herausgefunden: der Feuerursprung in der Agnikula-Legende, belegt durch die Barden und Chronisten (Chand); inschriftliche Zuordnung zu den Kshatriyas der Mondlinie, wogegen andere Inschriften auf die Sonnenlinie deuten (Ojha); ferner die Deutungen auf einen außerindischen

Ursprung sowie auf die Abstammung von Brahmanen, welche zu Khsatriyas wurden (D. Sharma 1958, S. 323).

Die Problematik bei der Untersuchung dieser sich widersprechenden Versionen liegt in der Situation der indischen Geschichtsliteratur begründet. Erst mit der Herrschaft der Muslime in Indien gibt es historische Hinweise und Geschichtswerke im engeren Sinn. Sie pflegen sich jedoch nur am Rand mit der Herkunft der Rajputs zu beschäftigen. In unserem Jahrhundert gab und gibt es nur wenige Rajputhistoriker, die über ihre eigene Geschichte schrieben; genannt seien Thakur Narendra Singhji und Raghuvir Singh.

In früheren Zeiten war das Rezitieren von alten Sagen bei Wein und Opium (*ammal*) ein fester Bestandteil des Hofzeremoniells, genauso wie das Vortragen von Baladen, Genealogien und Heldengedichten durch Barden (Qanungo 1960, S. 102). Freilich gab es keinen Anlaß dabei, die Genauigkeit der Daten zu überprüfen. Die wissenschaftlichen Spekulationen über die Herkunft der Rajputs unterlagen auch der politischen Gesinnung der Autoren, wenn beispielsweise indische Autoren im Unabhängigkeitskampf vehement für eine vedisch-arische Abstammung der Rajputs eintraten (Vaidya). Auch beim heutigen Stand der Diskussion über die Abstammung der Rajputs gibt es noch keine Klärung, welche der vielen angebotenen Theorien den meisten Wahrheitsgehalt hat. Krieger mögen vielleicht nicht aus einem Feuerloch am Berg Abu entstanden sein, und eine Elternschaft von Sonne oder Mond mag reine Fiktion sein, doch alle Legenden und Geschichten der Rajputs haben sicherlich einen Kern der Wahrheit, der zum Teil immer noch nicht gefunden wurde (Qanungo 1960, S. 96).

Es drängt sich dem Betrachter immer mehr die Ansicht auf, die Rajputs seinen kein homogenes Volk, sondern ein Gemisch aus den unterschiedlichsten Bevölkerungsgruppen, die zu einem Zeitpunkt denselben sozialen Status erreichten und sich erst später auf einen gemeinsamen Ursprung beriefen.

Abb. 42 Rajput-Reiter mit zwei Beifiguren, Bronze, Höhe 31 cm (s. Kat.Nr. 132)

Frauen in Rajasthan

Frauen bestimmen ganz wesentlich das festliche und farbenfrohe Bild Rajasthans. Selbst bei harter Arbeit auf dem Feld oder im Straßenbau erscheinen sie mit ihren weiten schwingenden Röcken und den weithin leuchtenden, im Wind flatternden Tüchern grazil und beschwingt, ein Eindruck, zu dem nicht zuletzt der Silberschmuck, den sie auch im Alltag tragen, beiträgt.

Die große Ausstrahlung, die viele rajasthanische Frauen auf Fremde haben, ist in ihrer inneren wie äußeren Haltung begründet: Die Eleganz, mit der sie große Wasserbehälter vom Brunnen nach Hause tragen, wird durch die verschleierten Gesichter noch unterstrichen. Mit der Art, wie Frauen sich ihren Aufgaben widmen, vermitteln sie Gelassenheit und Konzentration zugleich. Ob beim Rollen und Backen der Brotfladen, beim Hantieren am Herd, beim festlichen Dekorieren ihres Hauses oder bei einer gemeinsamen *puja* – immer scheint ihnen ihre Tätigkeit wichtig, die Ausführung kompetent.

Daß dies so ist, mag auch an der Tatsache liegen, daß das Leben vieler Frauen im ländlichen Rajasthan noch in traditionellen Bahnen verläuft und nur graduell von den großen sozialen Veränderungen und Problemen des städtischen Indien berührt wird. Dies gilt auch für die vertretenen Werte. Viele Frauen wünschen sich eine gute Ausbildung und beruflichen Erfolg für ihre Söhne auch außerhalb des Dorfes und außerhalb der Kastenbestimmung. Für sich selbst scheinen Frauen der jetzigen Müttergeneration jedoch eine eher traditionelle Frauenrolle akzeptiert zu haben. Sie reagieren verwundert auf westlich inspirierte Fragen nach wirtschaftlicher und gesellschaftlicher Unabhängigkeit, nach Freiräumen oder Entfaltungsmöglichkeiten außerhalb von Mann und Familie und betrachten bedauernd ihr Gegenüber, ist es unverheiratet oder kinderlos – ein für ihre Maßstäbe katastrophales Schicksal. Dennoch sind in den vergangenen 50 Jahren auch dörfliche Regionen nicht von gravierenden Änderungen ausgenommen geblieben – Fernsehen und moderne Kommunikationsmittel haben das „Bild der Welt" verändert, mit ihnen hat neben lokalen Sprachen und Dialekten auch Hindi in die Dörfer Einzug gehalten. Eine allgemeine Schulpflicht, das Wahlrecht – von dem vor allem bei lokalen Wahlen selbst die älteren Frauen regen Gebrauch machen – und neue Gesetze wie jenes, das den Töchtern die gleichen Erbrechte einräumt wie den Söhnen, hat vor allem in der jüngeren Frauengeneration neue Vorstellungen initiiert.

Dies mag mit ein Grund sein für ein Wiederaufleben traditioneller Tugenden und Werte, das vor allem von der konservativen Rajasthan Janata Party gefordert und gefördert wird. Eines der Brennpunkte dieses Revivals ist ein Frauenthema besonderer Art, nämlich die früher weithin praktizierte Option für Frauen, sich auf dem Scheiterhaufes des verstorbenen Mannes zusammen mit seiner Leiche verbrennen zu lassen. Bereits seit den 70er Jahren lebte die Verehrung für diese Sati[1] oder Sati-

◀ **Abb. 43 Bäuerin mit reichem Silberschmuck. Chittorgarh**

Abb. 44 Junge Frau der Gadia Lohari, Udaipur. Zur typischen Tracht dieser Bevölkerungsgruppe gehört die große Zahl von Arm- und Oberarmringen aus Elfenbein bzw. heute auch aus Kunststoff

matas, die traditionell weitgehend auf ihre Familie beschränkt war, durch neuerbaute Tempel für frühere Satimatas wieder auf. Eine große Pilgerschar huldigte hier regelmäßig einem von Hingabe und Opferbereitschaft gekennzeichneten Frauenideal, dessen grundlegende Werte dadurch als weiterhin beispielhaft und erstrebenswert erfahren wurden. Moderne Frauengruppen schreiben es nicht zuletzt dieser Verehrung zu, daß Selbstverbrennungen von Frauen – ob tatsächlich freiwillig oder durch Druck von Familie und Umwelt begünstigt – auch heute noch vorkommen.

Einer dieser Fälle, der eine nationale wie internationale Diskussion um die Rolle der Frau in Indien auslöste, geschah am 4. September 1987 in einem Dorf nördlich von Jaipur: Die 18jährige Roop Kanwar verbrannte nach nur kurzer Ehe auf dem Scheiterhaufen ihres Mannes. Die Aussagen über die Freiwilligkeit der Tat und über ihre Motivation blieben widersprüchlich, Tausende jedoch strömten zum Verbrennungsplatz, um ihr zu huldigen. Ein für dörfliche Verhältnisse astronomischer Geldbetrag wurde in kurzer Zeit gesammelt, um ihr einen Tempel zu bauen. Der Vorfall löste eine erbitterte Debatte aus. Während sich die überregionale Presse in ihrer Ablehnung nahezu einig war und die lokalen Frauengruppen es schließlich erreichten, daß die Sativerehrung verboten wurde, zeigten sich die Vertreter der Sati Dharma Raksha Samiti [2], einer Organisation traditionsorientierter Rajputs durch eine Demonstration für diesen Brauch bestätigt, als sie mehr als 70 000 Leute auf die Beine brachten. Unzählige Bücher und Traktate sind seitdem erschienen. Sie diskutieren die Frage, ob der Brauch der Selbstverbrennung einer Frau zusammen mit dem Leichnam ihres Mannes durch vedische Schriften und religiöse Texte sanktioniert wird und deshalb unter den Schutz der Religionsfreiheit fallen sollte, stellen aber auch die Beziehung her zwischen dem Vorfall, dem in Indien vorherrschenden Frauenbild, dem Schicksal der indischen Witwen, Säuglingsmorden und den „Mitgift-Todesfällen“, bei denen Frauen durch „häusliche Unfälle“ verbrennen.

Abb. 45 Nasenschmuck Nath. Gold mit Edelstein- und Flußperlenbesatz

Dem Selbstverständnis und den Werten der rajasthanischen Frauen selbst wurde in der Vergangenheit nur wenig Aufmerksamkeit gewidmet [3]: In der einheimischen Geschichtsschreibung kommen die Frauen der Herrscher nur am Rande vor, ihre Einstellungen wurden kaum bekannt. Unter dem Aspekt des Verstehens erscheinen jedoch die Grundwerte und Regeln, denen sich Frauen verpflichtet sehen und die sie tradieren, besonders bedeutsam. Ihnen soll hier mit einem Schwerpunkt auf den Werten der Rajput-Kaste besonders nachgegangen werden.

Das Leben der meisten rajasthanischen Frauen wird bis heute wesentlich von externen Faktoren bestimmt: Nicht Begabung und Neigung, Fähigkeiten oder Fertigkeiten bestimmmen Werdegang und Lebensplanung, sondern zu einem großen Teil die Kaste, in die sie hineingeboren wurde, und die soziale und berufliche Stellung, die mit dieser Kastenzugerhörigkeit verbunden ist. Vor allem in ländlichen und traditionell ausgerichteten Regionen wird durch die Kastenzugehörigkeit weitestgehend vorgegeben, welche Ausbildung eine Frau erwarten kann und in welches Stratum der Gesellschaft sie einmal einheiraten wird: ob sie beispielsweise als Frau eines Kleinbauern neben dem Haushalt auch auf dem Feld arbeiten und das Vieh versorgen wird, in einer verarmten und überschuldeten Familie möglicherweise als Arbeiterin im Straßenbau oder in Kieswerken zum Lebensunterhalt ihrer Familie beitragen muß oder ob sie zu den Privilegierten gehört, die sich für Arbeiten in Haushalt und Kindererziehung auf die Hilfe von Hausangestellten stützen können. Das mit ihrer Kaste verbundene *karma* wird sie ihr ganzes Leben begleiten. Ihr eigenes Ansehen wird wesentlich davon bestimmt, ob sie Kinder, vor allem Söhne, gebärt und ob sie vor ihrem Mann verstirbt oder ihr Leben als Witwe beenden muß.

Bis heute wird in praktisch allen Kasten die Geburt eines Mädchens mit weitaus weniger Freude begrüßt als die eines Jungen [4]. Wachsen die Mädchen mit Brüdern auf, lernen sie schon früh, daß vor allem jüngere Brüder weitaus mehr Förderung und Zuwendung erfahren als sie selber. Söhne gelten als Segen der Familie. Von ihnen wird erwartet, daß sie die Eltern im Alter versorgen und den Familienberuf fortführen, nur Söhne schließlich können beim Tod der Eltern die notwendigen Zeremonien durchführen.

Mädchen dagegen werden das Haus verlassen. Sie werden verheiratet, fallen als Versorger oder Arbeitskraft für die elterliche Familie aus und müssen außerdem mit einer oft beachtlichen Mitgift ausgestattet werden, will man sie angemessen vermählen [5].

So kann nicht erstaunen, daß es in den ärmeren Schichten der Bevölkerung üblich ist, vor allem auf die Ausbildung der Jungen zu achten [6], während man mit der auch für Mädchen vorgesehenen allgemeinen Schulbildung eher nachlässig umgeht und Mädchen schon in jungen Jahren zu Arbeiten in Haus und Hof

Abb. 46 Adivasi-Frau beim Futtertragen, Pushkar

sowie bei der Geschwisterbetreuung heranzieht. Lediglich in den höheren Kasten, bei Brahmanen und Rajputs, in den Jain-Gemeinschaften und bei der wachsenden städtischen Mittelschicht wird heute auch auf die schulische Ausbildung der Mädchen geachtet, um ihre Heiratschancen zu erhöhen. In diesen Kreisen wird erwartet, daß die Schwiegertöchter einmal in der Lage sind, kluge und intelligente Kinder zu erziehen und ihre Männer in der beruflichen Karriere zu unterstützen .

Generell gilt, daß Mädchen von ihren Müttern weniger zur Unabhängigkeit als im Hinblick auf ihre spätere Rolle als Ehefrau erzogen werden, d.h. als Frau, die gut zu ihrem Mann ist. Von klein auf werden Mädchen angehalten, sich in Demut und Bescheidenheit zu üben, um sich später besser in eine fremde Familie einfügen zu können. Weiter wird ihr Streben darauf gerichtet, zu heiraten. Durch Gelübde und durch regelmäßiges Fasten erbitten schon junge Mädchen den Beistand der Götter in dieser Frage und scheinen schon lange vor der Ehe dem noch gesichtslosen Bild ihres zukünftigen Ehemannes ergeben. Nach ihrer Heirat werden sie mit gleicher Inbrunst für die Gesundheit und Wohlfahrt dieses einzigen für sie in diesem Leben denkbaren Mannes bitten.

Heiraten

Ehen werden nach wie vor überwiegend von den Eltern organisiert, wobei die Initiative von der Familie des Mädchens ausgeht. Unverheiratet zu bleiben ist auf dem Lande für Männer wie Frauen gleichermaßen undenkbar, gehört doch die Ehe zu einem der wichtigsten Sakramente des Hinduismus. Drei Hauptziele werden für die Notwendigkeit einer Ehe benannt: Religiöse Riten, die nur von Mann und Frau gemeinsam ausgeführt werden können, die Geburt von Nachkommen, vor allem von

Abb. 47 Silbergürtel der Bhil und Lohari-Frauen, Udaipur. Frauen dieser Bevölkerungsschichten tragen auch bei schwerster Arbeit ihren Schmuck, der den größten Teil ihres privaten Besitzes ausmacht

Söhnen, und schließlich die Befriedigung der Sexualität, wobei letzteres in den religiösen Texten eine deutlich untergeordnete Rolle spielt.

Von den Eltern müssen beim Arrangement einer Ehe eine Vielzahl von Regeln beachtet werden. Die potentiellen Ehepartner sollten aus der gleichen Kaste und sozialen Schicht kommen und außer in den Kasten, die die Bruderehe[8] erlauben, weder durch Abstammung noch durch Heirat miteinander verwandt sein. Diese Vorschriften gelten für alle Kasten, deren jeweilige Standesräte[9] dafür sorgen, daß der Status einer Kaste nicht durch die Wahl eines unpassenden Heiratspartners abgesenkt und „verunreinigt" wird. Für die Rajputs, die ein ausgeprägtes genealogisches Bewußtsein besitzen, ist die Abstammung der Ehepartner von besonderer Bedeutung. Sie sind davon überzeugt, daß Ehre und Charakter der durch Heirat verbundenen Familien an die Kinder weitervererbt werden. Als wichtigste Regel sowohl für Rajputs der Herrscherhäuser als auch für solche aus den entfernteren Linien der „kleinen Brüder"[10] gilt deshalb, daß Rajputs nur Rajputs heiraten dürfen: die Kaste ist endogam. Sie umschließt die drei großen Rajput-Geschlechter, die nach ihrer mythischen Herkunft von der Sonne, dem Mond und dem Feuer unterschieden werden und in jeweils mehrere *kul* unterteilt sind. Der *kul* – ebenfalls mit Familie im weitesten Sinne zu übersetzen – ist die bestimmende Einheit für die Identität eines Rajput. Sie ist eher weitgefaßt und umfaßt eine Vielzahl von Familien oder in unserem Sprachgebrauch Lineages über viele Generationen und Hunderte von Jahren. Alle Mitglieder leiten sich von einem gemeinsamen heroischen Vorfahren her und verehren die gleiche Familiengottheit *kuldevi*[11], die diesem Vorfahren einst im Kampf Beistand leistete. Ein *kul* ist durch Abstammung und nur eingeschränkt durch Lokalität definiert. Zu ihm gehören „ausgewanderte" Familienzweige innerhalb und außerhalb Rajasthans auch dann, wenn sie einem Staat oder Herrscher mit anderer *kul*-Zugehörigkeit dienten.

Aus Sicht der führenden Lineages ist der *kul* exogam – für sie kommt unabhängig von seiner Residenz kein Mann mit gleicher *kul*-Zugehörigkeit als Ehepartner einer Tochter infrage. Bei den „kleinen Brüdern" dagegen scheinen Ehen innerhalb eines *kul* zwischen den Nachkommen verschiedener „Zweige" *shakh*[12] möglich, während diese selbst wie auch alle ihr angehörigen Familien, die als *nak* – „Zweigspitzen" bezeichnet werden – streng exogam sind. Diese Grundregel wird durch zusätzliche Vorschriften qualifiziert: Heiraten sind nur möglich, wenn das *sapinda*-Prinzip nicht verletzt wird, das von einer Gleichheit von Körperpartikeln bei direkten oder indirekten Verwandten ausgeht. Eine solche Stoffgleichheit wird dann angenommen, wenn in den letzten sieben Generationen in der väterlichen und den letzten fünf Generationen in der mütterlichen Linie verwandtschaftliche Beziehungen nachweisbar sind[13]. Bei den Rajput-Klanen kommt außerdem das Gebot der Klanhypergamie zum Tragen, das vorschreibt, daß die Töchter möglichst höher verheiratet

Abb. 48 Bäuerin bei der häuslichen Arbeit, Sikar-Gebiet

Abb. 49 Mina-Frauen tanzen zu Holi, dem von allen Bevölkerungsschichten begangenen Frühlingsfest, Salumbar 1984

werden müssen. Dies begrenzte die Auswahl an möglichen Heiratspartnern für Töchter aus hohem Hause erheblich.[14]

Erfüllen die zukünftigen Ehepartner alle diese Regeln und können sich die Eltern auf eine Mitgift einigen, haben Horoskope das letzte Wort. Nur wenn diese in mindestens achtzehn Punkten übereinstimmen, können die Eltern sicher sein, daß sie ihrerseits alle Voraussetzungen für eine glückliche Zukunft ihrer Kinder geschaffen haben. Die Verhandlungen über die Heirat und die finanziellen Aspekte der Mitgift werden von Vertrauten der Familie geführt, im dörflichen Raum oft unterstützt durch den Friseur, der bei Bedarf auch das Amt eines Brautwerbers ausfüllt. Erfolgreiche Verhandlungen[15], ja selbst eine Verlobung, garantierten auch früher nicht die Durchführung der Hochzeit: In den Jahren 1890 und 1900 waren beim Zivilgericht in Jodhpur 209 Fälle wegen Bruchs des Verlobungspaktes anhängig[16], in den meisten Fällen auf „bessere" Mitgiftangebote zurückgehend[17].

Die Hochzeitszeremonien umfassen verschiedene Stadien, an denen die Braut nur zu einem kleineren Teil beteiligt ist. Bereits einige Zeit vor der Hochzeit wird eine Verlobungszeremonie, bei der Ganesha beopfert wird, unter dem Beistand eines Brahmanen im Haus des Bräutigams durchgeführt. Der Brautvater schickt dazu Geschenke wie Früchte, Kokusnuß und Süßigkeiten. Die Braut ist nicht anwesend.

Sie tritt erst bei der eigentlichen Hochzeit auf und begegnet dabei zum ersten Male ihrem Ehemann[18]. Bekeidet ist sie mit einem in glücksverheißendem Rot gehaltenen Kleid von rajasthanischem Zuschnitt. In der Adelsklasse ist es die Aufgabe des Bräutigams, die Kleidung und den Schmuck, den die Braut an diesem Tage trägt, zur Verfügung zu stellen[19]. Hände und Füße der Braut werden mit *henna* gefärbt, rotes *sindur* schmückt ihren

Scheitel, während reicher Kopfschmuck. Nasenschmuck, Ohr- und Halsschmuck, Handschmuck und Fuß- und Oberarmringe ihre Erscheinung vervollkommnen. Am Handgelenk zu tragende Armreifen von vorzugsweise roter Farbe, die ihr von den weiblichen Verwandten vor der Hochzeit angesteckt werden, belegen bereits ihren zukünftigen Status als Ehefrau.

Während die Frauen der Familie eine Hochzeit zum Anlaß nehmen, um selbst wertvoll gekleidet und geschmückt aufzutreten, ist Schmuck und Kleidung der Braut bei ihrem ersten Auftritt weitgehend unter einem besonderen Heiratsschleier verborgen.

In hohen Familien beginnt der Hochzeitszug des Bräutigams, von männlichen Verwandten begleitet, am Haus des Klanoberhaupts. Zwar sind die prunkvollen Prozessionen mit reichgeschmückten Elefanten und Pferden, mit denen in früherer Zeit rajputische Herrscher ihre Königin abholten, Vergangenheit. Einzelne Traditionen haben sich jedoch erhalten. Dazu gehört das Tragen eines safranfarbigen Turbans, je nach Familie mit echtem oder Talmi-Schmuck versehen, und das traditionelle Gewand, zu dem auch das an der Seite getragene Schwert gehört. So angetan, besteigt der Bräutigam kurz vor dem Haus der Braut ein Pferd oder gelegentlich auch heute noch einen gemieteten Elefanten, um reitend am Hause anzukommen und mit seinem Schwert – oder auch einem Zweig – symbolisch den *toran*, ein über der Tür angebrachtes Ornament, zu berühren und so Einlaß zu verlangen.

Die wichtigste Zeremonie, die zu einer nach dem Horoskop bestimmten Stunde, u.U. auch mitten in der Nacht, durchgeführt wird, ist die Feuerzeremonie. Die Handgelenke des Brautpaares werden unter Intonation der entsprechenden Mantras von einem Bramanen-Priester mit einer Schnur verbunden, die den neugeschlossenen Bund symbolisieren. So verbunden umwandelt das Brautpaar bis zu sieben Mal das Feuer, wobei zunächst die Braut und dann der Bräutigam die Führung übernimmt. Die Frau ist zu einer *pativrata* geworden, zu einer, die dem Mann – oder dem Gott – durch ein Gelübte verbunden ist. In einer weiteren Zeremonie wird die Frau von dem Vater förmlich „übergeben“ und nimmt anschließend Abschied von ihrer bisherigen Familiengottheit *kuldevi*, die sie von jetzt ab nur als *ishtadevata* – als persönliche Gottheit – weiterverehren kann, von den Ahnen und den Satimatas ihrer Familie, die ihren Weg bis hierhin beschützten. Mit der Hochzeit ist die Verantwortung für die Tochter an den Bräutigam und seine Familie übergegangen.

Nach Beendigung der Zeremonien und dem daran anschließenden Hochzeitsmahl folgt die Braut dem Mann in sein Heim. Dies ist der Grund, warum fast alle jungen Frauen dem Tag ihrer Verheiratung mit gemischten Gefühlen entgegensehen: Sie werden nicht nur ihre Familie, sondern auch ihr soziales Umfeld verlassen und in den meisten Fällen in der neuen Familie auf sich allein gestellt sein[20]. Da Heiraten oft zwischen weit entfernt beheimateten Partnern arrangiert werden, müssen sich Rajput-Bräute nicht nur auf eine neue Familie, sondern oft auch

Abb. 50 H.H. Maharao Brijraj Singh of Kotah mit Gemahlin bei der Diwali-puja im alten Palast von Kota. Die Eheleute wurden vom Priester durch ein Band verbunden. 1994

auf eine andere Landschaft, einen anderen Dialekt und andere lokale Bräuche einstellen. Als Ehefrau werden sie von jetzt an *parda*[21] einhalten, werden im dörflichen Rajasthan z.B. nicht unverhüllt die Straße betreten und aus Respekt vor Schwiegermutter und Älteren auch im Haus den Kopf bedeckt halten. Im allgemeinen Bewußtsein geht die Tradition der Verschleierung auf die Einfälle kriegerischer muslimischer Banden zurück, die vor Belästigungen schöner junger Frauen nicht zurückschreckten. Der Schleier, der ihre Schönheit verhüllte und Schutz vor Belästigungen bieten sollte, wurde im Laufe der Zeit sowohl zu einem Symbol für die Tugendhaftigkeit der Frauen als auch für die Ehre ihrer Männer.

Abb. 51 Frauen bei der Gestaltung und Beopferung von Govardhana-Figuren aus Dung am Tag nach Diwali, Ketthun, nahe Kota, 1994

Frau sein – Witwe werden

Kurz nach der Ehe kehrt die junge Frau nochmals in ihr Elternhaus zurück, um dann endgültig zum Ehemann überzusiedeln. Weitere Besuche sind abhängig vom Wohlstand ihrer neuen Familie und von den zurückzulegenden Entfernungen. Als wünschenswert gilt eine Rückkehr ins Elternhaus zur Geburt des ersten Kindes.

Das weitere Leben einer Frau wird weitgehend durch die Struktur des Haushalts[22] bestimmt, in den sie hineinheiratet: In bäuerlichen Familien ist es ihre Aufgabe, den Haushalt zu versorgen, Wasser zu holen, zu kochen und sämtliche anfallenden Arbeiten „in Haus und Hof" zu erledigen. Zusammen mit den anderen Frauen versorgt sie in bäuerlichen Haushalten die Kleintiere, mahlt Hirse zu Mehl und bereitet in reichen Jahren eine Vielzahl von getrockneten Gemüsen für Notzeiten vor. In Familien, die ihr *dani*, ihr „Landgut", nicht mit Hilfe von Landarbeitern bestellen, arbeitet die Frau auch in der Landwirtschaft mit: Sie säht hinter dem Pflug, mit dem der Mann den Boden lockert und ist oft unentbehrlich bei der Ernte, beim Schneiden der Hirse, beim Worfeln des Getreides, beim Einbringen des für die Viehhaltung unverzichtbaren Strohs. Frauen der unteren Kasten – aber auch der Ureinwohner – verdienen sich ein Zubrot durch das Sammeln von Holz oder das Hüten der den Bauern gehörenden Rinder. Andere Frauen unterstützen ihre Männer im Handwerk. Man sieht sie beim Spinnen und Weben, beim Stoffdruck und beim Auswaschen gefärbter Stoffe oder – in der Kaste der Wanderschmiede – sogar bei Schmiedearbeiten mit dem großen Vorschlaghammer hantieren. In dörflichen Regionen sind Brunnen und die lokalen Tempel Treffpunkte der Frauen, die hier die Neuigkeiten des Tages besprechen.

Dieses relativ harte dörfliche Leben, in dem jedem traditionell je nach Kaste ein bestimmter Platz zugewiesen war und teilweise noch ist[23], wird im Jahresverlauf durch eine Anzahl von Festtagen unterbrochen, an denen Frauen aus den Dörfern mit ihren Familien oder in Frauengruppen zu den Tempeln der Umgebung gehen, um ihre Opfer darzubringen oder um – beim Besuch lokaler Jahrmärkte – Abstand vom Alltag zu bekommen. Dies sind die Gelegenheiten, in denen die Dorffrauen ihren kostbarsten Schmuck und ihre besten Kleider anlegen. Zwei Feste sind für Frauen von besonderer Bedeutung: das Frühlingsfest *tij* und *gangaur*, die Prozession und das Bad der Göttin Parvati. Beim *Tij*-Fest wird die Sonne als Spenderin und Symbol der Fruchtbarkeit verehrt[24].

Die Einhaltung einer vollständigen *parda* wurde bis in die erste Hälfte unseres Jahrhunderts von den Frauen hochstehender Familien erwartet. *Parda* bedeutete für sie nicht nur Verschleierung immer dann, wenn sie mit der Außenwelt oder mit älteren männlichen Familienmitgliedern in Berührung kamen, sondern vollständige Abschirmung nach außen.

Junge Frauen, die an einen Herrschersohn verheiratet wurden, hatten mit ihrem Ehemann auch dessen weitere Frauen, die Schwiegermutter und andere im Haushalt lebende Frauen und deren Kinder „mitgeheiratet", die fortan ihre Lebensgemeinschaft in der *zenana*, den Frauengemächern, bildeten[25].

An den Königshöfen bestand die *zenana* aus weitläufigen Gemächerfluchten, mit Innenhöfen, Gärten und Springbrunnen oder Teichen, mit Räumen für die persönlichen Bediensteten und mit eigenen Küchen zur Herstellung besonderer Speisen. In den kleineren Stadtpalästen waren es oft nur wenige, auf einer gesonderten Etage untergebrachte Zimmer mit vorgelagerten Terrassen. Die *zenana* zu einem Ausflug oder zur *puja* in einem öffentlichen Tempel zu verlassen, verlangte größere Vorbereitungen[26], die sicherstellten, daß durch verhängte Sänften oder Kutschen und in unserem Jahrhundert durch verschleierte Wagenfenster die Privatsphäre der Frauen jederzeit sichergestellt war. Dies galt auch, wenn Reisen unternommen wurden oder die Damen an einer Jagd teilnahmen – immer mußten dabei die Prinzipien des Protokolls und des *parda* eingehalten werden[27]. Dies bedeutete nicht, daß Frauen keinen Anteil am öffentlichen Leben oder an öffentlichen Festen hatten. Steinernes oder hölzernes Gitterwerk, *jali*, das die Fensternischen und Balkone der

Abb. 52 Dörflicher Umzug beim Ghas Bavaji-Fest (zeitgleich mit Govardhana), bei dem ein schwerer, bemalter Steinbrocken von Stieren um das Dorf gezogen wird. Kota-Distrikt 1994

Frauengemächer verkleidete und ebenso gestaltete Durchbrüche mit Blick in den großen Durbar-Saal und in andere Teile der *mardana*, dem öffentlichen, den Männern vorbehaltenen Teil der Paläste, erlaubte es den Frauen, die Durbar-Sitzungen zu beobachten und den Diskussionen zu folgen. Über laufende Staatsgeschäfte informiert zu sein, galt zumindest für die erste Rani oder die Mutter eines erstgeborenen Sohnes als unverzichtbar, mußte oder wollte sie doch beim Tod des Herrschers den Staat stellvertretend für ihren möglicherweise noch minderjährigen Sohn leiten[28]. Nach dem gleichen Prinzip nahmen die Frauen der *zenana* an großen Festen oder Prozessionen teil. Das wohl berühmteste Bauwerk in diesem Zusammenhang, der Palast der Winde in Jaipur, ist eine reine Kulissenarchitektur, dessen Zweck es war, den Frauen des Herrscherhauses die Beobachtung von Festivitäten und Prozessionen zu ermöglichen.

In unserem Jahrhundert ist *parda*, von der Oberschicht ausgehend, mehr und mehr gelockert worden[29]. Nur noch wenige alte Damen halten die traditionellen Prinzipien weiter aufrecht, während die jüngeren *parda* eher als ein für ihr Selbstverständnis wesentliches Prinzip betrachten, das je nach Anlaß und Ort modifiziert werden kann. Viele Frauen sehen sich heute in einer Art „inneren *parda*", die sich beispielsweise darin ausdrückt, daß sich Rajput-Frauen nicht gesellschaftlich mit anderen vermischen.

Die Stellung einer jeden Frau festigt sich mit der Geburt des ersten Kindes und in besonderem Maße mit der Geburt des ersten Sohnes. Die Geburt von Söhnen war vor allem in den Herrscherfamilien von größter Wichtigkeit, konnte sie doch die Stellung einer zweiten oder dritten Frau gegenüber den anderen Ranis wesentlich verstärken[30].

Blieb eine Ehe über längere Zeit kinderlos oder wurden nur Mädchen geboren, wurde dies in aller Regel der Frau angelastet. Wo immer wirtschaftlich möglich, wurde in einem solchen Fall vom Mann eine Zweitheirat erwartet, wobei die Zustimmung der ersten Frau notfalls durch gesellschaftlichen und wirtschaftlichen Druck herbeigeführt wurde[31].

Schon etwa zwei Monate vor einer Geburt wird von einer Frau nicht mehr erwartet, daß sie mehr als Routine-Arbeiten im Haushalt erledigt. In dieser Zeit verläßt sie nur noch in Notfällen das Haus. Bei der Geburt selbst wird sie von einer dörflichen Hebamme und den älteren Frauen unterstützt. Bei Rajput-Frauen wurde früher ein Schwert oder ein metallener Gegenstand unter die Lagerstatt gelegt, um böse Einflüsse fernzuhalten. Nach den mit der Geburt verbundenen Zeremonien, darunter die Namensgebung, tritt die Mutter nach der Geburt des ersten Kindes mit einer gelbgepunkteten *odhani* an die Öffentlichkeit, die ihren neugewonnenen Status symbolisiert. In der Folgezeit wird sie ihre Kraft unter anderem darauf richten, Schaden jeglicher Art vom Kind abzuwenden. Durch *pujas* und Opfer an die Gottheiten sowie durch Amulette aus unedlen Metallen und anderen Accessoirs, die das Kind nicht verschönen, sondern seine Schönheit verbergen sollen, sucht sie das Kind vor Krankheit und vor magischen Praktiken wie dem bösen Blick zu schützen.

Mit zunehmendem Alter wächst eine junge Frau in größere Verantwortung hinein. Ist die Schwiegermutter verstorben oder lebt sie in einem Kleinfamilienhaushalt, hat sie in ländlichen Regionen zwar kaum eine Alternative zu einem Leben als Frau und Mutter – eine Scheidung ist hier zumeist undenkbar[32] – aber doch Entscheidungsfreiheit im Haushalt und Mitsprache bei den Feldarbeiten, an denen sie beteiligt ist. Wird sie als Ehefrau und Mutter von Söhnen alt, hat sie darüberhinaus die Möglichkeit, im Alter nicht nur von Schwiegertöchtern entlastet zu werden, sondern auch einem größeren Haushalt vorzustehen. Dies ist oft selbst dann der Fall, wenn junge Söhne zu einer Ausbildung oder von Berufs wegen in der Stadt leben, ihre jungen Frauen aber im Haus der Mutter zurückbleiben.

Stirbt eine Frau vor ihrem Mann, wird sie als glücklich und gesegnet gepriesen. Bleibt sie jedoch als Witwe zurück, sollte nach übereinstimmender Auffassung ihr weiteres Leben von Hingabe an die Götter, von Enthaltsamkeit und Keuschheit geprägt sein[33]. Die Armreifen, die sie als Ehefrau ausgewiesen haben, werden zerbrochen, die Halskette zerrissen, die farbigen Kleider gegen „Unfarben" wie Weiß- und Beigetöne und bestimmte matte Grün- und Blautöne getauscht. Mit der Witwenschaft hat sie ihre glücksverheißende Ausstrahlung eingebüßt, wird kein *henna* mehr auflegen und zukünftig auch nicht mehr an Festen, Hochzeiten oder ähnlichem teilnehmen. Für das Ableben ihres Mannes wird sie oft direkt oder indirekt durch Verfehlungen in diesem oder einem früheren Leben verantwortlich gemacht.

Ihr tatsächlicher Status innerhalb ihrer Familie ist abhängig von dem Verhältnis, das sie im Laufe ihres Lebens zu den Angehörigen aufbaute. In manchen Haushalten ist sie als Witwe wenig mehr als eine Magd, der niedrigste Küchenarbeiten zugewiesen werden, während anderswo die Verehrung für die Mutter den Tod des Vaters überdauert. Während ein verwitweter

Abb. 53 Frauen am Badebecken in Galta, nahe Jaipur

Abb. 54 Terrassengarten mit Bäumen, Teichen oder Springbrunnen. Hier der Blick in einen Innenhof im Palast von Udaipur

Mann sich wiederverheiraten kann, ist eine Witwenheirat für eine Frau der höheren Kasten praktisch ausgeschlossen. Prekär ist eine Witwenschaft vor allem für junge Frauen, deren Ehemann früh verstorben ist und sie ohne Kinder zurückgelassen hat, oder für Mädchen, die in einer Kindehe verheiratet wurden und bereits Witwe wurden, bevor die Ehe überhaupt vollzogen wurde[34]. Nur untere Kasten erlauben in diesem Fall eine Witwenheirat oder die Bruderehe – die Verbindung der Witwe mit einem Bruder oder nahen Verwandten. Sexuelle Beziehungen sind dabei solange sanktioniert, bis aus dieser Verbindung ein Sohn als Nachfolger des Verstorbenen hervorgegangen ist.

Nach allgemeiner Auffassung kann eine kinderlose Frau nicht das Erbe ihres Mannes antreten. Während Herrscherfamilien ihre Ranis oft mit einem Lehen ausstatteten, über dessen Erträge die Frauen selbst bestimmen konnten, sind Frauen aus anderen Schichten Zeit ihres Lebens auf die Zuwendung der angeheirateten Familie angewiesen. Auch mit dieser sozialen Situation wird erklärt, daß Witwen in früherer Zeit oft den Feuertod bei der Kremation ihres Mannes einem freundlosen Weiterleben vorzogen.

Sati – Das Ideal der „guten Frau“

Die rajputischen Kasten verstanden sich jahrhundertelang als Beschützer, ja als Ernährer derjenigen, über die sie herrschten. Ehren- und heldenhaft war es aus ihrer Sicht nicht nur, neue Länder zu erobern und zu unterwerfen, ihr ausgeprägtes Ehrgefühl verlangte auch, jederzeit zur Verteidigung dieser Länder bereitzusein und vor allem, im Falle einer Verteidigung von Land und Familie dafür bis in den Tod zu kämpfen. Der Heldenmut, der sie befähigte, auch in aussichtsloser Situation, den Kopf in einen safran-farbenen Turban gehüllt und den sicheren Tod vor Augen, das Schlachtfeld zu betreten, wird bis heute in den Lobgesängen der Barden und Charans ebenso überliefert wie die besondere Kraft, die es Kriegern ermöglichte, mit bereits abgeschlagenem Kopf weiterzukämpfen und Feinde mit in den Tod zu nehmen. Mut und Opferbereitschaft *saka*[35] sind bis heute Maximen, die das Selbstverständnis der Rajputen in besonderem Maße prägen. Dem Bild des heldenhaften, opferbereiten Mannes steht das Ideal der „guten Frau" gegenüber, der Sati[36], was soviel heißt wie „gut-sein" oder „Charakter haben". Abgeleitet ist der Begriff von *sat*, Kraft oder Stärke, und umschließt Eigenschaften wie Treue, Tugend, Hingabe und Opferbereitschaft, die vor allem Rajput-Frauen zugeschrieben werden.

Abb. 55 Unübliche weibliche Wächterfiguren mit Schwert und Schild. Wandrelief an einer Fensterseite im Palast in Udaipur

Bekannter ist der Begriff *sati* als Bezeichnung für die Witwenverbrennung, womit die Selbstverbrennung einer Witwe auf dem Scheiterhaufen ihres Mannes gemeint ist. Angewendet wird der Begriff sowohl auf Frauen, die so ihr Leben beenden und als Satimata weithin Verehrung erfahren, als auch für den Akt der Verbrennung selbst.

Der Brauch der Witwenverbrennung hat mehr als alles andere in den vergangenen 250 Jahren die Gemüter innerhalb und außerhalb Indiens erregt. Die Frage, ob es sich dabei um einen durch die religiösen Schriften sanktionierten, in vedische Zeiten zurückreichenden religiösen Ritus handelt[37], dem der verfassungsmäßig verbriefte Schutz der Religionsfreiheit gebührt, oder um einen nicht sanktionierten Sebstmord oder vielleicht sogar Mord, hat bis in die jüngste Vergangenheit zu heftigen Kontroversen geführt[38]. Hier soll uns weniger die Interpretation der verschiedenen Texte interessieren als vielmehr die Frage, welche Vorstellungen und Werte dazu beigetragen haben, daß ein solches Ende für eine Vielzahl von Frauen überhaupt denkbar wurde und was ihre Transformation zu einer *satimata* – einer mit göttlichen Kräften ausgestatteten Schutzpatronin, die weit über den anderen Ahnen einer Familie rangiert – ausmacht.

Um das bei der Hochzeit eingegangene Gelübde, das aus einer Frau eine *pativrata* macht, vorbehaltlos zu erfüllen, braucht eine Frau *sat*, Kraft, die sie als Rajput-Tochter zu einem Teil ererbt und im Verlaufe ihres Lebens, durch Opferbereitschaft, Pflichterfüllung und Hingabe an den Mann immer mehr entwickelt und anhäuft. Zu ihren Pflichten als *pativrata* gehört die Sorge um das leibliches Wohl des Mannes ebenso wie die rituelle Fürsorge, die durch *pujas* und Fasten Gesundheit und Wohlbefinden des Mannes sicherstellt. Dazu gehört weiter die Sorge um den Erhalt seiner Ehre und seines Status und die Fürsorge für sein Wohlbefinden selbst nach dem Tod.

Die Ehre eines Mannes wird in ganz besonderer Weise als mit der Tugend und Treue seiner Frau verbunden gesehen. Während Rajput-Männer für ihre Virilität gerühmt werden und es an jedem Hof neben den offiziellen Frauen immer auch Konkubinen und deren Kinder gab, wäre Untreue für eine jede der Frauen undenkbar.

In der Vorstellung eines Rajputs bezieht sich die Forderung nach der Treue einer Frau nicht nur auf die Dauer der eigentlichen Ehe, sondern umschließt auch ihr vor- und nacheheliches Leben[39]. Untreue und Unkeuschheit in jeder Form, ob vor,

Abb. 56 Sati-Hände an einem Portal des Mehrangarh Forts in Jodhpur. Die aus Stein geformten und in die Wand eingelassenen Hände erinnern an diejenigen Ranis, die ihren Männern auf den Scheiterhaufen folgten. Die Berührung dieser Hände gilt vielen Frauen bis heute als glücksverheißend und segnend.

während oder nach der Ehe, gewollt oder erzwungen, gilt nicht nur als ehrverletzend, sondern als entkräftigend für die ganze Familie bzw. Linie. Dieser absoluten Forderung nach Treue und Keuschheit wird nicht zuletzt die früher weitverbreitete Institution der Kinderehe[40] zugeschrieben, mit der die Väter die Verantwortung für die Sexualität der Töchter schon lange vor der Pubertät auf den Ehemann übertrugen. Sie kommt heute praktisch nicht mehr vor. Noch immer aber wird erwartet, daß eine Frau unberührt in die Ehe geht.

Als weitere wichtige Eigenschaft gilt Opferbereitschaft. Zwar griffen Frauen nur in Ausnahmefällen in Kampfhandlungen ein[41], Opferbereitschaft zur Erhaltung der Mannesehre wurde dennoch von ihnen erwartet. Als eines der ergreifensten Beispiele wird immer wieder Padmini, die schöne Rani des Herrschers von Chittorgarh gerühmt, weil sie nicht nur durch ihre Klugheit ihren Mann aus der Gefangenschaft des Sultans Alau'd-Din Khilji befreite, sondern bereit war, sich mit 30 000 anderen Frauen und Kindern auf einem riesigen Scheiterhaufen in den Gewölben des belagerten Forts zu verbrennen. Dies geschah, als der gleiche Sultan, erbost über ihre List und entflammt von ihrer Schönheit, Chittorgarh belagerte. Ein Entrinnen war ausgeschlossen. Durch das Opfer der Frauen, *johar* genannt, wurden die Männer frei für den Kampf bis in den Tod und konnten in dem Bewußtsein sterben, daß ihre Ehre nicht nach ihrem Tode dadurch beschädigt wurde, daß ihre Frauen in die Hände des Feindes fielen. So gelang es zwar dem Sultan, die Rajputs entscheidend zu schlagen und Chittorgarh einzunehmen, sein eigentliches Ziel, die Gewinnung von Padmini – gleichbedeutend mit der absoluten Entehrung ihres Mannes –, erreichte er jedoch nicht. Padmini verbrannte nicht auf dem Scheiterhaufen ihres Mannes, sondern starb – ebenfalls durch Feuer – bereits zu seinen Lebzeiten. Im Bewußtsein der Frauen lebt sie dennoch als *sati* weiter, als Frau, die sich für die Ehre ihres Mannes opferte.

Obwohl es weitere Beispiele für *johar* gibt, war es nur wenigen Frauen vergönnt, ihre Stärke auf so unvergeßliche Art zu beweisen. Die meisten Frauen dürften mit dem Tod ihres Mannes in ihrem Heim konfrontiert worden sein, von wo entweder sein Leichnam nach entsprechenden Vorbereitungen zum Kremationsplatz getragen oder an dessen Stelle sein Turban oder ein Paar seiner Schuhe verbrannt wurden. Mit dem Tod des Gatten konfrontiert, konnten diese Frauen ihre unverbrüchliche Hingabe und Treue beweisen, indem sie ein weiteres Gelübde ablegten, nämlich, sich mit dem Leichnam ihres Mannes verbrennen zu lassen. Aus der *pativrata*, der hingebungsvollen Ehefrau, wurde eine *sativrata*. Es war dies ein Schritt, den nach Meinung aller Informanten keine Frau tun konnte, die nur ein normales Maß an *sat* besaß, sondern nur eine, die sich bereits auf diesen Schritt vorbereitet und die Kraft, die jetzt aus ihr hervorbrach, im Laufe ihres Lebens akkumuliert hatte.

Der Übergang von einer *pativrata* zu einer *sativrata* und schließlich einer *Sati* bzw. *Satimata* wird als Prozess, als Trans-

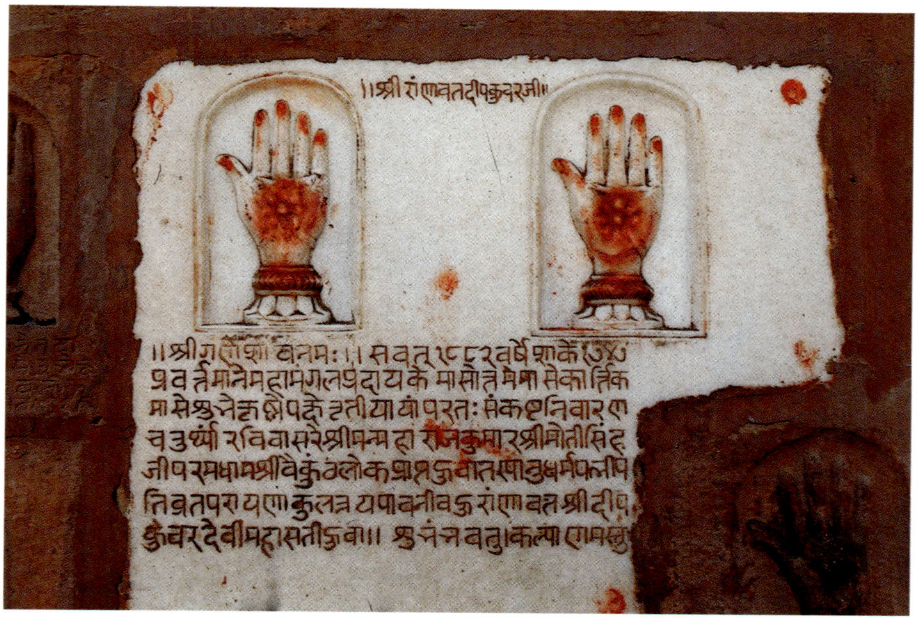

Abb. 57 **Sati-Hände neben dem Haupteingang zum Palast in Bikaner. Sie erinnern an die Satimata Sri Dip Kunvar Devi, die mit ihrem Gemahl, Shriman Maharajkumar Moti Singhji 1825 verbrannte. Sie war die letzte Satimata aus diesem Herrscherhaus, ihre „heroische Ausstrahlung" bei ihrem letzten Gang wurde weithin gerühmt.**

formation beschrieben. Das Gelübde abgelegt, kommt die besondere Kraft der Frau zum Tragen: Sie ist wie verwandelt, Herrin der Situation, unbeirrbar in ihrem Entschluß und durch irdische Mittel nicht mehr umzustimmen. So wird die besondere Aura beschrieben, die sie umgibt, wenn sie sich anstatt zu wehklagen mit ihrem Hochzeitsgewand schmückt, den Hochzeitsschmuck anlegt und Hände und Scheitel mit *sindur* färbt, wenn sie die Hitze eines Feuers oder einer Kerze nicht mehr spürt und schließlich dem Trauerzug voranschreitet – nicht als Witwe, sondern als Braut, die der erneuten Vereinigung mit ihrem Mann freudig entgegensieht. Zum Idealbild der *sati* – auf vielen Bildern und heute auch Fotomontagen dargestellt – gehört, daß sie sich auf dem vorbereiteten Holzstoß niederläßt, den Kopf ihres Mannes – oder seinen Turban – in den Schoß gebettet, und mit der Glut, die von ihr ausgeht, den Holzstoß selbst in Brand setzt und schließlich mit einem Lächeln und heiligen Sprüchen auf ihren Lippen stirbt.

Als Lohn für ihre Hingabe versprechen die Schriften einer Sati, daß sie gemeinsam mit ihrem Gatten in den Himmel eingehen und dort für ebenso viele Jahre, wie sie Haare am Körper hat, glücklich leben wird. Durch ihre Tat hat sie also jegliches schlechte *karma*, das sie oder der Mann in ihrem Leben ansammelten, aufgehoben. Durch ihr Opfer erreicht sie die unmittelbare Wiedervereinigung mit dem Gatten, den sie zu Lebzeiten wie einen Gott verehrt hat – das wesentliche Ziel auch der Gottzugewandheit der Witwen, allerdings bezogen auf ein zukünftiges Leben. Darüberhinaus gilt ihre Tat als segensreich für die beiden Elternfamilien für mindestens zwei Generationen[42]. Bereits als *sativrata* werden einer Frau diejenigen Kräfte zugeschrieben, die ihr nach dem Tod den Rang einer verehrten Mutter und Schutzpatronin der Familie sichern: Ihre Kraft versetzt sie in die Lage, zu verfluchen oder zu segnen und durch Gebote[43], denen eine Wirkung von mindestens sieben Generationen zugeschrieben werden, ihr Andenken zu bekräftigen bzw. die Mitglieder ihrer Familie zu „disziplinieren“.

Die Namen der einzelnen Satis wurden nur in seltenen Fällen über viele Generationen weitergegeben, ebenso beruhen Angaben über ihre tatsächliche Anzahl im Mittelalter auf reiner Spekulation. Selbst die Identität der Ranis, die mit einem Herrscher das Feuer teilten, bleibt oft im Dunkel, während ihre Anzahl als Zeichen seines Status überliefert wird.

Von wenigen Ausnahmen abgesehen ist die Verehrung deshalb eher kollektiv als individuell. Dies gilt für ihre Darstellung auf sog. Helden- oder Satisteinen ebenso wie für die Handabdrücke, die viele Satis mit ihren Henna-roten Händen neben der Eingangstür zu einem Gehöft hinterließen. An diesen Stelle finden sich an Portalen und Durchgängen oft später in Stein gearbeitete Hände, die bei *pujas* immer wieder rot eingestrichen und zu festlichen Anlässen dekoriert werden. Die Verehrung gilt hier nicht einer individuellen Sati, sondern die Gesamtheit der Satimatas einer Familie oder auch eines *kul.* Sie verschmolzen über die Generationen zu einem Satibild, das alle Züge einer häuslichen Schutzgöttin trägt: Von ihnen kann Segen gewährt werden, Opfer und Verehrung kann ihre Hilfe sicherstellen, sie können aber auch bei Fehlverhalten strafen. Generell sieht man sie als positive Schutzpatronin vor allem der Frauen und der Familie, die Einzelnen im Traum erscheint, um sie zu warnen oder auf bevorstehendes Unglück vorzubereiten[44].

Die Geschichten um die Wirksamkeit der Gebote oder auch Flüche, die Satis vor ihrem Tod aussprochen haben, sind unzählig. So wird als Grund für die Tatsache, daß dem Hofe von Mewar-Udaipur über sieben Generationen kein männlicher Nachkomme geschenkt wurde und alle Thronfolger adoptiert werden mußten, der Fluch einer Sati genannt[45].

Abb. 58 Bild der schon zu Lebzeiten als Satimata verehrten Balaji. Neben dem Haus in Balara, in dem sie wirkte und das zu ihren Lebzeiten Hilfesuchenden offenstand, wird sie heute in einem Tempel verehrt und besonders von Frauen um Hilfe gebeten.

Aus Verehrung wird der genaue Farbton ihres Hochzeits- und Todeskleides von den zukünftigen Bräuten der Familie gemieden, Gebote werden, wenn nicht dem Buchstaben, so doch dem Geist entsprechend vielfach bis heute eingehalten und für viele Frauen ist es selbstverständlich, vor einer Reise oder nach der Heimkehr auch der Satimata ihren Respekt zu erweisen.

Auch früher starben bei weitem nicht alle Rajput-Frauen, die ihren Ehemann überlebten, als Sati, sei es, weil ihre Kraft nicht ausreichte, oder weil sie schwanger waren oder kleine Kinder zu betreuen hatten. Ihr Leben glich in einem solchen Fall dem anderer Witwen: Abgewand von allem weltlichen Dingen, wurde erwartet, daß sie sich vor allem der Gottesliebe hingaben, um dadurch ihre Fürsorgepflicht für den Mann weiter nachzukommen. Während eine Sati schon auf ihrem letzten Gang der Verehrung ihrer Familie und der Umwelt sicher sein konnte, waren die Witwen ausgegrenzt, manchmal verachtet oder geschmäht. Auf das notwendigste reduziert, hatte ihr Leben viele asketische Züge. Das Ziel dieser Askese aber war auch hier nicht ihre eigene Erlösung, sondern die des Ehemannes und eine möglichen Vereinigung mit ihm in einem späteren Leben.

Die Witwenverbrennung wurde von den englischen Kolonialherren für ihr Gebiet bereits 1783 als besonders grausamer Ritus verboten. Während für Rajasthan keine genaueren Zahlen vorliegen, hatten die Fälle von Witwenverbrennung in Benares, Bengalen und vor allem im Umfeld von Kalkutta in dieser Zeit erschreckend zugenommen und es kann als sicher angenommen werden, daß nicht alle Fälle auf einer freiwilligen Entscheidung der Frauen beruhten[46].

In Rajasthan wurde das Verbot der Witwenverbrennung ab 1846 wirksam[47], zunächst jedoch mit geringem Effekt. Heute vertreten viele Rajput-Frauen die Ansicht, daß es nicht mehr opportun wäre, Sati zu werden, weil man damit der Familie nicht helfe, sondern schade. Dennoch verehren sie weiter die Satimatas ihrer Familie. Als Beweis, daß die besondere Kraft *sat* auch heute noch bei Rajput-Frauen zu finden ist, sehen sie die Beispiele der lebenden Satimatas, Frauen, denen nicht erlaubt wurde, mit ihrem Mann verbrannt zu werden. Sie waren nach dem Tod des Mannes so von Kraft und Hingabe durchdrungen, daß sie aufhörten, „Frauen" zu sein. Sie hatten keine irdischen Bedürfniss mehr und waren schon zu Lebzeiten in der Lage, Segen zu spenden.

Es sind bei weitem nicht nur dörfliche Frauen, die Satis verehren und als Beispiel für die besonderen Werte und die Kraft der Frauen verstehen. Auch Frauen der städtischen Mittelschicht oder des Adels, auf Höheren Schulen erzogen, zeigen Erfurcht vor einer solchen Entscheidung. Es mag dahingestellt bleiben, ob diese Ehrfurcht auf lebenslanger Indoktrination beruht, es mag sogar dahingestellt bleiben, ob die Fälle von Sati in heutiger Zeit

Abb. 59 Zeitgenössische Darstellung der Satimata, die 1957 in Jodhpur ihrem Gatten Brigadier Jubbar Singh folgte. Dargestellt ist sie als schöne und reichgeschmückte Braut neben ihrem verstorbenen Gatten in einer aufrechten, von den Flammen unbeirrten Pose, verehrt von Sohn und Freundinnen. Im oberen Bildteil das Ehepaar vereint unter einem Chattri, zu jeder Seite göttliche Gestalten, während rechts Ramdev ins Bild reitet. Ganz am Bildrand die Portraits der beiden Herrscher von Udaipur und Jodhpur, über deren Familien sie durch ihren Tod Segen für mindestens zwei Generationen brachte. Diese Satimata wird bis heute in einem kleinen Tempel in Jodhpur verehrt.

weniger einem freien Entschluß als wirtschaftlichem Kalkül und massivem Druck der Verwandten, vielleicht sogar erst durch Intoxikation[48] der Witwe möglich wurden. Bestehen bleibt die Tatsache, daß die Frau hier nicht als Opfer, sondern als Siegerin gesehen und dargestellt wird. Die eigentliche Tragödie mag, wie Julia Leslie[49] schreibt, darin liegen, daß Frauen keine andere Möglichkeit sehen, Siegerin zu sein in einer Welt, in der Entscheidungsfreiheit für viele eine Fiktion ist.

Bajra - die Pflanze aus der Unterwelt

Im Agrarsystem der bäuerlichen Gesellschaft Rajasthans, das sich im Laufe von Jahrhunderten entwickelt hat, wird versucht, die Produktionsrisiken dieser ariden und semiariden Region zu minimieren und auf den kargen Standorten einen bescheidenen, aber möglichst sicheren Ertrag zu erwirtschaften. Das Wissen darüber, das die bäuerliche Gesellschaft angesammelt hat, wird mündlich durch Sprichwörter, Geschichten, Lieder und Legenden vermittelt und durch ständige Praxis eingeübt. Kennzeichnend für diese Art von Landwirtschaft ist sowohl eine starke Verflechtung von Tierhaltung und Pflanzenbau als auch eine hohe Diversität der Tier- und Pflanzenarten. Die Komplexität des Anbausystems ermöglicht es, selbst unter den ungünstigen natürlichen Voraussetzungen das Land erfolgreich und nachhaltig zu nutzen. Das konnte die Landwirtschaft jedoch nicht davor schützen, in Rajasthan Umweltzerstörungen zu verursachen. Erosionsschäden und Versalzungen durch Bewässerungen sind leider nur zu offensichtlich. Gründe dafür sind meist die Anpassungsversuche der Menschen auf die vielfältigen Veränderungen der heutigen Zeit (Bevölkerungszunahme, technischer Fortschritt, Anschluß an Städte, Vordringen der Geldwirtschaft), die inzwischen selbst in den entlegensten Dörfern zu beobachten sind. Diese führen oft zu einer Destabilisierung des labilen Gleichgewichts, und es ist abzuwarten, inwieweit eine ökonomische Intensivierung dieser Region möglich ist, ohne daß dieses Gleichgewicht ein für allemal zerstört wird.

Das empirische Material für den nachfolgenden Beitrag stammt hauptsächlich aus den folgenden vier Dörfern: Malunga (bei Jodhpur), Aka Dhana und Raneri (bei Phalodi) und Khichyasar (bei Nokha).

Das Leben und Überleben der Menschen in Rajasthan hängt entscheidend von Pflanzenbau und Viehhaltung ab. Fast 80% der

Abb. 60 Ackerland im Jodhpur-Distrikt.

Bevölkerung sind in der Landwirtschaft tätig. Der Bundesstaat Rajasthan umfaßt sowohl fruchtbare Gebiete südöstlich der Aravaligebirge als auch trockene und relativ unfruchtbare, bergige Regionen in den westlichen Distrikten Bikaner, Jodhpur, Jaisalmer und Barmer. In diesen vier trockenen Distrikten wird das semiaride Land immer noch zu mehr als der Hälfte landwirtschaftlich genutzt, nur der äußerste Westen dieser Distrikte ist reine Wüste. Hier an der Grenze zur Wüste das Land zu bebauen, ist ein mühsames Unterfangen. Die Regenfälle sind gering, auf kurze Zeit konzentriert und zudem unsicher. Die Sandböden sind nährstoffarm, und heiße Sandstürme wehen in den Sommermonaten die ohnehin dünne fruchtbare Krume weg oder schütten sie mit Sand zu. Fast periodisch auftretende Trockenphasen können zum totalen Ernteausfall und Massensterben von Tieren führen. Hungersnöte fordern immer wieder ihre Opfer. Die zumeist Subsistenzlandwirtschaft betreibenden Bauern haben selten Geld, um durch Zukauf von Produktionsmitteln wie Pumpen, Dünger und Pflanzenschutzmitteln ihre Landwirtschaft zu intensivieren oder von den Unbilden der Natur unabhängiger zu machen. In weiten Teilen des Landes lassen Grundwassermangel und Versalzungsprobleme eine Bewässerung auch gar nicht zu. Deshalb ist die Landwirtschaft des westlichen Rajasthans bis heute stark von den Umweltbedingungen abhängig. Die Waffe, die die Bauern unter diesen Bedingungen entwickelt haben, ist eine Lebensweise, die durch Vielfalt in der Nutzung der Ressourcen, eine konsequente Sammel- und Lagerhaltungswirtschaft und eine hohe Subsistenzorientierung gekennzeichnet ist.

Hirse

Abb. 61 Durch Bewuchs befestigte Sanddüne im semiariden Gürtel von West-Rajasthan.

Die Pflanze, die das Rückgrat dieses Anbausystems bildet, ist Hirse. Hirse (auf Hindi: *bajra*) zählt zu den ältesten Kulturpflanzen der Menschheit. Manche Wissenschaftler halten Hirse für die erste Kulturpflanze überhaupt. Die Perlhirse wird in Indien seit mindestens 3000 Jahren angebaut, ihr Ursprung wird jedoch in Afrika vermutet. Eine weitere Verbreitung erfuhr die Perlhirse jedoch erst seit etwa 500 Jahren, als die Menschen anfingen, auch marginales Land zu bebauen, das zuvor nur als Weideland für Tiere genutzt wurde. Wie kaum eine andere Pflanze ist Bajra in der Lage, extreme Hitze und geringe Niederschläge zu tolerieren. In trockenen Regionen, wo Mais oder selbst andere Hirsearten wie Sorghum aufgrund von Wassermangel keinen Ertrag bringen, ist Bajra dazu in der Lage. Schlecht für Bajra ist zuviel Regen, der sich im Feld aufstaut. Deshalb werden auch leichte sandige Böden von Bajra bevorzugt, da hier das Regenwasser besser abfließt. Ihre Angepaßtheit an hohe Temperaturen und die kurze Vegetationsperiode von 70 bis 90 Tagen machen sie zu einer idealen Pflanze für die Halbwüste.

Abgesehen von ihrer Anspruchslosigkeit ist Hirse ein ausgezeichnetes Nahrungsmittel für den Menschen. Im Vergleich zu anderen Getreidearten hat sie einen relativ hohen Anteil an Pro-

Abb. 62 Hirsekolben, vom Bauern geprüft.

tein, und noch dazu ist dieses von besonderer Qualität. Außerdem ist sie reich an Phosphor und Eisen. Ihr hoher Fettanteil (um 5%) macht Bajra zu den energiereichsten Getreidearten der Welt.

Die nachfolgenden Geschichten von Bauern verdeutlichen deren Vorstellung von der Herkunft der Hirse und deren Nährwert:

Herkunft der Hirse: eine Bauern-Legende

Vor langer Zeit lebten die Devatas (Gottheiten) und die Adevatas (Gegengottheiten) gemeinsam im Himmel. Mit der Zeit wurden die Devatas der Adevatas überdrüssig, da diese schmutzig waren und ihr Benehmen nicht gut war. So beschwerten sich die Devatas über die Adevatas bei Brahma und baten ihn, die Adevatas aus der Götterwelt (*devaloka*) zu entfernen. Brahma jedoch sagte ihnen, daß auch die Adevatas seine Geschöpfe seien und er ihnen deswegen nicht befehlen könne, aus dem *devaloka* zu verschwinden. Auf längeres Bitten der Devatas hin gab ihnen Brahma schließlich eine schriftliche Anweisung an die Adevatas, daß diese die Devatas nicht stören sollten. Mit dieser Erklärung gingen die Devatas zu den Adevatas und baten sie, sich vom Himmelreich zu entfernen.

Die Adevatas waren über die Forderung der Devatas sehr beschämt und suchten nach einer neuen Bleibe. Sie fanden jedoch niemanden, der sie aufnehmen wollte. Nach langer Suche fanden sie schließlich in der Unterwelt eine Bhilfrau, die ihnen gestattete, in ihrem *kota* (Speicherhütte) unterzuschlüpfen.

Die Devatas waren anfangs sehr glücklich, daß die Adevatas sie nicht länger durch ihr ungehöriges Benehmen störten. Nach einer Weile jedoch verspürten sie Hunger, und da erst merkten sie, daß die Adevatas sie mit Nahrung versorgt hatten. In ihrer Verzweiflung gingen sie wieder zu Brahma und baten ihn, die

Adevatas zurückzubringen. Brahma versprach, ihnen zu helfen und überlegte, wie er die Adevatas wieder finden könnte.

Zuerst schuf er die Vögel. Sie durchsuchten den ganzen Himmel, aber kamen ohne Nachricht zurück. Dann schuf er die Fische. Diese durchsuchten die Meere und Seen, aber auch sie fanden die Adevatas nicht. Dann erschuf er die Echsen und Schlangen, um die Sümpfe und Bäume abzusuchen, und die Kamele, um die Wüste zu durchsuchen. Alle Tiere kamen ohne eine Nachricht von den Adevatas zurück. Schließlich erschuf Brahma die Ameisen. Sie gingen in die Unterwelt und schlüpften durch eine Ritze in das *kota* der Bhilfrau. Dort fanden sie Bajrakörner, von denen sie eines mitnahmen. Auf dem Weg jedoch verspeisten sie eine Hälfte des Korns. Als sie die andere Hälfte des Bajrakorns zu Brahma brachten, schickte dieser sie erneut auf die Suche. Schließlich brachte eine Ameise ein ganzes Bajrakorn. Dieses gab Brahma den Devatas, und diese fingen an, Bajra anzubauen, um ihren Hunger zu stillen. So kam Bajra auf die Welt (erzählt von einem Bauer aus Malunga).

Abb. 63 Kota, Getreidespeicher der Bishnoi- und Jat-Bauern im Jodhpur-Distrikt.

Warum Bajra Bajra heißt

Vor langer Zeit lebte ein sehr alter Mann, den die Menschen Baba nannten. Eines Tages wurde er krank, er konnte nichts mehr essen und verdauen. Deswegen nahm er ständig ab. Seine Verwandten gingen mit ihm zu einem Arzt. Er untersuchte ihn und trug ihnen folgendes auf:

„Geht zum Bau der Ameisen und sucht in dessen Nähe eine Pflanze, die einen Kolben hat. Ihr sollt die Körner dieser *cita* ernten, sie gut kochen und sie dem alten Mann zu essen geben. Dann wird er sicher gesund."

Die Leute gingen zum Bau der Ameisen und fanden tatsächlich eine grasartige Pflanze mit Kolben. Sie kochten die Körner, gaben sie dem alten Mann zu essen, und er wurde gesund. Die Menschen nannten die Pflanze fortan Ba-jeri, „passend für Ba(ba)". Vor dieser Zeit hatte niemand Notiz von der Existenz dieser Pflanze genommen (erzählt von einem Bauern in Aka Dhana).

Bedeutung von Hirse in Rajasthan

„Auch wenn sie so klein ist an Maßen, so kennt sie doch jeder". Es sind die oben beschriebenen besonderen Eigenschaften der Hirse, die dazu führen, daß von den 1,034 Milliarden Hektar Hirseanbaufläche Indiens 45 % in Rajasthan sind. Hirse ist die Hauptanbaufrucht in Rajasthan, die meist ohne Bewässerung und auf kargen Standorten angebaut wird. Da Hirse hauptsächlich im Regenfeldbau angebaut wird, gibt es von Jahr zu Jahr große Fluktuationen im Ertrag. Die durchschnittliche Produktion beträgt laut Statistik 361 kg per Hektar, aber es gibt große Unterschiede zwischen den Regionen und den Jahren. In den niederschlagsreicheren Distrikten wie Bharatpur und Sawai Madhopur werden mehr als 800 kg pro Jahr geerntet, in den niederschlagsärmeren Standorten wie Barmer, Jaisalmer und Bikaner sind die Bauern froh, wenn sie in mittleren Jahren 100 kg pro Hektar ernten können. Die Hochertragssorten, die von den Bauern als Shankar-Sorten bezeichnet werden, erbringen nur unter günstigen Bedingungen einen Ertrag, der allerdings relativ hoch sein kann. Die traditionellen Sorten, die von den Bauern als Deshi-Sorten bezeichnet werden, erbringen zwar einen geringeren, dafür aber auch in trockenen Jahren sicheren Ertrag. Daneben ist die Hirse der traditionellen Sorten süßer im Geschmack und ihr Stroh wird von den Tieren bevorzugt. Die Hochertragssorten, die unter guten Anbaubedingungen, genügend Wasser und Nährstoffversorgung enorme Erträge bringen, haben die Situation in Rajasthan nicht entscheidend verbessern können, da diese idealen Bedingungen nur in wenigen Regionen vorhanden sind. Das auf Bajra aufgebaute Produktionssystem ist eine Antwort der Menschen in West-Rajasthan auf besondere natürliche Bedingungen dieser Region.

Hirseanbau

Bajra wird im Westen Rajasthans meist in Mischanbau mit anderen Pflanzen angebaut. Häufig werden Til (Sesamum indicum), Mung (Phaseo lus mungo), Mott (Phaseolus aconitifolius), Matiro (Citrullus lanatus) u.a. zusammen mit Bajra in Mischung ausgesät. Die kleinen Hirsesamen benötigen eine sorgfältige Bodenvorbereitung, aber da eine frühe Bodenbearbeitung den wertvollen Sand wegwehen kann, wird erst beim ersten Regenfall gepflügt und gleichzeitig auch gesät. Der Pflug hat hinten ein Rohr und einen Trichter, um ein gleichzeitiges Pflügen und Aussaat zu ermöglichen. Die Bauern versuchen, schnellstmöglich auf ihrem Land zu säen, denn nicht selten gibt es keinen guten zweiten Regen und somit keine neue Aussaatmöglichkeit. Die kleine Korngröße bewirkt, daß für ein *bigha* Acker (etwa 1 Morgen) bereits 1 kg Bajra ausreicht. Während der Blüte- und Reifezeit verträgt Bajra keinen Regen.

Die Bajrakolben der traditionellen Deshi-Sorten werden selten gleichzeitig reif, deswegen wird mehrfach geerntet. Dabei werden die Kolben abgeschnitten, und die restliche Pflanze wird stehengelassen. Auch die anderen Begleitpflanzen werden nacheinander geerntet. Der Ernteprozeß dauert dann mehrere Wochen, und immer wieder in das Hirsefeld hineinzugehen und die verschiedenen Pflanzen zu ernten, ist mühsam. Die Kolben werden gesammelt und von Hand, mit Tieren (Kamel, Rinder, Esel) oder einer Dreschmaschine gedroschen.

Der Drusch wird durch Worfeln von der Spreu getrennt und das Getreide in Speichern gelagert. Eine besonders gute Speicherform sind die *kotas*, die Luft und Licht vom Lagergut fernhalten. Zuerst wird ein Holzgerüst angefertigt, dann wird dieses Gerüst mit Ton und Mist verschmiert. Hier kann das wertvolle Gut bis zu mehreren Jahren gelagert werden. Das Hirsestroh wird separat gelagert, kleingeschnitten dient es als Futter für die Tiere.

Traditionelle Züchtung und Sortenvielfalt bei Hirse

Seit Jahrhunderten züchten Bauern ihr Saatgut, um es zu verbessern. Dabei wird die Auswahl von Kriterien geleitet, die den jeweiligen bäuerlichen Familien wichtig sind. Bei Hirse selektieren die Bauern frühreifende Kolben, um so Sorten zu erhalten, die während der kurzen Vegetationsperiode einen guten Ertrag bringen. Um einen hohen Ertrag zu erhalten, selektieren sie nach Länge und Dicke der Kolben und nach Kompaktheit der Körner im Kolben. Außerdem wird die Qualität und Quantität des Strohs beachtet. Auch Kolben mit Härchen, die Schutz vor Vogelfraß bieten, werden gesondert berücksichtigt. Daneben ist auch die Anzahl Schößlinge, die aus einem Hirsekorn entstehen und einen Kolben tragen können, wichtig. Manchmal können über 50 kleine Ährenkolben von einem Bajrakorn geerntet werden.

Da diese Schößlinge nach jedem Regen neu gebildet werden, bieten sie eine zusätzliche Möglichkeit, spätere Regenfälle auszunutzen.

Diejenigen Bauern, die sorgfältig selektieren, gehen vor der Ernte durch das Feld und schneiden die Kolben von denjenigen Pflanzen ab, die ihnen besonders gefallen, dreschen diese separat und lagern dieses Saatgut gesondert. Um das Saatgut gegen Schädlinge zu sichern, wird etwas Asche beigefügt. Da nie sicher ist, ob das nächste Jahr gut wird oder ob eine mehrmalige Aussaat notwendig wird, wird versucht, möglichst viel Saatgut aufzubewahren.

Andere Bauern dreschen die gesamte Bajraernte auf einmal und trennen nicht Saatgut und Eßgetreide. Sie achten jedoch darauf, daß sie selbst in schlechten Jahren nicht die ganze Bajra verbrauchen, und wenn nur noch etwa 50 kg Bajra in ihrem Speicher übrig sind, verschließen sie den Speicher und kaufen die Hirse für das Essen auf dem Markt. So vermeiden sie, Saatgut unbekannter Qualität vom Markt kaufen zu müssen und das

Abb. 64 Bishnoi-Bäuerin bei der Hirseernte.

eigene Saatgut, das ihren Feldbedingungen und Ansprüchen angepaßt ist, völlig zu verlieren. Nur wenn mehrere schlechte Jahre aufeinander folgen, wie die Trockenheiten in den sechziger Jahren, sind sie gezwungen, neues Saatgut zu kaufen.

Selbst innerhalb eines Dorfes gibt es Unterschiede zwischen den Kriterien, die die Bauern verwenden, um zu selektieren. Dies erklärt sich aus den kleinräumlichen Unterschieden in den natürlichen Voraussetzungen (Boden, Dünger, Versorgung mit Wasser), Wahrnehmen von Problemen wie Vogelfraß (für Bauern mit wenig Land ein existentielles Problem), dem Bedarf an Stroh für die Tierhaltung etc. So haben die Bauern in Dörfern mit weitauseinander liegenden *danis* (Einzelgehöfte, die während der Arbeitsperioden zum Wohnen dienen) unterschiedliche traditionelle Sorten. Eine solche genetische Vielfalt ermöglicht es, die vorhandenen Ressourcen optimal zu nutzen, mögliche Gefahren zu minimieren und eine den eigenen Bedürfnissen angepaßte Produktion zu erreichen. Außerdem verfügt das Dorf auf diese Weise über eine „Genbank". In besonders schlechten Jahren kann es vorkommen, daß bei einigen Bauern der Ertrag trotzdem relativ gut ist, weswegen andere Bauern Saatgut von diesem Bauern verwenden.

Aus folgenden Gründen erodiert jedoch diese Sortenvielfalt zunehmend: Die arbeits- und wissensintensive Aufgabe der bewußten Selektion wird von jüngeren Bauern gescheut. Sie sehen die landwirtschaftliche Arbeit als eine inferiore Arbeit an oder sind mit außerlandwirtschaftlichen Arbeiten belastet. Die älteren Bauern erzählen, daß die jüngere Generation allgemein arbeitsscheu geworden sei. Die zunehmende Markteinbindung führt zur Einführung von Hybridsorten der zweiten Generation und traditionellen Landsorten aus an deren Regionen wie Gujarat und Andhra Pradesh. Das Saatgut, das von staatlichen Organisationen in Katastrophenjahren zur Verfügung gestellt wird und auf das vor allem arme Bauern nach mehreren Dürrejahren angewiesen sind, hat meist eine geringe Variabilität.

Der jahreszeitliche Zyklus

Die zahlreichen Feste in West-Rajasthan geben dem Jahr ein sich wiederholendes Gerüst. Im Gegensatz dazu wird der Zyklus der Jahreszeiten durch Unberechenbarkeiten der Niederschlagsmengen gestört. Die landwirtschaftlichen Tätigkeiten fangen üblicherweise im Monat Jet (Mai–Juni) an, in dem die bäuerliche Bevölkerung damit beschäftigt ist, ihre Felder zu säubern: Büsche werden geschnitten, Dämme erneuert und Steine gesammelt. Wenn das Feld in den Vorjahren Brachland war, ist es zwar einerseits mühsam, die Büsche zu schneiden, andererseits ist das organische Material wertvoller Dünger oder wird benötigt, um Dämme gegen Winderosion zu bauen. Die Zweige von dornigen Büschen werden für den Bau von Zäunen verwendet. In diesem Monat kehren auch die Hirten zurück, die sich mit den Schafen in weit entfernt gelegenen Regionen oder sogar in anderen Bundesstaaten aufhielten.

Ashad (Juni–Juli) ist der Monat, der in guten Jahren den erhofften Monsunregen bringt. Ob die Regenfälle ausreichen, wird von den Bauern überprüft, indem sie an mehreren Stellen auf ihren Feldern kleine Löcher graben und schauen, wie tief die Feuchtigkeit eingedrungen ist. Wenn der Sandboden mehr als 12 *angul* (Fingerbreite) tief feucht ist, fängt ein reges Treiben an. Die Bauern versuchen, möglichst viele ihrer Felder zu pflügen und zu säen. Mittlerweile wird zunehmend mit Traktoren gepflügt, da mit diesen mehr Fläche auf einmal bearbeitet werden kann. Da häufig nach dem Regenfall ein zweiter ausbleibt oder Sandstürme die noch jungen Pflanzen zuschütten, kann es notwendig sein, das Säen zu wiederholen, nicht selten sogar mehrmals, bis das Saatgut aufgeht. Die Monate Shravan und Bhado (Juli bis September) vergehen mit Wiedereinsaat und Unkrautjäten. Plötzlich auftauchende Schädlinge wie Raupen, Heuschrecken und Vögel, zwingen die Bauern zu tiefgreifenden Maßnahmen. Um Bajra gegen Raupen zu schützen, ziehen die Bauern Gräben um die Felder. Kinder verbringen die Zeit damit, die Vögel von den Feldern zu verscheuchen, die in dieser Zeit massenhaft einfallen. Allein Vögel fressen 10% des Ernteertrags. In Jahren mit sehr guten und verspäteten Niederschlägen säen die Bauern in Shravan und Bhado, dann jedoch Sorghum und Linsen. Die Monate Asoj und Kartik (September bis November) sind angefüllt mit Erntearbeiten. Zuerst werden die Hirsekolben abgeerntet, dann die anderen Feldfrüchte.

Etwa alle zehn Jahre sind die Niederschläge so gut, daß die Bauern auch in den darauffolgenden Monaten Kartik / Meghser Weizen oder Senf säen können, ansonsten ist dies die Zeit, die verschiedenen Feldfrüchte nacheinander zu dreschen, zu reinigen und zu lagern. Die darauf folgenden kalten Monate Posh und Mag sind Zeiten für Feste und Hochzeiten. In Phalgun, dem Monat des Holi-Festes, werden die Häuser erneuert, die Wände mit Dung neu verschmiert, angestrichen und geschmückt. Im Falle der Aussaat von Weizen und Senf werden diese geerntet. Im Cheth sind wieder Feste, Messen und Hochzeiten angesagt. Die Früchte des Kairbaums werden nun gesammelt, um gegessen oder auch - eine willkommene Einkommensquelle - verkauft zu werden. Im letzten Monat vor dem neuen landwirtschaftlichen Zyklus, dem Besak, werden die begehrten Khejrifrüchte gesammelt, die ebenso als Gemüse verwendet oder verkauft werden. Die heißen Winde machen das Leben auf dem Dorf nun unangenehm, und die Menschen warten auf das Ende der Sommerzeit und den Beginn des Monsunregens.

Die natürlichen Voraussetzungen: Klima und Boden

„Wenn es am neunten Tag des Ashad-Monats blitzt und viele Wolken kommen, dann leere ohne Sorgen Deinen Speicher bis auf einen Rest für die Aussaat.“

„Wenn im neunten Ashad weder Wolken noch Blitze zu sehen sind, dann zerbrich Deinen Pflug, verbrenne ihn und fang an, Dein Saatgut aufzuessen.“

„Wenn der Regen im Monat Jet kommt, dann geht es selbst dem Kujar gut." „Wenn das *ghi* (Butterschmalz) schmilzt, die Ameisen ihre Eier aus dem Bau heraustragen und Vögel im Staub baden, dann ist Regen gewiß" (Bauer aus Malunga).

Einer der wichtigsten Unsicherheitsfaktoren der Landwirtschaft in West-Rajasthan ist das Klima. Die Jahre mit mit guten Regenfällen, die zur rechten Zeit fallen, sind selten. Der folgende Kommentar eines Bauern aus Malunga kennzeichnet dies genau: „In 100 Jahren gibt es sieben trockene Jahre, 27 Jahre gute Jahre, 63 Jahre durchschnittliche und 3 katastrophale Hungerjahre. Dann werden Familien auseinandergerissen, und die Familienmitglieder kommen nie mehr zusammen."

Die Regenfälle sind in dieser Region niedrig, 260 bis 325 mm, und fallen hauptsächlich in den vier Monaten Juni bis September und sind auf wenige Tage beschränkt. So beträgt die durchschnittliche Anzahl der Regentage im Jahr für den Distrikt Jodhpur nur 18 Tage. An manchen Tagen kann dabei der Regenfall sehr stark sein und bis zu 130 mm betragen: an einem einzigen Tag fast die Hälfte des gesamten Jahresniederschlags. Es gab jedoch auch Jahre, in denen es insgesamt nur 24 mm geregnet hat.

Das indische meteorologische Amt gibt als Datum für den Beginn des Südwestmonsuns, der über 85 % der Regenfälle bringt, den 15 Juli an. Die Regenfälle weichen jedoch im Schnitt bis zu 25 Tage von diesem Durchschnittstermin ab. Der Monsun läßt in der ersten Septemberwoche nach und ist bereits nach einer Woche völlig beendet, womit die lange Trockenperiode beginnt. Die Bodenfeuchtigkeit ist nur in einer Zeitspanne von 10 bis 11 Wochen für das Pflanzenwachstum ausreichend.

Die enorme Bedeutung eines guten Regenfalls wird einerseits an den verschiedenen Versuchen der Bauern, die Regenfälle vorherzusehen, und andererseits an der guten Erinnerung an die Regenfälle der letzten Jahre deutlich. Auf die Frage, wie der Monsun des letzten Jahres war, sagte ein Bauer in Malunga in

Abb. 65 Aufziehendes Monsungewitter über ausgedörrter Landschaft in Nordwest-Rajasthan.

poetischer Form: „Die Göttin Sharda fragt den Bauern: ‚Erzähle mir, wie das Jahr 51 war!' Der Bauer antwortet: ‚Im Jet war eine große Hitze, im Ashad gab einen guten Regen, im Shravan sangen und tanzten die Pfauen, im Monat Bhadua waren die Männer still und sagten kein Wort, im Asoj gab es wieder einen guten Regen' usw. “.

Erfahrene Bauern sind ohne Mühe in der Lage, die Gesamtmenge, die Häufigkeit und die Stärke der einzelnen Regenschauer der letzten 10 Jahre zu beschreiben.

In den Sommermonaten Mai bis Juli, wenn der Boden fast ohne Vegetation ist, durchziehen Stürme mit bis zu 60 km pro Stunde das Land und verursachen Winderosion. Die heißen Winde im Monat Juli können die neu keimenden Pflanzen völlig zerstören, was neues Aussäen erforderlich macht.

„Wenn Du mich gut durchpflügst, dann werde ich deinen Speicher sprengen“.

Die Böden West-Rajasthans sind meist durch einen hohen pH-Wert (7,0 bis 9,0), einen geringen Anteil an organischem Material in den oberen Bodenschichten und durch hohen Kalkanteil in den tiefen Bodenschichten gekennzeichnet. Häufig sind die Böden reich an verschiedenen Salzen, und auch die Unterböden sind salzhaltig. Insgesamt ist die Fruchtbarkeit der Wüstenböden gering, und die Verwitterungsprozesse sind wegen Wassermangels nur physikalischer Art und meist obergründig.

Häufig ist der Boden sandig, tiefgründig, strukturlos und porös oder besteht aus steinigen harten Oberböden. Deshalb versickert das ohnehin geringe Regenwasser schnell oder fließt ab. Die geringe Struktur der Sandböden bewirkt, daß der Wind die Bodenpartikel leicht fortwehen kann. Speziell in den heißen Monaten von März bis Juli kommt es zu Winderosion oder zur Ablagerung von Sand.

Die Bauern im Dorf Aka Dhana benutzen folgende Begriffe, um Boden zu klassifizieren: *thallar*, *magro*, *kad*, *matial*, *reti* und *bakar*. Bei dieser Klassifzierung spielt hauptsächlich die Fähigkeit des Bodens, Regenwasser zu halten und seine Reaktion in bezug auf Winde eine wichtige Rolle. Das Land auf der Kuppe von Hügeln wird als magro und das Land in tiefen Lagen als *kad* bezeichnet. Wenn *kadins* (kleine Dämme, die das Regenwasser sammeln) vorhanden sind, nennt man das Land oberhalb der Dämme *thallar*. Daneben wird der feste, harte Sandboden, der vom Wind nicht fortgetragen werden kann, als *matial* und der lose Sandboden als *reti* bezeichnet.

Die Stragien der Bauern: Mischanbau

Die natürlichen Voraussetzungen sind, wie oben beschrieben, denkbar ungünstig für eine Landwirtschaft. Die wichtigste Strategie der Bauern, um dem zu begegnen, ist eine Nachahmung der Natur: Erhalt der Vielfalt statt Erzeugung einer Einfalt auf dem Feld. Selten säen die Bauern nur eine Feldfrucht. Im Dorf Khichyasar beispielsweise mischen die Bauern Bajra mit Mung, Til, Mott, Kachra, Mathira. Diese Mischung erweist sich aus verschiedenen Gründen als sinnvoll. Je nach klimatischen Bedingungen erbringt die eine oder andere Pflanze einen guten Ertrag, nur in ganz schlechten Jahren ist der Ertrag aller Pflanzen gleich schlecht. Nur diejenigen, die nicht völlig auf die Landwirtschaft angewiesen sind oder die Möglichkeit der Bewässerung haben, gehen das Risiko einer Mißernte ein.

Der Mischanbau von Kulturpflanzen hat mehrere Vorteile. Die Pflanzen sind nicht nur unterschiedlich in ihren Ansprüchen, sondern wirken auch aufeinander ein. Die Leguminosen binden Luftstickstoff und versorgen die Graminaceae mit Stickstoff, welcher neben Wasser zu den knappsten Faktoren in der Wüste zählt (tierischer Dünger, der auf das Feld ausgebracht wird, kann bei schlechter Wasserversorgung nicht genutzt werden oder bringt bei guten Bedingungen nach der Aussaat den Pflanzen ein zu schnelles Wachstum und kann später bei Wassermangel zu schnellerem Vertrocknen der Pflanzen führen). Die großen Samen der Leguminosen wie Mung, Mott, Matiro etc. sind in der Lage, die leicht zu Verkrustungen neigenden Böden zu durchbrechen. In dem so gelockerten Boden gelingt es auch dem kleinkornigen Bajra zu keimen. Auch die Schädlinge werden von einzelnen Pflanzen unterschiedlich aufgesucht, und so bleiben zumeist einige Pflanzen verschont.

Bedeutung der Wildvegetation

Neben Hirse und den anderen Feldfrüchten des Mischanbaus wachsen in den Feldern noch viele Sträucher und Bäume, die für das Leben der Menschen und der Tiere von Bedeutung sind. Gerade in den entlegenen Dörfern sind die Bauern sehr stark auf ihre Subsistenz orientiert und produzieren alles lebensnotwendige selber. Nahrungsmittel für Mensch und Tier, Brennstoff und Baumaterial, Dünger, Medizin, Erosions-, Wind- und Son-

Abb. 66 Bäuerinnen bei der Feldbegutachtung, Jodhpur-Distrikt.

nenschutz sind einige Aspekte dessen, wozu die Pflanzen dem Menschen dienen. So können die Bauern im Dorf Aka Dhana über 30 häufig vorkommende Pflanzen auf ihren Feldern benennen, die für unterschiedliche Zwecke verwendet werden.

Vom Jal (Salvadora oleoides) sind die Früchte eßbar, die Blätter werden an die Tiere verfüttert, das harte Holz ist gutes Bauholz und die Zweige dienen als Brennmaterial. Der Nimbaum (Azadirachta indica) wird als Medizinalpflanze genutzt, die Früchte an die Ziegen verfüttert und das Holz als Baumaterial verwendet. Buadi (Aerra toryentosa) ist eine Futterpflanze für die Tiere, ihr dichter Schatten wird von Tier und Mensch aufgesucht. Cham ghas hat medizinische Bedeutung, liefert Viehfutter und auch Gummi, der gesammelt und verkauft wird. Dhamavo (Dhamaso) ist eine gute Futterpflanze für Ziegen und Kamele. Kair (Capparis decidera) ist eine vielfältige Pflanze: Die Blätter sind Futter für Ziegen und Kamele, die Früchte werden frisch und getrocknet als Gemüse gegessen, das Holz ist für Möbel geeignet, die Äste werden für das Hausdach verwendet und als Material für den wichtigen Zaun. Honelo Sonelo (Pulicaria whitiana) liefert Feuerholz und wird von den Ziegen gefressen, wenn es nichts anderes mehr gibt. Chag ist eine Futterpflanze für Schafe, Ziegen und Kamele, aus ihr werden Seile und Besen gemacht, und sie eignet sich gut zum Dachdecken.

Tumba (Citrulles solocynthis) ist eine Wildpflanze, die inzwischen auch ausgesät wird. Ihre Früchte werden von den Ziegen gefressen. Sie hilft gegen Bauch- und Gelenkschmerzen, ihre Samen haben einen hohen Marktwert.

Die Früchte von Burudi (Zizyphus nummlaria) werden gegessen, manchmal auch vermarktet. Sie ist eine gute Futterpflanze, das Holz wird für die Herstellung von Möbeln und für die Zäune verwendet. Schließlich sei noch die Khejadi (Prosopis cineria) genannt, die den Bishnoi-Bauern heilig ist und auch von

Abb. 67 Schöpfbrunnen („Persian Wheel") mit tönernen Wasserkrügen, Molela

allen anderen Kasten wegen ihrer vielfältigen Bedeutung geschätzt wird. Die getrockneten Früchte werden als Gemüse genutzt, und ihr Holz wird in der Möbelherstellung und im Hausbau verwendet. Durch ihren Stickstoff stärkt sie die Feldpflanzen, ihre Blätter sind ausgezeichnetes Futter für die Tiere. Akado (Calotropis procera) ist wichtig als Brennholz und Bauholz für die Dachkonstruktion der runden *kotas*. Sie ist eine wichtige Medizinalpflanze, z.B. wird die Milch dieser Pflanze mit Senföl vermischt gegen Bauchschmerzen verwendet. Sie wird auch zur Konservierung des Saatguts verwendet. Ihre Blätter und Blüten werden von den Ziegen gefressen. All diese Wildpflanzen sind ebenso wichtig wie die Kulturpflanzen, und ihr Verschwinden wäre nicht nur ein Verlust für die Bauern, sondern hätte große Konsequenzen für das gesamte labile System.

Bis heute ist es der Wirtschaftsweise der Bauern anzumerken, daß diese sich aus der nomadischen Viehhaltung und Sammelwirtschaft entwickelt hat. Sie wollen mit den Kulturpflanzen, die sie anbauen, nicht die Wildvegetation vernichten oder verdrängen, sondern sie als ein zusätzliches Element in das existierende Ökosystem eingliedern. So gesehen, hat die Landwirtschaft in West-Rajasthan mehr den Charakter einer Nutzung der Natur mit Kulturpflanzen als ein Ersetzen der Natur durch eine Kulturlandschaft.

Dies wird vielleicht am offensichtlichsten am Beispiel des Khejadibaums, der gern im Feld stehengelassen wird, auch wenn es das Pflügen erschwert. Doch die Bauern wissen, daß die Blätter wertvolles Tierfutter sind, die Früchte eßbar und der Baum die Fruchtbarkeit des Bodens verbessert.

Sammeln als wesentliches Prinzip

Die Bauern in West-Rajasthan sind darauf angewiesen, Vorräte zu sammeln, um in schlechten Jahren überleben zu können. So lagern sie nicht nur das Getreide sehr sorgfältig, sondern sammeln und lagern auch Stroh. Bajrastroh kann beispielsweise für 10 Jahre gelagert werden. Zum Sammeln von Regenwasser, das dem gesamten Dorf für das ganze Jahr reichen muß, dienen die großen *nadis* (Stauteiche). In unterirdischen Wasserzisternen sammeln die Bauern für ihre Familie und das Vieh Trinkwasser. In der Region um Bap, wo die Landoberfläche steinig ist und zum Teil gar kein Oberboden vorhanden ist, werden Dämme (*kadin*) gebaut, um Regenwasser für die Feldbestellung aufzustauen. Dort sammelt sich neben Wasser auch feiner Sand und organisches Material, und im Laufe von Jahren wachsen Bäume, die eine Bodenbildung begünstigen. So entsteht langsam ein kleines Feld, wo dann die Bauern Hirse etc. anbauen können. In regenreichen Jahren sind sie sogar in der Lage, hier Weizen und Senf anzubauen. Bei einer Versalzung des Oberbodens können salztolerante Bäume wie Khejri (Prosopis spicigera), Nim (Azadirachta indica) und Babul (Accacia arabica) langsam die Bewegung des Bodenwassers umkehren und zu einer Durchmischung des Bodens und zu einer Verringerung des Salzgehaltes der

Oberböden führen. An diesen Beispielen ist abzulesen, daß durch menschliche Einflüsse die Bodenqualität verbessert werden und der Wüstenbildung entgegengewirkt werden kann.

Die buschartige Wildvegetation, die permanent auf den Feldern steht, und kleine Bäume fangen den Flugsand auf. Auch sammeln die Bauern Büsche und Äste von Bäumen, legen sie auf ihre Feldränder und beschweren sie mit Steinen. Dort sammelt sich der Flugsand, und es entstehen kleine Dämme, die dann auch Wasser sammeln können. Fester Boden (*mathial*), der nicht fortfliegt, wird einmal vor der Regenzeit gepflügt, so daß sich in den Pflugpfurchen der Sand sammelt. Dieser feine Sand, *ret*, hat zwar kaum Nährstoffe, er hat aber die Fähigkeit, das Regenwasser zu sammeln und der Verkrustung des Bodens kurz nach der Aussaat vorzubeugen.

Probleme der Landwirtschaft

Die Landwirtschft in Rajasthan steht vor vielfältigen Problemen, die in den nächsten Jahren sich verschärfen werden. Die Intensivierung durch Bewässerung führt zu Versalzungsproblemen und zur Absenkung des Grundwassers. Bei der Intensivierung des Regenfeldbaus sind folgende drei Problembereiche abzusehen: Verkürzung der Brachezeiten, Abnahme der Weideflächen und zunehmende Abhängigkeit von den Ernteprodukten und Folgen der Mechanisierung.

Verkürzung der Brache

„Der Boden hat nur die Hälfte der Kraft von früher" (Bauer in Raneri).

In früheren Zeiten lag das Land häufig nach drei, vier Jahren Anbau zwei Jahre lang brach. Während der Brachezeit wuchsen Büsche, und das Land wurde als Weideland genutzt. Der Boden erholte sich, Nährstoffe wurden angereichert, und an der Buschvegetation sammelte sich Sand, den der Wind anwehte. Nach Umbruch der Brache wird Guar angebaut, das in dem weichen Sandboden gut gedeiht. Diese Leguminose reichert den Stickstoffgehalt des Bodens weiter an, und das Bajra, das im darauffolgenden Jahr angebaut wird, bringt bei gutem Regen einen ausgezeichneten Ertrag. Das bewußte Brachliegenlassen wird heute jedoch immer seltener durchgeführt, da das den Familien zur Verfügung stehende Land durch Abtretung und Erbteilung ständig abnimmt. Nur in schlechten Jahren wird ab und zu zwangsweise das Land nicht bebaut, da in dieser Zeit auch die Wildpflanzen nicht gut gedeihen. Da im folgenden Jahr auch kein Guar angebaut wird, führt diese Zwangsbrache nicht zu einer Erholung der Flächen.

Zunehmende Abhängigkeit vom Feldbau?

Das gegenwärtige Bevölkerungswachstum in West-Rajasthan bewirkt Veränderungen in der Landwirtschaft. Im Dorf Aka

Dhana führt dies zu folgenden typischen Strategien: Die Tierpopulation nimmt leicht zu, wobei sich die Struktur des Tierbestandes ändert. Während die Anzahl der Ziegen und Schafe wächst, nimmt die Zahl der Rinder ab, nur die Menge der Kamele ist relativ konstant. Die landwirtschaftlich genutzten Flächen werden erweitert, die Weideflächen und das Bracheland nehmen ab. Auch beim Anbau der Pflanzen gibt es Veränderungen. Während der Anbau von Bajra gleichbleibt, gewinnt Til (Sesam) zunehmend an Attraktivität, da dessen Verkaufspreis relativ hoch ist. Da der Bedarf an Bargeld ständig steigt, gehen die Bauern dazu über, Til in zunehmendem Umfang und separat zu säen.

Die jährlich wechselnden klimatischen Bedingungen führen zu Jahren mit beachtlichen Überschüssen und Jahren mit geringen bis zu gar keinen Erträgen. Da die Flächen zunehmend für den Anbau genutzt werden und die Weideflächen und das Bracheland abnehmen, sind Mensch und Tier immer stärker auf die landwirtschaftlichen Erträge angewiesen. In Jahren mit gutem Ertrag an Bajra, Mung und Mott ist deren Strohertrag hoch, und die Tierpopulation steigt. Wenn dann schlechte Jahre folgen, wird es besonders schwer, die vielen Tiere zu ernähren. Abwanderungen in andere Regionen oder Verkauf sind die Alternativen, die den Bauern in Dürrejahren verbleiben. Unter diesen Bedingungen lassen sich Schafe und Ziegen leichter halten als Rinder, die in Dürrejahren nur schwer durchgefüttert werden können.

Ursachen und Folgen der Mechanisierung

Früher wurden die Felder hauptsächlich mit Rindern und Kamelen gepflügt. Während der Dürre von 1987/88 haben die Bauern jedoch einen großen Teil ihres Rinderbestandes verloren, so daß sie in den Jahren danach keine genügenden Tierbestände hatten, um ihre Felder zu bestellen. In dieser Zeit wurden in West-Rajasthan zunehmend Traktoren aus benachbarten Bundesstaaten angemietet. Die reicheren Bauern begannen, Traktoren zu kaufen, statt ihren Bestand an Rindern wieder zu erhöhen. Durch das Bewirtschaften mit dem Traktor erweitern die reicheren Bauern den bewirtschafteten Anteil der Felder zuungunsten der Brache. Nach Aussagen der Bauern wird durch das tiefere Wenden des Sandbodens mit dem Traktor der Bestand an Wildpflanzen verringert. Büsche, die eine schnelle Bearbeitung verhindern, werden vom Feld entfernt. Die Folge ist, so geben sie an, daß sie wegen mangelnder Pflanzen die Dämme an den Feldrändern nicht so hoch wie bisher bauen können und diese weniger Flugsand einfangen. Es zeichnet sich bereits deutlich ab, daß die Zerstörung der Wildvegetation, die Verkürzung der Brache, die zunehmende Bewirtschaftung marginaler Flächen und das geringere Aufkommen an Dünger weitreichende negative Auswirkungen auf das labile Ökosystem West-Rajasthans haben.

Abb. 68 Dharmraj, der Gott des Totenreiches. Die rajputische Tracht und Bewaffnung deuten auf das Entstehen dieses Figurentypus im Mittelalter hin. Terrakottarelief, Höhe 55 cm, Molela, 1984.

Töpferei und Terrakotta-Kunst in Rajasthan

Bei einem wachsenden Angebot von Haushaltsgefäßen aus Metall und Kunststoffen industrieller Herkunft auf allen Märkten Rajasthans ist es erstaunlich, daß sich ein wahrhaft uralter Zweig der Handwerkskunst, die Töpferei, noch behaupten kann. Auch heute noch findet sich in jedem dörflichen oder städtischen Haushalt ein breites Sortiment an Töpfereiprodukten aus lokalen Werkstätten: Keramische Schöpfgefäße, Kochtöpfe, Eßschalen und Vorratsbehälter sind zumindest zum Teil in der Küche ebensowenig entbehrlich wie in der Landwirtschaft und im Handwerk. Töpferwaren werden relativ preiswert hergestellt, sie sind stets erhältlich und jedem Bedarf angepaßt. Behältnisse aus Ton besitzen wegen ihrer gewissen Porösität günstige Eigenschaften, um verderbliche Nahrungsmittel und Wasser kühl und frisch zu halten. Dieser Vorteil gegenüber anderen Werkstoffen wiegt den hauptsächlichen Nachteil, die leichtere Zerbrechlichkeit, auf.

Die Auswahl der Materialien, das Formen sowie das Brennen der Tongefäße erfordern vielseitige Kenntnisse, die das Töpfern zum Spezialistentum in der arbeitsteiligen Dorfgemeinschaft werden ließen. Dieses Wissen wurde in den Töpferfamilien über die Generationen tradiert und ist bis in die Gegenwart lebendig. Die Töpferfamilien sind sich ihrer Kulturtradition bewußt und pflegen die Erinnerung an ihre Familienursprünge, die sie auf viele Jahrhunderte zurück datieren. Sie sind von einem rituellen Stolz getragen, der sich in spezifischen Reinigungszeremonien für sie und ihre Frauen zu Beginn der Töpferarbeit ausdrückt.

Die heutige dörfliche Keramikherstellung in Rajasthan ist anhand der zum Verkauf an den Straßenrändern aufgehäuften großen Mengen von Gefäßen in jeder Stadt überschaubar. Vorherrschend sind hier große kugelförmige Wassergefäße, von denen jeder Haushalt mehrere in Gebrauch hat, sowie Töpfe, Näpfe und Schalen für Milchprodukte, besonders für eingedickte Sauermilch und Joghurt. Daneben gelangen auch Zierkeramiken wie Windlichter (Kat.Nr.68)[1], Vasen und Hängeschalen für Pflanzen sowie *à-jour*-Paneele, die als Fenstergitter eingebaut werden können, zum Verkauf. Keramische Figuren ergänzen an manchen Märkten das Angebot. Man findet allerdings kaum und erst seit neuerem auch Plastiken religiösen Inhalts darunter. Dies hat tiefliegende rituelle Gründe, die es traditionell ausschließen, Götterbilder als anonyme Ware zu behandeln[2].

Töpferei war stets, wie die archäologischen Funde allerorten zeigen, mit der Herstellung von Tonfiguren, insbesondere von Terrakotten, verbunden, wobei die Töpfer sich nicht nur als Meister der plastischen Kunst, sondern oft als stilistische Innovatoren und sogar Initiatoren von kulturgeschichtlicher Tragweite erwiesen: Terrakottakunst stand historisch wie inhaltlich am Beginn der plastischen Kunst Indiens, und zwar in der frühindischen Harappakultur samt Vorläufern von ca. 3000 bis 1750 v.Chr. sowie im Komplex der nachfolgenden vedisch-hinduistischen Kultur. Der kunsthistorische Befund ergibt, daß die zahlreichen

Terrakottagestalten von „Muttergöttinnen“ (*matrikas*)[3] und Tierfiguren sowie Kultobjekte als älteste Belege der Bilderverehrung im 4. bis 3. Jahrhundert v.Chr. gelten können. Von ihnen leiten sich die Grundmuster der dann einsetzenden religiösen Steinplastik her. Die für den Hinduismus fundamentale Bilderverehrung ist somit durch den Beitrag der Terrakottakunst maßgeblich geprägt worden.

Die alte Kunst des Töpferns

Ein Gang durch die Keramiksammlungen der indischen Museen überzeugt jeden Besucher, daß die frühen Epochen – wie übrigens in anderen Weltkulturen gleichermaßen – die qualitätvollste und formal reichste Töpferei besaßen. Die ältesten archäologischen Belege für das Töpferhandwerk in Rajasthan reichen bis in das 3. Jahrtausend v.Chr. zurück. Die der Proto-Harappa- und Harappakultur zugehörige Stadt Kalibangan, am versiegten Fluß Sarasvati im Norden Rajasthans (Distrikt Ganganagar) gelegen, erhielt ihren Namen lange nach dem Ende ihrer Existenz: „Schwarze Armreifen“, hergeleitet aus der Tatsache, daß das archäologische Gelänge auf der Oberfläche von einer Vielzahl geschwärzter Bruchstücke von Terrakotta-Armreifen übersät war. Die Grabungen haben scheibengedrehte Gefäße rötlicher Ware in großem Variatenreichtum zutage gefördert. Die teils großen, erstaunlich dünnwandigen Gefäße tragen feine geometrische und florale Bemalung in Schwarz und Weiß. Außer den besagten tönernen Armreifen fanden sich zahlreiche handmodellierte Tier- und Menschenfigürchen, die den Beginn der figuralen Kunst in Indien markieren[4].

Für die Keramik des 2. Jahrtausends v.Chr. ist die von R.C. Agrawala in den 50er-Jahren explorierte Fundstelle Ahar nahe Udaipur kennzeichnend: eine schwarz- und rotfarbene Gefäß-

Abb. 69 Hof einer Töpferwerkstatt in Pokaran, West-Rajasthan

keramik („Black-and-Red Ware") mit bisweilen geometrischer weißer Bemalung. Neben den bauchigen, bisweilen konkav eingezogenen Schalen und Töpfen der Alltagskeramik, die sämtlich ohne Töpferscheibe gefertigt wurden und eine extreme Dünnwandigkeit durch Wegschaben des Tons in lederhartem Zustand erreichten, bot Ahar eine Reihe kompliziert aufgebauter Schalen mit balusterartigen Ständern. Die Keramik der oberen Phasen der Ahar-Kultur des 3. und 2. Jh.v.Chr. entsprechen der „Northern Black Polished Ware" der Ganga-Yamuna-Ebene. Weitere Funde reichen in die Epochen der Saka- und Kushanazeit[5]. In den anschließenden Phasen des 4. bis 6. Jh. bildete sich in Rang Mahal in Nord-Rajasthan wieder eine regional begrenzte, durch ihre spezifische Keramik definierte Kultur[6]. Die scheibengedrehte rote Ware mit rotem Überzug weist schwarze oder hellrote Bemalung mit Ranken, Vögeln und Tierfiguren auf, die als Ausgangspunkt einer heute noch weitverbreiteten, allerdings nur noch flüchtigen Bemalung von Wasser- und Vorratsgefäßen angesehen werden kann. Eine weitere „Spezialität" Rang Mahals waren gedrehte Schalen, die in fast lederhartem Zustand einen Dekor durch Modelpressung erhielten. Religions- und kunstgeschichtlich von besonderer Bedeutung sind zwölf Terrakottapaneele des 4. Jh. mit Darstellungen hinduistischen Inhalts[7], darunter ein Shivalinga in Verehrung, eine szenische Wiedergabe der Legende um die Flußgöttin Ganga, die sich hochmütig vom Himmel stürzt und von Shiva in seinen Haarsträhnen eingefangen wird (Gangadharamurti) sowie eine der frühesten Darstellungen Krishnas als Träger des Govardhana-Berges, eines in den folgenden Jahrhunderten an den Tempeln Rajasthans häufig erscheinenden Bildmotivs, das ein Jahrtausend später in der Hauptkultfigur des Shri Nathji von Nathdvar fast Symbolcharakter für Rajasthans Religiosität erlangte.

Abb. 70 Drehen von Teeschalen für den „Einweg-Gebrauch", Molela.

Die Terrakottapaneele – heute im Museum in Bikaner – legen beredtes Zeugnis ab über die Bedeutung der Töpferkünstler in der formativen Phase des indischen Bilderkults und Tempelbaus. Tempel waren bis in das 4. und 5. Jahrhundert hinein Ziegelbauten kleineren Ausmaßes – nicht viel mehr als eine fensterlose Cella für das Kultbild innerhalb der Außenmauern. Die Ziegelmauern boten Gelegenheit zum Einfügen von Bilderschmuck, wobei die Töpfer als Terrakottakünstler tätig wurden. Ihnen fiel die Aufgabe zu, erstmals die beliebten Themen der religiösen Legenden zu visualisieren. Sie wählten eine knappe, komprimierende Bildersprache, in der mehrere Stufen einer literarischer Handlung in einer einzigen Darstellung piktogrammatisch angedeutet wurden. Sie prägten damit eine abstrahierende, sich auf das wesentliche beschränkende Kunstform, die mit Einsetzen der Steinarchitektur ab dem 5. Jahrhundert von den Skulpteuren übernommen wurde. Terrakottakunst hatte an Steintempeln keinen Platz mehr, blieb aber als dörfliche Kunst erhalten, wie sich anhand heute noch lebendiger Traditionen zeigt.

Molela

Die gegenwärtige Terrakottaherstellung ist im Gegensatz zu der Vielzahl lokaler Werkstätten der Alltagskeramik, die auf den Märkten der nächsten Städte angeboten wird, auf wenige traditionelle Zentren beschränkt. Eines davon ist das Dorf Molela, etwa 40 km nördlich von Udaipur gelegen, das seit Jahrhunderten nicht nur die nähere Umgebung, sondern den gesamten nordwestlichen Teil Mewars und die angrenzenden Teile Marwars mit Figurenpaneelen spezifischer Art versorgt.

In Molela leben achtzehn Töpferfamilien, die den Ort überregional bekannt gemacht haben. Gleichwohl ist es kein monokulturelles „Keramikerdorf". Der Ort ist eine Kleinstadt aus bäuerlichen Gehöften, Werkstätten des Kleinhandwerks wie Schreiner, Schuhmacher oder Silberschmied und Kaufläden aller Art und bildet inmitten landwirtschaftlich genutzter Flächen in der Nähe des Flusses Banas das Markzentrum für die umliegenden Gehöfte der Bhil-Bevölkerung. Die nächste größere Stadt ist der Pilgerort Nathdvar, die Stätte der Verehrung des Gottes Krishna in Form des Shri Nathji. Obwohl die Verbindungsstraßen dorthin selbst für einen LKW nicht problemlos zu bewältigen sind, ist Molela keinesfalls „hinterweltlerisch". Seine Bewohner aus der Geschäftswelt pflegen Kontakte zu Bombay und Ahmedabad, und Mitglieder mancher Familien haben sich dort eine Existenz aufgebaut. Mit ihrem Heimatort fühlen sie sich dabei noch eng verbunden.

Die alteingesessenen Familien der Töpfer gehören zur niedrig stehenden Kaste der Kumhar. Sie heiraten in gleichrangige, jedoch nicht in dorfansässige Familien. Innerhalb ihres Produktionsbereichs konkurrieren sie miteinander in derselben Art, wie in Indien Basare strukturiert sind: dicht beieinander lebend und arbeitend, bieten sie ihre gleichartige Produkte in direktem Verkauf den lokalen Kunden oder Aufkäufern zur überregionalen Vermarktung an. Dabei sind sie im Umgang miteinander kollegial und hilfsbereit, so daß ein auftretender Mangel an Arbeitskraft oder Materialien solidarisch ausgeglichen werden kann.

Von der Beschaffung der Rohstoffe bis zur Fertigstellung der Ware liegen alle Arbeitsschritte in der Hand der Töpfer. Die Kenntnis der verschiedenen Tonqualitäten für die einzelnen Keramiksorten und für die Schlämmung ist Berufsgeheimnis, das der Hausvorstand als praktizierender Meister vom Vater übernahm, dem Meister in Ruhestand. Die Entscheidung über Brennzeitpunkt und -dauer liegt bei diesem. Ebenso wie die Alten sind die Frauen und die heranwachsenden Kinder in die Arbeit einbezogen. Von den Frauen werden die Tonerden vom Flußufer auf Eselsrücken herangeschafft. Jede Werkstatt lagert ihren saisonalen Bedarf an Erden in trockener Form im eigenen Gehöft. Angeschafft werden muß auch die erforderliche Menge an Feuerholz, das kostenmäßig die größte Belastung der Töpfer darstellt. Man kauft es in günstigen Zeiten auf Vorrat und hütet diesen als wertvollen Besitz. Um möglichst sparsam damit umzugehen, setzt man für Brände von kurzer Dauer und mit

Abb. 72 Bemalte Gebrauchskeramik auf dem Markt, Ramdeora, bei Pokaran

niedrigeren Temperaturen Reisig und trockenes Kakteengestrüpp ein. Hauptbestandteil des Brennmaterials aber ist Eselsmist. Zusätzlich zum Mist vom eigenen Tier wird weiterer von den kleinen Töchtern der Töpfer auf den Dorfstraßen und in den Feldern gesammelt.

Das Inventar an Werkzeugen ist sehr gering. Außer selbst hergestellten Geräten zum Klopfen und Glätten des Tons werden eine schwere Drehscheibe (aus Stein oder Zement, früher angeblich aus Holz) sowie kleine Klingen zum Kerben und Schneiden des Werkstückes eingesetzt.

Mit dem Töpferrad werden Schalen und die meisten kleineren bis mittelgroßen rundbauchigen Gefäße gedreht. Die Scheibe ist ebenerdig auf einer kurzen Achse gelagert und wird mittels einer einsteckbaren Stange in Schwung gesetzt. Man arbeitet in Hockstellung, auf den Fersen sitzend. Schalen und Näpfe lassen sich in großer Geschwindigkeit massenweise herstellen. Sie werden täglich zu Hunderten in Reisigfeuern gebrannt und für „Paisa-Beträge" verkauft (100 Paise = 1 Rupie, etwa 5 Pfennige [1994]). Als „Einweg"-Teeschalen kommen sie auf Bahnhöfen und Teebuden zum Einsatz – gegenüber Kunststoffen ein sauberer, sich selbst auflösender, zerkrümelnder „Verpackungsmüll".

Größere Gefäße werden von Hand mit hölzernen Klopfbrettchen und glasiertem Konterstein aufgebaut und anschließend in lederhart getrocknetem Zustand mit einer Kette aus trockenen Fruchtkapseln geglättet. Das Trocknen darf wegen der Schwund- und Reißgefahr nicht zu schnell ablaufen und findet deshalb im Schatten statt. Erst nach der Abtrocknung werden die Gefäße zum „Vorbacken" der Sonnenhitze ausgesetzt. Wenn eine gewisse Menge Gefäße gefertigt sind, wird ein Haufenbrand zubereitet. Der Meister und seine Kinder schichten auf einem freien Platz in ihrem Quartier die zu brennenden Objekte in routinierter Weise zu einem halbkuppelförmigen Haufen, der,

Abb. 73 Kunstvolles Stapeln von Schöpfgefäßen, Töpfen und Terrakottapaneelen für den Brand, Molela.

zwecks Luftzufuhr durch gerundete Bruchkeramik aufgelockert, mit Holzscheiten, Reisig und Eselsmist durchsetzt ist. Die Gefäße liegen dabei mit den Öffnungen nach unten, um die Hitze zu speichern. Nach der ersten Stunde des Brandes, wenn die Mistbrocken glühen, wird durch Abdecken des Haufens mit schlackedurchsetztem Sand die Luftzufuhr gedrosselt. Die Hitze im Inneren hält sich für einige Stunden bei 700 bis 800° C. Das Brennen findet über Nacht statt, am Morgen wird der Haufen abgebaut und die fertigen Gefäße, die durch die verringerte Sauerstoffzufuhr geschwärzt wurden, eingelagert. Das Brennen von roter, härterer Keramik erfordert wegen fehlender Abdeckung des Haufens und entsprechend höherem Wärmeverlust einen größeren Einsatz von Holz, das mehr Hitze erzeugt.

Molelas Terrakottakunst

Seit 800 Jahren, so meinen die Töpfer, seien ihre Familien mit der Herstellung von Gefäßkeramik und zugleich von Figuren für rituelle Zwecke befaßt. Daß diese Behauptung nicht unwahrscheinlich ist, kann an stilistischen Eigenheiten ihrer Figuralkunst abgelesen werden, die in der Gestaltung von Reiterfiguren, ihrer Bekleidung und ihrer Waffen in die „hohe Zeit" des Rajput-Rittertums bis in die Vor-Moghulzeit zurückweist.

Zeitlos sind ihre Hauptwerke, die Terrakottareliefs mit den Darstellungen der gruppenweise auftretenden „Muttergöttinnen" (*mata*) der dörflichen Tempel und Feldaltäre sowie der Kultstätten der Adivasi-Bevölkerung („Ureinwohner"). Darunter sind klan- oder kastenspezifische Matas wie Rebari Devi, die Gottheit der Kamelnomaden. Jede Mata ist an ihrem Symboltier (Kamel der Rebari, Schwein der Sur Devi, Elefant, Gans, Schwan, Büffel, Stier etc. für die weiteren etwa zwanzig vorkommenden Matas) und der sonstigen Ausstattung der zwei-

Abb. 74 Molela-Terrakottareliefs und Ganeshafigur, aufgestellt zum Bemalen, Molela.

oder vierarmigen Figuren mit Schwert, Dreizack oder Schlange als Attributen zu erkennen. Gottheiten des volkstümlichen Hinduismus, einschließlich der aus dem Kreis der Matas hervortretenden vierarmigen Devi in Form der tigerreitenden Amba oder Durga Mahishasuramardini („die den Büffeldämon Mahisha tötet"), bilden einen weiteren Teil des Repertoires.

Die Reliefpaneele bestehen aus flachen, rechtwinkligen Rückenplatten von gewöhnlich etwa 20 bis 60 cm Höhe und 10 bis 40 cm Breite, die auf dem Boden der Werkstatt flach ausgewalzt werden. Der Ton aus den angesammelten Beständen wurde vorher, nachdem er zur Magerung mit 20 % Eselsmist versetzt worden ist, für das Kneten durchfeuchtet. In nun angetrocknetem Zustand wird das Kopfende der Platten mit einer Eisenklinge kurvig in Form von „Nischenbögen" geschnitten. Alle Reliefteile werden nun aufgesetzt und mit dem Untergrund verstrichen. Diese Teile werden in ihrer Grundform vorgefertigt: halbrund gewölbte Körperteile, Gesichter, Glieder, Schmuck- und Architekturdetails. Letztere sind Wülste, die die vorgewölbten Nischenbögen bilden, ergänzt durch aufgesetzte hohle Spitzen in Zapfenform sowie Kreisscheiben mit Blüten- oder Sterndekor. Diese stammen zumeist aus Modeln. Solche aus Ton hergestellten Model gibt es auch für komplette kleine Paneele und für die Gesichter der größeren Relieffiguren. Ein Meister würde sich aber ihrer nicht bedienen – kunstfertig modelliert er aus den glatten, aufgesetzten Rohformen von Hand mittels der als Modelliermesser eingesetzten Klinge die Gesichter mit den typischen großen Augen.

Abb. 75 Der prämierte Meister Khemraj Kumhar beim Modellieren eines vielfigurigen, übergroßen Reliefs. Molela, 1984.

Die Figurenteile werden nach und nach zur kompletten Gestalt zusammengefügt, bis nur noch unten und oben eine gewölbte Öffnung zwischen Platte und Figur besteht, nötig für den Hitzeverlauf beim Brennen solcher relativ großen Objekte. Die fertig modellierten Platten werden zum Abtrocknen schattig gelagert. Im Laufe eines Vierteljahres entsteht eine Gruppe von einigen Dutzend Paneelen, ergänzt durch Gefäßkeramik sowie rundplastische Figuren. Diese stellen traditionell göttliche Reit- oder Symboltiere (*vahanas*) dar: den Tiger der Devi, das Pferdpaar Ramdevs oder Nandin, den Stier des Gottes Isa (Ishvara, d.i. Shiva). Die rundlichen Tierleiber sind in der Grundform nichts anderes als gedrehte oder handgeformte Gefäße, denen Köpfe und Glieder angefügt werden. Auch Götterfiguren entstehen so: Gangor und Isaji, Helden wie Ramdev Pir, Gogaji oder Mallinathji, sowie – in jüngerer Zeit – beliebte Götter des Hinduismus wie Ganesha.

Gebrannt wird drei- bis viermal im Jahr, je nach Nachfrage. Die quartalsweise angesammelten Objekte werden ähnlich einem Gefäßstapel geschichtet, allerdings müssen die Reliefs aufrecht stehen, was eine größere Höhe des Haufens (bis zu 2 Meter) bewirkt und wahrhaft artistisches Können beim Plazieren der luftgetrockneten Töpfe und Paneele erfordert. Die Schichten werden von innen nach außen auf Lagen von flach liegenden Wasserradgefäßen (*ged*, siehe Kat.Nr.37) aneinandergesetzt. Es kommt darauf an, daß allen Teilen eine möglichst gleichmäßige

Abb. 76 Der Meister Hiralal Kumhar (verstorben) beim Bemalen des Ganesha-Reliefs. Molela, 1984.

Hitze zugeführt wird. Über die bauchigen Gefäße der letzen Schichtung werden große Gefäßscherben gelegt, die den Haufen zwecks Beibehaltung der Hitze wie eine Haut einfassen.

Das Schichten und das Brennen ist ein hochsensibler Akt von existenzieller Bedeutung für die gesamte Familie. Sollte der Brand mißglücken, sind ein Vierteljahr Arbeit und Investitionen für Holz verloren. Damit wäre die wirtschaftliche Grundlage der Töpfer vernichtet. Entsprechend konzentriert geht man ans mehrstündige Werk. Der Meister, sein Sohn und Helfer aus dem Kreise der „Konkurrenten" schichten die von den Frauen und Kindern bereitgestellten Objekte, der in reinweiße Baumwolle gekleidete Alte steht würdevoll dabei und gibt sparsam und ruhig Anweisungen, denen nicht widersprochen wird. Die größten Probleme bereiten übergroße Reliefplatten, die erst seit neuerem gebrannt werden – seit dem aus dem fernen Delhi erteilten Auftrag, ein vielfiguriges, überdimensioniertes Werk zu schaffen, das dann den nationalen Preis einbrachte. Schon beim Schichten, das sich bis in die Abendstunden hinzieht, weiß der erfahrene Meister, welche Reliefplatten durch Verrutschen oder seitlichen Druck während des Brandes zerbrechen werden, welche Töpfe verbeult und unverkäuflich aus dem Haufen kommen werden.

Am Morgen nach dem zehnstündigen Brand vollzieht sich der Abbau des Stapels in ruhiger, nur vorübergehend deprimierter Stimmung. Die befürchteten Schäden sind tatsächlich eingetreten, halten sich aber in den Grenzen des Unvermeidlichen. Auch werden einige Reliefplatten durch Nachbesserung gerettet werden können. Alle Helfer, vor allem die Kinder tragen willig die „Ernte", Töpfe und Paneele, auf dem Kopf ins Lager.

Die beige-rot gebrannten Reliefs finden ihre Abnehmer bei der Bhil-Bevölkerung in Mewar und darüber hinaus. Die Bhil besitzen einen nur teilweise „hinduisierten" Glauben an eine Schöpfergottheit, Bhagvan[8] genannt – was wiederum ein aus dem Sanskrit stammender Hindu-Begriff für Gott ist – verbunden mit Helfergöttern wie Dharmraj und Ahnen aus dem Bereich der Schlangengottheiten. Als alltäglich wirksam werden die Matas als Göttinnen mit bestimmten Heil- und Zauberkräften verehrt. Ihnen gelten Kultstätten auf Hügeln, an Teichen, Brunnen und Bäumen. Die Bhil-Gemeinschaft, die sich Molela-Figuren kaufen möchte, schickt eine Delegation zu den Töpfern. Traditionell wurde in Naturalien bezahlt, heute in bar. Ein Relief kostet den Lohn einiger Tage Arbeit. In einer Prozession werden die erworbenen, in rote Tücher eingeschlagenen Gottheiten auf dem Kopf nach Hause gebracht – stets nur in Horizontallage, auch bei Benutzung von Karren oder Bus. Mit Speisen darf das Relief vor der Konsekrierung nicht in Berührung kommen. Die Figuren werden unter freiem Himmel auf Altären aufgestellt. Wenn die Regengüsse einiger Jahre sie verdorben haben, werden sie ersetzt. Das beschädigte Bildwerk hat keinen rituellen Wert mehr.

Abb. 77 Feldtempel mit aufgestellten Molela-Reliefs, in der Mitte Dharmraj.

Auch die hinduistische Bauernbevölkerung benutzt die Molela-Figuren für ihre volksreligiösen Kulte, die ebenfalls der Fruchtbarkeit der Äcker und der Gesundheit der Familie und des

Viehs dienen sollen. In den Feldern sind Tempel oder freistehende Altäre anzutreffen, auf denen eine Gruppe verschiedener Götter mit dem reitenden Dharmraj als Richtergott über die Seelen im Totenreich (siehe Kat.-Nr. 65) zentral um die Bherus (Formen des Bhairava, siehe Kat.-Nr. 64), Schlangenahnen und Ganesha aufgestellt ist (Abb. 77). Matas sind in diesem Kreise nicht anzutreffen. Die Devi besitzt ihren eigenen Tempel im Ort, umsorgt von *bhopas*, nicht-brahmanischen Volkspriestern. Das Hauptkultbild der Devi als Amba in Molela ist jedoch eine bunt bemalte Marmorfigur aus Jaipur, die Stiftung eines wohlhabenden Gläubigen, dem die ortseigenen Terrakottareliefs nicht wertvoll genug erschienen. Diese sind als Gruppe vor der Cella in die Wand eingelassen, spielen also nur eine sekundäre Rolle.

Auch die Terrakottareliefs tragen traditionell eine Bemalung. Diese wird von den Töpfern selbst mit unvermischten Wasserfarben aufgetragen, nachdem die poröse Oberfläche durch eine Schellackgrundierung und Weißelung vorbereitet wurde. Außer der kanonisch festliegenden Hautfarbe der Gottheiten und Fellfärbung der Tiere werden Details der Kleidung, des Schmuckes und der Attribute sowie des architektonischen Rahmens aufgemalt. Zum weiteren Schmuck der Figur werden glänzende Streifen Silberfolie aufgeklebt. Den Abschluß bildet ein Firnis, der das Relief glänzen läßt.

Die Bemalung war gewiß ursprünglich obligatorisch, denn sie bringt verschiedene thematisch wichtige Details zur Abbildung, die im Tonrelief nicht vorhanden sind. Dennoch scheint sich heute – wohl aus Geschmacksgründen – die Tendenz zu verbreiten, Reliefs ohne Bemalung zu bevorzugen. Die Töpfer selbst stehen als Hindus „ihren" Götterfiguren eher neutral gegenüber. Außer der erforderlichen Ikonographie kennen sie gerade noch den Namen der Gottheit, nicht aber den spezifischen Mythos, geschweige denn die genauen inhaltlichen Bezüge der Details. Ihre Anschauung der Götter stammt aus dem Hinduismus der klassisch-puranischen Prägung, ergänzt durch populäre Heiligenlegenden. Über die Bhil-Religion wissen sie aus Interesselosigkeit nichts.

Der Herstellungsprozess der Götterfiguren ist dennoch rituell bestimmt. Nur zu gewissen Zeiten im Frühjahr dürfen die Frauen die Tonerden herbeischaffen, auch dürfen sie sich nicht in der Menstruation befinden. Vorher haben sie eine Pilgerfahrt unternommen, von der sie eine Devotionalie mitbringen, die in weißgetünchten Schreinen am Straßenrand vor ihrem Gehöft installiert wird. Will der Töpfer seine saisonale Arbeitsphase beginnen, fasten er und seine Frau für eine Woche. Auch das Brennen kann erst nach Reinigungsritualen unternommen werden, die wiederum vom Stand des Mondes und dem Ende der Menstruationsphase der Gattin abhängen. Diese Ritualgesetze, die das Jahr in „materiell produktive" Phasen und in „Ruhezeiten" einteilen, werden von der jetzigen Generation noch befolgt, auch wenn die seit Mitte der 80er-Jahre zunehmende Vermarktungschancen z.B. im Touristenzentrum Udaipur eine Produktionssteigerung zuließen und die Verlockungen des Bargelds mächtig sind.

Abb. 78 Tonpferd für den Ramdev-Kult, aus einer Töpferei in Pokaran, 1992.

Gleichzeitig mit dem wachsenden Interesse an den traditionellen Terrakottafiguren verringert sich jedoch wegen der Billigangebote an Kunststoffbehältern allmählich der Bedarf an Töpfereiwaren – trotz all ihrer Vorteile. Dies muß der Bequemlichkeit der Konsumenten sowie einem Prestigedenken angelastet werden, das den Produkten aus den Dörfern gegenüber der anonymen Industrieware Minderwertigkeit zumißt. Mit der Verringerung des Absatzes geht ein Verlust an Formen und Techniken sowie an ästhetischen Qualitäten einher, der sich schon in der folgenden Generation der Töpfer bemerkbar machen kann – ein Prozeß der Verarmung auf diesem Kultursektor, der allerdings nicht erst gegenwärtig beginnt, wie uns die Werke der Töpferkunst vergangener Epochen zeigen[9].

Rajasthanische Metallarbeiten

Seit der Bronzezeit war Rajasthan der Hauptlieferant von Kupfererz in der Nordwest-Region Indiens. Kupfervorkommen in den Bergzügen des Aravali nahe Ajmer, mehrere Gruben im Mewar-Gebiet wie auch im Singhana-Ketri-Gürtel mit den Fundstätten bei Ganeshvar und Jodhpura wurden schon seit der Harappa-Epoche ausgebeutet. Weitere Stätten wurden entdeckt, so Bagor in Bhilwara, Khurada (Nagaur), Elana (Jalor), Padaliya (Chittaurgarh), Kota-Maholi (Karauli-Sawai Madhopur), Nandlapura nahe Chaksu bei Jaipur, Pugal (Bikaner) und Tharkanwala Dera nahe Anupgarh. Das Legieren von Kupfer und Zinn ergibt Bronze. Zink wird in großen Mengen im ehemaligen Fürstentum von Udaipur gefunden. Aus Zink und Kupfer entsteht Messing.

Die früheren Gebiete Zovar und Dariba-Rajpura in Rajasthan haben sich als Zinkgruben mit einer Ergiebigkeit in der Größe von 140 Millionen Tonnen erwiesen. Sie wurden offenbar seit dem Altertum bis in die Gegenwart ausgebeutet. So überrascht es nicht, daß Rajasthan jahrhundertelang die Heimat besten Metallhandwerks war. Es gibt ein Dutzend alter Kupferwerkstätten – noch immer berühmt als *daribas*. Das Wort *dariba* könnte aus der Sanskrit-Vokabel *dravya* stammen und so die Beliebtheit von Kupfer als herausragendes Metall in diesem Teil Indiens anzeigen.

Der früheste archäologische Nachweis von Metall in Rajasthan stammt aus der Prä-Harappa-Siedlung Kalibangan am Südufer des früheren, jetzt versiegten Flusses Sarasvati im heutigen Distrikt Ganganagar. Wie die dortigen Funde von Kupferperlen, Armreifen, Waffen und Werkzeuge in den Grabungsschichten der Vor-Harappa- und Harappa-Epoche ausweisen, war seit 3000 bis 2800 v.Chr. in Rajasthan das Metallhandwerk bekannt. Eine weitere frühe Stätte der Kupferverarbeitung war Ahar, nahe Udaipur im südlichen Rajasthan. Diese Flußufersiedlung existierte gleichzeitig mit der Harappa-Kultur und war in solchem Maße von Kupferobjekten geprägt, daß ihr traditioneller Name Tambavati lautete, „Stadt des Kupfers".

Mehrere bedeutende Entdeckungen, darunter der wunderbare „Vasantgarh-Hort" von jinistischen Bronzefiguren des 7. bis 8. Jh., haben das reiche Erbe der Bronzebildnerei erkennen lassen. Hieraus kann gefolgert werden, daß in Rajasthan nicht nur die frühgeschichtlichen Traditionen des Metallhandwerks bewahrt wurden, sondern auch allerhöchste Maßstäbe der Modellierkunst und des Gießens erreicht wurden.

Wegen des allgemeinen Brauches, alte und beschädigte Kultfiguren als entweiht anzusehen und in Gewässer zu versenken, haben nur sehr wenige frühe Kultbronzen Rajasthans überlebt. Die Figuren nutzten sich relativ schnell ab, weil in der kultischen Handlung für sie ein tägliches Bad mit gründlichem Abreiben vorgesehen ist. Reiche Stifter ließen häufig alte Figuren durch neue ersetzen. All diese Umstände erschweren es, ein klares Bild der zeitlichen Entwicklung rajasthanischer Bronzekunst zu rekonstruieren. Jedoch geben die erhaltenen Objekte

Abb. 79 Tirthankara, Bronzefigur, Höhe 75 cm, Vasantgarh, um 687 n.Chr., im Tempel Mahaviraswami, Pindwara.

Mit freundlicher Genehmigung wiedergegeben aus: Arts & Crafts of Rajasthan, Verlag Mapin Publishing (P) Ltd., Ahmedabad, 1987 (dt. Übersetzung G. Kreisel)

Abb. 80 Tirthankara, Bronze, Höhe 25,4 cm, südwestliches Rajasthan oder Gujarat, 7. bis 8. Jh. (s. Kat.Nr. 81)

reichlich Aufschluß über den hohen Grad des Könnens, der bei der Herstellung der zur Verehrung bestimmten Figuren erzielt wurde. Vor etwa 75 Jahren wurde in den Gewölben eines alten Jainatempels in Vasantgarh, nahe Abu Road, Rajasthans älteste und als Einzelgruppe höchst beeindruckende Sammlung von Kultfiguren entdeckt. Wegen mangelnder Unterbringungsmöglichkeiten überbrachten Jainamönche die meisten Bildwerke von Vasantgarh nach Pindwara, wo sie nun im Mahavirasvami-Tempel verehrt werden. Die Figuren stellen den Brennpunkt der Bronzebildnerei in Rajasthan dar. Als Werke feinster Modellierkunst, charakterisiert durch kompositorische Symmetrie der Gruppen, proportionale Ausgewogenheit, Zurückhaltung in der Ornamentierung sowie durch eine matt schimmernde, golden anmutende Patina, die auf die Verwendung einer edlen Legierung hinweist, können sie einen herausragenden Platz unter den indischen Bronzen des Altertums und Mittelalters beanspruchen. Zwei der beschrifteten Vasantgarh-Figuren geben uns den wertvollen Hinweis, daß sie im Jahre 687 n.Chr. von dem bedeutenden Künstler Shivanaga gegossen wurden, der hier mit Gott Brahma, Schöpfer aller Formen (*vishvarupas*), verglichen wird. Der Name Shivanaga zeigt an, daß der Künstler – bestens vertraut mit der Ikonographie der Jainas – dem Hindu-Glauben anhing. Die Inschrift beleuchtet ferner, daß Meister des Handwerks hoch geachtet waren und in den Rang eines Schöpfergottes gehoben wurden.

Eine der schönsten Bronzefiguren Rajasthans überhaupt ist das gegenwärtig in einem Tempel in Pindwara befindliche Bildnis der Saraswati. Die zweiarmige Göttin trägt in ihrer erhobenen rechten Hand eine Lotosblume, in ihrer linken ein Manuskript, das sie anmutig parallel zu ihrem Körper hält und so ihre schmale Taille und gerundete Hüfte betont. Die zurückhaltende Modellierung der Gestalt erweist sich als Ursache ihrer großen persönlichen Austrahlung.

Noch treffender als die erwähnten religiösen Figuren vermögen die reichlich vorhandenen schönen Metallobjekte aus dem Alltagsbereich den Beweis für hervorragende Handwerks-

Abb. 81 Aufbauten eines Lohari-Wagens mit kunstvollen Metallbeschlägen, Chitor-Region (s. Kat.Nr. 43).

kunst sowie einfühlsamen Entwurf und gestalterisches Können zu liefern. Großzügige Förderung seitens der herrschenden Rajput-Häuser und des abhängigen Adels verhalfen vielerlei Künsten zu höchster Blüte, nicht ausgenommen das Metallhandwerk.

Die rajasthanischen Metallhandwerker werden als *kaseras* bezeichnet. Die wörtliche Bedeutung ist „Bronzewerker", aus dem Terminus *kansa* für Bronze abgeleitet. Neben dieser für alle Metallwerker - mit Ausnahme der Grobschmiede – zutreffenden Bezeichnung werden noch *thathera* für Messingschmiede und *bharava* für Gießer verwendet. Die Grobschmiede Rajasthans werden *lohar* genannt, nach dem Wort *loha* für Eisen. Einige sind Hindus, andere Muslime. Die Hindu-Lohars teilen sich in die beiden Gruppen Gadia und Malvia. Die Gadias sind Wanderschmiede, die mit ihren Wagen (*gadi*) von Ort zu Ort fahren und Ackergerät reparieren sowie Alltagsgeräte in Auftragsarbeit herstellen. In der Regel kampieren sie mit ihren Karren vor den Ortschaften, wo sie zeitweilig ihre Haushaltung aufschlagen und den Arbeitsplatz einrichten. Sie sind auch als Händler guter Zugochsen bekannt. Als ihren Herkunftsort sehen die Gadias die Stadt Chittaurgarh an. Sie sind Anhänger des Vaisnava-Glaubens und glühende Verehrer von Ramdev Pir, dem rajasthanischen Heldengott.

Abb. 82 Lagernde Lohari-Familie bei Bharatpur.

Abb. 83 Öllampen mit Brennstofftank in Vogelgestalt, westliches Rajasthan, ca. 18. Jh.(s. Kat.Nr. 97 und 98).

Die Malwias, die aus der Region Malwa in Madhya Pradesh (Zentralindien) zu stammen glauben, sind befähigt, feinere Schmiede- und Holzarbeiten auszuführen. Sie sind Siva-Anhänger und verehren die Sakti und eine Reihe lokaler Göttinnen, darunter Aiji. Mit den Gadias verheiraten sie sich nicht. Die muslimischen Schmiede teilen sich ebenfalls in zwei Gruppen, benannt nach ihren Herkunftsorten: Multanis und Nagauris. Sie sind durch Heiraten verschwistert. Interessanterweise stimmen einige ihrer Klannamen mit denen der Rajputs überein.

Abb. 84 Detail eines zeremoniellen Wassergefäßes, Messing, mit Kupferauflage, getrieben und ziseliert, Höhe 16 cm (s. Kat.Nr. 119).

In Rajasthan werden alle Techniken des Metallhandwerks praktiziert: Oberflächendekoration wird durch Inkrustation, Einlege- und Treibarbeit, Repoussé, Gravieren, Damaszenieren, Guß oder Punzierung ausgeführt. Das *cire perdue*-Verfahren als häufigste Gießmethode bringt jedes Objekt aus der jeweils neu geschaffenen Form als individuelles und völlig handgefertigtes Produkt hervor. Die meisten der schön geformten Gefäße aus Rajasthan werden durch Austreiben mehrerer Bleche durch Hämmern geschaffen. Nach Erreichen der gewünschten Formen werden die Teile zusammengefügt und verlötet. Diese Arbeitsweise erfordert die Voraussicht, Gestaltungsfähigkeit und Sensibilität eines Künstlers, eines Skulpteurs – Qualitäten, die die Handwerker Rajasthans in Fülle besitzen, wie ihre Produkte zeigen. Damaszenierung, Lackauftrag und Emaillieren sind verfeinerte Techniken kostbarer Metallornamentierung, für die Rajasthan berühmt ist. Die Kunst des Lackierens, weitgehend ausgeübt in Moradabad und deshalb gemeinhin als Moradabadi-Arbeit bekannt, ist in Rajasthan seit mehr als einem Jahrhundert beliebt. Diese Technik scheint eine billigere Imitation der *bidri*-Technik zu sein. Auf blanken oder vergoldeten Messing- und Kupfergefäßen werden durch Treiben und Punzen des Hintergrundes Pflanzenmotive reliefiert. Die Vertiefungen werden dann mit schwarzem geschmolzenem Lack ausgefüllt. Die überschüssigen Mengen werden abschließend mit Sandpapier oder Ziegelpulver weggeschmirgelt. So erscheint der Floraldekor schimmernd vor schwarzem Hintergrund, was *marori* genannt wird. Die Umkehrung dieser Arbeitsweise, bei der das Motiv in Schwarz – oder jeder anderen Lackfarbe – auf dem Metallgrund erscheint, nennt man *chrakva*. Beide Arten werden in Jaipur unter Verwendung einer großen Farbenvielfalt gepflegt. Eine weitere Oberflächenornamentierung ist *minakari*, das Emallieren. Hierbei werden Mineralfarben auf dem Metall geschmolzen. Die beliebtesten Schmelzsubstanzen sind das Pottasche-Chromat für Gelb, Mangankarbonat für Violett, Kobaltoxid für Blau, Kupferoxid für Grün und rotes Eisenoxid für Braun. Ein Elfenbeinfarbton wird durch Pottasche-Antimon, hydriertes Eisenoxid und Zinkkarbonat, die normalem Glas beigemischt werden, erzielt. Unter den herausragenden Messingobjekten Rajasthans sind die Tintenfässchen und Federbüchsen zu nennen. Noch heute kann man beim Durchstreifen der Bazare von Udaipur, Jodhpur, Ajmer oder kleinerer Städte wie Banswara, Dungarpur oder Partapgarh das helle Aufscheinen des Messings von pagodenförmigen Tintengefäßen und zylindrischen Dosen für die Schreibfedern wahrnehmen.

Rajasthan ist stets ein bedeutendes Zentrum des Jinismus gewesen. Hiesige Jaina-Tempel waren für ihre *bhandaras*, Bibliotheken, reich an Manuskripten, berühmt. Fast jeder Ort Rajasthans hatte seinen Schreiber, der mit dem Kopieren von Manuskripten befaßt war. Da Kalligraphie und Textkopieren häufige Tätigkeiten waren, wurde eine Vielfalt an Tintenfässern, Federdosen, ferner Zeichengerät wie Ritzstifte, Zirkel, Stifthalter usw. aus Messing, Eisen oder Silber gefertigt. Tintengefäße konnten schlicht rund, vier- oder achteckig mit einer kleinen Öffnung obenauf sein oder elaborierter in Gestalt eines Kamels, eines Elefanten oder einer Stufenpagode. Federdosen aus Mes-

Abb. 85 Armreif und Manschette in minakari, Email-Schmuck, Gold mit Edelsteinbesatz, Jaipur, ca. 19. Jh.

sing hatten durchbrochene Ornamente und waren bisweilen mit den Tintenfässchen verbunden.

Im *cire perdue*-Verfahren werden noch heute vielerlei Bildwerke der dörflichen Gottheiten und andere Votivobjekte gegossen. Sie stellen Reitergötter, lokale Göttinnen, Ganesha, Hanuman und andere dar. Messingpfannen für Räucherwerk, verziert mit durchbrochenem Blattwerk und Griffen in Gestalt von Schlangen, Papageien, Pfauen oder Lotosranken waren stets beliebt.

Öfen aus Messing oder Eisen in vier- oder achteckiger Form, mit durchbrochenen Seiten und Füßen in Vogelgestalt, wurden im Winter zum Beheizen von Tempeln oder Häusern der Aristokratie verwendet. Für die harten Winternächte in der Wüste war es notwendig, einen mobilen Ersatz für die Öfen der Häuser zu finden. Ein an Ketten hängendes oder auf Räder gesetztes Feuerbecken, *sigri*, war hierzu geeignet. Mit glühenden Kohlen gefüllt, konnte es an beliebiger Stelle Wärme spenden, auch unter den Hängematten von Schwangeren, um deren Rücken zu wärmen.

Im heißen, trockenen Rajasthan war die Schaukel einer der beliebtesten Einrichtungsgegenstände. Auf der sachte schwingenden Schaukel sitzend, konnte man den leichten Lufthauch genießen. Häufig waren die Ketten der Schaukeln aus Messing, zur Verzierung waren Figuren von Frauen, Pferden, Elefanten und Vögeln in die Glieder eingearbeitet.

Pan, der Betelpriem, ist seit Jahrhunderten ein sehr beliebtes Genußmittel. Das Betelblatt wird mit Stücken der Arecanuß, mit gelöschtem Kalk und Würzstoffen belegt, zum Priem gefaltet und genüßlich gekaut. Die nötigen Utensilien für Zubereitung und Aufbewahrung des Priems wurden in entsprechend vielfältiger Art von den Metallhandwerkern Rajasthans hergestellt. Messingbehälter in Form einer Kokosnuß, Mango, Melone oder Lotosblume sind häufig anzutreffen. Behälter zum Aufbewahren der *pan*-Blätter, bisweilen mit dekorativ gestalteten Perforationen, um die Blätter durch Belüftung frisch zu halten, sind meist runde, vier- oder achteckige größere Dosen. Außer einem Tablett für die Blätter haben sie noch kleinere Fächer am Boden, wo Kalk, *catechu*-Würze und Tabak Platz finden. Kleinere, mit Kettchen versehene Dosen in Mango- oder Lotosform, bisweilen auch zylindrisch, können bei sich getragen werden, beispielsweise auf einer Reise. Neben den Dosen benötigt der Betelgenießer einen Nußschneider. Dieses stabile Instrument aus Eisen oder Messing besitzt eine Eisenklinge, mit der die harte Arecanuß abgeschabt oder gestückelt werden kann. Diese Schneideinstrumente, kurz Betelschneider genannt, haben oft die Gestalt von Vögeln, Tieren oder auch Liebespaaren, manchmal mit Glöckchen verziert, perforiert oder mit anderen Metallen tauschiert.

Die Region Mewar im Süden Rajasthans, angrenzend an das mittelindische Malwa, ist günstig für den Anbau von Opium (*opham*). Die Zubereitung, vom Anbau über das Filtern bis zum Darbieten, war eine Kunst an sich. Bronzene Mörser zum Anmischen von Opiumtrank (*bhang*) hatten die Form von Booten mit einem Tigerkopf oder einer Kobrahaube an der Spitze. Auch die Filterständer hatten oft eine solche Verzierung oder eine Shivalinga-Darstellung, weil der Genuß von Opium, Cannabis oder Haschisch mit der Shiva-Religion verbunden ist. Die Flaschen, Röhren und Mundstücke von Wasserpfeifen wurden in Messing, Kupfer oder Silber hergestellt, oft auch damasziert oder emailliert.

Für die Schönheitspflege benutzten die indischen Frauen verschiedene Gegenstände, die den hohen Stand ihrer persönlichen Körperkultur anzeigen. Überall in Rajasthan finden sich metallene Kämme erstaunlich einfacher und dabei eleganter Art. Behälter für *kohl*, Rußfarbe zum Umranden der Augen, sind oft auch mit Spiegeln versehen; zum Sammeln, Mischen und Aufbewahren von Collyrium sind besondere Messingbehälter, *kajaldan*, vorgehen. Äußerst vielfältig sind die Näpfe für die rote Farbe zum Schmücken des Scheitels, *kankavati*.

Sogar ein Fußkratzer zur Beseitigung von Hornhaut wird mit Einfühlsamkeit hergestellt: im Innern sind Metallkugeln eingelassen, die bei der Benutzung des Kratzers rhythmische Klänge erzeugen. All diese Gegenstände des Alltags, ob Fußschaber mit Griffen in Vogelform oder einfache Feuerzangen, mit denen Kohlenstückchen in der Wasserpfeife zurechtgerückt werden können – jeder ist mit großer Sorgfalt und ästhetisch bewußt geschaffen worden. Schmuckschatullen, Getreidemaße, Waagen, Gefäße, Kannen und andere Küchengerätschaften aus Kupfer, Bronze oder Messing zeigen ein erstaunliches Geschick, Schönheit mit Nützlichkeit zu vereinen.

Neuerdings kann man jedoch das Angebot von industrieller Ware aus Aluminium beobachten. Diese verdrängt die schwereren Metallgegenstände von den Märkten der Städte, wo leicht die dörfliche Eleganz einem urbanen Modernismus geopfert wird. Es ist zu befürchten, daß die Dorfbevölkerung, in Imitation des städtischen Lebens, sich solche ohne Geschmack hergestellten Waren in die Dörfer holt. Ein Götterbild aus Aluminium wird dann die Terrakottafigur ersetzen, und die schönen Messinggefäße werden zugunsten der Massenware verschwinden.

Abb. 86 Zeremonialtuch oder Odhani Grundstoff Wolle mit vierfarbiger Stickerei West-Rajasthan. 20 Jh. (s. Kat.Nr. 61).

Textilkunst – die Farben Rajasthans

Rajasthan bleibt trotz seiner vielfach kargen Landschaft jedem Besucher als farbenprächtig in Erinnerung. Dies ist vor allem der Kunst seiner Weber und Färber zu verdanken, die sich bei ihrer Arbeit auf jahrhundertealte Traditionen stützen, die sich bis heute in ihrer regionalen Vielfalt erhalten haben. Dazu gehört die Eintragsweberei, für die vor allem der Westen, die Gebiete um Jaisalmer und Barmer, ebenso berühmt ist wie für die weitere Gestaltung der Stoffe durch Stickerei. Dazu gehört der Stempeldruck, in so weit entfernten Zentren wie Barmer und Jaipur, Jodhpur und Shekhavati bzw. Bikaner gepflegt, dessen Hauptzentren sich durch eigene Muster und Ausführungen unterschieden[1]. Dazu gehören schließlich die Abbinde-Färbetechniken, die in allen Regionen Rajasthans gepflegt wurden.

Die heute noch in Rajasthan tätigen Weber verarbeiteten vor allem die Wolle von Schafen und Kamelen, aber auch grobere Baumwollgarne, die z.T. selbst besponnen werden[2]. An einfachen Rahmenwebstühlen, die nur wenig über dem Erdboden installiert sind, sitzen die Weber auf dem Boden, ihre Füße und die Fußpedalen des Webstuhls in einer dazu ausgehobenen Grube, über sich ein Schattendach, während der Rahmen mit der straff gespannten Kette in den Hof hinausreicht. Auf diesen Webstühlen werden einfache, aber äußerst strapazierfähige Decken gewoben, die für die kalte Jahreszeit begehrt sind. Es entstehen aber auch die Stoffe für die weitschwingenden Winterröcke der Frauen. Verarbeitet wird fast ausschließlich handgesponnnene Wolle aus lokaler Produktion. In einzelnen Orten wie in den Dörfern im Pali-Distrikt werden Kamele nur der Wolle wegen gehalten.

Die Kette ist zumeist ungefärbt oder wie in der Jaisalmer-Region rot eingefärbt, einfache geometrische Muster und Streifen werden durch den Schuß eingebracht. Feinere Wollstoffe

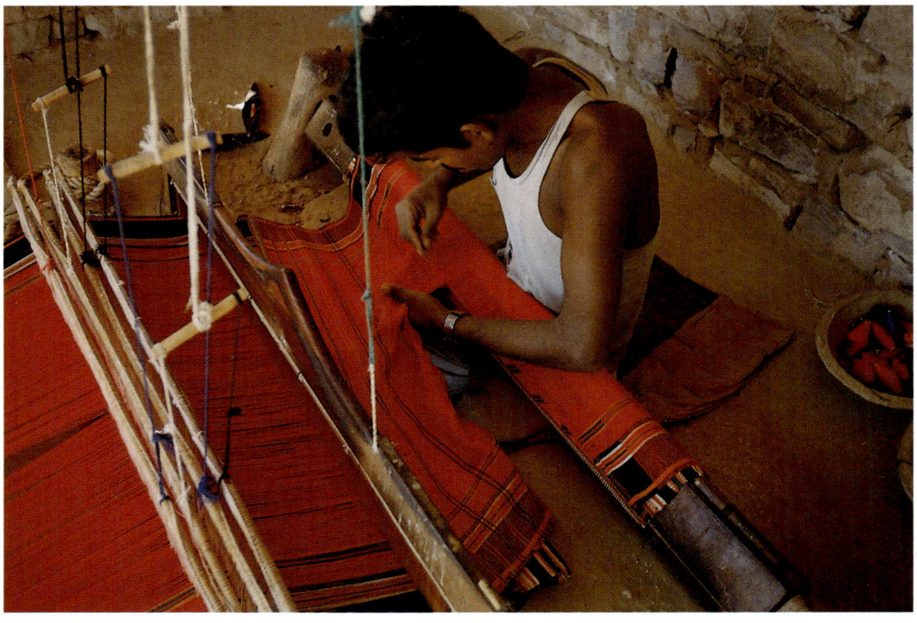

Abb. 87 Weber bei der Arbeit. Chacha, Jaisalmer Distrikt, West-Rajasthan.

Abb. 88 Detail eines Kota-Masuria-Saris mit gedruckter Musterung und aufgestickten Ornamenten aus vergoldeten Silberfäden

werden ebenso wie Baumwollstoffe zu Schals bzw. *odhanis*, den Umhängetüchern der Frauen, verarbeitet. Ihre rote Grundfarbe wird anschließend durch Stickmuster weiter gestaltet, so daß Stücke von großer Farbigkeit und Ausdrucksstärke entstehen. Die verwendeten Muster sind zumeist lokal tradiert, so daß ein solches Tuch oft Auskunft über die Herkunft der Trägerin gibt.

Baumwoll- und Seidenweberei waren in Rajasthan wahrscheinlich nie weit verbreitet, Stoffe als Grundmaterial für die vielen Färbezentren wurden auch in alter Zeit schon aus Nachbarregionen importiert. Heute ist die Baumwollweberei fast vollständig von industriell gewebten Stoffen verdrängt worden. Zum einen, weil die Kunden die gleichmäßigere Qualität dieser maschinell gewebten Stoffe den oft recht groben lokalen Produkten vorzogen, aber auch, weil sie konkurrenzlos billig angeboten werden.

Abb. 89 Webvorbereitung in Kettun, Kota-Region: Kettfäden werden gespannt und gestärkt.

Eine Ausnahme machen die in Ketthun (nahe Kota) hergestellten Baumwollstoffe, die heute als Kota- oder Masuria-Saris weit über die Grenzen Rajasthans hinaus begehrt sind. Daß sie auch in früherer Zeit bereits in ganz Rajasthan berühmt waren, belegt ein dem abwesenden Gatten geweihtes Volkslied, in dem es heißt „Und kommst du nach Kota, vergiß den Sari nicht". Gewebt wird hier ein leichter, weitmaschiger Baumwollstoff, der vor allem für die heiße Jahreszeit verwendet wird. Die Webtradition geht auf Südindien zurück: Muslimische Weber wurden von einem Kota-Maharao angesiedelt, der ihre Webarbeiten während einer Kriegskampagne für einen Moghul-Herrscher in Maisur kennengelernt hatte.

Die Ortschaft Ketthun ist zwischen Dorf und Kleinstadt anzusiedeln und scheint vorwiegend von der Weberei zu leben. In dem an einen Hang gebauten Weberviertel dürfte es kaum ein Haus geben, in dem nicht mindestens ein Webstuhl steht. Oft sind es ihrer zwei oder drei, an dem die Familienmitglieder, vor

Abb. 90 Umhangtuch Odhani, Baumwolle mit spiegelsymmetrischem Dekor in Bhandani-Technik, 20.Jh.

Abb. 91 Detail eines Odhani mit zentralem, gemustertem „Medallion" und reicher Randbordüre. Baumwolle, 233 x 172 cm, 20. Jh.

Abb. 92 Detail eines Odhani mit lebendigem, frei angeordnete Muster aus Menschen-, Vogel und Blattmotiven auf rotem Grund mit kontrastierender dunkler Randbordüre. Trotz aufwendiger Musterung wirkt die Odhani durch die Farbwahl zurückhaltend. Baumwolle, 232 x 148 cm. 20. Jh.

allem Frauen, weben, wann immer es ihre Zeit zuläßt. Auf einem großen Platz außerhalb wird die Kette über lange Gestelle gespannt und anschließend mit einer Reispaste gestärkt. Für die meisten Stoffe bleibt die Kette ungefärbt, nur in die für eine Musterung mit Rechtecken oder mit Rechteckbändern oder goldenen Randbordüren vorgesehenen Stoffe werden bereits jetzt z.B. Goldfäden mit eingebunden. Lokale Auftraggeber verlangen fast ausschließlich ungefärbte Stoffe, die sie dann nach ihrem persönlichen Geschmack von professionellen Färbern gestalten lassen. In solche Stoffe werden häufig – vor allem für Hochzeitssaris – aufwendigen Musterbordüren eingewebt. Da diese eingewebten „Goldmuster" die Farbe nicht annehmen, bleibt das Gold als leuchtendes Dekor auch nach dem Färbeprozess erhalten. Als Arbeitszeit für einen aufwendig gemusterten Stoff aus feinster Baumwolle werden etwa vier Wochen veranschlagt [3]. Die Weber arbeiten „auf eigene Rechnung", sind aber abhängig von den wenigen großen Weber-/Händlerfamilien, die ihre Stoffe aufkaufen und in Zentren wie Delhi und Bombay exportieren, aber auch in Stoffdruckzentren wie Sanganer, wo die Stoffe weiterverarbeitet werden[4].

Berühmter als für seine Weber ist Rajasthan für seine Färber, die sich überall dort konzentrierten, wo das ganze Jahr über genügend Wasser zur Verfügung stand. Früher hatte jede Region ihre eigene Färbetradition, die sowohl an den Königshöfen, die eigene Färber beschäftigten, wie auch im dörflichen Kontext aufrechterhalten wurde. Gefärbt wurden Baumwollstoffe und Seiden, die zu einem großen Teil aus anderen Regionen stammten – die reiche Händlerschaft in Shekhavati importierte nicht nur das Grundmaterial, sie waren auch anspruchsvolle Kunden, so daß nicht erstaunen kann, daß sich hier Färbetraditionen von überregionaler Reputation finden. Ein anderes überregional gerühmtes Zentrum – in diesem Fall für Stempeldruck – war Sanganer, dessen Färber vorwiegend für den Königshof in Jaipur arbeiteten und feinste Muster auf Seiden oder Musselins druckten, die nicht nur für Kleidung, sondern auch als Bezüge für Betten, Sitzkissen und Decken verwendet wurden. Heute spielen die Fürstenhöfe als Förderer des lokalen Handwerks nur noch eine untergeordnete Rolle, eigens angestellte Färber beschäftigen sie nicht mehr. Gute Färber, die die Farbwünsche ihrer Kunden exakt ausführen oder für die Feinheit ihrer Muster bekannt sind, sind aber auch heute noch gefragt. Kunden nehmen für besondere Anlässe lange Wege in Kauf, um etwa den Stoff für ein Hochzeitsgewand gestalten zu lassen.

In Rajasthan dominieren zwei Färbetraditionen: die Abbindetechnik und der Stempeldruck. Beide sind heute der Konkurrenz durch mechanische Druckstoffe bzw. Siebdrucke mit „traditionellen" Mustern ausgesetzt. Als Grundmaterial dienen Baumwollstoffe unterschiedlicher Feinheit, aber auch Seide und häufiger Seidengeorgette, außerdem in neuerer Zeit Stoffe aus Chemiefasern.

Die individuellsten und bei großflächiger Anordnung auffälligsten Muster entstehen bei der als *bandhani* bezeichneten

Abb. 93 Umhangtuch Odhani mit spiegelsymmetrischer Musterung. Eng gesetzte Punkte vermitteln den Eindruck durchgehender Linien

Abb. 94 Farbenfrohe Odhani mit ungewöhnlicher Kreismusterung in Tropfenform (Detail s. Kat.Nr. 56)

Abb. 95 Odhani in der glücksverheißenden Farbe rot mit aufwendigem Ranken- und Blumenmuster. In den Zwischenräumen stilisierte Vogeldarstellungen

Abbindetechnik. Das Prinzip ist einfach, der Prozess jedoch langwierig: Für eine *odhani*, das Umhängetuch der Frauen, wird z.B. ein Stoffrechteck von ca. 1,30 x 1,90 m zunächst in vier gleichmäßigen Lagen aufeinandergelegt und an den Seiten durch Stiche fixiert. Das gewünschte Muster wird aufgezeichnet – bei aufwendigen Tüchern durch einen Spezialisten, der oft für mehrere Färbewerkstätten arbeitet. Der nächste Schritt wird vorwiegend von Frauen durchgeführt: An den bezeichneten Stellen wird der Stoff mit dem Nagel des kleinen Fingers nach oben gedrückt und mit einem Faden so abgebunden, daß keine Farbe eindringen kann. Sollen größere Partien ungefärbt bleiben, können die abgebundenen Stellen zusätzlich mit einer farbabweisenden Paste bestrichen werden.

An diese Arbeit schließt sich der erste Färbevorgang mit der hellsten der vorgesehenen Farben an, zumeist mit Gelb. Das Stück wird in die Farblösung – traditionell aus Pflanzen gewonnen – getaucht und anschließend ausgewaschen. Je nach Muster werden zusätzliche oder andere Stellen abgebunden, ein zweiter Färbevorgang, beispielsweise mit Rot, schließt sich an, möglicherweise ein dritter und vierter, um schließlich einen mehrfarbigen Stoff zu erhalten, dessen Muster nach Lösung der Abbindestellen spiegelsymmetrisch angeordnet sind. Ein einfaches, im ländlichen Raum beliebtes Muster besteht aus einem großflächigen zentralen Farbfeld, etwa in Gelb auf rotem Hintergrund, das mit kleineren Farbkreisen in den Ecken des Tuchen korrespondiert und dessen Ränder kleinere Musterbordüren schmücken. Bei Stoffen und vor allem *odhanis* für eine anspruchsvollere Kundschaft wird der Mittelkreis in Form eines größeren oder kleineren Medaillons seinerseits mit Punktmusterung gestaltet, während aufwendige Randmuster das fast durchgemustert erscheinende Tuch begrenzen. Je feiner der Stoff abgebunden wird, desto feiner erscheinen die einzelnen Punkte oder bei anderer Bindetechnik auch Ovale, die das Muster ausmachen.

Eine Variation dieser Technik sind großflächig angelegte Muster aus feinen farbigen Punkten, etwa weiß, gelb und grün auf rotem Grund. Diese Muster, die zumeist geometrische Anordnungen, aber auch stilisierte Tiere oder Blumen zeigen, werden markiert, indem der Stoff auf ein mit „Nägeln" in der gewünschten Anordnung besetztes Holz gedrückt wird. Die leicht hochstehenden Stellen werden dann wiederum von Frauen mit kleinsten Knoten abgebunden. Solcherart gemusterte Stoffe werden bis heute für Hochzeitsgewänder verwendet – und dann zusätzlich durch Gold- oder Silberstickerei verziert –, aber auch für Turbane. Als Besonderheit werden z.B. Turbanstoffe partienweise in verschiedenen Grundfarben eingefärbt – es entsteht der „Fünf-Farben-*bandhani*"-Turban, den man in Jodhpur mit einer auf den Rücken herabhängenden „Schleppe" bis heute als Festturban verwendet.

Berühmt ist Rajasthan für die zweite Abbindetechnik, *laharia* genannt. Hierzu können nur dünne Stoffe – Baumwolle oder Georgette – verwendet werden, deren Bahnen außerdem nicht zu breit sein sollten, damit die Farbe alle Stoffschichten durchdringen kann. Deshalb wird die *laharia*-Technik vor allem für Turbanstoffe, seltener für Röcke oder *odhanis* verwendet. Bei dieser Technik wird der Stoff gefältet bzw. gerollt und abgebunden. Wiederum bleiben die abgebundenen Partien ungefärbt, so daß in der einfachsten Form Streifen entstehen. Rollt man den Stoff diagonal, entstehen Schrägstreifen, wird der Prozess von der anderen Seite wiederholt, zumeist unregelmäßige Kreuzmuster. Waren die Bahnen vorher in zwei oder drei Lagen aufeinandergelegt, ergeben sich Wellenmuster, die dem ganzen Verfahren ihren Namen gegeben haben. *Laharia*-Stoffe können zweifarbig sein oder einfarbig mit nur kleiner Farbkante. Es können aber auch bis zu fünf Farben verwendet werden, die je nach ihrer Intensität dem Stoff einen stark farbigen oder eher dezent gemusterten Ausdruck geben. Nur noch selten werden heute Stoffe partienweise unterschiedlich gemustert. Alte Turbantücher zeigen dagegen gelegentlich viele Mustervarianten, die das gewählte Farbschema eindrucksvoll variieren.

Nach Beendigung der Färbevorgänge werden die Stoffe erneut gewaschen und anschließend zum Trocknen aufgehängt oder ausgelegt. Schon früher wurden in Abbindetechnik gemusterte Stoffe noch in gebundenem Zustand verkauft. Oft wird ein kleiner Teil aufgetrennt, damit der Kunde Muster und Farbstellung begutachen kann. Heute hat sich dies mehr und mehr durchgesetzt – nur dadurch können die Kunden sicher sein, wirklich ein handgefärbtes und nicht etwa industriell hergestelltes Tuch zu erhalten.

Eine ganz andere Färbetechnik ist der Stempeldruck. Auch er war in ganz Rajasthan verbreitet, aber wohl nie ein wirklich dörfliches Handwerk. Berühmte und heute noch „aktive" Zentren sind Barmer in Westrajasthan und die Orte Bagru und Sanganer in der Nähe von Jaipur, früher auch Pali, Jodhpur und Udaipur. Viele dieser Zentren arbeiten heute zu einem großen Teil für den Export oder haben den tradionellen Stoffdruck wie z.B. in Pali weitgehend durch den Siebdruck ersetzt, mit dem schneller auch aufwendige figürliche Muster auf meterlange Stoffbahnen aufgebracht werden können. Neben „Sari-Breiten", die vorzugsweise zu Röcken verarbeitet werden, entstehen hier in Manufakturen die heute standardisierten Größen für Haushaltstextilien und für die leicht gequilteten Bettdecken, die in alle Welt exportiert werden. Viele der heute in Manufakturen angestellten Färber besitzen noch die alten Stempel der Väter oder alte Musterbücher, die die traditionelle Mustervielfalt einer Familie belegen.

Abb. 96 Mustertuch mit feinen Blütenornamenten im Stempeldruck. Sanganer, 19. Jh.

Auch für den Stempeldruck werden die Stoffe zunächst gewaschen und gebleicht und für den eigentlichen Druck vorbereitet. Für den Druck selbst stehen wiederum zwei Techniken zur Verfügung: der direkte Stoffdruck oder die Reservetechnik, gelegentlich wird auch eine Kombination von beiden verwendet. In jedem Fall wird der Stoff zunächst gewaschen und gebleicht und zum Färben vorbereitet. Anschließend werden die Muster mit Hilfe von Stempeln entweder direkt auf den Stoff gedruckt,

Abb. 97 Stempelschnitzer an der Werkbank. Sanganer 1984

oder es werden Substanzen aufgebracht, die später mit den Farben reagieren und diese festigen.

Bei mehrfarbigen Mustern wird für jeden Färbevorgang ein unterschiedlicher Stempel verwendet. Während die Komplexität und die Anordnung eines Musters durch die verwendeten Stempel vorgegeben ist, liegt die Kunst des Färbers in der exakten Aneinanderreihung der einzelnen Musterblöcke, bzw. darin, daß er sie in jedem weiteren Arbeitsgang genau deckungsgleich aufbringt. So entstehen zumeist serielle Muster mit geometrischen oder Pflanzenmotiven, die bei Verwendung der direkten Drucktechnik den ungefärbten Hintergrund fast ganz abdecken [6].

Eine weitere Technik besteht darin, Substanzen wie Wachs oder Lehm, die die darunterliegenden Flächen „reservieren", also die Farben abweisen, mit Stempeln aufzutragen. Diese Flächen bleiben dann in der zuletzt vor dem jeweiligen Färbegang aufgetragenen Farbe erhalten. Diese Form des Druckens wird vor allem verwendet, wenn eine helle Musterung auf einem durchgehend dunkel gefärbten Fond erwünscht ist. Neben den geometrischen Mustern und an Paisley-Muster erinnernden Pflanzen- und Blütenmotiven (*kheiri*)wurden für die Ränder auch Muster gestaltet, die weniger stilisiert erscheinen und Tiere - z.B. Elefanten - aber auch Reiter oder Szenen zeigen.

Eine Besonderheit des Block- oder Stempeldrucks ist der Golddruck. Mit ihm wurden bei Hofe Turbane und Mantel- und Kleiderstoffe gestaltet, indem ganze Blätter oder Blütenmotive einzeln mit aus Goldstaub gewonnener Farbe aufgedruckt wurden. Golddruck wurde aber auch in Kombination mit anderen Farben verwendet. Solche Stoffe wurden häufig mit Goldbrokat kombiniert bzw. mit Goldfäden weiter gestaltet.

Bei den verwendeten Farben unterschied man traditionell zwischen festen und flüchtigen Farben, die in Rajasthan als „gekocht", bzw. „roh" klassifiziert werden. Die mit „flüchtigen" Farben eingefärbten Stoffe waren die billigsten und wurden vor allem von den ärmeren Bevölkerungsschichten nachgefragt.

Abb. 98 Mustervorlage aus der Sammlung eines Stempelschnitzers und danach gestalteter Stempel. Sanganer 1984

Diese Farben verlieren sich beim Waschen. Es ist vermutet worden, daß dies den Frauen ärmerer Schichten die Möglichkeit gab, sich zu besonderen Anlässen ein Tuch neu einfärben zu lassen, ohne zusätzliche Ausgaben für den Stoff selbst.

Als äußerst widerstandsfähig erweisen sich die festen Farben, die zwar nicht immer den industriellen Waschmitteln und den Temperaturen westlicher Waschmaschinen standhalten, sich aber gut auch unter intensivster Sonneneinstrahlung behaupten. Die vorherrschenden Töne sind allesamt leuchtend: ein strahlendes Gelb, viele Variationen von Rot und Orange, leuchtendes Grün, aber auch dunkles Blau. Letzteres wurde von den Frauen traditionell zu Diwali getragen, zum indischen Lichterfest im Herbstmonat Kartik, weil man in dieser Nacht nicht durch Farben mit dem Neuen Mond konkurrieren sollte. Gelb dagegen ist die vorherrschende Farbe des Tij-Festes: sie entspricht der Sonne, die an diesem Tag in ihren fruchtbarkeitsbringenden Aspekten verehrt wird. Rot in seinen vielen Schattierungen wird als „glückliche" Farbe für Hochzeitsgewänder verwendet, Safran gilt als Farbe der Sadhus, der heiligen Männer, schmückt aber auch den Bräutigam. „Müde Farben", in Rajasthan als dunkel klassifiziert, wozu auch beige und bestimmte Rosa- und helle Blautöne gehören, werden von verheirateten Frauen, deren Mann noch lebt, nur in Ausnahmesituationen, etwa bei Totenzeremonien, getragen. Für Witwen, die nicht mehr strahlend und glücklich wirken sollten, sind sie dagegen ein Muß.

Farben sind, so scheint es, ein wichtiger Aspekt, unter dem Frauen Stoffe auswählen. Stoff und Farbe für eine neue *odhani* auszuwählen, ist nie ein schneller Prozess, spontane Entschlüsse scheinen eher selten. Fast immer sind es ganze Frauengruppen, die sich im Basar auf flachen Polstern sitzend Stoffbahn um Stoffbahn präsentieren lassen. Selbst wenn ein Entschluß gefaßt scheint und der Verkäufer schon die Schere in der Hand hat, wird reihum nochmals Farbe und Qualität geprüft und erneut beraten, wobei sicher auch die Preisverhandlungen eine Rolle spielen.

Die traditionelle Kleidung der rajasthanischen Frauen besteht aus einem weiten schwingenden Rock *ghaghra*, einem Bustier mit Ärmeln *kanchli*, der mit Bändern auf dem Rücken gebunden wird, einer ärmellosen, darüber zu tragenden Bluse *kurti* und der *odhani*, dem Kopf-und Schultertuch, das auch zur Verschleierung benutzt wird. In ländlichen Gebieten wird gelegentlich auf die den Bustier bedeckende Bluse verzichtet. Mitglieder einzelner Kasten sind bis heute an den Besonderheiten der Gestaltung dieser grundlegend gleichen Kleidungsstücke zu erkennen: So bevorzugen die Bhil-Frauen gemusterte Stoffe für ihre Röcke, die sie mit einer einfarbigen Borte am unteren Rand einfassen. Dazu tragen sie ein Jacke oder ein Bustier, das eng auf Figur gearbeitet ist und aus einfarbigen Baumwollstoffen genäht wird – andersfarbige Bordüren und aufgenähte silberne Bänder tragen zu einer festlichen, farbigen Anmutung bei, die durch den reichen Silberschmuck dieser Frauen noch verstärkt wird.

Abb. 99 Baumwolltuch im Stempeldruck mit engem Rapport. Sanganer

Abb. 100 Reich bestickte Frauenbluse Choli. In die Stickerei wurden mit Käferflügeln gestaltete Ornamente integriert. Ost-Raj asthan, Jahrhundertwende.

Die Kleidung anderer Bevölkerungsgruppen erscheint weniger uniform, vorherrschende Mustervarianten spiegeln lokale Traditionen, während sich die Farbe der *odhanis* an Jahreszeiten und Festen ausrichten. Den einfachen Frauengewändern steht die Kleider des Adels gegenüber, die sich traditionell nicht in Schnitt und Zusammensetzung, sondern durch die Kostbarkeit des Materials und zusätzliche Verzierungen unterschied. Während einfache Frauen ihre Kleidungstücke bei Bedarf mit Flachstickerei und Gold- oder Silberflitter selbst dekorierten, beschäftigte jeder Königshof Sticker und Stickerinnen, die Röcke und *odhanis*, Bustiers und die dazugehörigen Blusen mit aufwendigen Mustern verzierten. Die feinsten Arbeiten werden als *ali* bezeichnet und wurden mit feinen Ahlen, deren Einstiche auch in leichten Stoffen kaum zu sehen sind, von professionellen Stickern, die der Schumacherkaste angehörten, dekoriert. Besonders prächtige Gewänder sind mit vergoldeten Silberdraht bestickt, wobei bis zu einem Kilogramm Silber verwendet wurde. Eine Besonderheit sind Gewänder, die mit Käferflügeln besetzt wurden, die gelegentlich ein aufgedrucktes Muster akzentuieren. Unverheiratete Frauen und Mädchen tragen häufig eine lange Bluse *kurta* über Pajama-Hosen, zusammen mit dem Umhangtuch auch die vorherrschende Kleidung der muslimischen Frauen.

Während die Männer bis vor kurzem neben einer *dhoti* – einem geschlungengen Beinkleid – ein einfaches Hemd mit asymmetrischem Verschluß trugen und diese Tracht mit einem farbigen Turban akzentuierten, zeigt sich in den Roben der Herrscher und des Adels die ganze Prachtentfaltung der Höfe: Je nach Jahreszeit aus feinstem Musselin oder aus schweren Brokaten gearbeitet, trugen die Mitglieder dieses Standes zu eng anliegenden Hosen entweder ein als *jama* bezeichnetes Gewand, bei dem an ein glatt gearbeitetes Oberteil ein weiter, in Falten gelegter Rock angesetzt ist, der je nach Mode bis auf den Boden reichen konnte, oder ein *angarkha*, eine Art Mantel, der gleichmäßig nach unten fiel oder in der Taille durch ein Band eingehalten wurde. Diese Mäntel wurden asymmetrisch oder symmetrisch geschlossen, und obwohl sie den „Hintergrund“ für prächtigen Schmuck bildeten, wie die Herrscherportraits belegen, wurde auf die Gestaltung der Verschlüsse mit Goldborten,

Abb. 101 Röcke und Jacke der Bhil-Frauen. Pindwara, Basar-Ware 1994

Quasten usw. großer Wert gelegt. Stickereien an den Ärmeln und epaulettenartige Stickereien im Schulterbereich sind weitere Variationen. Viele der verwendeten Stoffe wurden außerhalb Rajasthans gearbeitet, wie feine Musseline und Brokate. Aber auch Baumwoll- und Seidenstoffen mit Mustern lokaler Provinienz fanden Verwendung, u.a. für leicht wattierte Mäntel, die vor der Witterung in der kalten Jahreszeit schützten.

In den vergangenen Jahrzehnten haben sich nicht nur Veränderungen durch Stoffimporte und neue Materialien ergeben. Die traditionelle Kleidung der Männer weicht mehr und mehr westlich geprägten Hosen, Hemden und Jacken, während die städtischen Frauen heute vorwiegend Saris tragen. So sind es vor allem die dörflichen Frauen, die die Tradition der rajasthanischen Tracht bewahren, auch wenn sie heute immer häufiger auf die „pflegeleichten" Chemiefasern zurückgreifen.

Abb. 102 Höfischer Mantel aus bestickter Baumwolle, 19.Jh.

Abb. 103 Rechts ein Mantel Choga aus Goldbrokat (19.Jh.), links ein Jama mit angesetztem, gefälteltem Rock aus feiner Baumwolle, mit Blütenstauden bedruckt. Jaipur/Sanganer, 19. Jh.

Abb. 104 Festsaal mit Thronsitz (Gaddi) im Mehrangarh Fort, der Palastfestung von Jodhpur.

Turbane in Rajasthan

Abb. 105 Festlicher Jodhpuri-Turban (Safa) in „Fünf-Farben-Bandhani-Musterung“. Jodhpur, 1994

Für den Besucher Rajasthans sind die von den Männern getragenen Turbane Teil des farbenprächtigen, ja des exotischen Gepränges dieser Landschaft. Die verschiedenen Farben und Formen verschmelzen bei der nur oberflächlichen Betrachtung, zurück bleibt das eindrucksvolle Bild bärtiger Gesichter unter der gewundenen Kopfbedeckung, die die übliche Männerbekleidung – je nach Beruf und Stammeszugehörigkeit aus *kurta* und *dhoti* (Hemd und Hüfttuch) bestehend – farbig akzentuiert. Heute ist diese Form der Kopfbedeckung vor allem in den Dörfern anzutreffen. Im Alltagsbild der Städte und Basare, wo einst die Handwerker und Händler mittels ihrer Turbane ihren Status mit jeweils eigenen Bindetechniken zu demonstrieren pflegten, ist dieser Kopfschmuck fast nicht mehr anzutreffen. Aber die Goldschmiede, die Stoffhändler oder Zuckerbäcker in den Basaren halten für festliche Gelegenheiten mindestens einen Turban bereit, und bis heute wäre eine Verlobung oder Hochzeit ohne diese Kopfbedeckung auch für die moderne Jugend Rajasthans undenkbar. Die Bedeutung des Turbans für einen Rajasthani liegt damit nicht so sehr im modischen Bereich, als vielmehr in der Tradition, der Kultur, dem Status und Prestige, das mit ihm verbunden wird.

Zwei grundlegende Formen der Turbane sind zu unterscheiden, *safa* und *pag*: Der als *safa* bekannte Turban besteht aus einem Tuch von neun Metern Länge und einem Meter Breite. Dieses wird ungenäht nach der Wäsche sorgfältig gestärkt, längs gefaltet, mehr oder weniger lose gedreht bzw. zusammengelegt und dann zum Turban gebunden, wobei die Bindeweise – und damit Größe, Höhe und Gesichtsausschnitt – wesentlich von der Herkunft des Trägers bestimmt wird. Regional vorherrschend ist der *safa* in West-Rajasthan. Die heutige Jodhpur-Variante mit ihrer weichen, asymmetrischen Form wurde bereits von Maharaja Sardar Singh im frühen 19. Jahrhundert eingeführt und vor allem von Rajputs getragen. Eine ähnliche Form, aber mit eher symmetrisch angeordneten Hälften, trägt man in der Jaisalmer-Gegend. In den Bergregionen Ost-Rajasthans und in Bikaner herrscht dagegen der Gebrauch der *pag* oder *pecha* genannten Turbanart vor: Der dazu verwendete Stoff hat zumeist nur eine Breite von 30 cm, ist aber mindestens doppelt so lang wie der safa. Der Stoffstreifen wird z.B. in der Udaipur-Region fein gefaltet oder dann eng um den Kopf geschlungen, so daß der so entstandene Turban oft eher einer Kappe gleicht, die im Stil Udaipurs z.B. eine deutlich asymmetrische Form zeigt. Varianten des *pag* oder *pecha* werden u.a. von Geschäftsleuten und Mitgliedern der Jaina-Religion in ganz Rajasthan bevorzugt. Bei ihren verschiedenen Stilen wird das lange Stoffband zu einer Art Kordel geschlungen und ebenfalls eng anliegend gebunden, wobei sich die verschiedenen Stränge oberhalb der Stirn kreuzen.

Abb. 106 Turbantücher in Lahariya- bzw. Bandhani-Technik gemustert (19.Jh.). Diese schmalen Turbantücher werden zu pag oder pecha genannten Turbanen geschlungen

Eine weitere Turban-Variante ist der Bhat-Turban des nomadisierenden Bhat-Volkes. Bei ihren häufigen kriegerischen

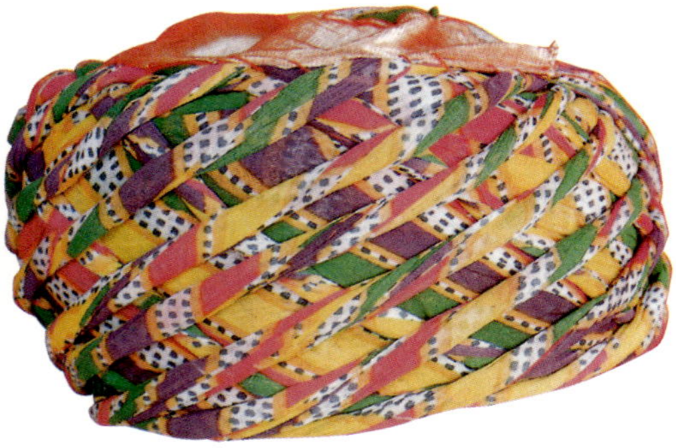

Abb. 107a Turban im Samod-Stil aus der Jaipur-Region

Abb. 107b Turban im Mutha-Stil, Region Pali 1994

Auseinandersetzungen trugen sie den Turban innen durch eine Metallplatte verstärkt, um den Schädel zu schützen. Der Turban der Gawariya, um ein weiteres Beispiel zu nennen, war ebenfalls 18 Meter lang. Er wurde so gebunden, daß die Männer auf ihren Wanderungen ihre Besitztümer wie Tabakspfeifen und Tabak, Kamm, Spiegel oder auch eine Flöte in ihrem Turban transportieren konnten. Beide dieser Turbanarten werden aus relativ dicken Stoffrollen locker aufgebunden. Noch heute sieht man die nomadisierenden Viehirten mit leuchtend roten Turbanen.

Die Grundform des Turbans hat durchaus funktionale Aspekte: Er schützt den Kopf vor der sengenden Sommersonne ebenso wie vor der beißenden Kälte im Winter. In abgelegenen Gegenden wurde der Turban darüberhinaus auch als Seil verwendet – etwa beim Wasserholen, wenn einmal ein Strick fehlte – und vermutlich bei vielen anderen Gelegenheiten eingesetzt. Aus diesem „nützlichen" Kleidungsstück wurde im Laufe der Zeit ein männliches Attribut, das ganz entscheidend den Status und die Ehre seines Trägers verkörpert und ihm aus Sicht der Rajasthanis darüberhinaus ein elegantes und graziöses Aussehen verleiht.

Jede Landschaft und Region hat ihren eigenen Turbanstil. Männer unterziehen sich großer Mühe, ihre jeweiligen Knoten sorgfältig zu binden, um so klar unterscheidbar zu sein, wobei die für den Turban gewählte Variante immer auch mit der übrigen Kleidung harmonisieren soll.

Ohne Turban in der Öffentlichkeit zu erscheinen, galt als unsittlich und wurde sogar als böses Omen gewertet. Dies galt gleichermaßen für Mitglieder aller Schichten. Selbst einem Maharaja war es nicht gestattet, den Weg zwischen seinen Gemächern und der *zenana* (Palastteil der Frauen) ohne seine Kopfbedeckung zurückzulegen, wie viele Turbanhalter in den Räumen der *zenana*, sorgfältig aus Stein oder Holz geschnitzt und in die Wände eingelassen, bis heute belegen (siehe Kat.Nr.6). Während die Formen des Turbans von Region zu Region, manchmal sogar innerhalb weniger Kilometer Variationen aufweisen, ist die Wahl der Turbanfarbe abhängig von der Jahreszeit und dem Anlaß, zu dem ein Turban getragen wird. Vom Maharana Bhupal Singh von Udaipur ist überliefert, daß er Zeit seines Lebens jeden Tag einen neuen Turban anlegte. Für einen normalen Mann war eine solch verschwenderische Fülle sicher unerreichbar, auch von ihm wurde aber der Besitz von Turbanen in einigen Grundfarben oder Nuancen erwartet, mit denen festliche Gelegenheiten, eine bestimmte Jahreszeit oder auch ein Trauerfall angezeigt werden konnten. So wurden und werden orangefarbene Turbane vor allem von Wandermönchen, Heiligen und Sadhus, aber auch von Brahmanen und Gelehrten getragen. Die Farbe Safran wird von fast allen Schichten als äußerst glücksverheißend betrachtet. Für die kriegerischen Rajputs symbolisierte der safranfarbene Turban aber auch Treue und Hingabe bis in den Tod. Wurde er auf dem Schlachtfeld getragen, bedeutete dies die Bereitschaft des Kriegers, unnachgiebig bis in den Tod zu kämpfen.

Besondere, glücksbringende Bedeutung wird neben Safran den Farben Gelb, Orange und Rot zugeschrieben, den Farben, aus denen ein Heirats- oder Verlobungsturban unabhängig von der Jahreszeit besteht. Als besonders festlich gilt auch der Panchrang-Turban, der fünffach gefärbte Turban, wie er z.B. am Hofe des Maharajas von Jodhpur bei Festen populär ist und – in Kombination mit einem Anzug – mit einem auf den Rücken herunterhängenden Turbanende gebunden wird.

Den festlichen stehen die Trauerfarben gegenüber, die durchaus hell, aber nicht strahlend sein dürfen: Blau, Grünbraun, Khaki und Weiß symbolisieren Trauer und gelten als adäquate Farben für einen Kondolenzbesuch. Weiße Turbane werden von Teilnehmern an einem Trauerzug, Khaki und Weiß während der anschließenden zwölftägigen Trauerzeit von allen Verwandten eines Verstorbenen getragen. Das Ende dieser Trauerperiode wird durch das Anlegen neuer, rosafarbener Turbane gekennzeichnet, die vom neuen Familienoberhaupt an alle Verwandten verteilt werden. Lediglich das neue Familienoberhaupt kann auch weiterhin die Farbe Khaki tragen. Diese Farbe wird älteren Männern, bzw. Männern, deren Väter verstorben sind, zugesprochen.

Schwarz, die Trauerfarbe des Westens, gilt in Rajasthan als Farbe des Protestes. Einen schwarzen Turban trägt bei den Rajputs ein Bräutigam bei der *pithi*-Zeremonie, die unmittelbar vor der eigentlichen Hochzeit durchgeführt wird.

Die im Verlaufe eines Jahres verwendeten Farbvariationen reflektieren die Stimmung der jeweiligen Jahreszeit: Im Februar/März, im Monat Phalgun, wenn Blumen blühen und die Ernte eingebracht wird, trägt man bei Feierlichkeiten den Phalguniya-Turban. Er ist von weißer Farbe mit rot eingefärbten Enden, die einen starken Kontrast bilden. Im Juli ist die vorherrschende Farbe dagegen ein blasses Rosa mit perlähnlichem Schimmer, *motiya* genannt, während in der Monsunzeit Grün mit Rosa oder auch Olivtöne bevorzugt werden.

Die verschiedenen Farben können monochrom angewendet werden, mindestens ebenso häufig sind jedoch mehrfarbige Tücher in der jeweiligen Farbstimmung. Zu den berühmtesten der gemusterten Turbantücher zählt der Lahariya, ein feiner, fast durchsichtiger Baumwollstoff, der in Falten abgebunden und eingefärbt wird, wobei in der einfachen Variante unterschiedlich eingefärbte Diagonalstreifen entstehen. Durch aufwendigere Faltungen ergeben sich Zickzack-Muster oder diagonal „übereinanderliegende" Streifen. Die Kombination von abschnittsweisem Einfärben mit unterschiedlichen Faltungen von einem Färbegang zum nächsten ergibt vielfältige Variationsmöglichkeiten in der Musterung wie im Farbverlauf. Aufwendige Lahariya-Turbane können bis zu 30 Metern lang sein und bis zu 20 verschiedene Musterungen aufweisen, die allerdings beim fertig gebundenen Turban nur noch als feine Farbverläufe erkennbar sind.

Eine andere auch bei Turbantüchern häufig verwendete Färbetechnik ist das punktförmige Abbinden (*bandhani* oder

Abb. 108 Turbanvarianten, vermutlich aus höfischer Tradition. Rechts und links aus feiner Baumwolle bzw. Seidengeorgette, im Golddruck gemustert. In der Mitte ein Bandhani-Turbantuch mit einer Abschlußkante aus Goldfäden

bhandej), wie es auch bei *odhanis* verwendet wird. Auf diese Weise entstehen z.B. die fünffarbigen Festturbane, die zumeist innerhalb der einzelnen Farbflächen Muster in Punktform, oft zu grafischen Ensembles zusammengestellt, zeigen.

Damit sind die Gestaltungsmöglichkeiten eines Turbans aber bei weitem nicht erschöpft. Vor allem Turbane des Adels zeigen aufwendige Verzierungen, vom Stempeldruck in Gold bis hin zu Abschlußborten aus Goldbrokat, besetzt mit Edelsteinen oder Goldfäden. Praktisch alle uns überlieferten Portraits von Herrschern oder Adeligen zeigen den Betreffenden nicht nur mit einem Turban, sondern häufig auch mit Turbanschmuck aus Gold und Edelsteinen. Dieser *chandrama* genannte Schmuck, der seitlich angebracht und mit einer Turbanschnur befestigt wird, ist unentbehrlich auch als Schmuck an Hochzeitsturbanen (siehe Abb.40). Für einen gewöhnlichen Mann besteht er aber nicht aus Gold und Edelsteinen, sondern aus Strass oder Glassteinen (Kat.Nrn.188 und 190) Wichtiger als der Wert des Schmucks ist hier die Wirkung und Austrahlung vor allem eines Rajputbräutigams: Mit seinem Hochzeitsgewand und dem roten oder safranfarbenen Turban, reich geschmückt mit Strass und Glitter, besteigt er in der Nähe des Brauthauses sein vorzugsweise weißes Pferd, um mit seinem Schwert den über dem Hauseingang angebrachten *toran* zu berühren (Kat.Nr.115) und – nach Beendigung der Hochzeitszeremonien – die Braut in sein Haus zu führen: aus westlicher Sicht ein echter Märchenprinz, im rajasthanischen Kontext ein Ausdruck für die Ritterlichkeit, Kraft und Schönheit des Mannes.

Der Gebrauch des Turbans ist bei der Hochzeit wie bei allen anderen Anlässen von sozialen Normen geprägt. Generell erheischt ein Turban Respekt und Ehre. Über den Turban eines anderen Mannes hinwegzusteigen oder ihn mit Füßen zu treten, wird als schwere Beleidigung aufgefaßt, selbst eine abwertende Bemerkung über den Turban eines anderen konnte früher einen Kampf auslösen.

Den eigenen Turban in Gegenwart eines anderen abzunehmen, bedeutet Erniedrigung, z.B. beim Flehen um Vergebung oder beim Erbitten einer Gunst. Jemanden seinen Turban zu Füßen zu legen, bedeutet vollständige Unterwerfung. So übergab Buland Khan von Ahmadabad seinen Turban an den Maharaja Abhay Singh von Jodhpur, als er und seine Truppen vor einer vernichtenden Niederlage standen. Die Geste der Unterwerfung wurde akzeptiert und der Friede schließlich wiederhergestellt.

Wie sehr ein Turban mit der Person seines Trägers identifiziert wurde, belegt die Tatsache, daß im Mittelalter der Tod eines Kriegers seiner Witwe durch die Überbringung seines Turbans angezeigt wurde – eine Botschaft, die ohne weitere Worte verstanden wurde. Und auch als Maharaja Jaswant Singh 1678 in Kabul verstarb und seine sterblichen Überreste aufgrund der schwierigen Verbindungen nicht rechtzeitig in die Heimat überführt werden konnten, wurde nur sein Turban nach Jodhpur überbracht, mit dem sich daraufhin 30 seiner Witwen auf dem Scheiterhaufen verbrannten.

Ein Austausch von Turbanen zwischen zwei Männern schließlich symbolisiert Gleichklang und lebenslange Freundschaft, während durch die Übergabe von Turbanen in der Familie wesentliche Beziehungen verdeutlicht werden. So übergibt man nach Beendigung der Trauerzeit dem ältesten Sohn eines Verstorbenen dessen Turban in einer Zeremonie als Zeichen seines neuen Status. Während der Festlegung einer Hochzeit und anläßlich der Verlobung ist es eine Ehre für die Brauteltern, den Bräutigam und seine unmittelbaren Verwandten mit Turbanen zu beschenken. Dieses Geschenk, *siropas* genannt, verband fürderhin die beiden Familien und besiegelte dadurch das Schicksal des Bräutigams.

Auch bei anderen Gelegenheiten galt es als große Ehre, mit einem Turban beschenkt zu werden. Turbane, zusammen mit sogenannten Ehrenroben, gehörten zu den bevorzugten Geschenken der Herrscher an verdiente Untertanen. Für festliche Anlässe, zu denen von allen eine festliche und farbenfrohe Tracht erwartet wurde, versorgten die Herrscherhäuser selbst ihre Untertanen mit den entsprechenden Turbanen, wie die Staatsunterlagen des Hofes in Jodhpur belegen: In der Regentschaft von Maharaja Vijay Singh im späten 19. Jh. bis zur Herrschaft von Maharaja Takhat Singh wurde der *mulmul* genannte Stoff für die Turbane in großen Mengen aus Nagaur, einem der wichtigen Textilzentren, bezogen.

Für die Herrscher und ihren unmittelbaren Hofstaat wurden die Turbane zumeist nach ihren genauen Spezifikationen von den Hoffärbern eingefärbt. Daß die Herrscher dabei durch ihre Vorlieben auch Turbanstile kreierten, zeigt nicht nur der von Maharaja Pratab Singh eingeführte Jodhpur-Stil, ähnliche Stiländerungen dürften auch in anderen Herrscherhäusern vorgekommen sein.

In den vergangenen Jahren ist es vor allem in städtischer Umgebung üblich geworden, auch mit unbedecktem Kopf oder westlich inspirierter Kopfbedeckung seinen Alltagsgeschäften nachzugehen, während der Turban festlichen Gelegenheiten und als Begleitung zu eher traditioneller Kleidung verstanden wird. Dies hat dazu geführt, daß komplizierte Bindetechniken seltener zu sehen sind und die Zahl der „Turbanspezialisten" und Turbanbinder abnimmt. Daß die Turbane zumindest in der Außendarstellung Rajasthans präsent bleiben, ist zum einen den Festen zu danken, zum anderen den Modedesignern, die begonnen haben, für die im Tourismus Beschäftigten teilweise „neue" Turbane zu kreieren. Dies könnte – was nicht zu hoffen ist – langfristig allerdings bedeuten, daß der Turban nicht mehr die Herkunft und die soziale Stellung des Trägers symbolisiert und als äußeres Zeichen seiner Ehre um jeden Preis verteidigt wird, sondern eher ein Hinweis auf den Beruf bzw. das Anstellungsverhältnis des Trägers ist.

Abb. 109 Flacher, eng anliegender Turban, wie er von den Geschäftsleuten und den Mitgliedern der Jain-Gemeinde bevorzugt wird . Hier handelt es sich um einen Chobadar-pag aus der Jaipur-Region

Abb. 110 Reichgemusterter Turban im Banjara-Stil. 1994

Abb. 111 Holländer mit Geliebter und alter Dame, die mahnend den Finger hebt. Wasserfarben auf Papier, 25,9 x 20,1 cm (außen), im Medaillon 17,8 x 13,8 cm. Udaipur, um 1730. Publiziert in einem Artikel über die holländische Handelsmission zum Moghulhof (1711–13) von A. Topsfield: Ketelaar's embassy and the Faranghi theme in the art of Udaipur; in: Oriental Art N.S. XXX, 1984/5, p.359, Fig.13.

Die Welt der höfischen Malerei

In keiner anderen Gegend Indiens wurden mehr Malereien produziert als in Rajasthan. Und keine andere Quelle teilt uns mehr über das Leben der rajasthanischen Herrscher, deren Priester und Gottheiten mit als diese Malerei. Ästhetisch anspruchsvoll verbindet sie die Selbstdarstellung ihrer Auftraggeber mit einer kulturhistorischen Information, die vor dem Hintergrund spärlich gesäter zeitgenössischer Beschreibungen aus rajasthanischer Hand den Schlüssel zum Erkennen und Verständnis der Kunst, Geschichte, Sitten, Gebräuche und Moden der vergangenen fünf Jahrhunderte liefert.

Die Anfänge der rajasthanischen Malerei

In historischer Zeit sind die ältesten erhaltenen Malereien eng mit der jinistischen Religion verknüpft. So wie zur Zeit der letzten Jahrtausendwende die buddhistische Wand- und Palmblattmalerei im Osten Indiens in Blüte stand, so war es im Westen die Malerei der Jainas. Im Unterschied aber zur buddhistischen Malerei Ostindiens, die als Folge der islamischen Invasion vom Subkontinent verschwand, bestand die Malerei im Westen Indiens fort. Wie die zahlreichen jinistischen Monumente Rajasthans zeigen, vermochten die Jainas auch zu Zeiten der islamischen Vorherrschaft Tempel zu bauen und – was leichter vor dem Ikonoklasmus der Eroberer zu verbergen war – illustrierte Handschriften in Auftrag zu geben. So verwundert es nicht, daß die älteste, mit Illustrationen versehene jinistische Handschrift aus dem Jahre 1060 im Westen Rajasthans, in Jaisalmer, die Wirren der Zeit überdauerte[1]. Mit den Worten Moti Chandras, des verdienstvollsten Erforschers der westindischen Malerei, „wäre es keine Übertreibung zu behaupten, daß sie [gemeint sind die Jaina-Mönche] die Fackelträger indischer Zivilisation während des dunklen Zeitalters waren", wobei mit letzterem die ersten Jahrhunderte nach der islamischen Invasion Indiens gemeint sind[2].

Vom letzten Viertel des 13. Jahrhunderts bis zum Ende des 16. Jahrhunderts ließen zur Erlangung religösen Verdienstes Tausende jinistischer Auftraggeber ein Textpaar in Rajasthan und anderen Teilen Westindiens abschreiben und illustrieren, das zu den am häufigsten bebilderten kanonischen Handschriftenpaaren Indiens überhaupt gehört: das Kalpasutra mit der Kalakacharyakatha. Ihr Inhalt ist hier von untergeordnetem Interesse[3]. Es sei nur soviel gesagt, daß im ersten Teil des Kalpasutras die Lebensgeschichten der 24 jinistischen Erlöser, der Tirthankaras, erzählt werden, wobei die Lebensschilderung des historischen und letzten Jinas, Mahavira[4], am ausführlichsten ausfällt. So erfahren wir, daß Trishala, die „offizielle" Mutter des Mahavira[4] in einem Schlafzimmer liegt, das mit Wandmalereien dekoriert ist[5]. Wir erfahren ebenso, daß sie von einer Art Götterpalast (*vimana*) träumt, der mit Darstellungen von verschiedensten Tieren und Herrschersymbolen zwischen Lotosranken ausgemalt war[6]. Selbst Stühle waren mit Malereien versehen[7]. Auch das Schlafzimmer von Chanda, der Heldin des 1379–80 abgefaßten Hindi-Gedichtes „Chandayan" („das Leben der Chanda") von Maulana Da'ud aus Dalamau, war mit Wandmalereien versehen, die dann in einer späteren Illustration aus der ersten Hälfte des 16. Jahrhunderts zur ältesten erhaltenen Darstellung gelangen sollten[8]. Schließlich waren ausgemalte Schlaf- oder Ruheräume auch unter den islamischen Eroberen, wie z.B. Firos Shah Tughlaq von Delhi (1351–88), keine Ausnahme[9].

Aus dem 13. und 14. Jahrhundert sind Palastbauten in Rajasthan praktisch nicht erhalten; mit der Auffindung von Wandmalereien in weltlichen Gebäuden aus dem genannten Zeitraum kann daher auch nicht gerechnet werden. Die ältesten vorhandenen Paläste bzw. Palastruinen (Chittaurgarh, Toda Raisingh, Gwalior) sind nicht vor das 15. Jahrhundert datierbar. Eine Beschreibung der Festung von Chittaurgarh unter Einschluß des Palastes der Padmini, jener Frau, wegen der der Sultan Ala-ud-Din Khilji zu Beginn des 14. Jahrhunderts jene gewaltige Festung eroberte, entstand erst um 1540 und läßt bei aller Ausführlichkeit Wandmalereien unerwähnt[10]. Festzuhalten aber ist, daß schon in alter Zeit auch in Rajasthan die herrschaftlichen Schlafzimmer mit höfischen Wandmalereien dekoriert waren, was erhaltene Fresken in entsprechenden Räumlichkeiten erst ab dem 17. Jahrhundert bestätigen können[11].

Neben den vom Charakter her eher privaten Schlafzimmern gab es in rajasthanischen Palästen eine weitere Form der ausgemalten Räumlichkeit, die unser Interesse verdient. Es sind dies die *chitrashalas* oder Bildergalerien, wie sie z.B. in einem literarischen Werk, der 1591 entstandenen Rasikapriya des Keshavadas Mishra von Orcha erwähnt werden[12]. Diese Bildergalerien bleiben heute noch dem Besucher rajasthanischer Paläste verborgen, da sie das letzte sind, was die Nachfahren der Herr-

Abb. 112 Naturgetreue Wiedergabe des Terrassengartens im Palast von Bundi, Wandmalerei im Chitrashala, ca. 1790

scher dem öffentlichen Publikum (und somit dem Vandalismus des Massentourismus) preisgeben wollen. Sie sind das Herzstück rajasthanischer Palastkunst, die Identifikation des rajputischen Adels mit seiner vergangenen Kunsttradition. Viele dieser *chitrashalas* befinden sich daher im privaten Teil der Paläste, wie auch die häufig noch heute bewohnten, ausgemalten Schlafzimmer. Unter *chitra*, „Bild“, kann ein transportables Bild, eine Miniaturmalerei verstanden werden[13]. Keshavadasa spricht von Bildern und meint Darstellungen, unseren „Portraits“ entsprechend, der/des Geliebten[14]. Diese Darstellungen wecken, obwohl leblos, wie der Dichter sagt, dieselben Emotionen wie der/die tatsächlich präsente Geliebte. Es sind eben jene Portraits, die uns die vergangenen Jahrhunderte rajasthanischen Lebens vor Augen führen und dem, der zu sehen vermag, das Schicksal der rajasthanischen Fürstenhäuser, ihren Glanz, ihren Untergang und ihren Alltag vor Augen führen und nacherleben lassen.

Vom Wesen des rajasthanischen Portraits

Zahlreiche literarische Zeugnisse belegen eine frühe einheimische Tradition der Portraitmalerei. Diese textlichen Belege entstanden jedoch etliche Jahrhunderte vor den ersten aus dem westlichen Indien erhaltenen Malereien, die im weitesten Sinne „Portraits“ genannt werden könnten. Zu ihnen gehört z.B. die Darstellung einer im Jahre 1124 tatsächlich stattgefunden habenden Disputation zweier jinistischer Gelehrter, die durch Beischriften auf einem hölzernen Buchdeckel (*patli*) identifiziert werden. Die Malerei sei, so heißt es, zeitgenössisch oder spätestens ein Jahr nach der berühmten Diskussion entstanden[15].

Der europäische Betrachter läßt den Portraitcharakter derartiger, durch Beischriften ausgewiesenen Personen jedoch nicht gelten und verweist dann in der Regel auf die für ihn nicht erkennbare Individualität des Dargestellten. Diese Problematik ist in kunsthistorischen Symposien zum Thema „Portrait im Orient“[16], und einer erwähnenswerten Dissertationsschrift abgehandelt worden[17]. Ohne hier über den Inhalt dieser Arbeiten zu verhandeln, wollen wir hier unter einem „Portrait“ die bildliche Darstellung einer Person verstehen, die auch ohne Beischrift identifizierbar ist und somit den Erfolg des Wiedererkennens garantiert. Aus der erwähnten Schrift R. Webers sind zwei Stellen für das Verständnis des indischen Bildnisses aufschlußreich: „Die psychologische Seite des Portraits, in der europäischen Kunstgeschichte so heftig diskutiert und Gegenstand zahlreicher Kontroversen, spielte jedoch in der einheimisch-indischen Maltradition keine Rolle. Gewohnt, Gefühlsbewegungen durch Körperhaltungen und Gestik auszudrücken, konnte der in der indischen Maltradition stehende Künstler auf ein reichhaltiges Repertoire von kanonisierten Gesten, Körperhaltungen und Augenbewegungen oder auch vorgegebener Charakteristika darzustellender Personen oder großer Männer zurückgreifen“[18]. Gerade die letzte Bemerkung läßt sich durch die Aussage Leopold v. Orlichs, des mithin einzigen deutschsprachigen Augenzeugen älterer indischer Portraitmalkunst, belegen, der während eines Hofempfanges bei Sher Singh im Januar 1843 bemerkte: „Bei solchen Gelegenheiten <gemeint sind die höfischen Empfänge oder Darbars> senden die indischen Grossen ihre Hofmaler, um die Portraits der Anwesenden zu nehmen; Shyr Sings Maler war daher unablässig thätig, das in Bleistift zu entwerfen, was nachher, um den Pallast zu schmücken, in Deckfarben ausgeführt werden sollte, und man musste gestehen, dass ihm einzelne Portraits vortrefflich gelungen waren. Auch mir wurde die Ehre zu Theil, wobei der Künstler es sich besonders angelegen seyn liess, meine Uniform und meinen Federhut wiederzugeben <Hervorhebung vom Autor>[19]. Der Maler entwirft also eine Art Individualikonographie der portraitierten Person, wobei das ikonographische Inventar in Form von Kleidung (Turban!) und Schmuck dem Maler anscheinend wichtiger waren als die vom Europäer so strapazierten psychologisch-physiognomischen Züge. Eine weitere Beobachtung Webers erleichtert ebenfalls das Verständnis des indischen Portraits: „Es ist mehr die Gesamtheit der von einem Herrscher oder anderen portraitierten Personen überlieferten Miniaturenportraits, die eine Interpretation seiner Person und Persönlichkeit, seiner Vorlieben wie auch seiner historischen Gestalt ermöglicht. Gleichsam nur aus der Menge der von ihm überlieferten Bildnisse läßt sich ein Eindruck seiner Person, ein Portrait gewinnen. Zugleich zeigen die zahlreichen posthum entstandenen Bildnisse, in welchem Umfange und in welcher Gestalt er im Andenken nachfolgender Generationen weiter lebte“[20].

Ein in zunächst erster Linie wegen der Beschriftungen prägnantes Beispiel soll helfen, die oben zitierten Bemerkungen zu verdeutlichen. Abb. 113 zeigt das Portrait eines stehenden, nach links gewandten Mannes mit leicht erhobenem Haupt, dessen Nimbus ihn als weltlichen bzw. religiösen Herrscher ausweist. Eine blaue Himmelslinie am hochgezogenen Horizont und eine grüne Standfläche sind neben dem rosa-violetten Hintergrund die einzigen Landschaftsandeutungen. Einen Fuß vor den anderen gesetzt scheint der Mann im Begriff zu sein, aus dem Bild herauszulaufen. Sein turbangeschmückter, nicht in der zentralen Vertikalachse des Bildes ruhender Kopf scheint die Vorwärtsbewegung zu unterstützen. Ein leicht nach oben gezwirbelter Schnurrbart, das nicht ergraute Schläfenlöckchen und das Nackenhaar verleihen ihm mit seinem dunklen Teint ein jugendliches Aussehen. Mit der rechten eine Rosenblüte in Brusthöhe haltend unterstützt seine ein Taschentuch umfassende linke Hand die Laufbewegung. Unterhalb der farblich mit dem orangenen Turban korrespondierenden Schärpe fällt der makellos weiße Gehrock in Längsfalten glockenartig herab und endet in einem Saum mit breitem Silberrand und schmaler Goldborte in Höhe des unteren Wadenbereichs. Die blauen, mit goldenem Zickzackmuster versehenen, enganliegenden Hosen wiederholen am Saum die goldene Borte des *jama* (Gehrockes). Fußkettchen umgeben die Knöchel der in dunkelvioletten, fersenlosen Schuhen steckenden Füße. Die Schließen des Gehrockes fallen von

Abb. 113 Maharaja Sawai Pratap Singh von Jaipur
Jaipur, datiert 1817; Maler: Ram Kisan
Privatsammlung

der linken Achsel in goldgeborteten Bändern herab. Ihre Enden werden fast von einem Band verdeckt, das dem Herrscher von beiden Schultern herabfällt und sich, von einer Brosche in Nabelhöhe zusammengehalten, bis auf den ausladenden Gehrock erstreckt. Eine stellenweise von Rubinen unterbrochene Perlenkette reicht mit einem goldenen Medaillon mit Tropfensmaragd bis auf die Schärpe; ein weiterer Tropfensmaragd hängt von einer kleinen Brosche am Kragen herab. Von besonderer Größe sind die beiden Perlen des dem Betrachter zugewandten Ohrrings, die einen Rubin flankieren. Die vom Turbanknoten herabfallenden Perlenstränge hängen bewegungslos wie die Schließen des Gehrockes. Der reichhaltige angelegte Turbanschmuck läßt fast die goldenen Handgelenkringe, den Pfeilring auf dem Daumen der rechten Hand und die Ringe auf den kleinen Fingern vergessen.

Wer ist der Dargestellte? Als eine der wenigen rajasthanischen Malereien verfügt das Bild auf der Rückseite über eine Menge zeitgenössischer Informationen, die wir in der hier präsenten Ausführlichkeit bei vielen anderen Bildern in der Regel vermissen müssen. Die im üblichen Nagari-Duktus ausgeführten Beschriftungen stammen von zwei verschiedenen Händen. Daneben informieren drei verschiedene Sammler- bzw. Händlerstempel, wo das Bild sich in unserem Jahrhundert befand. Die zeitgenössischen Beschriftungen identifizieren den Herrscher als den „erhabenen Maharaja Pratap Singh“ (Shri Mahraraj Pratap Singhji) und das Bild als „Geschenk“ (najar pano najar ki dau) des Malers Ram Kisan aus Jaipur, mit dem Datum der Schenkung, einem 11. Tag in der hellen Hälfte des Monats Asoj (September–Oktober) im Jahre 1817 <A.D.> (catera Jepur ko Ram Kisan / samat 1874 Aso/j sud 11 pano najar / ki dau). Pratap Singh war der am 2. Tag der dunklen Hälfte des Monats Posh im Jahre V.S.1821 (dem 10.12.1764 entsprechend) geborene, fünfte Sohn von Sawai Madho Singh I, Maharaja von Jaipur, und der einzige Sohn seiner Mutter Chundawat, der Tochter des Rao Jasvant Singh von Deogarh. Sein ältester Bruder, Prithvi Singh, folgte im Alter von sieben Jahren seinem am 6.3.1768 A.D. verstorbenen Vater auf den Thron Jaipurs. Zwischenzeitlich verstarben im Kindesalter die anderen drei Söhne Madho Singhs, Raghubir, Mohan und Bhawani. Als schließlich auch Prithvi Singh nach nur elfjähriger, einmonatiger und fünftägiger Regentschaft am dritten Tag der dunklen Hälfte des Monats Baisakh im Jahre V.S.1835 unter nicht endgültig geklärten Umständen starb, wurde Pratap Singh einen Tag nach dem Tode seines Bruders (16.4.1778) auf Betreiben seiner Mutter auf den Thron Jaipurs gesetzt. Seine offizielle Anrede und Titel lauteten dann: „Maharajdhiraj Rajrajendra Maharaja Sawai Pratap Singhji“. Im Laufe seines Lebens ehelichte er 12 namentlich bekannte Prinzessinnen aus den führenden Klanen Rajasthans und Zentralindiens. Mit der Tochter des Rawal Sultan Singh von Jaisalmer, Bhatiyaniji, hatte er den am 18.3.1784 (A.D.) geborenen Sohn und Nachfolger, Jagat Singh, sowie drei Töchter, von denen zwei mit dem Maharaja Man Singh von Jodhpur verheiratet wurden. Vier weitere Töchter von zwei ebenfalls namentlich bekannten Prinzessinnen verstarben früh. Nach einer Regentschaft von 25 Jahren, 3 Monaten und 15 Tagen starb Pratap Singh am 13. Tag der hellen Hälfte des Monats Sawan im Jahre V.S.1860 (entsprechend dem 1.8.1803)[21]. Die Malerei könnte erahnen lassen, daß Pratap Singh ein feinfühliger Dichter war, über den selbst Gedichte verfaßt wurden, die seinen Alltag beschreiben[22], und daß er ein umfangreiches Atelier mit 27 namentlich bekannten Malern unterhielt, von denen Ram Kisan einer war[23]. Es heißt sogar, daß das ruhmreichste Kapitel der Malerei Jaipurs mit dem Regierungsantritt Pratap Singhs begann[24]. Daneben war er ein Dichter, von dem über 30 Werke bekannt geworden sind, ein Förderer von 27 ebenfalls namentlich bekannten Dichtern[25], Musiker, Komponist, einer der innigsten Verehrer eines bestimmten Aspektes des Gottes Vishnu und so an Architektur interessiert, daß er 1799 den von unzähligen Postkarten bekannten „Palast der Winde“ (Hawa Mahal) in Jaipur bauen ließ[26]. Daß die für den unvertrauten Betrachter puppenhaft wirkende Gestalt daneben einer der bedeutendsten Herrscher Rajasthans war, der es mit den gefährlichsten Gegnern seiner Zeit aufnahm und dabei nicht unhäufig siegreich aus mitunter tagelang währenden Schlachten hervorging, ist der Malerei nicht anzusehen, und wir möchten behaupten, daß es auch dem Herrscher selbst nicht anzusehen war. Pratap Singh kämpfte gegen die damalige Elite indischer Feldherren und Armeen. Unter seinen Kontrahenten befanden sich neben den Marathen, deren Armeen z.T. von herausragenden europäischen Feldherren kommandiert wurden, auch eigenständige europäische Freibeuter, die in Indien schlagkräftige Truppen nicht nur befehligten, sondern auch unterhielten. Zu letzteren gehört z.B. George Thomas, und bei den Kommandanten der Marathenarmeen muß neben dem General Count Benoît de Boigne aus Chambéry und dem aus Luceau stammenden General Perron auch der Hannoveraner Pohlemann genannt werden, der seine Armeen einzig durch eine gewagte Taktik vor einer Niederlage durch Pratap Singh bewahrte. Selbst James Skinner, dessen Regiment in Indien heute noch existiert („Skinner's horse“) und dessen Kirche (St. James') zur schönsten Delhis gerechnet werden muß, kämpfte gegen die Armeen Pratap Singhs[27]. Pratap Singh wäre in ruhigeren Zeiten indischer Geschichte zum berühmtesten Herrscher seiner Zeit geworden, nicht nur in kunsthistorischer Hinsicht.

Wie sehr der für außerindische Betrachter belanglos wirkende Pratap Singh nicht nur von seinen militärischen Gegnern und den Historikern unseres Jahrhunderts, sondern vor allem von seinem Volk geschätzt wurde, zeigt auch die Anzahl der alleine von ihm publizierten, mitunter lebensgroßen Portraits[28]. Da er 1803 verstarb, ist das hier vorliegende Bild zumindest 14 Jahre nach seinem Ableben verschenkt worden, und zwar aus Anlaß der Durgapuja bzw. des Rama-Festes, wie weiter unten gezeigt werden soll. Es bestehen gute Gründe anzunehmen, daß das Bild auch nicht viel früher entstand, das Portrait also ein posthumes ist und auf einer der zahlreichen zeitgenössischen Versionen basiert, die sogar außerhalb Jaipurs aufgegriffen wurden[29].

Das Bild dieses Herrschers, das Bild, das sich der Betrachter vom Abgebildeten macht, verdichtet sich, wie Weber bemerkte, durch Betrachtung mehrerer Portraits und durch die Kenntnis seiner Lebensumstände. Es ist also erst die Kenntnis der Lebensgeschichte des Dargestellten, die dem Portrait eine „psychologische Tiefe“ verleiht. Es bleibt ein menschlicher Wunsch, die Psyche im Portrait zu sehen, was wir sehen ist unsere eigene Projektion auf die abgebildete Person. Indische Portraits rufen wegen der Unvertrautheit mit der Geschichte und der Kultur des Landes keine Projektionen wach, sie sind uns daher zunächst fremd. Sie sind wie die Illustrationen indischer Literatur, die über das Ästhetische hinaus erst in ihrer vollen Dimension begreifbarer werden, wenn wir den Text dazu kennen und verstehen. Das Bildnis Pratap Singhs ist naturgemäß nur ein Beispiel einer vordergründig flachen, hintergründig höchst schillernden Persönlichkeit. Allein in Rajasthan gibt es tausende derartiger Portraits. Leider sind nicht zu allen Bildnissen erschöpfende Informationen vorhanden, die uns den Charakter der dargestellten Person angemessen erahnen lassen. Auch kann im gegenwärtigen Zusammenhang nicht mit entsprechender Ausführlichkeit auf die Lebensgeschichte jeder einzelnen, hier bildlich präsentierten Persönlichkeit eingegangen werden. Das

Bildnis Pratap Singhs steht innerhalb einer höfischen Portraittradition, die durch den Moghulkaiser Akbar (1556–1605) eine besondere Förderung erfuhr. Sein Hofchronist widmet in seinem „Einrichtungen Akbars“ genannten Werk ein eigenes Kapitel der Malerei und hebt die Bildnismalerei in dem 1598 abgeschlossenem Werk besonders hervor, indem er Akbar selbst zitiert: „Es gibt viele Leute, die die Malerei hassen; ich mag solche Menschen nicht. Es kommt mir so vor, als ob der Maler ganz besondere Mittel hätte, Gott zu erkennen. Denn ein Maler muß, wenn er irgendein Lebewesen zeichnet und dessen Glieder eines nach dem anderen empfindet, das Gefühl bekommen, daß er seinem Werk kein Leben verleihen kann. Und so ist er gezwungen, an Gott, den Schöpfer alles Lebens zu denken, und dadurch wird er wachsen in der Erkenntnis“. Der Chronist fährt fort: „Seine Majestät saß Modell für Ihr Bild und in gleicher Weise sollten die Bildnisse von allen Großen des Reiches aufgenommen werden. So kam ein ungeheures Album zustande: die Dahingegangenen haben neues Leben empfangen und den Lebenden wird Unsterblichkeit verheißen“[30]. Die Rajputs, womit hier lediglich die Fürsten des heute Rajasthan genannten Gebietes gemeint sein sollen, übernahmen zwar auch schon im ausgehenden 16. Jahrhundert Maler des kaiserlichen Ateliers, beauftragten sie aber noch nicht mit Portraits. Einige der führenden Rajputherrscher wurden bereits in der illustrierten „Geschichte Akbars“ verewigt[31], aber erst zu Beginn des 17. Jahrhunderts begegnen uns in rajasthanischen Sammlungen Bildnisse rajputischer Herrscher, die einerseits zwar nicht im raffiniert-imperialen, andererseits aber auch nicht im kräftigen rajputischen Stil gemalt worden sind. Es handelt sich hier um sogenannte „subimperiale“ Erzeugnisse, die zunächst in enger Anlehnung an die kleinformatigen Moghulportraits vor einfarbigem Hintergrund entstanden sind.

Abb. 114 Rao Ratan von Bundi
Subimperial Moghul in Rajasthan (Bundi?), ca. 1630
Privatsammlung

Die Zirkulation der rajasthanischen Portraits

Die drei folgenden Bilder, Abb.114–116, belegen nicht nur den frühen, rein formalen Einfluß der imperialen, von den Moghulkaisern und Prinzen geförderten Ateliers, sondern auch die Wertschätzung der Malereien an den unterschiedlichsten rajasthanischen Höfen. Bei Abb.114 handelt es sich auf den ersten Blick um eine Malerei, die aus dem erwähnten „ungeheuren Album“ Akbars, zumindest aber aus dem Atelier seines Sohnes, des Prinzen Salim, bzw. Jahangir (1605–27) stammen könnte[32]. Die bescheidene Größe der Malerei und der monochrome, im kalten Pistaziengrün gehaltene Hintergrund ohne die geringste Landschaftsandeutung neben der schlichten, angefügten Bordüre aus einfachem, korkfarbenem Papier sprechen für diese Annahme. Die erst mit der Lupe erkennbare, gegenüber den imperialen Malereien lässige, an der Gestaltung der Hände erkennbare Ausführung der Malerei weisen das Bild jedoch einem Künstler zu, der entweder nicht mehr am kaiserlichen Hof beschäftigt war, oder das Bild als rajputische Auftragsarbeit auszuführen hatte. Wie schon die Amateurmalerin Emily Eden am 21.12.1838 während eines Darbars bei Maharaja Ranjit Singh in Lahore bemerkte, als sie einem skizzierendem einheimischen Hofmaler über die Schultern schaute, verraten sich die (rajputischen) Maler dadurch, daß sie einem im Profil gemalten Portrait das Auge in Frontalsicht einsetzen[33]. Dies ist auch schon, bzw. noch, bei vorliegender Malerei und der Mehrzahl der hier vorgestellten Bilder der Fall. Zwei in Nagari und eine in Nashtaliq ausgeführte Beschriftungen auf der Rückseite identifizieren den nach rechts blickenden Mann mit dem Tränensack und dem Doppelkinn unter dem kräftigen Schnurrbart als Rao Ratan. Wie Vergleiche mit weiteren Bildern derselben Person zeigen, handelt es sich hier eindeutig um den bedeutendsten Herrscher Bundis[34]. Rao Ratan war der älteste Sohn des Rao Bhoj Singh von Bundi und dessen erster Königin, Rajkumari. Er wurde am 10. Tag der dunklen Hälfte des Monats Agahan im Jahre V.S. 1625 (1568 A.D.) geboren, folgte seinem Vater nach dessen angeblichen Freitod am 4. Tag der hellen Hälfte des Monats Jyeshta im Jahre V.S.1664 (1607) auf den Thron Bundis und beendete ein höchst ereignisreiches Leben am 10. Tag der hellen Hälfte des Monats Margashirsha im Jahre V.S. 1688 (1631 A.D.)[35]. Eine der beiden Nagari-Beschriftungen rührt mit den kräftig geschriebenen Buchstaben eindeutig von einem Hofschreiber aus Mewar her. Eine in roten Nagari-Ziffern ausgeführte Signatur (15/309) oberhalb einer Wertangabe bestätigt die Herkunft[36]. Eine weitere, in Nagari ausgeführte Beschriftung nennt ein Revisionsdatum des Bibliothekars bzw. Vorsteher der in Udaipur „Lichtbehälter" (Jotdan) genannten Bildersammlung. Auffällig ist der Gebrauch der islamischen Hijri- anstelle der sonst üblichen Vikrama-Ära. Der Eintrag besagt, daß das Bild spätestens am 26. des Monats Zilkad im Jahre H.1111 (etwa 1699) sich in der Sammlung befand. Da die systematischen Sammlungsrevisionen in Rajasthan aber in der Regel nie vor dem Ende des 17. Jahrhunderts durchgeführt worden sind, ist davon auszugehen, daß das Bild bereits früher Eingang in die Sammlung gefunden hatte. Ein weiteres Bild desselben Portfolios mit Revisionsdaten zeigt den 1621 an Trunksucht gestorbenen Raja Bhao Singh von Amer[37]. Abb.115 läßt die beiden potraitierten, sich gegenüber stehenden Personen vor einem zartblauen Hintergrund erscheinen. Die fast mit moghulischer Akribie ausgeführte Malerei verrät sich nur bei der Gestaltung des Auges als subimperiales Produkt. Die beiden Männer sind im Stil der ersten Hälfte des 17. Jahrhunderts gekleidet. Die gelben Sektenzeichen auf Stirn und Hals bzw. der unter der linken Achsel geschlossene Gehrock weist beide Herren als Hindus aus. Auf der Rückseite der wie Abb.114 von korkfarbenem Papier eingefaßten Malerei werden die beiden Portraitierten in Nagari-Schrift als Narhardas und Rukmangad Chandravat, zwei in den offiziellen moghulischen Quellen nicht genannten Würdenträgern zur Zeit Shah Jahans (1628-58) identifiziert[38]. Stempel und Signaturen oberhalb dieser Beschriftung belegen, daß sich die Malerei einst in der Sammlung des Maharajas von Bundi befand. Das dritte Beispiel, Abb.116, ist an der roten Marginierung als aus

Abb. 115 Chandrawat Nahar Dasji und Rukmangadji
Subimperial Moghul in Rajasthan (Bundi?), ca. 1640
Privatsammlung

der Bikaner-Sammlung kommend erkenntlich. Der Maler folgte zwar nicht mehr der typisch rajputischen Augenstellung, stellte aber den Faltenwurf des Gehrockes und der Schärpe zu schematisiert dar, um als moghulisches Atelierprodukt anerkannt zu werden. Der mit flachem Turban präsentierte, dunkelhäutige Mann steht vor einem etwas differenzierterem Hintergrund, bei dem die winzigen Vogelschwärme im oberen Bildteil unverkennbare stilistische Züge der Moghulateliers tragen. Ein Stempelabdruck auf der Rückseite bestätigt den einstigen Aufenthaltsort in der „persönlichen Sammlung des Maharajas von Bikaner". Eine in altertümlicher Nagari ausgeführte Beschriftung besagt, daß es sich bei dem Dargestellten um Rao Satrusal Hara handelt.

Dieser wurde am 15. in der hellen Hälfte des Monats Asoj (Ashvin) im Jahre V.S. 1663 (19.10.1606 A.D.) als ältester Sohn Gopinaths und Enkel Rao Ratans (s.o.) geboren, folgte im Alter von 25 Jahren seinem Großvater – sein Vater starb bereits 1614 – auf den Thron Bundis (V.S.1688 bzw. 1631 A.D.) und fiel am 29.5.1658 in der Schlacht von Samugarh[39]. Da die Portraits von Rao Ratan, Nahardas mit Rukmangad und Rao Shatrusal sich nicht in den Sammlungen befanden, wo sie der dargestellten Person nach hätten erwartet werden können, also z.B. in Bundi, beweisen diese Bilder daß die Herrscher Bildnisse auch derjenigen Persönlichkeiten malen ließen bzw. sammelten, die nicht in ihrem eigenen Reich lebten. Die Herkunft eines Bildes sagt daher über den Dargestellten zunächst recht wenig aus, dafür erfahren wir, wie auch außerhalb seines eigenen Staates die dargestellte Person geschätzt wurde.

Abb. 116 Rao Shatru Sal von Bundi
Aus einem Portfolio der Herrscher Bundis,
Bikaner, ca. 1680
Privatsammlung

Herrschergenealogien und Ahnengalerien

Gegen Ende des 17. Jahrhunderts war das historische Selbstbewußtsein der Rajputen wieder soweit gediehen, daß sie sich als Schlußglied einer Kette berühmter Vorfahren, also als Teil einer Genealogie portraitieren ließen. Kunsthistorisch gesehen konnten diese Genealogien sehr umfangreich ausfallen, wenn neben den eigentlichen Herrscher auch neben dem ersten Sohn -dem Kronprinzen- die weiteren Söhne mit einem Bildnis bedacht werden sollten. Dabei wurden aber nie genealogische Darstellungen wie bei den Moghuln geschaffen[40], sondern stets durchnumerierte Bildserien, die als „Ahnengalerie in Portfolioform" bezeichnet werden könnten. Von den ältesten Vorfahren, die je nach rajputischem Geschlecht bis in das 12. Jahrhundert oder früher zurückreichen können, gab es zu dem Zeitpunkt kaum Vorlagen, die hätten kopiert werden können. Es handelt sich hier um posthume Phantasieportraits, bei denen der Künstler versucht haben müßte, bekannte historische Fakten über die Person ins Bild umzusetzen.

Kat.Nr. 193 und 194 zeigen zwei aufeinanderfolgende Malereien eines solchen „Ahnengalerieportfolios", das v.a. die Herrscher Bundis verbildlicht und aus der ehemaligen Sammlung des Maharajas von Bundi stammt. Schon die Gegenüberstellung beider Malereien läßt erkennen, daß sie derselben Bildfolge entnommen sind. Mit Nr. 193 wird Rao Satrusal von Bundi, mit Nr. 194 Rao Bhao Singh von Bundi in die Ahnengalerie der Könige jenes Rajputenstaates aufgenommen. Die wahrscheinlich die Dargestellten identifizierenden Beschriftungen am oberen Bildrand sind zwar verwischt, die korrekte Bestimmung der beiden Herrscher scheint aber angesichts der beschrifteten Vergleichsmalereien gesichert. Da Bhao Singh (*28.1.1624, regierte von 1658 bis zum Tag seines Todes, 1.4.1681) der letzte bekannte Herrscher dieser Bildsequenz ist, dürfte dieses „Ahnengalerieportfolio" nicht viel später entstanden sein. Rao Bhao Singh ist neben seiner spitzen Nase und seinem glattrasierten Kinn in erster Linie an seinem Blumensträußchen im Turban zu erkennen, das er auf vorliegendem Bild auch in der Hand hält[41]. Beide Bilder lehnen sich mit dem pistaziengrünen Hintergrund und dem hochgezogenen Horizont mit dem Wolkenpiktogramm an die Portraits moghulischer Ateliers. Auch wurden die Details sehr akribisch behandelt, die ungeheure Präsens und Direktheit, mit dem uns der Satrusal der Nr. 193 z.B. entgegentritt, ist jedoch rajputisch, im Stile Bundis der Zeit gemalt. Gerade aus Bundi sind eine Reihe mehrerer, äußerst umfangreicher „Ahnengalerieportfolios" bekannt, die einer separaten Behandlung bedürften. Ende des 19. bzw. zu Beginn des 20. Jahrhunderts wurden die einzelnen Portraits gerne auf einer einzigen, großformatigeren Malerei vereint, einzelne Portraits blieben aber auch weiterhin in Mode[42]. Abb. 30 führt ein Beispiel aus Udaipur vor, das vom „Staatsmaler" Parasram zwischen 1882 und 1884 gemalt wurde[43]. Im Bilde vereint sind, beginnend mit Maharana Uday Singh (reg.1537-72), dem Gründer der nach ihm benannten Stadt Udaipur und endend mit Maharana Sajan Singh (reg.1874-84), 20 Herrscher Mewars. Maharana Uday Singh ist der oberste, nach links gewandte Herrscher. Von ihm aus werden im Uhrzeigersinn die Könige aneinandergereiht, so daß Maharana Sajan Singh, nach rechts blickend, seinem Vorfahren Uday Singh gegenübersteht. Gruppiert wurden die Herrscher um das Staatswappen und Motto Udaipurs, das 1877 von Lord Lytton verliehen wurde, die zentrale Heraldik ist also europäischen Ursprunges[44]. Eine Gegenüberstellung mit entsprechenden Bildern der Ateliers der Nawabs von Oudh zeigt wiederum die enge Anlehnung an Vorbilder aus moghulisch geprägten Malstudios, die aber bereits ein Jahrhundert früher entstanden[45]. Über eine weitere Form der Ahnengalerie, bei dem die Versammelten wie tatsächlich anwesend eine Gottheit verehren, soll im folgenden Kapitel verhandelt werden (Abb. 152).

Das Wiedererkennen bei Portraits unterschiedlicher Malschulen

Auf den ersten Blick scheint es sich bei dem Portraitierten der Abb. 116 um eine andere Person zu handeln als bei der Kat.Nr. 193. Die Unterschiede sind aber rein stilistischer Art. Bei näherer Betrachtung fällt auf, daß z.B. die mit orange-gelber Farbe aufgetragenen religiösen Male bei Abb. 116 weitaus dezenter ins Bild

Abb. 117 Thronportrait des Rao Raja Budh Singh von Bundi
Bundi, um 1725
Privatsammlung

Abb. 118 Jharokhabild des Rao Raja Budh Singh von Bundi
Kota, um 1730
Privatsammlung

gesetzt wurden als bei Nr. 193. Der Maler in Bundi bzw. Indargarh ließ seinen Herrscher im Teint heller erscheinen, was als modischer galt, zumal die Moghulherrscher alle von hellerer Hautfarbe waren als das Gros der indischen Herrscher. Der Maler in Bikaner brauchte darauf keine Rücksicht zu nehmen. Da er nicht den Vater seines Auftraggebers malen mußte, stellte er den ehemaligen Herrscher Bundis so dar, wie er aller Wahrscheinlichkeit nach aussah: von leicht dunklem Teint[46]. Der Künstler der Nr. 193 malte ein Altersportrait: Schnurrbart, Koteletten und Schläfenlocken sind ergraut, beim Bikaner-Portrait noch ohne Altersspuren, wobei Länge und Form des Bartes bzw. der Koteletten identisch sind. Auch die untere Gesichtspartie stimmt in beiden Bildern überein, leidiglich der Nasenrücken in Abb. 116 scheint etwas stilisierter zu sein als in Nr. 193. Auch der Schmuck (perlenloser Ohrring, doppelreihige Halskette) ist in beiden Fällen identisch. Im Vergleich hinterläßt Nr. 193 einen altertümlicheren Eindruck als Abb. 116 und scheint daher um einige Jahrzehnte früher entstanden zu sein als letztere Malerei und basiert folglich auf einem ursprünglich in der ersten Hälfte des 17. Jahrhunderts entstandenen Bildnis[47]. Sehr viel eindeutiger ist die Übereinstimmung der Dargestellten aus unterschiedlichen Ateliers bei zeitgenössischen Portraits. Abb. 117, ein rückseitig inschriftlich identifiziertes Sitzportrait Raoraja Budh Singhs von Bundi (*1685, Thronbesteigung am 23.12.1695; starb im Exil am 26.4.1739)[48], ist schon an der Abwesenheit des herrschaftlichen Nimbus als aus Bundi stammend zu erkennen[49]. Mit einem Halbnimbus hingegen begegnen wir ihm in einer für Indien typischen Büstenportraitform, dem Jharokha- oder „Fenster"-Portrait[50], Abb. 118. Dieses eindeutig auf der Rückseite in Nagari beschriftete Bildnis aus der ehemaligen Sammlung der Maharanas von Mewar („Portrait Budh Singhjis, des Raoraja von Bundi") unterscheidet sich von Abb. 117 durch Besonderheiten, die fast ausschließlich stilistischer Natur sind. Die Gestaltung des dem Betrachter zugewandten Auges, das an die beiden Hälften einer aufgeklappten Muschel erinnert, weist neben dem nur das Profil umrahmenden Nimbus das Bildnis als von Kota stammend aus. Dieselben stilistischen Merkmale der dreißiger Jahre des 18. Jahrhunderts der Hofmalerei Kotas fallen in einem zeitgenössischen Sitzportrait eines Zeitgenossen Raoraja Budh Singhs, Maharao Durjan Sal, auf (Abb. 119). Maharao Durjan Sal (reg.18.11.1723-1.8.1756)[51] war intensiv mit Maharaoraja Budh Singh beschäftigt[52], weshalb das in Kota gemalte Portrait Raoraja Budh Singhs (Abb. 118) nicht überrascht. Der dunkle, das Profil des Maharao umrahmende Nimbus läßt sich mit dem Nimbus Budh Singhs der Abb. 118 vergleichen. Zusätzlich wird das Haupt Durjan Sals noch von einem Nimbus in Form einer goldenen Radfelge umrahmt. Auch wenn von den engen geschichtlichen Verpflechtungen zwischen den Staaten Bundis und Kotas in den dreißiger Jahren des 18. Jahrhunderts einmal abgesehen wird, sollten beide Malereien, Abb. 118 und 119, schon wegen einer entsprechend datierten Skizze im Victoria & Albert Museum, London, um etwa 1731-35 datiert werden[53].

Abb. 120 liefert ein klassisches Standportrait Maharao Durjan Sals, wie er in der linken Hand ein Betelpäckchen hält. Durjan Sal wird hier ohne Nimbus gezeigt, weil er nicht von einem Künstler seines eigenen Ateliers, sondern von einem Maler Mewars portaitiert wurde, wie schon die starken Züge der identifizierenden Beschriftung des mewarischen Schreibers über dem Bild („Maharao Durjan Salji") vermuten lassen[54]. Das Bild dürfte nicht viel später entstanden sein als Abb. 119. Anlässe für den Maler in Mewar, den Herrscher von Kota zu malen, gab es vor allem im Jahre 1734 genug. So heiratete Durjan Sal die zweite Tochter Maharana Sangram Singhs, Brajkunvar Bai[55]. Wenige Monate später (Juli) traf er in Udaipur wegen der von Historikern so bezeichneten „Hurda-Konferenz" ein, an der neben Maharana Jagat Singh von Udaipur und Sawai Jai Singh von Jaipur auch die Herrscher Bikaners, Bundis, Karaulis, Kishangarhs und Nagaurs teilnahmen[56].

Thronportraits und Darbarszenen: der Herrscher hält Hof

Von den bisher vorgestellten Stand-, Sitz-, Fenster- und Medaillonportraits gibt es eine Variante, die im Wesentlichen als Gruppenportrait, basierend auf einer erweiterten Form eines bestimmten Sitzportraits, zu verstehen ist. Diese Sitzportraitvariante wird Darbarszene genannt, deren Basis ein Sitzportrait

Abb. 119 Maharao Durjan Sal von Kota im Darbar mit Ajay Singhji Kota, um 1731-1735

ist, in dem der Herrscher auf seinem Thron weilend dargestellt wird (Thronportrait). Unter einer Darbarszene wird eine Darstellung verstanden, die den Herrscher auf seinem Herrschersitz innerhalb eines Darbars zeigt. Der Begriff „Darbar“ hat zwei verschiedene Grundbedeutungen: der königliche Hof, damit auch häufig die Person des Herrschers selbst und eine herrschaftliche Audienz bzw. Versammlung, offizielles Treffen. Im gegenwärtgen Zusammenhang greift vor allem die zweite Grundbedeutung. Der Thron als Herrschaftssymbol ist so alt wie die indische Kunst; noch bevor der Buddha zur Darstellung gelangte, wurde sein leerer Thron, dessen Beine wie im alten Ägypten aus Löwen bestanden, als nichtbildliche Darstellung des „Erwachten“ vom Steinmetz gemeißelt. Des seit Jahrtausenden in Indien „Löwenthron“ genannte Herrschersitz bediente sich im hier behandelten Zeitraum zunächst nur der im Zeichen des Löwen geborene Moghulkaiser Jahangir, dessen Staatssymbol der Löwe vor der aufgehenden Sonne war[57]. Zwar nannten die Rajputs ihren Thron u.a. auch „Löwenthron“ (*simhasana*), die Löwen am Sitzmöbel europäischer Vorstellung kamen in Rajasthan erst im Laufe des 18., verstärkt im 19. Jahrhundert, zunehmend in Mode. Der klassische Herrschersitz der Rajputs war wenig mehr als eine Kissenrolle auf einer quadratischen Decke, die einer entsprechend großen wattierten Decke auflag, wenn die eigentliche quadratische Sitzfläche nicht schon selbst gepolstert war. Die zuoberst liegende Decke erinnert nicht selten an einen Teppich, war aber nur in wenigen Fällen tatsächlich geknüpft und bestand häufig aus Samt[58]. Die Kissenrolle am Rande der quadratischen Decke wurde durch ein (Holz-?)Gestell in Position gehalten, was den auf der Throndecke Sitzenden erlaubte, sich gegen die Kissenrolle zu lehnen, ohne das letztere wegrollte. Dieses Stützgestell ist auf den Bildern in der Regel nicht zu sehen. Nur wenn, was sehr selten der Fall war, der Herrscher von seiner Rückansicht gezeigt werden sollte, konnte der Maler das Stützgestell nicht länger verbergen[59]. Dieses Gestell fiel naturgemäß weg, wenn die Kissenrolle durch eine Balustrade oder eine Wand am Wegrutschen gehindert wurde. Ab dem 18. Jahrhundert gehören auch zwei kleinere Beikissen zur Ausstattung dieser Form des Herrschersitzes, für den v.a. zwei Bezeichnungen Verwendung finden: *gaddi* und *masnad*. Letztere Bezeichnung war so gängig, daß von Orlich sie im Februar 1843 ohne weitere Erklärungen bei der Schilderung der Herrscher von Bharatpur genauso wie die deutsche Entsprechung „Thron“ gebrauchte: „Dieser <gemeint ist eine historische Gestalt Bharatpurs> bemächtigte sich zwar ... des Masnad, starb aber gleichfalls schon nach einigen Monaten“[60].

Eine Gaddi[61] war nicht nur der Sitz der Herrscher wie etwa Madhoji Sindhia, dessen Gaddi in Khatoli (Rajasthan) im Januar 1809 beschrieben wird[62], sie war gleichermaßen die Sitzfläche herrschaftlicher Damen, der Begams im islamischen Kulturbereich Indiens[63]. Noch heute lassen sich die Nachfahren der Maharajas auf der Gaddi ablichten[64]. Die Mindestausstattung des herrschaftlichen Sitzes zeigt Abb. Kat.Nr. 194, in der sich Bhao

Abb. 120 Maharao Durjan Sal von Kota
Udaipur, um 1734
Sammlung Heil

Singh von Bundi gegen eine eckige Kissenrolle lehnt. Auf der dazugehörigen quadratischen Sitzfläche steht eine Beteldose, daneben liegt sein Schwert, sein in Draufsicht gemalter Schild wird durch seinen linken Ellenbogen in Position gehalten. Auch in Abb. 117. liegen die Waffen des Herrschers, Schwert, Schild und Stoßdolch im unmittelbaren Bereich der Gaddi. Hinzu gesellen sich eine Schale mit duftenden Blüten, ein kleines Becken[65] und eine Wasserpfeife mit langem, „Schlange" genanntem Schlauch[66], die seit Ende des 17. Jahrhunderts verstärkt zum festen Bestand des Thronportraits gehört. Erwähnenswert ist die kleinere, aufrecht gestellte Kissenrolle, die zu Beginn des 18. Jahrhunderts bei mehreren Herrschern beliebt war und mit der Maharao Raja Budh Singh auch in Abb. 118 zur Darstellung gelangte. Der Diener hinter Budh Singh hält einen Pfauenschweifwedel, *morchal*, ein seit altersher gebräuchliches Herrschaftsinsignium, dessen Bedeutung in der älteren europäischen Literatur als Fliegen- oder Staubwedel etwas unterbewertet wurde[67].

Abb. 121 macht uns mit Rao Ajit Singh (reg. 1718-1740)[68] von Uniara bekannt. Das posthume, stilistisch wohl erst um 1770 entstandene Portrait vermittelt, wie die Gaddi des Uniaraherrschers, der seine Eigenständigkeit an Jaipur abgeben mußte[69], zu Lebzeiten des Rao ausgesehen haben muß. Auffällig ist wieder die in Draufsicht wiedergegebene Sitzfläche und die große Kissenrolle mit den Falten auf beiden Längsseiten, die den zusammengezurrten Bezug des Kissens andeuten. Schild und Schwert liegen auf der Sitzfläche, neben der ein Hund mit einem Halsband ruht. Schon Ajit Singhs Vorgänger, Rao Sangram Singh von Uniara, kämpfte in der Schlacht von Sambhar (Oktober, 1708) mit 500 Hunden erfolgreich gegen die Moghularmee[70]. Die am Rande des Sitzteppichs stehende Wasserpfeife ähnelt der in Abb. 117.

Bei dem in der rechten Hand Ajit Singhs gehaltenem Objekt handelt es sich um einen Rückenkratzer (*pushtkar*), in dem meist ein oder zwei Stilettos verborgen sind[71]. Der hinter dem Thronkissen stehende Diener wedelt einen *chauri*, wie der *morchal* ein altindisches Herrschaftssymbol, das in diesem Falle aus den weißen Schwanzhaaren des Yak in einem dafür extra gefertigten Griff besteht[72]. Auch er gehört neben dem Träger mit dem Pfauenschweifwedel ab dem 18. Jahrhundert zum rajasthanischen Thronportrait. Abb. 121 vermittelt den Übergang vom Thronportrait zur Darbarszene: der Herrscher ist nicht mehr mit seinem Diener allein, er empfängt einen Herren, der auf der Rückseite des Bildes in einer zeitgenössischen Beschriftung als sein Bruder, Ajay Singh, identifiziert wird. Warscheinlich ist sein Milchbruder (*dhabhai*) gemeint, da Durjan Sal keinen Bruder dieses Namens hatte. Auffallend sind die beiden kleineren, flankierenden Kissen, die von nun an von entsprechenden Darstellungen kaum noch wegzudenken sind. Die vor dem Besucher geöffnete Beteldose und die Rosenölflasche in der linken Hand des Dieners sind Hinweise auf den Abschluß des Darbar-Zeremoniells, wie es von Orlich beim Darbar des Maharaja von Alwar

Abb. 121 Maharao Ajit Singh von Uniara
Uniara, um 1770
Privatsammlung

Abb. 122 Maharaja Sawai Madho Singh von Jaipur im Darbar mit seinem Minister und anderen Würdenträgern
Jaipur, datiert 1765 A.D., Maler: Ramjidas
Sammlung Heil

im Februar 1843 beschrieb: „Endlich wurde ich mit Rosenöl besprengt, erhielt die in Blättchen der Betelrebe gehüllte Betelnuss, und wir nahmen auf's herzlichste unter dem Donner des Geschützes Abschied…"[73].

Eine Erweiterung der Darbarszene der Abb. 119 ist das mit „Shriman Maharajadhiraja Rajendrashri Sawai Madho Singhji", in der Kartusche überschriebene Bild, Abb. 122. Sawai Madho Singh war der dritte Sohn von Maharaja Sawai Jai Singh, des Gründers der Stadt Jaipur und der einzige Sohn seiner zweiten Frau, Chander Kanwar, Tochter Maharana Amar Singhs von Udaipur. Er wurde am 28.11.1727 geboren und folgte seinem ältesten Bruder und Amtsvorgänger nach dessen Selbstmord am 2. bzw. 10. Januar 1751 auf den Thron Jaipurs[74]. Nach einer Regierungszeit von 17 Jahren, 2 Monaten und 21 Tagen starb er am 5.3.1768[75]. Wie auch beim Empfang Maharao Durjan Sals sitzt der bzw. sitzen die -hier mit winzigen Beischriften identifizierten-Besucher mit zusammengelegten Handflächen vor dem Herrscher.

Der stehende Herr ist der Minister (*divan*) Balchand, der kniende mit dem roten Turban heißt Hamirdev und der vorderste schließlich ist der „königliche" (*rajya*) Harsahay. Auch der Morchalträger blieb nicht anonym, jedoch ist die Beischrift vor dem dunkelgrünen Hintergrund kaum lesbar. Die gestreckten Finger der rechten Hand verleihen dem auf der Gaddi sitzenden Herrscher einen richtungsweisenden Charakter. Überhaupt ließ sich Sawai Madho Singh, Vater des eingangs erwähnten Pratap Singh, gerne mit einem oder zwei gestreckten Fingern darstellen, selbst wenn er die Gebetsschnur hält oder Schach spielt[76]. Das auf der Rückseite in den Regenzeitmonat Sawan des Jahres 1765 datierte Bild[77] stammt vom Maler Ramji, der auch unter dem Namen Ramjidas bekannt ist und eine der Stützen des Malerateliers in Jaipur war[78]. Von ihm sind einige Portraits Sawai Madho Singhs bekannt[79], zahlreiche weitere Bildnisse, die meisten noch unpubliziert, belegen Sawai Madho Singhs Beliebtheit bei den Malern[80]. Neben der hier gezeigten Gaddi ließ sich Sawai Madho Singh auch auf einem *simhasana*, einem Thron mit löwengestaltigen Beinen, portraitieren[81]. Eine in das Jahr 1852 datierte Zeichnung[82] mit Maharao Ram Singh von Kotah (*1808, reg.1827-66)[83] auf der zentralen Gaddi vermittelt einen Eindruck, wie der Hofmaler tatsächlich das Gesehene zunächst nur umriß, Kat.Nr. 195. Der Maler skizzierte lediglich in z.T. sehr flüchtigen Umrissen, was um den Herrscher herum geschah. Dabei hielt er aber durch namentliche Identifikationen genau fest, welche Person sich wo befand, zumal dies einer strengen Etikette unterworfen war: wer sich im Darbar dem Herrscher am nächsten aufhalten durfte, genoß das höchste Ansehen. In Übereinstimmung mit von Orlichs Beobachtung[84] muß der Maler mit einer Art „Daumenskizze" auf separaten Blättern die Anwesenden konterfeit haben, um sie dann den Angaben der vorliegenden Zeichnung folgend zu einer vollständig ausgemalten Darbarszene zu komponieren, in der dann u.a. die Anwesenden nicht mehr namentlich benannt wurden, da der Herrscher selbst sie ja wiedererkannte.

Die verschiedenen Beschriftungen informieren auch darüber, daß der Ort dieses Darbars ein „Darbarsaal" (*darbar ka sala*) war, daß der links hinter dem Maharao stehende Morchalhalter „Harbags" und sein Kollege rechts dem Herrscher „Nathuji" hieß, Angaben, die wir kaum einer vollendeten Kota-Malerei entnehmen können. Der mit wenigen, aber sicheren Linien angedeutete Mann gegenüber Ram Singh heißt Pratap Singh Rathor. Vom Maharao aus rechts gesehen sitzt der umrißhaft angedeutete Sardar Singh aus Khatoli, neben ihm, nur noch als Name angedeutet, Maharaja Udai Singh, neben Kisan Singh, welcher neben Bhuvanidanji sitzt usw. Neben Pratap Singh Rathor saßen der „Milchbruder" (*dhabhai*) Sobagsji, dieser saß neben dem „Milchbruder" Miyaramji, dieser neben Bhadriji, der neben Sukhramji, welcher neben dem Munshi Ratanlalji Platz genommen haben muß. Ebenfalls anwesend war der Ringer Kaniram[85], der neben den kleinformatig skizzierten Tänzerinnen am unteren Rand gestanden haben muß.

Eine vollständigere Portraitzeichnung mit detailliert ausgearbeitetem Kopf und Turban bietet Abb. 123. Die schlichte Kleidung und die Geste der rechten Hand deuten an, daß der Mann bei einem Empfang saß, wo er vom Maler skizziert worden war. Es handelt sich also um eine ausgearbeitete Version der ursprünglich während des Darbars erstellten „Daumenskizze". Die Art der Kopfbedeckung vermag eine Herkunft aus Jodhpur anzudeuten, zumal selbst einem europäischen Reisenden während eines im Februar 1866 in Udaipur abgehaltenen Darbars

Abb. 123 Sitzportrait eines Höflings aus Jodhpur
Jodhpur, ca.1730-40

auffiel, daß der Turban auf den Klan des Trägers hinweist[86]. Auch bei Abb. 124 dürfte es sich in Anbetracht des Turbans um einen Höfling aus Jodhpur handeln, der wie Abb. 123 etwa zwischen 1730 und 1740 skizziert wurde[87]. Wieder fällt die sichere Ausarbeitung des hier pockennarbigen Gesichtes auf, wie sie bei einer kolorierten Miniatur kaum zur Geltung kommen kann.

Sicher von einem lokalen Hofmaler Jodhpurs stammt das Bild, mit dem Herrscher, an dessen Hofe die beiden prägnant gezeichneten Herren der Abb. 123–124 gewirkt haben dürften[88], Abb. 125. Die rückseitige Beschriftung informiert uns, daß es sich um ein Bildnis (*cabi*) Maharaja Abhai Singhs im „Sursagar-Garten" handelt. Abhai Singh (*18.11.1702) war der erste Sohn des Maharaja Ajit Singh Rathor von Jodhpur, der von seinem zweiten Sohn, Bakhat Singh, am 23.6.1724 ermordet wurde. Darauf wurde Ajit Singhs ältester Sohn am 25. Juli vom Moghulkaiser als Ajit Singhs rechtmäßiger Nachfolger offiziell anerkannt. Nach einem bewegten Leben starb Maharaja Abhai Singh am 19.6.1749[89].

Abhai Singh sitzt auf einem Sitzmöbel, dessen Armlehnen verraten, daß es sich um einen „Löwenthron" handeln muß. Die vier Füße des Thrones sind mit Streben auf dem Boden verbunden. Diese Streben fallen bei späteren Thronen mit eingearbeiteten Löwen weg und die vier Beine sind frei[90]. Als das Bild entstand, dürfte Abhay Singh die 40 schon überschritten haben. Je zwei Chauri- und Morchalträger stehen hinter ihm. Dazu gesellen sich ein Schirm-, ein Schwert- und ein Schildträger. Bei den drei vor ihm knienden Herren mit identischen Halsketten, langen Schnurrbärten aber unterschiedlicher Kopfbedeckung könnte es sich um drei seiner vier jüngeren Brüder handeln, Beischriften wie bei Abb. 122 fehlen. Die bisher gezeigte Form des rajputischen Thrones, die Gaddi, ist im Bild ebenfalls zu sehen und unter dem zentralen Bogen des Palastgebäudes im Hintergrund zu entdecken.

Abb. 124 Wedelträger im Dienste Maharaja Abhai Singhs von Jodhpur Jodhpur, ca.1730-40

In das Zentrum des Bildes rückte der Maler eine goldene, reich mit Perlen, Rubinen und Smaragden besetzte Aigrette in der rechten Hand des Herrschers. Bei diesem Turbanschmuck handelt es sich mit großer Wahrscheinlichkeit um mehr als ein Objekt, das der Portraitierte hält, um nicht mit leeren Händen dazustehen bzw. zusitzen. Es ist ein königliches Geschenk, das Maharaja Abhai Singh entweder gerade vergeben möchte oder erhalten hat und stolz präsentiert. Turbanschmuckgeschenke, meist „*sarpech*" oder „*serpech*" genannt, werden sehr häufig in den Texten ewähnt[91]. Eine andere Bezeichnung des aufsteckbaren Turbanschmucks war „*jika*"[92], von Europäern auch als „Aigrette" bezeichnet[93], die Bezeichnungen gehen aber heute oft durcheinander. Unter „Aigrette" oder „Agraffe" soll ein am Schaft erkennbarer aufsteckbarer Turbanschmuck verstanden werden[94], mit „*sarpech*" wird ein anzubindener Turbanschmuck gemeint[95]; darüberhinaus werden auch eine Reihe anderer Bezeichnungen genannt[96].

Neben der Aigrette fällt in Abb. 125 der reich verzierte Turban auf, für dessen Schmuck sie ja gemacht ist. Die Bedeutung

Abb. 125 Maharaja Abhai Singh von Jodhpur im Darbar im „Sursagar"-Garten Jodhpur, ca.1730-1745 Sammlung Heil

des Turbans verdeutlicht eine zeitgenössische Textstelle, in der Maharaja Abhai Singh am Abend vor der Schlacht von seinem Gegner Sarbuland Khan angesprochen wird: „Junger Mann, Sie werden erstaunt sein zu erfahren, daß zwischen uns beiden große Freundschaft herrschen müßte, denn es gab eine Zeit, in der Ihr Vater und ich Turbane wie Brüder austauschten, und ich Sie daher als meinen Neffen betrachte"[97].

Weniger beeindruckend ist die Aigrette, die Abhai Singhs Sohn, Maharaja Ram Singh, mit spitzen Fingern in einer zeitgenössischen Malerei aus Bikaner hält, Abb. 126. Dafür kann Maharaja Ram Singh (* 28.7.1730, reg. 13.7.1748–21.6.1751; starb 1772 in Jaipur)[98] aber für sich beanspruchen, den mithin höchsten Turban Rajasthans getragen zu haben. Dem ohne Nimbus dargestellten Herrscher wird von Historikern nachgesagt, „rücksichtslos, unverschämt, lasterhaft, ausschweifend und treulos"[99] gewesen zu sein. Ob er tatsächlich so war, scheint in Anbetracht seiner zahlreichen, auch posthumen Portraits[100], im Verhältnis zu seiner kurzen Regierungszeit eine Überlegung wert.

Thron und Tanz der „Vorstehenden"[101]

Neben Maharaja Ram Singh von Jodhpur gibt es einen weiteren Herrscher, den v.a. englische Historiker und Zeitgenossen zum Inbegriff der Unmoral abstempelten: Maharaja Sawai Jagat Singh von Jaipur (*18. bzw. 25.3.1784, reg. 2.8.1803– 21.12.1818)[102], Sohn des eingangs erwähnten Sawai Pratap Singh und dessen fünfter Frau, Bhatiyaniji, Tochter des Rawal Sultan Singh von Jaisalmer. „Jagat Singh regierte 15 Jahre mit der schändlichen Auszeichnung, der ausschweifendste Prinz seines Geschlechts bzw.

Abb. 126 Maharaja Ram Singh von Jodhpur in der Körperhaltung eines Herrschers aus Kishangarh Bikaner, datiert 1752; Maler: Ustad Qasim, Sohn des Ghulam Mohamad Sammlung Metzger

seines Zeitalters gewesen zu sein“[103]. „Obwohl ein sehr junger Mann <Jagat Singh>, ist er schon in einen Zustand vollständiger Schwäche heruntergekommen, sowohl was seinen Geist, als auch seinen Körper betrifft, durch in jeder Hinsicht grenzenlose Zügellosigkeit bei Exzessen und Ausschweifungen. Seine Launen sind endlos und absolut unerträglich; und in seiner Zügellosigkeit kümmert er sich weder darum, wem sie schaden, noch welche Konsequenzen sie nachziehen. Er verfolgt seine Ziele mit einer grenzenlosesten Übertriebenheit und offener Verachtung jeglichen Anstands und Ehre. Neulich hat er seine Zuneigung, wenn seine brutalen Leidenschaften mit diesem Wort veredelt werden können, einer gewöhnlichen Prostituierten namens Rus Kufoor – wörtlich: „Kampferessenz“! bewiesen, und dabei Zeugnisse seines Zustandes abgelegt, die ihm in jedem europäischen Staat ein Privatzimmer im Irrenhaus eingebracht hätten...“[104]. „Das Leben dieses Prinzen <gemeint ist Jagat Singh> ist eine einzige Erzählung über Ausschweifung und Zügellosigkeit. Er starb, von niemandem bedauert, 1818“[105]. Ein Förderer der Kunst, v.a. der Malerei und Literatur war Sawai Jagat Singh dennoch[106]. Abb. 127 zeigt ihn auf einem thronartigen Sitz, wie Maharaja Abhai Singh von Jodhpur in einer hier nicht vertretenen Malerei[107]: in seinem Harem, ausschließlich von Frauen umgeben. Das Bild ist auf der unteren Balastrude dem Maler Gobind zugeschrieben, der schon für Sawai Pratap Singh arbeitete[108]. Gobind verewigte Jagat Singh mit derselben gebietenden Geste der rechten Hand, mit der schon sein Kollege Ramjidas Jagat Singhs Großvater darstellte: Zeige-, Mittelfinger und Daumen sind nach vorne gestreckt.

Vier Tänzerinnen werden von acht Musikantinnen begleitet. 16 Damen, die verschiedensten Herrscherinsignien haltend, stehen hinter dem Thron, auf dem Jagat Singh wohl mit seiner Favoritin „Rus Kufoor“, „Raskaprua“ bzw. „Ram Kapur“[109] Platz genommen hat. Zwei weitere Damen warten mit keulenartigen, Hockeyschlägern nicht unähnlich aussehenden Stäben[110] am Zugang zur Terrasse. Eine Wasserpfeife steht jeweils für sie sowie für ihn bereit[111]. Von einzig für den Herrscher veranstalteten Tanzdarbietungen gibt es naturgemäß keine europäischen Augenzeugenberichte. Die Tanzvorführung, von Europäern, je nach Herkunft „Nautch“, „Nodge“ oder „Natsch“ (Hindi: *nac*) genannt, war aber auch integraler Bestandteil eines jeden Darbars, d.h. die „Bayaderen“, wie die Tänzerinnen oft bezeichnet wurden, tanzten vor einer Vielzahl von Männern. „Zur Ergötzung und um den Empfang vollständig zu machen, erschien eine ebenso hübsche als reich geschmückte Bajadere, welche, in faltenreiche bunte Röcke und weite seidene Pantalons gekleidet war, voll Juwelen prangte und grosse silberne Ringe mit Schellen um die Knöchel trug. Ihre Bewegungen waren nicht ohne Anmuth; aber zu einförmig, um auf die Länge zu fesseln“ notierte von Orlich am 8. Februar 1843, einen Darbar des Raja von Alwar beschreibend[112].

Von derartigen Vorstellungen gibt es zahlreiche Beschreibungen, die, da in der Regel von Briten verfaßt, meist den Tanz

Abb. 127 Maharaja Sawai Jagat Singh von Jaipur mit seiner Favoritin in seinem Palast bei einer Tanzvorführung Jaipur, ca.1810-15, Maler: Gobind Sammlung Habighorst

als verwerflich, obszön, zumindest aber als langweilig verstanden wissen wollten. Zur Legitimation der offiziellen britischen Kolonialpolitik gehörte es, besonders die kultivierten „Eingeborenen" als Wüstlinge abzutun, weshalb die negativen Urteile derjenigen amtlichen Beobachter, die weder Sprache noch Kultur des Landes verstanden, mit Vorsicht erwogen werden sollten[113]. Weniger negativ urteilten britische Frauen, die überhaupt für den Kunsthistoriker emotional schwächer gefärbte Beschreibungen hinterließen als ihre männlichen Kollegen, besonders über die „Nautch"-Darbietungen[114]. Unter Umständen vermochten die Europäer der „unvermeidbaren" Tanzvorführung, wie z.B. am Hofe des Maharana von Mewar, nur ein „God save the Queen" bzw. die „Marseillaise" entgegen zu schmettern...[115]

Moralisch weniger wertend als das Gros der englischen Beschreibungen ist eine deutsche Schilderung einer Tanzvorführung, die der Raja von Bharatpur am 15.4.1845 für Prinz Waldemar von Preußen veranstaltete: „Der Radjah unterhielt den Prinzen durch Nâtsches, Antilopen-Jagden und Thierkämpfe. Die Nâtschmädchen oder Bajaderen, ... gleichen nicht selten den Schönheiten des Ostens, wie sie Hafiz und Andere orientalische Sänger uns schildern. Kunstvoll zusammengelegter rother Mousselin umhüllt sie dicht in Tausend Falten vom Scheitel bis zur Zehe; Ueberwürfe von Gold- und Silbergaze verbergen nur halb die bald zierlichen, bald üppigen Formen; Ringe von Gold hängen an Nasen und Ohren; Silberringe mit buntem Emaille schmücken die Arme und selbst an den Füßen tragen sie

Geschmeide mit silbernen Schellen, deren Geklingel den Takt zu dem Tanze angiebt, den sie aufführen. Das schöne dunkle, große Auge blickt ausdrucksvoll aus den mit Antimonium geschwärzten Augenlidern, wie ein zündender Lichtfunke. Jede Bewegung der Arme, womit sie die Zipfel des langen Gewandes bald entfalten, bald umwickeln ; jede zierliche Bewegung des Kopfes, bei welcher sie die feurigen Blicke auf die Zuschauer werfen; jede Drehung der kleinen Füße, wie sie unter den langen Kleidern hervorkommen, scheint darauf abgesehen zu sein, den Zuschauer in Ekstase zu versetzen und selbst der nüchterne Europäer kann diesem Tanze nicht ohne Interesse zuschauen. Die Tänzerinnen sind stets auch Sängerinnen und begleiten ihren Tanz mit einem näselnden, monotonen Gesange, während einige Männer auf einer Handpauke, einer Zither und einer Art von Violine ihre dissonierende Musik dazu ertönen lassen. Der Tanz ist gewöhnlich die pantomimische Darstellung des Gesanges, welcher Liebes-Leiden und -Freuden zum Gegenstande hat, und dessen Melodie oft gar nicht übel ist. Im allgemeinen ist der Tanz sehr dezent und besteht einfach aus einem Vor- und Rückwärtstreten, seltener Drehen, Hinlegen und Bewegen der Arme. Das Kunstvolle dabei sind die tausendfach wechselnden Gestalten, die sie mit vieler Grazie ihrem Schleier zu geben verstehen"[116].

Von der gewöhnlicheren Gaddi aus betrachtet Balwant Singh von Ratlam (*1814, reg. 1825–1857)[117] eine von zwei Tänzerinnen inszenierte Vorführung, Abb. 128. Diese Malerei entstand etwa zeitgleich mit der Tanzvorführung vor Sawai Jagat Singh, Abb. 127. Wie letzterer, wurde Balwant Singhs Vorgänger, Raja „Purbut Singh" ebenfalls als „schwach und unfähig" von den Briten eingestuft[118]. Den jungen Raja Balwant Singh umgeben ein stehender Diener mit einer Trinkschale und elf bewaffnete sit-

Abb. 128 Balwant Singh von Ratlam im Darbar bei einer Tanzvorführung anläßlich des Frühlingsfestes
Ratlam, Madhya Pradesh, um 1825.
Maler: Kusal (wahrscheinlich aus Udaipur)
Sammlung Heil

zende Würdenträger, die, wie der Herrscher selbst, an ihrer herabfallenden Turbanschlaufe als aus Ratlam stammend zu erkennen sind. Auffällig sind die Blumen, die auf einem tablettartigen Blatt vor dem Herrscher liegen: Die Tänzerinnen gestikulieren mit ihnen, zwei der drei Musikanten haben je eine an ihrem Streichinstrument angebracht, Balwant Singh hat sich zwei in den Turban gesteckt und hält eine weitere mit seiner linken Hand, während die zehn der Würdenträger ebenfalls jeweils eine Blüte halten. Diese Blüten galten in der heute unter dem Namen „Rajasthan" genannten Landschaft zu Beginn des 19. Jahrhunderts als Zeichen der Freude aus Anlaß der Frühlingszeit. Sie wurden Freunden geschenkt und als Turbanschmuck getragen[119].

Obwohl vorliegende Malerei (Abb. 128) nicht aus dem heutigen Rajasthan kommt, haben mit hoher Wahrscheinlichkeit Maler des heutigen indischen Bundesstaates an ihr gearbeitet. Analog einer unveröffentlichten Malerei in einer Privatsammlung in San Francisco ist das Bild dem Maler „Kusal" zuzuschreiben. Von seinem Kollegen „Bejnat" (wohl Kurzform von „Vaidyanatha") ist bekannt, daß er aus Udaipur kam und 1825 für Balwant Singh von Ratlam arbeitete[120].

Aus Udaipur kommt auch die folgende Malerei, die mit einer Tanzvorführung und zahllosen Rosenblüten die Frühlingsfeiern illustriert: Abb. 129. In dieser relativ großformatigen Malerei sitzt Maharana Sangram Singh (*1.4.1690, reg. 8.5.1711–23.1.1734)[121] inmitten des auf der Rückseite „Gulab Bari" genannten Rosengartens auf einer Gaddi unterhalb eines aufgespannten, quadratischen Sonnensegels und hat wichtige, namentlich ebenfalls auf der Rückseite benannte Personen um sich versammelt. Der blühende Rosengarten wird dabei z.T. durch Zeltwände abgegrenzt. Eine Rosenblütengirlande liegt vor ihm, wie auch ein

Abb. 129 Maharana Sangram Singh II von Mewar beim Feiern des Blumenfrühlingsfestes im „Gulab Bari"-Garten Udaipur, ca. 1715 Sammlung Habighorst

Abb. 130 Maharo Ram Singh von Kota im „Rosenwasserpavillon" anläßlich der Gangaur-Feierlichkeiten
Kota, um 1850
Privatsammlung

großes Tablett mit Rosenblüten in das Zentrum der Terrasse gestellt wurde. Drei stehende Musikanten, eine Tänzerin und ein blauhäutiger Tänzer, der den Gott Krishna spielt, bewegen sich außerhalb der niedrigen, wahrscheinlich mit einem wattierten Belag bedeckten Terrasse. Drei weitere Musiker sitzen inmitten der vorderen Rosenrabatten. Ein zweites Mal wird der Maharana gezeigt, wie er auf einem angelegten Weg das Zentrum des blühenden Rosengartens mit mehreren Noblen verlassen hat, um schließlich außerhalb des Gartens denselben Tänzern und Musikern wieder zuzuschauen. Die Beliebtheit des Festes belegen weitere Darstellungen[122].

Daß das hier gezeigte Blumenfest nicht nur im Zusammenhang mit dem Holi-, sondern auch mit dem Gangaur-Fest gesehen werden muß, veranschaulicht eine Malerei mit Maharao Ram Singh, der auf der Gaddi innerhalb eines völlig mit Rosenblüten bedeckten Pavillons Platz genommen hat, Abb. 130. Cary Welch äußerte beim Betrachten dieser Malerei im Spätsommer 1994 spontan, daß es sich hier tatsächlich um „duftende Architektur" („smelling architecture") handele. Laut Beschriftung feiert Maharao Ram Singh jenes Fest im „Rosenwassergarten" (*gulab ka bag*), wie auch Maharana Sangram Singh in Abb. 129. Rosenblütengirlanden vor dem Kotaherrscher warten darauf, von den grünen Schüsseln an Frauen verteilt zu werden, die die heute noch gebräuchlichen Kultbilder von Gauri und Isa auf dem Kopf tragen[123]. Die Tanzdarbietung vor Maharao Ram Singh soll im nächsten Abschnitt vorgestellt werden.

Der Herrscher auf Elefant und Roß

Bezeichnend für die indische Malerei im allgemeinen und für die rajasthanische im besonderen ist das Elefantenreiterportrait, das in dieser Form kaum Parallelen in Europa aufzuweisen hat. Formal ist es so alt wie die ältesten historischen Malereien Indiens, als Portrait betritt es die Bühne der indischen Kunst im 16. Jahrhundert unter einem nicht unwesentlichen Einfluß der zu der Zeit in Indien verbreiteten islamischen Malerei. Eine rajasthanische Variante des Elefantenreiterportraits, geradezu eine rein persönliche Ausarbeitung des Themas, zeigt Abb. 131. Maharao Ram Singh von Kotah sitzt, sein Schwert und seinen bemalten Lederschild haltend, im Haudasitz eines mit Brokatdecken reich geschmückten Elefanten[124] und betrachtet eine Tänzerin auf einer kleinen quadratischen Plattform, die von den goldmanschettenummantelten Stoßzähnen[125] seines Elefanten getragen wird. Diese Form der wohl kleinsten und bewegtesten Tanzbühne Rajasthans belegen neben dem hier vertretenen Bild noch weitere Malereien[126], so daß hier kein Phantasieprodukt eines Malers dem Betrachter sich präsentiert: Maharao Ram Singh war dafür bekannt, auch an weniger gewöhnlichen Plätzen einer Tanzvorführung beizuwohnen.

Der Sitz auf dem Elefanten hinter dem Herrscher war ein Platz, der nur besonderen Personen zugedacht war. Maharaja Jagat Singh erzürnte angeblich die Bevölkerung Jaipurs, als er seine Freundin (die ja eine „gewöhnliche Prostituierte" gewesen sein soll) in den *khavas*[127] genannten Sitz plazierte, sich von ihr mit einem Yakschweif bewedeln ließ und so durch die Hauptstraßen der Stadt zog[128]. Schon der smaragdbesetzte *sarpech* des Mannes hinter Maharao Ram Singh zeigt, daß es sich hier um eine besondere Persönlichkeit, etwa einen näheren Verwandten Ram Singhs oder einen *dhabhai* (Milchbruder) handeln muß. Dem Elefanten voran laufen zwei *chobdars* genannte Männer mit ihren Zeremonialstäben, die bei keinem Umzug fehlen durften und heute noch im Darbarzeremoniell Kotas ihren festen Platz haben[129]. Ihnen folgen zwei *sontabardars* mit den charakteristischen Tigerkopfkeulen[130] und Träger unterschiedlichster Waffen, von denen einer eine glimmende Lunte für ein Luntengewehr anbläst. Den Abschluß bilden ein Schirm- und ein *adani*-Träger. Letzterer hält ein Herrschaftssymbol, das am Ende einer Stange aus zusammengelegten Federn, die gleichsam die Strahlen der im Zentrum durch eine runde silberne Scheibe angedeutete Sonne bilden[131]. Der Elefantenlenker dirigiert sein Tier mit dem *ankush* genannten Stachelstock, und den Schirm über Ram Singhs Haupt ließ sich selbst Leopold von Orlich beim Elefantenausritt nicht nehmen[132].

Bei offizielleren Elefantenausritten mußte Maharao Ram Singh auf seine Ein-Frau-Darbietung verzichten, wie Abb. 132 zeigt. Das in das Jahr 1853 A.D. datierte Bild illustriert die Königsprozession Kotas anläßlich der am 9. Tag der hellen Hälfte des Monats Asoj (September-Oktober) stattfindenden Feierlichkeiten zur Verehrung der Göttin Ashapura. Die Feierlich-

Abb. 131 Elefantenreiterportrait des Maharao Ram Singh von Kota in Begleitung seiner Insignienträger und einer Tänzerin
Kota, ca. 1840-45
Sammlung Metzger

Abb. 132 Elefantenreiterportrait des Maharao Ram Singh von Kota beim Ausritt anläßlich der Feierlichkeiten zu Ehren der Göttin Asapura Kota, datiert 1853 (A.D.) Sammlung Metzger

keiten begannen um 17 Uhr mit der Verehrung der Göttin. Eine halbe Stunde danach verließ der Maharao in einer Prozession die Stadt durch das Kishorpura-Tor um zum Ashapura-Tempel zu gelangen, wo im *Darikhana* genannten Teil des Palastes ein „Thron" (*takht*) für ihn vorbereitet war[133] und Kanonen einen dreifachen Salut schossen. Außerhalb des Elefantentores vollzog der Maharao im Anschluß eine Art Pferde- und Elefantenverehrung, was ebenfalls mit dreifachem Kanonendonner untermalt wurde. Dem schloß sich eine Waffenverehrung im Hof vor dem *Rajmahal* genannten Palastteil an[134]. Diese *shastrapuja* genannte Form der Verehrung dürfte erklären, warum der Maharao in Abb. 132 von so zahlreichen Bewaffneten begleitet ist und selber eine Rüstung trägt. Es dürfte auch vorgeschrieben gewesen sein, daß der Maharao den Elefanten bei derartigen Anlässen selber zu lenken hatte[135]. Die beiden gesattelten, aber unberittenen Pferde vor dem herrschaftlichen Elefant sind Bestandteil mancher Prozession[136], deuten hier aber wohl auf die erwähnte Pferdeverehrung. Bei den Soldaten in den europäischen Uniformen handelt es sich um einen Teil des „*ardali paltan*" (vom engl. „orderly platoon"), das etwa um 1800 nach europäischem Modell vom Regenten Kotas eingeführt wurde und hauptsächlich zum Eskortieren des Maharao diente[137].

Unter den Insignienträgern fallen die beiden Morchalträger unmittelbar vor dem Elefanten auf: es sind dieselben, die hinter dem Maharao während der Gangaur-Feierlichkeiten im Rosenwassergarten stehen (Abb. 130). Vielleicht handelt es sich um Nathuji und Harbags, den beiden Morchalhaltern hinter Maharao Ram Singh in der sieben Jahre früher entstandenen Zeichnung, Kat.Nr. 195. Die beiden Löwenmodelle auf dem Kopf des Elefanten waren schon im Bundi des 17. Jahrhunderts beliebt[138]. Sie sind heute in der Ausstellung des Madho Singh Museum Trusts in Kota zu sehen.

Abb. 133 illustriert nun, gleichsam als Überleitung zum klassischen Reiterportrait, was der Maharao am nächsten Morgen, also am darauffolgenden 10. Tag der hellen Hälfte des Monats Asoj, unternahm. Um 9 Uhr gewährte Shri Brijnathji, die Staatsgottheit Kotas, dem Herrscher ein *darshan*, worauf er zur Waffenkammer ging und eine Rupie stiftete. Danach verehrte er „Garudaji", der auch auf der Staatsstandarte abgebildet ist und begab sich zum *Rangbari*, wo er „Balaji" verehrte. Danach begleiteten ihn die Edlen des Reiches in einer Prozession zum *Chaugan* genannten, großen, für Spiele und Prozessionen genutzten Platz[139]. Was dann geschah, können wir einer schwer leserlichen Nagari-Beschriftung auf der Rückseite des Bildes

Abb. 133 Maharao Ram Singh und einige Gefolgsleute bei der Büffeltötung anläßlich des zehnten Tages der Verehrung der Göttin Durga
Kota, um 1853
Privatsammlung

ungefähr entnehmen. Nachdem die Prozession mit Maharao Ram Singh vom *Rangbari* am *Chaugan* angekommen war, ritt er auf dem Pferd „Löwe“ auf dem *Chaugan* mit den Würdenträgern, die dann einzeln genannt und auf der Bildseite durch Beischriften identifiziert sind. Maharao Ram Singh wird also im Bild begleitet von „*Ap*“ <eine Anredeform, Titel, in Kota> Sangram Singhji aus Koela (der Reiter vorne links in Kettenhemd und Armschienen beim Ausholen der Lanze), Raja Arjun Singhji (der Reiter im Kettenhemd, aber ohne Armschienen, der seine Lanze neben dem orange-roten Schirm emporhält), Chaturbhuj Singhji, Maharaja von Gainta (der fast vom Schirm verdeckte Reiter mit dem erhobenen Krummschwert), Shri Sirdar Singhji, Bruder <des Herrschers> von Koela (der Reiter im Kettenhemd und Harnisch, der vor seinem Bruder einen Büffel mit einem Schwertstreich verletzt), Pratap Singhji Tavar (der hinterste Reiter ohne Rüstung, mit einem Schild auf dem Rücken, Armschiene nur am schwertführenden, rechten Arm auf braunem Pferd), Milchbruder Mayaramji <oder: Madhoramji?> (der weißbärtige Reiter ohne Rüstung hinter Sangram Singh aus Koela) und schließlich Milchbruder Lalaramji (ohne Rüstung mit gezücktem Schwert vor Arjun Singh)[140].

Die größte, jährlich wiederkehrende Prozession mit dem Maharao Kotas begann zur Jahrhundertwende anläßlich des Höhepunktes der *Dashahara*-Feierlichkeiten am Nachmittag desselben Tages. Ein halbes Jahrhundert früher jedoch dürfte die „Corrida“, während der zu Ehren der Göttin Durga[141] die Büffel am „Siegeszehnten“ (Vijayadashami) geschlachtet wurden wie heute noch aus selbem Anlaß in Nepal, beliebter gewesen sein, als die Königsprozession in Richtung der überlebensgroß aufgestellten Ravanafigur. Von letzterer Prozession haben sich aus der Zeit Maharao Ram Singhs nur zwei unveröffentlichte Malereien erhalten. Zahlreich hingegen sind die Darstellungen, in denen Ram Singh bzw. sein Sohn einen Büffel auf dem *Chaugan* vom Pferd aus tötet[142].

Der zehnte Tag der hellen Hälfte des Monats Asoj war auf jeden Fall der größte Festtag Kotas, an dem wegen der Präsenz des Königs die Staatsstandarte zweifach entrollt und von jeweils einem Elefanten getragen wurde. Das seit dem 18. Jahrhundert gebräuchliche Staatsemblem, ein fliegender Garuda, ist auf den roten, dreizipfeligen Fahnen der Elefanten am Horizont der Büffeljagdzeremonie (Abb. 133) ganz deutlich zu sehen. Wegen des zu erwartenden Aktionsradius der angeblich trunken gemachten Büffel[143] halten sich die Elefanten mit der Staatsstandarte, die Kamelreiter, der berittene Trommler und andere Einheiten der Prozession mehr am äußersten Rand des *Chaugan* auf.

Das Linden-Museum Stuttgart besitzt als eines der wenigen außerhalb Indiens gelegenen Museen drei entsprechende Originalstandartenfragmente Kotas aus der Zeit der Abb. 133. Das älteste dieser seidenen Standartenfragmente, Abb. 134, wurde bereits in einem Artikel gewürdigt[144]. Dargestellt ist der mythische Vogel Garuda mit den Emblemen Kriegstrompete -in Form einer Meeresschneckentrompete- und Keule in seinen anthropomor-

Abb. 134 Kernstück einer Garudastandarte aus Kota
Blattgold, Silber und Wasserfarben auf Seide
Kota, Mitte des 19. Jahrhunderts

phen Händen bei ansonsten theriomorpher Gestalt (siehe auch Kat.Nr. 196). Die Darstellung dieses mythischen Vogels, der das Reittier des Gottes Vishnu ist, begleitet den König bei seinen Prozessionen und weht ihm im Kampf voran. Als diese Standarte im ersten Viertel des 18. Jahrhunderts in Kota eingeführt wurde, vertrat der König tatsächlich einen Aspekt Vishnus, indem der sich lediglich als Staatsdiener (Minister, Diwan) bezeichnete und die vishnuitische Staatsgottheit, Shri Brijnathji, offiziell der Herrscher Kotas war. Davon zeugt noch heute die alte Standarte Kotas.

Nach dem 10. Tag war auch noch der 11. Tag der hellen Hälfte des Monats Asoj ein Festtag, an dem nicht nur in Kota gefeiert wurde[145]. An beiden Tagen wurden den Herrschern von den Malern der königlichen Ateliers Bilder überreicht, wovon die Inschriften unzähliger Bilder berichten. Auch das eingangs vorgestellte Bildnis des Maharaja Sawai Pratap Singh von Jaipur wurde aus diesem Anlaß als *nazar* überreicht[146].

Das gebräuchlichere Reiterportrait vermittelt Abb. 135, in der Maharao Ram Singh ein nicht weiter benanntes, tänzelndes Pferd zügelt. Die Tradition, den Reiter auf einem hochsteigenden Pferd zu portraitieren, reicht in das Ende des 16. Jahrhunderts zurück[147]. Vorliegendes Beispiel ist in das Jahr 1844 A.D. datiert und stammt aus der Hand Lachirams, dem damaligen Leiter des Malerateliers in Kota[148]. Auffällig ist neben dem schweren Körper des Tieres[149] eine Art Gaze anstelle von Seidenbändern vor dem

Gesicht des Pferdes, wie sie vor allem in Kota ab der Mitte des 19. Jahrhunderts in Mode kam. Der Schmuck des Pferdes stimmt im Wesentlichen mit zeitgenössischen Beschreibungen überein, die oft wertvollen Halsketten des Pferdes dienten neben der Repräsentation auch zum Abwehren von Unglück. Die am Sattel befestigten, buschigen weißen Yakschweife verdienen besondere Erwähnung[150].

Diese Yakschweife ersetzten die in der Mitte des 18. Jahrhunderts gebräuchlicheren, vom Sattel wehenden Troddeln oder seidenen Fransen, die Victor Jacquemont noch 1832 bei den Pferden im Gestüt des Rajas von Alwar beobachtete[151]. Abb. 136 demonstriert dies am Beispiel eines Reiterbildnisses Chattar Sals von Kota (reg. 15.9.1758–17.12.1764)[152], bei dessen Hengst besonders die rote Bemalung des Unterkörpers ins Auge fällt. Bis zum Beginn des zweiten Viertels des 19. Jahrhunderts war diese Form der Pferdebemalung im Nord-Westen Indiens üblich[153]. Bei dem spatenförmigen Sonnenschutz über dem Kopf des Maharao handelt es sich aller Wahrscheinlichkeit nach um ein *aftabgir* genanntes Herrscherinsignium, daß sich vom runden *adani* durch seine Schippenform der deutschen Spielkarte unterscheidet[154].

Weniger reich geschmückt waren die Pferde im ersten Viertel des 18. Jahrhunderts, wie durch Abb. 137 veranschaulicht wird. Das unbeschriftete Reiterbild ist ein zeitgenössisches Por-

Abb. 135 Reiterportrait des Maharao Ram Singh von Kota auf dem Pferd „Hansah“ Kota, datiert 1858; Maler: Lachiram Sammlung Metzger

trait des Maharana Sangram Singh – von dem bereits die Rede war – eines Malers aus Bikaner. Auch der Schmuck des Mewarherrschers ist zu dieser Zeit, im Vergleich zum Reiterbildnis Maharao Ram Singhs, dezenter. Das Haupt beider Herrscher wird von einem mehr oder weniger stärker strahlenden Nimbus umrahmt. Ebenso sind beide Reiter mit einem mehr oder weniger intensiven rosa-violetten Gehrock gekleidet und tragen ihren Schild auf dem Rücken. Halten die Mitläufer Maharao Ram Singhs lediglich Herrscherinsignien (*adani*, *chauries*, *chob*), so muß der Vorläufer Sangram Singhs neben dem *chauri* noch den Bogen und der Beiläufer hinter dem Pferd außer dem *chauri* noch das Gewehr des Herrschers tragen.

Das dazugehörige Pulverhorn hat der Maharana an seinem Gürtel befestigt, in dem auch ein Dolch mit einem Jadegriff steckt. Wie uns aber ein informierter Beobachter gegen Ende des 18. Jahrhunderts versicherte, haben die Rajputen Udaipurs vom Luntengewehr weniger Gebrauch gemacht als von der Lanze oder dem Säbel[155].

Eine andere, zunächst beliebtere Form der Reiterdarstellung, beließ den Portraitierten auf einem stehenden, bzw. schreitenden Pferd. Ein Gruppenportrait dieser Form des Reiterbildnisses, Abb. 138, zeigt Maharana Sangram Singhs Vater, Maharana Amar Singh II (*11.11.1672, reg. 10.10.1698– 22.12.1710)[156],

Abb. 136 Reiterportrait des Maharao Chattar Sal von Kota auf dem Pferd Harihansraj, umgeben von rennenden Insignienträgern
Kota, um 1764
Sammlung Metzger

Abb. 137 Maharana Sangram Singh von Mewar
Bikaner, um 1730, basierend auf einem Mewar-Original von ca. 1720

begleitet zu seiner rechten vom Vater Maharaja Abhai Singhs, Maharaja Ajit Singh von Jodhpur (*19.2.1679, reg. 1.9.1679–23.6.1724)[157] und zu seiner linken von seinem künftigem Schwiegersohn, dem Vater Sawai Madho Singhs, Maharaja Sawai Jai Singh von Jaipur (*3.11.1688, reg.25.1.1700–21.9.1743)[158].

Der Text des auf der Rückseite mit 16 Zeilen vollgeschriebenen Blattes nennt in der Mitte der vierten Zeile ein Datum: den 5. Tag der dunklen Hälfte des Monats Jeth, V.S.1765, was, so eine Historikerin, dem 2.Mai 1708 entspricht[159]. Die siebente und achte Zeile des rückwärtigen Textes beschreiben das Bild so, wie wir es sehen, mit folgenden Anreden: Raja Ajit Singhji auf der rechten, Raja Sawai Jai Singhji auf der linken Seite und dahinter Rathor Durgadas. Letzterer ist der ältere Reiter mit den zusammen gelegten Händen, nach dem sich Amar Singh umdreht. Durgadas Rathor (*13.8.1638–1718)[160] war einer der bedeutendsten Haudegen Rajasthans, der heute noch wegen seiner Taten bekannter ist als seine Zeitgenossen. Portraits von ihm wurden bis zur Mitte unseres Jahrhunderts gemalt[161].

Das an anderer Stelle „*adani*“ genannte Hoheitszeichen wird im Zusammenhang mit dieser Malerei „*changi*“ bzw. „*saygir*“ genannt[162]. Im Hintergrund der rechten Bildhälfte steht ein blumengeschmücktes Lingam, Symbol Eklingjis, der Staatsgottheit Mewars. Das Gipfeltreffen der bedeutendsten rajasthanischen Herrscher endete in einer Art Allianz gegen die Vorherrschaft der Moghuln, die große Gebiete der von den versammelten Königen beanspruchten Gebiete besetzt hielten. Es gelang ihnen tatsächlich, die Moghuln aus den Staaten Marwar (Jodhpur) und Dhundhar (Amer) militärisch zu vertreiben. Die rajputische Allianz wurde u.a. durch Hochzeiten gefestigt: am 25.5. heiratete Maharaja Sawai Jai Singh Maharana Amar Singhs Tochter, Prinzessin Chandra Kunwar, in Udaipur[163]. Wenig später, am 26.7., verlobte Maharaja Ajit Singh seine Tochter mit Sawai Jai Singh in Jodhpur[164].

Der Raja zu Hause: Zum Portrait des Privatlebens

Chandra Kunwar, die zweite Frau Sawai Jai Singhs, gebar neben Madho Singh auch zwei Töchter. Die erste, Vichitra Kumari, heiratete Maharaja Abhai Singh. Heiratsallianzen gehörten neben den militärischen Auseinandersetzungen der Rajputen, die Helden wie Leonidas und Schlachten wie der von Thermopylae nur ein mildes Lächeln abgewinnen können, zur Politik. Sawai Jai Singh z.B. hatte 27 offizielle Ranis, Königinnen, von denen aber nur die ersten drei ihm insgesamt fünf Kinder gebaren[165]. Die wenigen Kinder im Vergleich zur Anzahl der verfügbaren Frauen sind nicht nur Ausdruck der unleugbaren homo-erotischen Neigungen mancher Herrscher. Die Politik erforderte eben, daß der Herrscher vom Kind- bis zum Greisenalter heiratete. Was der Herrscher mit seinen Frauenscharen anstellte – und die Frauen mit ihm – bleibt ein Geheimnis, das auch die heutige Regenbogenpresse nicht zu lüften vermag. Die wenigen Autobiographien rajasthanischer Herrscherfrauen sind in ihrer Selbstverherrlichung zu sehr dem Geschmack der Zeit angepaßt, um verbindliche Schlüsse auf das Leben im Frauentrakt des 18. Jahrhunderts zuzulassen[166]. Von der offiziellen Hauptbeschäftigung der Rajputs, dem Kampf auf dem Schlachtfeld, und der inoffiziellen, dem Leben im Frauentrakt, gibt es erstaunlich wenig niveauvolle Darstellungen. Da die rajputische Herrscherrepräsentation durch Staatsgeschäfte, Hofhaltungen, offizielle Feiern und dergl. schon vetreten ist, beachten wir die Kampfdarstellungen nicht und widmen uns den wenigen Darstellungen des Herrscherlebens in denen der Umgang mit dem anderen Geschlecht vorgeführt wird.

Abb. 139 zeigt uns erneut Maharana Sangram Singh von Mewar, der in einem Pavillon – in der rückseitigen Beschriftung „*bangla*" genannt – sitzt, der sich inmitten eines großen Wasserbeckens innerhalb einer Palastanlage („*Bari Sabrat Vilas*"[167]) befindet. Mit entblößtem Oberkörper und leichtem Untergewand hält er das Mundstück einer bauchigen, vor ihm auf einem niedrigen, polygonalem Schemel plazierten Wasserpfeife. Ein hinter ihm stehender, ebenfalls leicht gekleideter Diener hält ein Trinkgefäß in Likörglasgröße und ein Fläschchen bereit.

In dem hüfthohen Wasser des Beckens warten hinter dem Mewarherrscher zwei Frauen mit *morchals* auf. Eine dritte Dienerin hält ein kugelrundes Gefäß in ihrer rechten Hand. Von den sechs im Halbkreis vor dem Herrscher stehenden Damen haben drei ihre Handflächen wie zum Gruß vor der Brust zusammengelegt, als hielt Sangram Singh einen Darbar. Auf einer der von Fliesen kunstvoll eingefaßten Blumenrabatten am Rande des Beckens steht eine den Maharana mit zur Stirn geführter Hand grüßende Frau, die mit ihrer linken Schwert und Schild (des

Abb. 138 Reiterportraits von (von links nach rechts) Maharaja Ajit Singh von Jodhpur, Maharana Amar Singh von Mewar auf dem Pferd Manman Pyara, Maharaja Sawai Jai Singh von Amer und Rathor Durgadas anläßlich des Empfanges im Mai 1708 in Udaipur
Udaipur, um 1720 oder früher
Sammlung Habighorst

Abb. 139 Maharana Sangram Singh von Mewar im Pavillon des „Sabrat Vilas“. Udaipur, um 1725 Sammlung Heil

Herrschers?) trägt. Acht weitere Frauen planschen im Becken schwimmend umher, wobei sie sich bestimmter, aus Leder und ausgehölten Kürbissen gefertigter, Schwimmhilfen bedienen[168]. Einige dieser Schwimmhilfen, besonders die beiden Fische, erinnern an heutige Strandtiere, die von Kindern zu demselben Zweck aufgeblasen werden. Auf der Terrasse vor dem Becken wird eine Tänzerin von vier ausschließlich auf Schlag- und Saiteninstrumenten spielenden Musikantinnen auf jeder Seite begleitet. Ob eine der 13 Königinnen Maharana Sangram Singhs[169] sich unter den Damen des Bildes befindet, verrät die Darstellung ebensowenig wie das Material, aus dem die vier Pferde und der blaubemalte Elefant im Wasserbecken bestehen. Eine andere, vollständigere Malerei zeigt Sangram Singh in demselben Palastteil, wo er ebenfalls ausschließlich von Frauen umgeben ist[170].

Einer, der bei der Auswahl seiner Frauen aus verletztem Stolz den Tod einer sechzehnjährigen Udaipur-Prinzessin mit zu verantworten hat, darüberhinaus sein Land durch rücksichtlos geführte, gegen den „Rivalen“ Maharaja Jagat Singh von Jaipur gerichtete Kriege an den Rand des totalen Ruins brachte, war Maharaja Man Singh von Jodhpur (*13.2.1783, reg. 17.1.1804 – 4.9.1843)[171]. Der Maler hat den Vorhang des sonst verhangenen Bettes unter dem Baldachin der Kat.Nr. 197 geöffnet, um dem Betrachter sichtbar zu machen, was darin geschieht. Dem mit einem Nimbus kenntlich gemachten Man Singh[172] wird eine Frau von einer Dame dargebracht, die der jungen Frau die Hose herunterzieht. Auf dem vorher abgelegten Rock sitzt die junge Frau,

Abb. 140 Zeichnung einer nachts von zwei Frauen gestützten, trunkenen Dame auf dem Weg zum Schlafgemach
Bundi, um 1790

Abb. 141 Zwei Frauen geleiten nachts eine trunkene Dame in ein Schlafgemach
Kota, um 1770
Sammlung Heil

deren brustbedeckende Bluse (*choli*) ebenfalls schon entfernt wurde und bei geöffnetem Obergewand den Blick auf die runden Brüste freigibt. Mit ihrer rechten Hand, die auch ein Likörfläschchen hält, schubst die Kupplerin die halb entkleidete Frau leicht nach vorne. Mit ihrer linken Hand hält sie das Trinkgefäß von sich weit weg, in Richtung des Herrschers, und hat dabei ihren Kopf leicht nach unten geneigt. Man Singh scheint dabei, den Likör entgegennehmen zu wollen.

Neben dem Bett stehen hinter dem Herrscher zwei Dienerinnen, von denen die eine mit dem Fächer in ihrer linken Hand auch eine Art Tasse mit ihrer rechten hält. Die Morchalträgerin hinter ihr schaut weg. Hinter der dargebrachten jungen Frau knien zwei dunkelhäutige, bartlose männliche Personen mit halblangem, in der Mitte gescheiteltem Haar. Jeder von ihnen scheint ein blankes Messer in der rechten Hand zu halten. Auf die weiße Terrasse des Bettes wurden neben einer Schale mit zwei Mangofrüchten mehrere Tabletts mit Likörflaschen, Beteldosen, Betelpäckchen, zwei Spucknäpfe, eine bauchige Kanne und dergl. gestellt. Ein Wasserbecken zwischen Blumenrabatten vor der niedrigen, zentral geöffneten Balustrade deutet an, daß sich die Szene unter freiem Himmel abspielt. Dies wird durch den Blick auf die Bäume, und den Fluß mit dem jenseitigen Ufer unterstrichen. Ob es sich hier um den Beginn eines Ehevollzugs, bei dem alle Frauen übrigens anwesend waren[173] handelt, ist wegen der beiden dunkelhäutigen Personen zweifelhaft. Ob die Sache sich so abgespielt hat, wie hier dargestellt, ist ebenso fraglich, aber sie könnte sich so zugetragen haben, zumal Man Singh sich gerne mit Frauen verewigen ließ[174].

In welchem Zustand sich die in Jodhpur *bhagtana*[175] genannte, zugeführte Dame vor der Begegnung mit ihrem Kunden befunden haben mag, zeigen die Abb. 140 und 141. Zwei Frauen müssen nachts eine dritte auf dem Weg zum Schlafgemach stützen. Das Bett ist in Abb. 141 sichtbar, da die Miniatur vollendet wurde. In der entsprechenden Zeichnung, Abb. 140, blieb das Bett noch unangedeutet. Eine vierte Frau weist mit ihrer Fackel in der rechten und der Ölkanne zum Aufgießen der Fackel in der linken, den Weg ins Schlafgemach. Diese Wegweiserin wird in der fertigen Version, Abb. 141, durch einen Öllampenständer ersetzt. Obwohl alles überzeugend in Szene gesetzt worden ist, hat der Maler lediglich ein Thema der indischen Malerei aufgegriffen, von dem es zahlreiche Versionen aus verschiedenen Gegenden Indiens gibt. Er visualisierte lediglich eine offensichtlich männliche Phantasie, für deren Darstellungen es eine große Nachfrage gab[176]. Wie dieses Beispiel gezeigt hat, ist bei der Zuverlässigkeit des Dargestellten in bezug auf das herrschaftliche Privatleben einige Vorsicht geboten. Umso unschätzbarer für den Kunsthistoriker ist deswegen eines der sehr wenigen zeitgenössischen Portraits einer Frau in Rajasthan, das eine jener *bhagtanas* aus Kota, Abb. 142, zeigt. Daß das Bild nach dem Leben gemalt wurde beweist schon der Umstand, daß die Darstellung der Frau in Hinblick auf ihre Sitzhaltung und Kopfdrehung in der Malerei Rajasthans in der ersten Hälfte des

18. Jahrhunderts ohne Beispiel ist und praktisch auch ohne Beispiel blieb. Ein weiterer Beweis ist die genaue Nennung des Namens nach ihrer Berufsbezeichnung in zeitgenössischer Nagari-Schrift auf der Rückseite, nach der die *bhagtana* Husan Bags heißt und als Tochter des Madar Bags ausgewiesen wird.

Husan Bags sitzt im „Unterrock", d.h. dem Rock, den die Frauen Rajasthans unter der Sari tragen, auf einem roten Polster und blickt den Betrachter aus schräger Haltung ihres Kopfes an. Dabei nestelt sie verführerisch mit ihren offenen, ihr festes, unverhülltes Brustpaar umspielenden Haaren. Die Rockschließen oberhalb einer schräg-senkrecht spitzovalen Öffnung des Rockes sollen zum Öffnen einladen. Ein Tablett mit Getränken und Erfrischungen steht bereit. „Tänzerinnen" waren die mithin einzigen Frauen, die – wegen ihrer öffentlichen Zugänglichkeit – ein Maler Rajasthans portraitieren konnte. Die Prinzessinnen des königlichen Harems blieben ihm, vor allem in der hier gezeigten Form, absolut unzugänglich, weshalb Frauenportraits im Sinne des europäischen Verständnisses entsprechend selten sind.

Abb. 142 Sitzportrait der „Bhagtana Husan Bags, Tochter von Madar Bags" in koketter Pose
Kota, um 1720-30
Privatsammlung

Die Frau als Jäger – Jagdszenen und Tierportraits

Jagddarstellungen bilden innerhalb der rajasthanischen Malerei einen eigenen, umfangreichen Themenkomplex, zumal mit einigen Jagden, wie etwa der sogenannten Frühlingsjagd, der Herrscher religiös-staatsmännische Pflichten zu erfüllen hatte[177]. Ein Portrait der Moghulkaiserin Nur Jahan, die gerade energisch mit einem Ladestock ihr Gewehr vorbereitet[178] zeigt, daß es zumindest bei den Moghulkaisern Frauen gegeben hat, die auch außerhalb der ihnen zugewiesenen Palastregionen sehr selbstbewußt auftraten.

Mit einer ähnlich selbstbewußten Frau muß Maharao Raja Umed Singh von Bundi (*17.6.1729, reg. 23.10.1748–1770, starb am 25.8.1804)[179] verheiratet gewesen sein, die in Abb. 143 mit ihrem Jagdgewehr auf einen Löwen am Rande des Gewässers angelegt hat. Ihr Mann, der Maharao Raja, schaut neben ihr wie unbeteiligt zu. Die Jagd findet von einem Jagdschloß aus statt. Derartige Schlösser wurden besonders an während der heißen Jahreszeit nicht austrocknenden Seen und dergleichen errichtet: das Wild kam dann mit ziemlicher Sicherheit im Sommer zu einer derartigen Wasserstelle und konnte leicht erlegt werden. Der dem Jagdschloß angegliederte Garten wird naturgemäß auch während der heißen Jahreszeit bewässert. Vergleichbare Jagdschlösser sind heute noch in Bundi bzw. Kota erhalten[180]. Vor dem Schloß wartet der *sais* genannte Pferdepfleger, ohne den kein Pferd in Rajasthan auskam[181]. Bei weniger gut situierten Reitern konnte der Sais die Funktion eines Insignienträgers mit einem *chauri* übernehmen[182]. Ob der löwenkopfförmige Knauf, über den der Sais die Zügel gelegt hat, aus dem Sattel quasi einen *simhasana* machen soll, wird von der zeitgenössischen Literatur verschwiegen.

Am Gewehrkolben der Schützin fällt das kunstvoll eingelegte Elfenbein auf; Bundi war für die Produktion derartig ein-

Abb. 143 In Begleitung von Maharao Raja Umed Singh von Bundi legt eine Dame mit einem Jagdgewehr auf einen zur Tränke gekommenen Löwen an
Bundi, um 1760
Privatsammlung

gelegter Luntenflinten noch zu Beginn des vergangenen Jahrhunderts berühmt[183].

Ebenso ist der Kolben eines langläufigen Jagdgewehrs geschmückt, das in Abb. 144 ein gewisser Prinz Kirat Singh neben sich aufgestellt hat. Die grüne Kleidung des auf der Bildrückseite genannten Prinzen deutet weniger auf das moslimische Muharram-Fest[184] als auf die Tatsache der Jagd hin[185], was ebenfalls durch das rückseitige Gedicht bestätigt wird. Der malerisch leicht eingerollte Tiger zu Füßen des Prinzen wurde auf recht unwaidmännische Art durch einen angepflockten Büffel, dessen Horn in der untersten Bildecke auszumachen ist, angelockt und von einem *machan* genannten Ansitz aus mit zwei Schüssen erlegt[186]. Auf dieselbe Art jagte z.B. auch Maharao Ram Singh von Kota in Begleitung seiner ebenfalls mit Gewehren auf Löwen feuernden Frauen Großwild von einer Art Jagdturm aus[187]. Zwar handelt es sich bei der Darstellung nicht um ein Portrait im strengen Sinne, zumal die Anwesenheit einer musizierenden jungen Dame mit entblößtem Oberkörper, um den der Jäger seinen linken Arm gelegt hat, nicht in das Genre der rajasthanischen Jagddarstellungen paßt.

Daß aber Tiere, besonders erlegte Tiger, in Rajasthan sogar in Lebensgröße portraitiert wurden, zeigt Kat.Nr. 198. Die Malerei dieses Tigers, dessen Maße im oberen Bildteil angegeben werden, wurde am 2. Tag der hellen Hälfte des Monats Jeth im Jahre V.S.1819 (Mai-Juni 1762) in der Sammlung als „Parda Nr. 1" (eigentlich „Vorhang", bezieht sich auf den Stoff als Malgrund) registriert. Es ist wahrscheinlich derselbe Tiger, den der in der Beschriftung genannte Maharana Ari Singh von Mewar (reg. 3.4.1761–11.3.1773)[188] von einem Ansitz aus – ebenfalls unter Benutzung eines angepflockten Büffels – mit einer Jagdflinte erlegte. Die entsprechende Jagdszene fand nur wenige Tage nach Registration vorliegender Stoffmalerei Eingang in die königliche

Bildersammlung Mewars[189]. Ein weiteres lebensgroßes Portrait eines 1762 von Ari Singh erlegten Tigers war mehrfach im Kunsthandel zu sehen[190]. Maharana Ari Singh wurde übrigens während einer Eberjagd hinterrücks von Maharao Ajit Singh von Bundi erstochen...[191].

Daß es sich bei Kat.Nr. 198 tatsächlich um ein Portrait eines erlegten Tieres handelt, zeigt eine entsprechend großformatige Stoffmalerei Mewars aus dem Jahre 1863 (A.D.), die die Spuren der Schwerthiebe auf den Rücken des Tigers ebenso zeigt wie aus dem Tigerleib heraustretendes Gedärm[192].

Die ihre Reize nicht verbergende Frau der Abb. 144 spielt auf einem Saitenistrument, einer *vina* und wird von einem Bordun-instrument, der *tanpura* in den Händen der Dame hinter ihr, begleitet. Eine weitere Dame hockt im Hochsitz mit einer Blütengirlande neben dem abgelegten, langläufigen Gabelgewehr. Erlegt wurde nicht nur der Tiger, erlegen ist der Jäger den weiblichen Reizen der jungen Musikantin. Diese nicht in die Landschaft einer rajasthanischen Jagdszene passende, mit Erotik gepaarte Lyrik kann mit folgender Malerei, Abb. 145, aus demselben Atelier verständlicher gemacht werden.

In ihr sitzt die barbusige Dame auf einem niedrigen Schemel unter einem Baum. Ihr Oberkörper wird durch ihre transparente Bluse kaum verhüllt. Hinter ihr steht mit offenen Haaren die Dame mit der *tanpura*, zusätzlich noch einen Fächer haltend. Hinter beiden Frauen warten zwei Damen mit langen *morchals*, einem Stielfächer und einem Tablett. Eine Frau, deren Alter an ihrem faltenreichen Gesicht und grauem Haar ausgemacht werden kann, steht vor einem ebenso altem Mann am

Abb. 144 Kumar Kirat Singh mit Damen nach Erlegung eines Tigers vom Ansitz aus Kishangarh, um 1760 Sammlung Metzger

äußersten rechten Bildrand. Diese Gruppe lauscht einem Konzert, das von einer asketisch gekleideten, halb sitzenden Dame auf der *vina* dargebracht wird. Auch hinter der Asketin steht eine Frau mit einem *morchal* in ihrer Rechten. Ihre linke Hand hält ein Flaschenkürbisgefäß.

Das Saitenspiel der an den Ohrringen als Yogini erkennbaren Musikantin hat zwei Hirschziegenantilopen mit zwei Kühen angelockt. Einer der Böcke ruht furchtlos neben der sitzenden Dame unter dem Baum, in dem eine Girlande hängt, wie sie der knieende Mann im Bildvordergrund auf seine rechte Schulter gelegt hat. Das Gesicht des Mannes ist von leicht violettem Teint. Er hat eine gerade Nase, große, blattförmige Augen und ein leichtes Oberlippenbärtchen. Sein rechter Ellenbogen wird von einer Asketenkrücke gestützt, während seine rechte Hand die Perlen eines Gebetskranzes zählt. Der vor ihm am Gewässerrand abgelegte Säbel verrät, daß es sich bei dem verhalten gekleideten Mann nicht um einen Asketen handelt.

Dieser Mann ist von zahlreichen veröffentlichten Miniaturen als Personifikation Krishnas bekannt,[194] und seine Geschichte ist folgende: Raj Singh, dem Herrscher von Kishangarh, wurde 1699 ein Sohn geboren, Savant Singh. Dieser heiratete 1720 und hatte vier Kinder, u.a. den 1730 geborenen Sardar Singh. Es heißt, Savant Singh war ein guter Jäger. 1723 aber entdeckte er seine literarischen Talente und verfaßte unter dem Künstlernamen „Nagari Das" von 1723–1731 drei namentlich bekannte Werke, in denen er v.a. Krishna seine Verehrung bezeugt. 1731 stellte seine unter dem Namen „Bankavatji" bekannte Stiefmutter eine Sängerin für sich an, die dann 14 Jahre alt war. Sie wurde, so angeblich die offiziellen Unterlagen Kishangarhs vom 1728–31, „Bani Thani" genannt. Irgendwann nach 1739 verliebte sich Savant Singh alias Nagari Das in diese Sängerin. Ab 1746 taucht sie namentlich in seinen Werken auf, als er selber etwa 47 und sie etwa 29 Jahre alt war. 1747 verstarb sein Vater, wenig später wurde Savant Singh der offizielle Herrscher Kishangarhs, hatte aber einen schweren Stand gegen seinen jüngeren Bruder, Bahadur Singh. Wegen der Erbfolgekämpfe wurde ab 1751 Braj bei Mathura zu seiner zweiten Heimat. 1756 wurde Kishangarh zwischen Bahadur Singh und Savant Singh aufgeteilt. Letzterer herrschte von Rupnagar aus. Ein Jahr später jedoch dankte Savant Singh ab, nachdem er seinen Sohn Sardar Singh als Regenten einsetzt hatte. Mit Bani Thani ging er dann nach Brindaban bei Mathura, wohin seine Frau ihm nicht folgte. Bani Thani dichtete nun ebenfalls unter einem Pseudonym, und zwar Rasika Bihari. 1764 starb Nagari Das bei Mathura, Bani Thani ein Jahr später[194].

Savant Singh alias Nagari Das sah als gewöhnlicher Mensch, also ohne leicht violetten Teint und langgezogene Augen, ungefähr so aus wie auf vorliegender Abbildung 145[195]. Für ihn wurde die Bani Thani genannte Frau zum Lebensinhalt. Er erlag ihrem Wesen total, verließ mit ihr seinen Staat und förderte eine Malerei, in der er stets den jugendlichen Krishna und Bani Thani die ewig junge und ewig schöne Radha, die Lebensgefährtin Krish-

Abb. 145 Idealportrait des Maharaja Savant Singh alias Nagari Das von Kishangarh bei einem unter freiem Himmel dargebrachten Konzert
Kishangarh, um 1745
Sammlung Habighorst

nas in seinen jungen Jahren, darstellte. Zur Zeit der Vorherrschaft des Inselstaates hätten die Kolonialherren ihn in Analogie zu Sawai Jagat Singh von Jaipur zu einem Idioten abgestempelt. Heute gilt er in Indien als einer der größten Kunstförderer Rajasthans, weshalb seine Präsenz hier unabdingbar ist. Daß sein Künstler ihn dabei in eine bereits vorgelegen habende Komposition einarbeitete, mag Savant Singh übersehen haben[196], auf jeden Fall entstand eine für den Stil Kishangarhs typische Malerei. Savant Singh gehörte einer religiösen Strömung an, über die im nächsten Kapitel mehr zu erfahren sein soll.

Die religiösen Themen der höfischen Malerei

Shiva war den alten Inschriften nach die beliebteste Gottheit Rajasthans[197]. Innerhalb der rajasthanischen Malerei sind jedoch niveauvolle, ältere Darstellungen shivaitischer Kultbilder äußerst selten. Was aber seit Beginn des Interesses an Indien alle Reisenden faszinierte, bestürzte, herabblicken ließ oder erheiterte, waren die Verehrer Shivas, von Europäern oft mit islamischen Bettlern, den Fakiren verwechselt. Dem in der Mitte des 17. Jahrhunderts mehrfach durch Indien reisenden Jean Baptiste Tavernier fielen sie besonders im „Land der Rajas", (Rajasthan)[198] auf, das er aus eigener Anschauung kannte. Anstelle der sehr zahlreichen europäischen Beschreibungen sei hier auf eine Malerei, Abb. 146, verwiesen, die Ustad Qasim in Bikaner malte und sie im Jahre 1730 (A.D.) aus Anlaß des Diwali-Festes als *nazar* überreichte. Der auf dem Antilopenfell mit verschrenkten Beinen sitztende „*swami*" heißt, so die Beschriftung auf der Bildrückseite, Prabhat Girji.

Abb. 146 Sitzportrait des Swami Prabhat Girji und zwei weiteren Asketen Bikaner, datiert 1730 A.D.; Maler: Ustad Qasim Sammlung Löschhorn

Prabhat Girji lagert, die Perlen seines Gebetskranzes[199] zählend, mit zwei langbärtigen Glaubensgenossen auf einer Art Erdscholle weitab des weltlichen, im Hintergrund durch Stadtlandschaften und Tempeldächern angedeuteten, Treibens. Die drei Männer sind bis auf einen Lendenschurz unbekleidet; ihre Körper sowie ihre langen, strähnigen Haare sind mit Asche eingerieben, die ihnen eine grau-bläuliche Körperfarbe verleiht. Einige Kochutensilien liegen neben dem für Asketen typischen Wassergefäß vor ihnen. Es scheint, als müsse Prabhat Girji nicht unter Nahrungsmittelmangel leiden. Einem unbenannten Kollegen Prabhat Girjis begegnen wir in einem Bild des Malers Pemji[200], Abb. 147, der zu den „besten Künstlern Rajasthans gerechnet werden muß"[201]. Pemji verewigte in dieser, auf der Rückseite als „Bild der Rauschdrogenkonsumenten"[202] bezeichneten Malerei einen mit Asche eingeriebenen Mann wie Prabhat Singh auf einem Lager in einer Strohhütte beim Genuß einer wahrscheinlich mit Opium gefüllten Wasserpfeife. Umgeben wird der ebenso spärlich bekleidete Mann von 18 Drogenkonsumenten, deren Körper nicht mit Asche eingerieben wurden. Letztere befinden sich in den unterschiedlichsten Rauschzuständen, was durch ihre verrenkten Körper und die z.T. aufgelösten Turbane angedeutet wird. Das Gros dieser Opiumkonsumenten scheint abgemagert. Einer von ihnen füttert eine Katze mit einer

Abb. 147 Sitzportrait eines Asketen und mehrerer Opiumkonsumenten
Sawar(?), um 1785; Maler: Pemji
Sammlung Habighorst

Opiumpräparation, auf dem Kopf eines anderen hat sich eine Krähe mit einer entsprechenden „Pille" niedergelassen, ein anderer bemerkt nicht, wie ein Hund seine auf einem Teller vor ihm stehende Mahlzeit wegfrißt, wieder ein anderer übergibt sich, als eine fette Ratte ihn anspringt usw. Pemji, der ein großer Portraitmaler war, schuf hier eine im Kontext der rajputischen Malerei eher seltene Portraitform: die Karrikatur.

Den wohlbeleibten, knapp gekleideten Herrn der Abb. 146 nannte der Maler einen „*swami*". Sein ganz in weiß gekleideter, offensichtlich ebenfalls nicht weniger beleibter Zeitgenosse, hier auf Abb. 148, wird in der rückseitigen Beschriftung „Bhattaji" genannt, genauer: „Bildnis des Venriram Bhattaji". Herr Veniram sitzt gegen eine immense weiße Kissenrolle gelehnt, hinter der ein Diener mit einem Wedel aus Kuskusgras[203] steht. In der linken hält Veniram ein Manuskript, das den Gott Rama verehrt. Auch weist das Stirnzeichen ihn als Anhänger Vishnus aus. Das Bild ist zwar eindeutig im Stile Kotas gemalt, sagt aber damit nicht, ob Veniram tatsächlich auch aus Kota kam, die Beschriftung zumindest gibt keine weitere Information.

Abb. 148 Thronportrait des Vishnuiten Veniram Bhattaji in der linken Hand ein Manuskript haltend
Kota, um 1720-1740
Privatsammlung

Abb. 149 Thronportrait des Vrajbhushanji aus Kankroli
Kota, um 1770
Privatsammlung

Bei Abb. 149, dem Portrait eines „*gusain*" genannten, deutlich weniger beleibten Religionsvorstehers, erfahren wir eher zufällig, daß er der „Goswami", bzw. „Vallabhji" aus Kankroli ist[204]. Der in der rückseitigen Beschriftung der Abb. 149 „Vrajbhushanji, Sohn des Giridharlalji" genannte Goswami bzw. Vallabhji, läßt sich nicht nur mit einem *chauri* wie ein weltlicher Herrscher versorgen, er sitzt auch wie letzterer auf einer *gaddi* mit Fransenteppich wie z.B. sein Zeitgenosse Maharao Durjan Sal in Abb. 119., mit dem er auch die Gestik seiner Hände teilt. Wie bei Maharao Durjan Sal liegt vor ihm eine halb geöffnete Beteldose. Schild und Schwert jedoch fehlen (noch). Die bildliche Übereinstimmung der Gestik und Präsentation (Nimbus!) des wie im Darbar sitzenden Geistlichen ist nicht zufällig. Eine in dieser Hinsicht hochinformative Malerei aus Bikaner, Abb. 150, zeigt, daß spätestens in der zweiten Hälfte des 18. Jahrhunderts eine bestimmte Gruppe von geistlichen Herrschern sich genauso anreden ließ, wie ihre weltlichen Gegenstücke: mit Maharaja.

Vertreter der religiösen und der weltlichen Macht

Die Macht der Priester veranschaulicht Abb. 150, die durch die eineinhalb Zeilen Nagari-Schrift am oberen Bildrand erläutert wird. Demnach handelt es sich bei dem gelbgekleideten Herrn mit dem Manuskript in der linken Hand um Goswami Shri Devakinandanaji Maharaja, Vorsteher („*tiket*") des <Kultbildes> Gokulchandramaji in Kamaban <vor> dem Maharaja Bikaners, Shri Sujan Singhji (*9.8.1690, reg. 1710–28.12.1735)[205] mit Prinz Joravar Singhji (*26.1.1713)[206]. Eine ältere, mehrfach publizierte

Abb. 150 Goswami Maharaja Devakinandanaji aus Kamaban bei der Unterweisung des Maharaja Sujan Singh von Bikaner und dessen Sohnes, Prinz Zoravar Singh, vor einem Gartenpavillon
Kota(?), um 1825
Sammlung Metzger

Version derselben Malerei informiert uns, daß Devikanandanaji Maharaj Sohn des „Goswami Chote Raghunathji" war[207]. Auffällig ist nun, daß ein vishnuitischer „Maharaja" (Devakinandanaji) einem Maharaja althergebrachter Tradition (Sujan Singhji) gegenübersitzt, wobei letzterer auf dem bemalten Boden der Terrasse und ersterer auf einer *gaddi* bzw. einer Art Teppich sitzen darf, wobei die Kissenrolle in der älteren Version des Bildes noch nicht vorhanden ist. Der weltliche und der religiöse Maharaja sitzen praktisch nicht mehr auf derselben Ebene. Ähnlich war die Lage bei shivaitischen Religionsführern. Abb. 151 zeigt Maharao Raja Umed Singh von Bundi (links) wie er einem am Stirnmal[208] erkennbaren shivaitischen Religionsführer, „Dubermakantji", gegenübersitzt. Beide lehnen ihren Rücken gegen eine gleichgroße Kissenrolle, beide sitzen auf demselben Teppich. Vor dem Makantji liegen Früchte und kleinere Gefäße, beide halten eine Gebetskette. Nichts deutet auf den weltlichen Status Umed Singhs.

Die Kultbilder der Maharajas

Eine Malerei aus dem „Alltagsleben" Maharao Raja Umed Singhjis, Abb. 152, zeigt den „Maharaja" Gobindji mit einem Manuskript in der linken Hand umgeben von zu der Zeit verstorbenen Herrschern Bundis und anderen Teilen Rajasthans vor dem altarartigen Aufbau mehrerer Kultbilder. Die Herrscher sind von oben nach unten durchnumeriert und zeigen (linke Seite): 1. Rao Rajaji Shri Satru Salji, 2. Rao Rajaji Shri Bhao Singhji, 3. Maharajkumar Shri Krishna Singhji und 4. Rao Rajaji Shri Anirudh Singhji bzw. (rechte Seite) 1. Maharao Rajaji Shri Budh Singhji, 2. Ravat Devi Singhji aus Begun, 3. Maharao Durjan Salji aus Kota und 4. den Mahrathenführer („*subadar*") Malhar Rao Holkar[209]. Die Kultbilder in dieser „Bildblatt" (*citrapatra*)

Abb. 151 Maharao Raja Umed Singh von Bundi und dem Shivaiten Dubermakantji auf einer Terrasse
Bundi, um 1765
Privatsammlung

genannten Malerei sind 1. die Sonne (Surya, im Hindi maskulin), 2. Shri Jagannath, 3. Mahadev (Shiva), 4. Parvati (Devi) und 5. Rama und Janaki (Sita). Nicht einzeln benannt sind der Affengott Hanuman, der Rama den linken Fuß hält, der vieramige, elefantenköpfige Ganesha, der als Sohn Shivas in dessen Nähe steht, der Stier Nandi unter halb Shivas und der Tiger (eigentlich Löwe) der Devi. Die Triade von Balarama, Jagannath und Subhadra ist in Bundi nur von (unpublizierten) Wandmalereien in der Chitrashala her bekannt[210]. Die Kulte der anderen Götter gab es in verschieden Teilen Rajasthans. Besonders interessant ist die an erster Stelle genannte Gottheit, die Sonne.

Viele rajputische Klane leiten ihren Ursprung von der Sonne ab. Neben den Haras von Bundi sind es auch die Sisodias von Mewar. Tod und Rousselet informieren ausführlich über die Omnipräsenz der Sonne in der Architektur und in den Standarten Udaipurs. Da der Sonnenwagen von sieben Pferden gezogen wird, genieße das Pferd am ersten Tag der Woche besonders hohe Verehrung[211]. Eine der wenigen frühen, niveauvollen rajputischen Malereien mit der Darstellung der Sonnenverehrung ist Kat.Nr. 199. In ihr verehrt der auf der Rückseite inschriftlich genannte Maharana Raj Singh (*12.9.1629, reg. 3.2.1653–22.10.1680)[212] den durch die Wolken ziehenden Sonnengott auf seinem von sieben Pferden gezogenen Wagen. Alter Tradition

Abb. 152 Bhattaji Maharaja Gobindji im Kreise von Königen vor in Bundi verehrten Gottheiten
Bundi, um 1765
Sammlung Metzger

nach werden die Pferde wie ein Pferd mit sieben hintereinander liegenden Köpfen dargestellt, was dem Maler Komplikationen bei der Darstellung der räumlichen Überschneidung der insgesamt 28 Pferdebeine ersparte. Die Bewegungsrichtung der Sonne, von rechts nach links statt umgekehrt, ist zahlreichen anderen Miniaturen zu entnehmen, in denen die Sonne lediglich als Himmelskörper auftritt und bleibt unerklärt. Auf Hals und Hinterbein des vorderen Schimmels ist das Wort „*Shri*" zu lesen, wie es z.B. in Abb. 133 und 135 über dem Bild Maharao Ram Singhs steht und gleichermaßen den hohen Status des Portraitierten andeutet. Wie ein Herrscher sitzt auch der Sonnengott auf einer *gaddi*.

Wenn diese Malerei mit der Geschichte des jungen Raj Singh in Verbindung gebracht wird, ist es wahrscheinlich kein Zufall, daß am 1.12.1636 der Moghulkaiser sieben Pferde von Raj Singh in Ajmer als Geschenk überreicht bekam[213]. Eine wahrscheinlich shivaitische Gottheit verehrt Maharana Sangram Singh in Abb. 153. Auf den shivaitischen Kontext deutet das Stirnzeichen des Königs, der vor dem winzigen, auf einem goldenen Thron unter einem Ehrenschirm ruhendem Kultbild mit abgelegtem Turban kniet und die Handflächen in Verehrung zusammengelegt hat. Auf sein Haupt hat er eine der *malas* gelegt, wie sie Swami Prabhatji der Abb. 146 in den Händen hält. Blüten und andere Utensilien für die Verehrung, wie z.B. eine kleine Glocke, eine Lampe mit fünf brennenden Dochten, eine Lampe mit brennendem Kampfer bzw. Räucherwerk und ein bauchiges, metallenes Wassergefäß liegen neben seinem abgelegten Turban. Die Entblößung des Hauptes zeugt von der Wichtigkeit der Zeremonie, da bei den Darstellungen derartiger Rituale zunächst der Herrscher seinen Nimbus verliert und nur in seltenen Fällen, wie hier, auch auf seine Kopfbedeckung verzichten muß. Grandios ins Bild setzte der Maler die beiden stehenden Priester, deren Intensität bei den an den Herrscher gerichteten Anweisungen förmlich spürbar wird. Die kleine Handglocke und die Öllampe mit den verschiedenen Dochten sehen wir in Abb. 154 im Gebrauch, wo ein Priester das anikonische Kultbild des Gottes Shiva, ein Lingam, in der *arati* genannten Zeremonie verehrt. Diese Zeremonie bildet in der Regel Höhepunkt und Abschluß im hinduistischen Bildverehrungsritual. Der Priester schwenkt die Lampe mit der erhobenen linken Hand, während seine rechte die Glocke ertönen läßt. Hinter dem Priester steht mit zur Verehrung zusammengelegten Handflächen der am strahlenden Nimbus erkennbare Herrscher Mewars, Maharana Bhim Singh (*10.3.1768, reg. 7.6.1778–30.3.1828)[214].

Shiva in seiner Form als Eklingji gilt als die Staatsgottheit Mewars, geradezu als Regent dieses Staates. Die Gründung des entsprechenden, vierzehn Meilen nördlich Udaipurs gelegenen Tempels mit dem vierköpfigen Linga[215] geht auf die Zeit des historischen Ahnherren des Königshauses Mewar, Bapa Rawal, in der Mitte des 8. Jahrhunderts zurück. Noch heute besuchen die Maharanas diesen Tempel wöchentlich. Zur Zeit Bhim Singhs standen die Maharanas dem Rang nach über den Hauptprie-

Abb. 153 Maharana Sangram Singhs bei einer religiösen Zeremonie Udaipur, um 1730 Sammlung Heil

Abb. 154 Maharana Bhim Singh von Mewar mit einem Priester und zwei Frauen bei der Verehrung eines Linga
Udaipur oder Devgarh, um 1820
Sammlung Heil

stern des Eklingji-Tempels und konnten selber eine *puja*, eine Verehrung der Gottheit zelebrieren[216]. Maharana Bhim Singh verewigte sich in einer 43-zeiligen Inschrift am Tempel, die seine Prozession zu diesem Heiligtum beschreibt, die er aus Anlaß der Geburt seines Sohnes am 4. Tag der dunklen Hälfte des Monats Jeth im Jahre V.S.1853 unternahm. Abb. 155, von der es noch eine Version in einer Privatsammlung Jaipurs gibt, zeigt die *puja* mit dem neben dem Kultbild sitzenden Maharana in Begleitung von 22 Edlen des Reiches bzw. ebenso namentlich genannten Priestern[217]. Darstellungen derartiger Pujas, die über das Niveau der Massenproduktion herausragen, sind verhältnismäßig selten[218]. Derselbe Maharana Mewars verehrt in einem direkt in der Hauptstadt gelegenen Tempel eine vishnuitische Kultfigur in Abb. 156. Diese zentrale, vierarmige Kultfigur ist Jagannathray – in der Konzeption dem Jagannath der Abb. 152 entsprechend – die am 13.5.1653 im Jagdish-Tempel zur Regierungszeit Maharana Jagat Singhs I eingeweiht wurde[219]. Es heißt, Jagat Singh hätte diesen Tempel nicht nur erbauen lassen, weil er selber nach diesem Gott benannt worden war, sondern weil er den Gläubigen (und sich selbst) die langwierige Pilgerfahrt zum Jagannath-Heiligtum in Puri ersparen wollte[220]. Neben der Statue Jagannathrays beherbergt der Tempel auch Kultbilder des Sonnengottes Surya, der Göttin Shakti, Ganeshas und Shivas. Vor dem Hauptkultbild steht in einem eigenen Schrein Vishnus Reittier, der aus Messing gefertigte Götteradler Garuda.

In derselben Haltung wie Maharana Bhim Singh in Abb. 155 erscheint der von seinem Vorgänger Maharana Sardar Singh adoptierte Sarup Singh (*8.1.1815, reg. 18.8.1842–16.11. 1862)[221] in einer 1850 (A.D.) datierten Malerei, Abb. 157. Diese Malerei illustriert, wie teils der vorderseitigen Beschriftung am oberen Rand, teils der rückseitigen Beschriftung entnommen werden kann, ein am 1. Tag der hellen Hälfte des Monats Sawan (Juli-August) gefeiertes Fest des Gottes Shri Nathji. Analog einer beschrifteten Vergleichsmalerei, die Maharao Bhim Singh vor derselben Gottheit zeigt[222], könnte der Sarup Singh gegenüberstehende Priester Gobindlalji heißen, aber wer ist Shri Nathji?

Die (religiösen und weltlichen) Maharajas als Gott

Shri Nathji ist heute die kunsthistorisch und kulturell einflußreichste Gottheit Rajasthans, die auf Vallabha zurückgeht. Vallabha war der am 11. Tag der dunklen Hälfte des Monats Vaishakha, V.S.1535 (1479 A.D.) geborene Sohn des im Schwarzen Yajurveda unterrichteten Tailanga Brahmanen Lakshmana Bhatta und seiner Frau Elemagara aus Kankarava im heutigen Andhra Pradesh[223]. Vallabha lebte einige Zeit in Vrindavan, dem Ort der Kindheitsabenteuer Krishnas, bei Mathura, Krishnas Geburtsort. Zu der Zeit (1492)[224] erschien Gott Krishna dem Vallabha im Traum und bedeutete diesem, dorthin zu gehen, wo er, Krishna, schon als Kind spielte, und seine ehemaligen Spielgefährten am selben Ort wiedergeboren seien. Vallabha begab sich dorthin und entdeckte das etwa 1,37m hohe Kultbild Shri Nathjis,

Abb. 155 Maharana Bhim Singh von Mewar bei der Puja vor Eklingji, der Staatsgottheit Mewars, mit Adligen und Priestern aus Anlaß der Geburt des Thronfolgers, 1796 Udaipur, um 1820

das ihm riet, einen Tempel zu bauen, was Vallabha auch nach der Eheschließung mit der Brahmanentochter Maha Lakshmi im Jahre 1520 A.D. in die Tat umsetzte[225]. Die Geburt Vallabhas, den die Eltern zunächst angeblich aussetzten, da sie ihn für eine Totgeburt hielten (er wurde im 8. Monat geboren[226]) und die Auffindung des Kultbildes sind eigene, mehrfach publizierte Bildthemen, auf die hier nicht weiter eingegangen werden kann[227].

Die sich auf Vallabha gründende Religionsgemeinschaft befolgt den „Pushtimarg" oder „Weg der Unterhaltung" bzw. „Weg des Vergnügens"[228]. Die Religionsgemeinschaft heißt auch nach ihrem Gründer „Vallabhacharya Sampradaya", die „<religiöse> Schule des erhabenen Vallabha". Anders als andere indische Religionsgemeinschaften wird keiner Nacktheit und Asketentum gehuldigt, sondern dem Luxus in bezug auf Nahrung, Kleidung und vor allem Ausstattung des Kultbildes und seines Rituals[229]. Savant Singh der Abb. 145 z.B. war ein Anhänger dieser Religionsgemeinschaft. Das in Abb. 157 gezeigte Kultbild Shri Nathjis befindet sich aber nicht mehr bei Mathura, sondern in Nathdhvar, Mewar. Die Bedrohung des Kultbildes durch die hindufeindliche Politik des Moghulkaisers Aurangzeb veranlaßte den damaligen Tempelvorsteher, Tilkayat Damodarji, mit dem auf einem Ochsenkarren verladenen Kultbild am 18.9.1670[230] Mathura Richtung Westen zu verlassen. Nach einem Zwischenaufenthalt von zwei Monaten in Kota und einiger Zeit in Kishangarh wurde das Kultbild in Begleitung von Gangabai, einer devoten Anhängerin Shri Nathjis, nach Mewar gebracht. In der Nähe eines Ortes namens Sinhad blieb der Wagen jedoch im Schlamm stecken, was als göttliches Signal interpretiert wurde. Shri Nathji blieb, wo er war und am 10.2.1672 wurde am selben Ort ein neuer Tempel für das Kultbild eingeweiht[231]. Der Ort hieß von nun an Nathdvar, (etwa: „Pforte zum Herren").

Shri Nathji ist zwar das Hauptkultbild der Vallabhacharyas genannten Anhänger Vallabhas, aber nicht das einzige. Vor 1511 (A.D.) hatte Vallabha, der am Ufer der Yamuna meditierte, die mit Abb. 158 visualisierte Vision: Zwei Kinder im Krabbelalter spielen mit Krishna, der ganz oben als blauhäutiges Kind sich auf Vallabhacharya zu bewegt. Der untere, hellhäutige Knabe ist Balarama, der ältere Halbbruder Krishnas. Wer der goldene Knabe in der Mitte sein sollte, wußte Vallabha dann nach Deutung seiner Vision: sein eigener zweiter, noch nicht geborener Sohn, wobei Balarama sein ältester, ebenfalls noch ungeborener Sohn sein sollte. Diese wahrscheinlich nicht zu Lebzeiten Vallabhas entstandene Episode erklärt, warum Vallabhas zweiter Sohn, der im Jahre 1516 (A.D.) geborene Vithalnath und nicht der bereits 1511 (A.D.) geborene Gopinath die Amtsnachfolge seines Vaters antreten sollte[232]. 1531, nach einem Aufenthalt von 42 Tagen am Hanuman Ghat von Benares, verschwand Vallabha im Alter von 52 Jahren und 37 Tagen vor den Augen seiner Jünger in der Ganga, nachdem er nach oben beschriebener Weise die „Gaddi-Nachfolge" löste[233]. Als 1583 (A.D.) Vithalnath an dem Ort starb, wo sein Vater das Kultbild Shri Nathjis errichtet hatte,

Abb. 156 Maharana Bhim Singh bei der Verehrung des Gottes Jagannathray in Udaipur
Udaipur, um 1810

war er 70 Jahre und 29 Tage alt. Mit seinen zwei Frauen, Rukmini und Padmavati, zeugte er vier namentlich bekannte Töchter und sieben Söhne[234].

Nach dem Tod des Vaters beanspruchte jeder Sohn wie letzterer, eine Wiedergeburt Krishnas zu sein. Jeder Sohn erhielt zu Lebzeiten des Vaters (1577 A.D.) jeweils mindestens ein Kultbild, „*Svarupa*" genannt. Diese Kultbilder und ihre Priester sind heute beinahe ebenso wichtig wie das Hauptkultbild selbst. Folgende Aufstellung gibt eine Übersicht über die Namen der sieben Söhne Vithalnaths, ihr Geburtsjahr nach dem indischen Kalender, den Namen des von Vithalnath erhaltenen Kultbildes mit kurzer Beschreibung und den heutigen Aufenthaltsort desselben[235].

1. Girdharji, geb.V.S.1597, erhielt Mathureshji (oder Mathuranathji), dunkler Stein eines vierarmigen Vishnu, heute in Kota. Dazu erhielt er Navanitapriyaji, heute im Haveli des Shri Nathji[236].
2. Govindrayji, geb.V.S.1599, erhielt Vitthalnathji, aus Metall, etwa 10cm hoch, ursprünglich wohl aus Kota (1581 A.D.) von 1802–1822 wieder in Kota, heute in Nathdvar im Haveli Shri Nathjis[237].
3. Balakrishnaji, geb. V.S. 1606, erhielt Dvarkadishji (oder Dvarkanathji), schwarzer Stein, oben eckig, seit 1676 in Kankroli, siehe Kat.Nr. 202[238].
4. Gokulnathji, geb. V.S.1608, bekam Gokulnathji, kleine vierarmige Figur aus Metall, in Begleitung zweier Frauenfiguren, Radha und Chandravali, einst in Jaipur, heute in Gokul bei Mathura[239].
5. Raghunathji, geb. V.S.1611, empfing Gokulchandramaji, aus dunklem Holz, zweiarmig, war im 17. Jahrhundert in Amer, ab 1687 sechs Jahre in Bikaner, heute in Kamavana, bei Mathura. Der Maharaja der Abb. 152 kam von dort[240].
6. Yadunathji, geb. V.S.1613, bekam Balakrishnaji, kleine Figur aus Metall, einst in Kankroli, wo zusammen mit Dvarkadish verehrt, heute in Surat.
7. Ghanashyamji, geb. V.S.1618, nahm Madanmohanji, kleine, zweiarmige Gottheit aus Metall, einst in Jaipur, heute in Kamavana[241].

Neben diesen *Svarupas* des Shri Nathji gibt es weitere Kultbilder der Vallabhacharyas, die nicht von Vithalnath vergeben wurden, aber für den jeweiligen Staat in Rajasthan ebenso wichtig sind. Maharao Bhim Singh von Kota z.B. führte 1719 aus Mathura das dann als Staatsgottheit in Kota anerkannte Kultbild des Shri Brijnathji ein. Er betrachtete sich danach lediglich als Minister Brijnathjis, der die Stelle des Königs einnahm. Kota selbst wurde in der Zeit in den Namen des Dorfes umbenannt, in dem Krishna seine Kindheit verbrachte: Nandgaon[242]. Das Kultbild begleitete den Maharao auch in die Schlachten, die er für die Moghuln schlug. Bei einem dieser Kämpfe ging es verloren[243] und gelangte nur durch Zufall Jahrzehnte später wieder nach Kota. Obwohl Maharao Bhim Singh Schlacht, Leben und Staatsgottheit verlor war er doch einer der bedeutendsten Herr-

Abb. 157 Maharana Sarup Singh von Mewar bei der Verehrung des Shri Nathji in Nathdvar Udaipur, datiert 1850 Sammlung Heil

scher Kotas, was ihn nach seinem Tod auf dem Schlachtfeld kunsthistorisch gewissermaßen als Gott Vishnu-Krishna selbst auferstehen ließ.

Greifbares Zeugnis dieser posthumen Mensch-Gott-Identifikation ist Abb. 159. Hier reitet Maharao Bhim Singh wie zu Lebzeiten auf einem gepanzerten Pferd[244], mit der Lanze in der Hand und pfeilgefüllten Köchern am Sattel. Auffällig aber sind seine blaue, Gott Krishna auszeichnende Hautfarbe, die *chandrika* genannte Pfauenfeder Krishnas auf dem Helm, die weiße Blütengirlande Krishnas und vor allem die Waffen Vishnu-Krishnas, nämlich der *chakra* (Wurfscheibe) und der *shankha* (Schneckentrompete) in der rechten Hand[245].

Zu Zeiten Maharao Ram Singhs gab es in Kota eine kunsthistorische Wiederholung desselben Sujets, nur unter umgekehrten Vorzeichen. In Kat.Nr. 200 reitet das mit Abb. 157 vorgestellte Kultbild wie ein (weltlicher) Maharaja, nachdem der (weltliche) Maharaja der Abb. 159 wie ein Gott ausritt. Mit der erhobenen linken Hand, mit der er als Kultbild den Berg Govardhan emporhält, weist Shri Nathji auf seinen eigenen Tempel mit der charakteristischen Standarte und dem Tempelabschluß in Form eines „Topfes“ und dem *chakra* auf den vier Löwen – von denen dem Betrachter nur zwei zugewandt sind – wie er auf jeder vollständigen Darstellung des Gebäudes erscheint[246]. Die rechte Hand hat Shri Nathji wie als Kultbild an die Hüfte gelegt und hält, entsprechend der Abb. 157, Flöte und Lotos. Begleitet wird er von zwei Damen zur rechten und linken. Die Dame zu seiner rechten trägt den *banta* genannten Betel-

Abb. 158 Vallabhacharya bei der Vision Krishnas und seiner Söhne am Ufer der Yamuna
Nathdvar, um 1850
Sammlung Heil

Abb. 159 Reiterportrait des Maharao Bhim Singh von Kota als Gott Vishnu
Kota, 1720-30
Sammlung Metzger

päckchenbehälter, wie er in Abb. 157 auf einem Ständer vor dem Altar Shri Nathjis steht. Die Frau zu seiner linken hält die *jhari* genannte, und Yashodha, die Ziehmutter Krishnas symbolisierende[247] Wasserkanne, die in Abb. 157 auf einem zweiten Ständer vor dem Altar steht. Beide Damen halten zusätzlich, wie der Priester der Abb. 157, je einen Pfauenschweifwedel. So wie der (weltliche) Maharaja sich wie Gott, Gott (Shri Nathji) sich wie ein (weltlicher) Maharaja darstellen ließ, so gelangten schließlich die (religiösen) Maharajas wie (weltliche) Maharajas zur Darstellung.

Ein Beipiel dieser Art ist Kat.Nr. 201, eine Malerei aus dem eigentlichen Nathdvar, die in der Mitte des 19. Jahrhunderts entstand. Dem vorderen Reiter begegnen wir sonst vor dem Kultbild des Shri Nathji[248], er ist also wahrscheinlich einer der *Tilkayats* genannten Maharajas aus Nathdvar[249]. Bei dem Reiter hinter ihm handelt es sich analog einer unpublizierten Malerei in der Sammlung Seiner Hoheit des Maharaja von Kotah um den Maharaja von Dvarka, Gobindji Maharaj.

Die (religiösen) Maharajas und ihre Kultbilder

Wie Abb. 157 Shri Nathji in seiner Sommerkleidung repräsentiert, sehen wir in Kat.Nr. 202 den 3. Svarupa, Shri Dvarkadishji von Kankroli[250] mit entsprechend leichter Garderobe. Die obere rechte Hand der Stele hält *gada*, die Keule Vishnus, die obere linke hält den *chakra*, die Wurfscheibe, die auch der göttliche Bhim Singh in Abb. 159 hält. Die untere rechte Hand umfaßt die Kriegstrompete *shankha*, der Gegenstand, den die verbleibende linke hält, ist nicht erkennbar. Alle Gottheiten der Vallabhacharyas, ob Shri Nathji, Svarupas oder verwandte Kultfiguren, tragen je nach Jahres-, manchmal je nach Tageszeit, eine andere Kleidung. In der heißen Sommerzeit ist die Kleidung erwartungsgemäß knapp und läßt, wie bei Abb. 157 und Kat.Nr. 202, Einzelheiten des jeweiligen Kultbildes erkennen, die z.B. im Winter völlig zugedeckt sind. Völlig unbekleidet erscheint keines der Kultbilder. Das Kultbild steht auf einem *simhasana* genannten Thron, die in Abb. 157 erkennbaren Kissenrollen, links und rechts zu Füßen Shri Nathjis, werden *takiya* genannt. Da die Rückseite der Nr. 202 unbeschriftet ist, bleibt unbekannt, wer die *Arati* mit der Lampe gerade zelebriert.

Im oberen Teil der Abb. 157 ist eine rote Stange zu erkennen, deren rote Enden nur am Bildrand zu sehen sind. Von dieser Stange hängt ein Vorhang, der analog der geläufigen Hindi-Bezeichnung *Pichvai* eigentlich „Hinterhang" heißen müßte[251]. Der Pichvai ist ein hinter das Kultbild gehängtes Textil, das, je nach Jahres bzw. Festtag eine andere Farbe bzw. ein anderes Muster aufweist. Die Lotosse auf dem Pichvai der Abb. 157 sollen z.B. im Sommer Kühle spenden[252].

Die für das eigentliche Kultbild des Shri Nathji verwendeten Pichvais weisen in der Mitte eine rechteckige Aussparung auf, die beim Aufhängen von dem Kultbild entsprechend ausgefüllt wird[253]. Das Gros der in Ausstellungen gezeigten Pichvais weist keine Aussparung auf und stammt meist schon daher nicht aus dem eigentlichen, Haveli genannten Tempel des Shri Nathji. Die meist kleineren Pichvais, auch die mit der Darstellung Shri Nathjis, hingen in der Regel entweder hinter einer der unzähligen privaten Hausgottheiten, die mit dem Vallabhacharya-Kult verbunden sind oder hinter einem Svarupa[254]. Figürlich bemalte Pichvais aus Rajasthan sind erst ab etwa 1820 erhalten[255].

Abb. 160 zeigt den am Gewässerrand erkennbaren, unteren Teil eines figürlich bemalten Pichvais Nathdvars aus dem letzten Drittel des 19. Jahrhunderts, dessen Besonderheit v.a. in der Malerzuschreibung besteht. Die Beschriftung am Gewässerufer informiert über einen „Maler, Jai Kisan, Sohn des Manak Chandayanji". Dargestellt wird der Berg Govardhan, den Krishna während seiner Kindheit hochhob, um die Bewohner seines Dorfes vor den Regengüssen des Gottes Indra zu schützen. Die Haltung des Hochhebens des Berges Govardhana ist für Shri Nathji bezeichnend, der den Berg mit der linken Hand hält. Auf dem Berg Govardhan stand auch Shri Nathji's erster Tempel, auf vorliegendem Pichvai-Fragment durch das große Gebäude angedeutet. Die Kühe stehen für den Namen des Berges Govardhana, der übersetzt etwa „Der die Kühe gedeihen läßt" heißt. Diese Kühe symbolisieren auch den Berg Govardhana in Kat.Nr. 200.

Ein weiteres Fragment, Abb. 161, könnte vielleicht einst zum oberen Teil der Abb. 160 gehört haben. Dargestellt ist Shri Nathji, wie er aus Anlaß des Herbstvollmondfestes mit den verheirateten Frauen der Kuhhirten (*gopis*) von Vrindavan tanzt. Eine Frau ergreift dabei stets den linken, hochgehaltenen Arm Shri Nathjis und eine andere den rechten, gegen die Hüfte gestützten Arm des Kultbildes. Shri Nathji hat in dieser Malerei die Fersen zwar zusammen, die Knie aber nach außen gegrätscht, was bei derartigen Darstellungen recht selten ist[256]. Die reifen Mangos an den Bäumen deuten dabei die Jahreszeit an.

Ein vollständiger, wenn auch kleinerer Pichvai wird mit Kat.Nr. 204 illustriert. Dieser Pichvai zeigt, daß die Fragmente der Abb. 160 und 161 zusammengehören könnten (siehe den zusammengesetzten Zustand in Kat.Nr. 203), da z.B. die Szenerie des unteren Teils der von Abb. 160 vergleichbar ist. In Nr. 204 wird zusätzlich noch die Verehrung Krishnas als „Herrn des Govardhan" gezeigt[257], indem Krishna mit zahlreichen, unter ihm aufgehäuften Speisen verehrt wird, die praktisch selber einen Speiseberg („*Annakut*") bilden. Rechts daneben fordert Krishna seinen Zoll von den Kuhhirtinnen, die mit ihrer auf dem Kopf in Tonkrügen transportierten Kuhmilch auf dem Weg nach Mathura sind. Beide Szenen, der „Speiseberg" und das Fordern des Zolls („*Danalila*") sind eigene Themen figürlich bemalter Pichvais.

Im oberen, größeren Feld wird Krishna wie die Kultstele Shri Nathji beim Herbstvollmondfest gezeigt. Vier Gopis tanzen mit Krishna und halten ihn in der oben beschriebenen Weise. Der Mond strahlt am sternenübersäten Firmament, die Götter sind mit ihren Frauen in ihren fliegenden Thronen gekommen, um dem Schauspiel des ekstatischen Rundtanzes Krishna-Shri Nathjis beizuwohnen. Von links nach rechts sind dies Indra (am Elefanten mit den sieben Rüsseln erkennbar), Brahma mit seinen vier Köpfen (auch am Kopf und Hals der Gans des „Flug-

Abb. 160 Unterer Teil eines Pichvai mit Darstellung des Berges Govardhan
Wasserfarben und Gold(?) auf imprägnierter Baumwolle
Nathdvar, um 1850;
Maler: Jai Kisan
(siehe Kat.Nr. 203)

Abb. 161 Oberer Teil eines Pichvais mit der Darstellung des mit den Hirtenfrauen tanzenden Shri Nathji aus Anlaß des Herbstvollmondfestes
Nathdvar, um 1850
(siehe Kat.Nr. 203)

zeuges" erkennbar), der vierarmige Gott Vishnu (aus dessen „Flugzeug" der Kopf des mythischen Garuda ragt) und der an seinen drei Augen erkennbare Gott Shiva, dessen Gefährt der Kopf eines Stieres auszeichnet. Die ganze Szenerie umgeben insgesamt 27 kleinere Felder im Hochformat. Im untersten rechten Feld sitzt der Gründer der Religionsgemeinschaft, Vallabhacharya[258]. Links gegenüber dann sein Sohn Vithalnathji umgeben von dessen 7 Söhnen. Von links unten werden im Uhrzeigersinn dann die 24 wichtigsten Feste der Vallabhacharyas in Form der jeweils unterschiedlichen Schmückung (*singar*) des Kultbildes des Shri Nathji dargestellt. Es beginnt mit dem „Blumenschaukelfest" und endet unten rechts mit dem *„Kunj Ekadasi"*, das den Shri Nathji mit dem Navanitapriyaji davor in einer Art Laube zeigt[259]. Das Fest, das den Hauptihnhalt des Pichvais bildet, ist ebenfalls vertreten, es wird am rechten Rand im vierten Feld von oben gezeigt. Das *Annakut*-Fest wird gleich darüber dargestellt. Zahlreiche Pichvais mit derselben bzw. ähnlicher Aneinanderreihung der Feste sind bekannt[260]. In dem kleinen Feld über dem Mond liegt Krishna als Säugling auf einem Blatt im Weltozean und nuckelt an seiner linken Zehe. Diese Dar-

Abb. 162 Standportraits der Hauptpriester Nathdvaras, Tilkayat Govardhanlalji (links) mit seinem Sohn Damodarlalji bei der Arati vor Shri Nathji
Wasserfarben, Gold und Silber auf imprägnierter Baumwolle
Nathdvar, um 1915; hier dem Maler Ghasiram Sharma zugeschrieben

stellung ist einer Vision des Weisen Markandeya entlehnt, die letzterer nach dem Bhagavata Purana, einem der mythologischen vishnuitischen Texte, einst von Krishna hatte[261].

Gleichsam eine lebensgroße Darstellung des Kultbildes in Nathdvar ist Abb. 162, ein Pichvai mit der Darstellung der Arati als Teil des Verehrungsrituals. Shri Nathji ist wie zur Geburtstagsfeier Vithalnaths geschmückt[262]. Auf seiner linken Hand liegt eine Blüte, die rechte hält eine Flöte und vier Lotosse. Zwei Hirtenstäbe lehnen gegen seine rechte Hüfte. Zahlreiche Perlenketten verdecken neben der Lotosblütengirlande fast den safranfarbenen Gehrock mit den Zipfeln am unteren Saum. Die Krone zieren sieben Pfauenschwanzfederenden. Den Hintergrund der Stele deckt ein blaues Tuch ab. Der Pichvai ist safranfarben wie auch das *sirhi* genannte Tuch der Altarabstufung und die Kleidung der beiden Priester. Die beiden grünen Kissenrollen (*takiya*) liegen oberhalb zweier kleiner Schreine, von denen der linke ein Sandalenpaar enthält, das dem Gründer dieser Religionsgemeinschaft, Vallabhacharya, gehört haben soll. Im rechten Schrein befindet sich Balakrishnaji, der wie der rechts danebenstehende, flöteblasende Madanmohanji zu den sogenannten „Schoßgottheiten" gehört[263]. Um den Spucknapf vor dem Altar gruppieren sich drei Ständer, die jeweils die Beteldose, ein kleines bauchiges Wassergefäß und die erwähnte Wasserkanne tragen. Daneben steht ein Fußschemel.

Der die Lampe haltende Priester ist Govardhanlalji (1862–1934), der ab 1877 seinem Vater im Amt des Tilkayat folgte. Der ihm gegenüberstehende Mann mit dem *morchal* ist sein

Sohn, Damodarlalji (1897–1936)[264]. Ins Auge fallend ist die realistische Darstellung in Abb. 162, vor allem in bezug auf die Portraits der beiden Priester. Dieser Realismus ist ein Einfluß der europäischen Kunst, dem das Maleratelier in Nathdvar[265] ab dem Ende des letzten Jahrhunderts unterworfen war.

Der profilierteste Künstler des „neuen" Stils war Ghasiram Hardev Sharma (1868–1930). Ein Bild aus der Hand dieses Malers ist das Portrait Govardhanlaljis, Abb. 163, mit entsprechender, winziger rotfarbener Malerzuschrift auf dem unteren Bildrand[266]. Anders als in den meisten rajasthanischen Portraits wählte Ghasiram eine Frontalansicht, in der der auf einem niedrigen Schemel sitzende Govardhanlalji[267] mit der rechten Hand die Perlen einer im Gebetsbeutel (*gomukha*, wörtlich „Kuhmund") verborgenen Gebetskette während einer privaten Andacht durch die Finger gleiten läßt. Der Bildhintergrund gleicht einer Fotografenkulisse der Zeit. Völlig dem Fotorealismus verfallen war Ghasiram bei Abb. 164, einem unübertroffenen Portrait desselben Govardhanlaljis, dessen leicht ergrauter Schnurrbart und abrasierte Koteletten andeuten, daß es einige Jahre nach Abb. 163 entstanden sein muß. Es hat eine Zuschreibung in europäischer Schreibschrift, bei der das „P.", analog ähnlich zugeschriebener (signierter?) Bilder für „Painter", also Maler, steht[268]. In einer publizierten kolorierten Fotografie Govardhanlaljis, in der er übrigens als (weltlicher) Maharaja vorgestellt wird, steht er mit demselben Stock und demselben Turban wie in vorliegender Abb. 163. Die noch vorhandenen Koteletten bei nicht ergrautem Bart und leicht untersetztem Gesicht verraten, daß diese Fotografie nur wenige Jahre früher entstanden sein muß[269]. Ghasiram schlug eine Brücke vom damaligen Realismus des europäischen Portraits zur traditionell rajasthanischen Malerei[270], deren Faszination sich nunmehr auch der weniger mit der indischen Malerei vertraute Betrachter nicht mehr entziehen kann.

Abb. 163 Sitzportrait des Govardhanlalji von Nathdvar bei einer Andacht
Nathdvar, um 1910;
Maler: Ghasiram Hardev Sharma
Sammlung Heil

Abb. 164 Büstenportrait des Govardhanlalji von Nathdvar im Foto-Stil
Nathdvar, um 1920; Maler: Ghasiram Sharma
Sammlung Haubold

Abb. 165 Bilderrolle Devnarayan Par, ca. 800 cm lang. Shahpura, Süd-Rajasthan, 1978 (siehe Kat.Nr. 136).

Devnarayan – ein Volksgott und sein Epos

Unter den vielzähligen rajasthanischen Volkskulten um Gottheiten wie Tejaji, Ramdevji, Pabuji und Gugaji[1] ist der Devnarayan-Kult einer der weitest verbreiteten. Im Mittelpunkt des Kultes steht eine außerordentlich lange Erzählung über das Leben Devnarayans und seine Taten, sowie über seine Ahnen, die 24 Bagaravat-Brüder. In einen rituellen Rahmen eingebettet werden die Geschichten z. B. während einer Nachtwache (*jagran*) oder bei einem religiösen Fest in Tempeln oder in kleinen Schreinen vorgetragen. Die Anhänger Devnarayans sind in erster Linie Gujars, eine pastorale Volksgruppe, die heutzutage auch Ackerbau betreibt. Es gibt aber durchaus auch andere Volksgruppen, die Devnarayan verehren, z.B. die Kumhars (Töpferkaste), die Bhabhis (Weber- und Gerberkaste) und in manchen Fällen sogar Rajputs. In Wirklichkeit bestehen keinerlei Kasteneinschränkungen darüber, wer Anhänger von Devnarayan werden darf. Dasselbe gilt auch für die Priester und Sänger des Gottes, in Rajasthan Bhopas genannt.

Zur Aufführung

Die Devnarayan-Erzählung hat die Form eines Epos. Der häufigste Anlaß für eine Aufführung ist die Nachtwache (*jagran*), bei der der Hauptsänger mit seinem Begleiter eine oder zwei Episoden daraus vorträgt. Die Bhopas erzählen die Geschichte vor einer ca. 8 m langen Leinwand, der *par*, auf die Szenen und Charaktere des Epos gemalt sind. In der Mitte der Leinwand befindet sich die lebensgroße Darstellung von Devnarayan, (zusammen mit seinen vier Brüdern Bhuno, Bhangi, Medo und Madno, Devnarayan), der als König abgebildet wird, trägt ein Schwert und sitzt auf einer Python (*ijgar*). Vor ihm steht der Schlangenkönig der Unterwelt Raja Basak. Diese Szene mit Devnarayan und seinen vier Brüdern stellt Devnarayans königlichen Hof dar. Vor der *par* wird ein kleiner Altar aufgebaut, auf dem die Anhänger Getreide und Geldspenden darbringen. In der Tat hat die *par* die Funktion eines tragbaren Tempels. Die Vorführung selbst wird *par-vacno* genannt, das bedeutet wörtlich „Lesen der *par*“, denn der Hauptsänger zeigt mit einem Stock auf die Leinwand, während er entsprechende Teile aus dem Epos mit seinem Partner vorträgt[2]. Die einzelnen Bildszenen sind jedoch nicht in einer linearen Reihenfolge eingeordnet, sondern auf der gesamten Fläche der *par* verteilt. Dementsprechend können sich die Sänger beim Erzählen einer Episode entlang der *par*, z.B. von der linken zur rechten Hälfte und zurück, bewegen. Nach der Anrufung verschiedener Gottheiten, z.B. der Göttinnen Sharada und Sarasvati und des Gottes Ganesha, beginnen die Sänger mit dem eigentlichen Epos. Dabei wechseln sie zwischen Gesang und deklamatorischer Rede. Der Gesang wird *gav* und die deklamatorische Rede *arthav* genannt. Der Gesang besteht wiederum aus Versen, die als *kari* („Glied einer Kette") bezeichnet werden. Durch die deklamatorische Rede, eine Art gesprochener Dialog zwischen beiden Sängern, werden die kompakten Verse des *gavs* erklärt. Meist beginnt der Hauptsänger die Sätze des *arthavs*, die dann von seinem Partner ergänzt oder vervollständigt werden. Manchmal bestätigt der Zweitsänger den Hauptsänger nur durch ein einfaches „ja-ja", „gut" oder „großartig". Diese Antworten des Zweitsängers werden *hukaro* oder *hukario* genannt, was soviel wie „Jasagen" bedeutet. Während des Erzählens tanzen beide Sänger. Der Hauptsänger spielt dabei auf einem selbstgebauten Saiteninstrument mit den Namen *jantar* oder *bin*. Der Zweitsänger beleuchtet die *par* und den Platz davor mit einer Öllampe. Aufführungen des Epos finden das ganze Jahr über außer in der Regenzeit (*caumasa*) statt. In dieser Zeit zwischen den Monaten Asadha (Juli/August) und Karttika (Oktober/November) schläft der Gott, und die *par* darf nicht aufgerollt werden. Es können jedoch Sitzungen im Tempel oder in den Räumen von Anhängern stattfinden, bei denen die Geschichte ohne die *par* und ohne zu tanzen usw. erzählt wird. Am 11. Tag in der hellen Hälfte des Karttika dürfen die *pars* wieder aufgestellt werden und richtige Aufführungen stattfinden.

Abb. 166 Verehrung einer Devnarayan Pad mit Getreide- und Geldopfern im Distrikt Nagaur. Bei jeder Spende bläst der Bhopa das Muschelhorn (1991).

Die Aufführungen dürfen natürlich nicht an jedem Platz vorgetragen werden. Nur drei Orte sind dafür geeignet: 1. im Hause eines Anhängers von Devnarayan, 2. auf dem Versammlungsplatz des Dorfes (*hathai*) und 3. vor einem Tempel von Devnarayan oder Savai Bhoj.

Der Zeitpunkt einer Aufführung wird von den Anhängern und Sängern, die Ackerbau oder Viehzucht betreiben, bestimmt, sowie von der Jahreszeit. Darüber hinaus gibt es spezielle Tage, an denen das Epos vorgeführt werden kann, so z.B. am Geburtstag von Devnarayan, am Todestag der 24 Bagaravats und am Tag der Rückkehr Devnarayans nach Vaikuntha.

Zur Erzählung

Das Epos von Devnarayan besteht aus zwei Hauptteilen. Die erste Hälfte, die Bagaravat oder Bagaravat-Bharat genannt wird, erzählt vom Leben und Sterben der 24 Brüder, deren Kollektivbezeichnung Bagaravat ist. Diese 24 Brüder kommen in einem großen, blutigen Krieg gegen einen Rajputherrscher ums Leben. Ihre Frauen, mit Ausnahme von Sadumata, der Frau des tapfersten Bruders Savai Bhoj, begehen anschließend *sati*. Sadumata

Abb. 167 Shri Laburam Bhopa besingt die Par in einem Dorf im Pali-Distrikt, 1991. Über der Schulter trägt er das Saiteninstrument Jantar.

übt stattdessen Askese auf einem Hügel in der Nähe des Schlachtfeldes und erwartet die Manifestation von Bhagavan, der ihr versprach, als ihr Sohn geboren zu werden. Elf Tage nach der Schlacht wird Devnarayan geboren. Damit beginnt der zweite Hauptteil des Epos. Dieser handelt von der Geburt, Hochzeiten und Wundertaten des Gottes Devnarayan. Im vorletzten Abschnitt dieses zweiten Hauptteils rächen Devnarayan und seine vier Brüder den Tod ihrer Väter, indem sie den Rajputherrscher töten und sein Reich zerstören. Im allerletzten Abschnitt, nachdem er seine Aufgaben erfüllt hat, kehrt Devnarayan zurück nach Vaikuntha. Davor wird aber seine erste Verehrungsstätte in Demali etabliert und sein Sohn Bila als erster Priester dort eingesetzt. Heute verstehen sich die Bhopas von Devnarayan als direkte Nachfolger von Bila. Während der erste Hauptteil des Epos tragisch endet und von Schmerz und Leid (*dukh*) gekennzeichnet ist, ist der zweite Hauptteil von Heilung und göttlichem Beweis (*parcyo*) untermalt

Tod und Leben der 24 Helden

Der gewaltsame Tod der 24 Helden geschieht nicht willkürlich, sondern ist Resultat einer Kette von Ursachen, die ihren Ursprung nicht nur im augenblicklichen Leben der Brüder, sondern in einem ihrer früheren Leben haben. So erzählt der Vorspann des Epos von einer Zeit, in der die Brüder 24 Rshis (Seher/Weisen) waren. Im Verlauf der Geschichte wurden sie unter besonderen Umständen von Gott Shankar verspeist, der sich dadurch versündigte. Shankar fragte Brahma, wie er seine Tat sühnen könne, und Brahma sagte ihm, der einzige Weg dazu sei, nun seinerseits seinen Körper den 24 Asketen zu opfern, und zwar in einer zukünftigen Existenz, wenn die 24 Asketen als Söhne eines einzigen Vaters wiedergeboren werden.

In ihrem nächsten Leben wurden die 24 Rshis als Söhne des Mannlöwen Bagh Simhs geboren, dessen Eltern aus unterschiedlichen Kasten stammten. Bagh Simhs Vermählung mit 12 Frauen, die ebenfalls aus unterschiedlichen Kasten waren, erwies sich jedoch zuerst als eine schwierige Angelegenheit, denn seine Gestalt, halb Mensch - halb Löwe, war seltsam und erschreckend.

Als Bagh Simh herangewachsen war, wollte ihm niemand seine Tochter zur Frau geben, weil er so ungewöhnlich und so furchterregend aussah. Eines Tages, am Tag des Schaukelfestes (*akha tij*), besuchte eine Gruppe junger Mädchen seinen Garten, angezogen von Bagh Simhs schöner, seidener Schaukel. Ein Brahmane aus der Begleitung Bagh Simhs erlaubte ihnen, unter der Bedingung zu schaukeln, daß jede von ihnen Bagh Simh umschritt. Währenddessen vollzog er die notwendigen Heiratsriten. Auf diese Weise wurden zwölf Mädchen unwissentlich mit dem Mannlöwen verheiratet, und jede gebar ihm zwei Söhne. Diese 24 Söhne wurden zusammen die Bagaravats genannt.

Mit der Geburt der 24 Rshis als 24 Söhne eines einzigen Vaters ist die Voraussetzung für Shankar geschaffen, nun sein Versprechen einzulösen und den Rshis seinen eigenen Körper zu opfern. Dies geschieht, nachdem Savai Bhoj und seine 23 Brüder Anhänger des Asketen namens Rupnath geworden sind. Eines Tages fordert Rupnath Savai Bhoj auf, einen großen Kessel mit siedendem Öl zu umschreiten. Der Asket, der hinter Savai Bhoj geht, versucht, ihn in das heiße Öl zu stoßen. Savai Bhoj rettet sich, gestützt auf seinen Hirtenstab, mit einem Sprung über den Kessel und gelangt nun selbst hinter den Asketen. Jetzt stößt er den Asketen in das Öl, und sofort verwandelt sich dessen Körper in reines, pures Gold (siehe Kat.Nr. 136a). Im selben Augenblick jedoch erscheint der Asket wieder in der Einsiedelei und erklärt, daß diese goldene Statue ein Geschenk sei, das ihm und seinen Brüdern Reichtum für 12 Jahre gewähre. Danach soll allerdings sowohl der Reichtum als auch das Leben der 24 Brüder enden. In Anbetracht dieser Verheißung und der Vergänglichkeit des Lebens entschließen sich die Brüder, ihren Reichtum auszugeben und unter dem Volk zu verteilen.

Mit diesem Geschenk wird also der Zeitpunkt des Todes der 24 Brüder festgelegt. Sie sterben in einer Schlacht, die insgeheim von der Göttin Bhavani angestiftet wurde. Sie opfern sich der Göttin, indem sie sich einzeln dem Heer des Rajputsherrschers Rana stellen. Im Kampf enthauptet die Göttin alle mit ihrem Diskus. Am Ende der vernichtenden Schlacht sitzt die Göttin in furchterregender Gestalt auf dem Schlachtfeld unter den Leichen der gefallenen Krieger. Blutüberströmt fädelt sie die Köpfe der toten Bagaravats zu einer Kette auf.

Selbstopferung als Zeichen höchster Hingabe

Durch diesen grausamen Akt erweisen die Brüder jedoch die höchstmögliche Stufe der Verehrung an die Göttin. Ihre Selbstopferung weist auf der einen Seite wiederum auf unzählige Beispiele hin, bei der ein Anhänger seine Liebe zu Gott durch solch eine extreme körperliche Entsagung zum Ausdruck bringt. Auf der anderen Seite weist die Geschicht der 24 Brüder strukturelle Parallelen mit dem puranischen Mythos der Tötung von Dämonen durch die Göttin auf. Bei den vielen Varianten dieses Mythos geht es im Kern um die Vernichtung von einem oder mehreren Dämonen, die durch übernatürliche Kräfte die Herrschaft der Welt an sich gerissen haben, wodurch das Gleichgewicht des *dharma* (Weltordnung) ins Schwanken gebracht wurde. Um sie zu töten und damit der *dharma* wieder hergestellt wird, wird die Göttin (Devi, Durga, Bhavani) herbeigerufen. Oft gelingt es der Göttin durch eine List, bei der Liebe und Erotik eine Rolle spielen, den Dämonen zu schwächen und schließlich zu töten. Nach seiner Vernichtung durch die Göttin wandelt sich der Dämon meist und wird vom kriegerischen, dem *dharma* abgewandten zerstörerischen *daitya* (Dämon), zum sich leidenschaftlich hingebenden *bhakta* (Anhänger) der Göttin. Im Augenblick des Todes kommt der Dämon zur Einsicht und wird erlöst. Da die Bagaravats aber schon vor ihrem Tod große Anhänger der Göttin waren, sichern sie sich durch ihr Opfer in diesem Fall die Göttin sozusagen als Besitz. Sie weilt stets in der Nähe des großen Kriegers Savai Bhoj auf dem Areal seines Tempels.

Abb. 168 Die 20-armige Göttin Bhavani mit der Kette aus Schädeln und Häuptern in den erhobenen Händen; unten der löwenköpfige Bagh Simh.

Die „epische Landschaft“

Die Selbstopferung der Brüder verfestigt ihren Status als Helden und führt zu Savai Bhojs Deifizierung, bei der er als Held mit übernatürlichen Kräften verehrt wird. So wird Savai Bhoj in einer der wichtigsten Wallfahrtsstätten des Kultes, in Asind bei Bhilwara, als aufrechtstehender Stein in einem Tempel mit Gaben in Form von Alkohol verehrt. Der Stein erinnert an die vielen Heldendenkmäler (*jhumjhar*), die es in Rajasthan gibt. Sie zeugen vom Tod eines Helden, der sein Leben in einer Schlacht, durch einen Streit um Besitz und Ehre oder bei der Rettung oder Befreiung von Kühen verlor. Nicht weit entfernt vom Tempel Savai Bhoj steht ein kleiner Tempel der Göttin Bhavani, deren *murti* (Figur) eine Kette aus Menschenköpfen trägt, die Köpfe der 24 Bagaravats. An der Stelle, an der ihr Tempel steht, soll Savai Bhojs Haupt gefallen sein. Danach kämpfte er weiter, bis sein Körper vom Pferd fiel. Auf diesem Platz wurde danach sein Tempel gebaut. Die Verwandlung des Kriegsplatzes in ein heiliges Feld ist kein Einzelbeispiel, bei dem die Erzählung dazu dient, die Entstehung von Tempel und Stätten des Kultes zu erklären. Die Geschichte der Bagaravats und Devnarayans erstreckt sich über ein Gebiet von Pushkar im Ajmer-Bezirk bis nach Ujjain in Madhya Pradesh. Überall dort befinden sich

Schreine, die Ereignisse aus dem Epos markieren, so z.B. der Malasari-Hügel – der auch nahe bei Asind im Bhilwara-Bezirk liegt – auf dem Sadumata Askese übte, bevor Devnarayan sich manifestierte. Auf diesem Hügel steht ein Tempel von Devnarayan, in dessen Nähe man auch die Stelle aufsuchen kann, an der der Gott aus der Unterwelt emporstieg.

Die Geburt von Devnarayan

Als Sadumata auf dem Malasari-Hügel Askese übte, kam der Kuhhirt Napa dorthin, um sie zu warnen, daß der Rajputherrscher sie gefangen nehmen wollte. Er schlich sich leise an sie heran und sagte ihr, sie solle aufstehen und von jenem Ort weggehen, sonst würden die Rajputgeneräle sie mitnehmen. Damals hatte Sadumata eine erschreckende Gestalt angenommen. Sie sagte dem Kuhhirt, er solle sie nicht stören, weil ihre Aufmerksamkeit ganz auf Bhagavan ausgerichtet sei, der ihr versprochen hatte, am 13. Tag nach Savai Bhojs Tod als ihr Sohn geboren zu werden. Doch der Kuhhirt war skeptisch und dachte, Sadumata sei durch Schmerz und Kummer verrückt geworden. Er versuchte nochmals, sie zu überreden, den Platz schnell zu verlassen. Aber Sadumata blieb fest bei ihrer Überzeugung. Da wurde der Kuhhirt zornig. Er zog das Schwert, das er bei sich hatte, und drohte, sie damit zu töten, damit die Ehre der Bagaravats gerettet werden würde. In dem Augenblick rief Sadumata nach Bhagavan und bat ihn, bereits jetzt, am 11. Tag nach Savai Bhojs Tod zu erscheinen. Zu der Zeit spielte Bhagavan *caupar* (Würfelspiel) zusammen mit Raja Basak in der Unterwelt. Er vernahm Sadumatas Hilferuf. Dann stieg ein Wasserstrahl aus der Unterwelt empor und durchbrach das Gestein des Malasari-Hügels, auf dem Sadumata Askese übte. Oben auf diesem Wasserstrahl war eine Lotosblüte. In der Blüte saß Bhagavan als Säugling, der dann in Sadumatas Schoß fiel.

Unmittelbar nach seiner Geburt bringt Devnarayan zwei Rajputkrieger wieder zum Leben zurück, die bei der Beschützung von Kühen, die den Bagaravats gehörten, gefallen waren. Diese Tat ist die erste in einer Reihe von Wundern, die Devnarayan später vollbringt und durch die er seine Göttlichkeit beweist und Anhänger gewinnt. Diese „Beweistaten“ (*parcyo*) bilden gleichzeitig auch die einzelnen Abschnitte des Hauptteiles des Epos.

Pushkara – Brahmas Pilgerort am Lotosteich

Vom Grabmal des großen Sufi-Heiligen Moinuddin Chisti (gestorben ca. 1233) in Ajmer erreicht man nach 11 km. den Pilgerort Pushkar (Sanskrit: *pushkara*, Lotosblüte, auch Lotosteich). Auf dem Weg über die Aravali-Bergkette kann man Pushkar mit seinen zahlreichen, weißgestrichenen Tempeltürmen, seinen Torbögen und den vielen „Badestätten" (*ghats*), um den heiligen See gelegen, sehen. Pushkar hat, nicht erst heute, nachdem Scharen von Touristen aus westlichen Ländern diesen Ort entdeckten und die *pushkara-mela* – das Wallfahrtsfest im Monat Karttika (Okt.–Nov.) – große Berühmtheit erlangt. Bereits im dritten Buch des Mahabharata („*vana-parvan*" 3.80–153) wurde der Pilgerort hochgepriesen. Das für seine Zeit erstaunliche Kenntnisse der Geographie Indiens aufweisende Buch des Sanskrit-Epos erwähnt Pushkara als „erste" oder „anfängliche" Wallfahrtsstätte (*adi-tirtha*) und als Ausgangsort für eine gesamtindische Pilgerroute (*pradakshina*). Als das Mahabharata verfaßt wurde, (ca. 4. Jh. v.–4. Jh.n.Chr.), war es jedoch keine Seltenheit, daß Brahma verehrt wurde. Schriftlichen Quellen zufolge aber verlor Brahma seine Stellung als populärer Gott wahrscheinlich bereits im 4. bzw. 5. Jh.n.Chr. An seine Stelle traten die heute noch durch unzählige Tempel, Erzählungen und Verehrungsriten lebende Gottheiten wie Shiva und Vishnu. Nur in Pushkara konnte Brahma bis heute seine unangefochtene Stellung als wichtigste Gottheit beibehalten.[1]

Die Pushkara-Mela

Im glückverheißenden Monat Karttika (Okt.–Nov.), findet ein Wallfahrtsfest in Pushkara statt. Vier Nächte vor Vollmond beginnt die *Karttika-* oder *Puskara-Mela* (*mela* = Fest). Die Vollmondnacht (*purnima*) gilt als besonders heilig und bildet den Höhepunkt des Festes. Hunderttausende von Pilgern aus ganz Indien treffen mit dem Zug, mit dem Bus oder sogar zu Fuß ein. Die Pilger kommen, um ein rituelles Bad im Pushkar-See zu nehmen. Dieses kurze Eintauchen in das Wasser des heiligen Sees soll ähnlich wie ein Bad im Ganges-Fluß bei Varanasi – eine seelisch reinigende und spirituell erneuernde Wirkung haben, sowohl für den einzelnen Pilger als auch für den Geist seiner verstorbenen Ahnen. Die Riten, die ein solches Bad begleiten, werden von sogenannten *Pandas* – Wallfahrtspriestern brahmanischer Herkunft – ausgeführt. Sie erhalten als Gegenleistung einen „Opferlohn" (*dakshina*). Dieser Lohn besteht in Gaben von Kokosnüssen, Blumen, Getreide oder Geld. Nach dem Bad pilgern die Gläubigen meist barfuß zum Tempel des Weltenschöpfers Brahma, der am westlichen Ende der einzigen großen Marktstraße liegt. Im Sanktum des Tempels angekommen, überreichen die Pilger ihre Spenden aus Puffreis, Blumen, Obst oder Geld dem Tempelpriester. Nachdem sie so den Anblick (*darshana*) des Gottes Brahma und seiner Gattin Gayatri erhalten haben, umschreiten sie den Tempel (*parikarama*).

Abb. 169 Pushkara am Lotosteich, vom Berg Ratna Parvata aus gesehen. Rechts die Ausläufer der Aravali-Bergkette.

Das Wallfahrtsfest beinhaltet aber mehr als den Anblick des Gottes. Hinter dem Tempel Brahmas, außerhalb der Stadt auf einem weitläufigen Gelände zwischen kleinen Sanddünen wird zur gleichen Zeit einer der größten und berühmtesten Kamel-, Ochsen,- und Pferdemärkte Rajasthans abgehalten. Bauern, die mit Kamelen oder Ochsen handeln wollen, erreichen Pushkara oft nach mehreren Tagen Fußmarsch. Während die Ochsen in der Regel aus dem Nagaur-Bezirk stammen und den dort ansässigen Jat-Bauern gehören, werden die Kamele traditionell von der pastoralen Volksgruppe der Raikas gezüchtet. Letztere bringen manchmal bis zu 30 oder 40 Jungkamele zum Markt. Ochsen und Kamele werden als Zug- bzw. Lasttiere benutzt. Die Pferde, die man als Reittiere bevorzugt, werden in der Regel von Rajputs erworben oder verkauft. Wenn die Pilger Gott Brahma verehrt und ihre Geschäfte am Markt erledigt haben, bietet sich Gelegenheit, am Abend die Aufführungen der Volkstheater (*khyal*) zu besuchen, neugierig den Zauberkünslern im Zirkuszelt zuzuschauen oder sich auf dem Riesenrad zu vergnügen. Zwischen den Zeltlagern und überall auf den Tempelvorplätzen tragen Wandersänger und gläubige Frauen, die sich in kleinen Gruppen aufhalten, in heiterer Atmosphäre Lieder über ihre Götter und Helden vor.

Pushkara vereint verschiedene religiöse und gesellschaftliche Strömungen in seiner Geschichte und Tradition. Hier sind neben Brahma zahlreiche Götter in Tempeln und Schreinen anwesend: Varaha, Narasimha, Hanuman, Ganesha, Devnarayan, Bhairu, Sitala Mata, sowie *satis* und *jhumjhars*.[2] Die Mönche eines Zweiges des Dashnami-Sampradaya, ein Orden, der von dem südindischen Philosophen und Heiligen Shankaracharya gegründet wurde, verwalten den Brahma-Tempel. Mitglieder der Nath- und Ramanuja-Sampradayas verwalten andere Tempel, wie z.B. den Tempel Gorakhnaths und den alten Ranganatha-Tempel. Neben den beiden wichtigsten Priesterkasten, der Parashara- und Gauda-Brahmanen, gibt es auch mehrere andere Volksgruppen, wie z.B. die Rajputs, Raigars, Jats, und Gujars, die durch ihre *dharamshalas* (Pilgerherbergen) und die Tempel ihrer *kuladevatas* vertreten sind.[3]

Abb. 170 Gujar-Gruppe auf der Pushkara-Mela, dem herbstlichen Viehmarkt und Wallfahrtsfest.

Brahmas Opferzeremonie

Durch die besondere Verbindung, die Brahma zum vedischen Opferritus, dem (yajña) besitzt, erhält Pushkar einen religionshistorisch einmaligen Aspekt. Diese Besonderheit kommt in der Gründungslegende des Pilgerortes, die in dem in Sanskrit verfaßten Pushkara-Mahatmya erzählt wird, sehr deutlich zum Ausdruck. Darin werden sämtliche Facetten des heiligen Bezirkes, wie z.B. seine Rituale, Topographie und Geschichte von der Idee und Struktur des vedischen Opfers durchdrungen, womit eine Analogie oder, besser gesagt, *Homologie* zwischen vedischem Ritus (*yajña*) und Wallfahrtsort (*tirtha-sthana*) hergestellt wird. Diese Gleichsetzung zwischen *yajña* und *tirtha* sieht man daran, daß z.B., der religiöse Lohn, der durch die Durchführung von Riten in Pushkara entsteht, am Verdienst von vedischen Opfern gemessen wird. So kann eine einfache Spende an einen Brahmanen soviel Verdienst erbringen wie die Durchführung von 10 *ashvamedha*-Opfern (Roßopfer) oder 100 *agnishtoma*-Opfern (Opfer zum Lob des Feuers)! Hinzu kommt die Tatsache, daß das vedische Opfer bzw. Brahmas *yajña* in Pushkara als die Ursache schlechthin für die Entstehung des heiligen Bezirks (*pushkara-kshetra*) verstanden wird. Die Erde um Pushkara wird nach der geometrischen Form eines Opferplatzes abgemessen. In Kapitel III des Pushkara-Mahatmyas wird von dieser „Abmessung" des Ortes durch Brahma für den Zweck eines Opfers berichtet.

> Der Suta (Barde) sprach:
> Dem in der Brahma-Welt wohnenden Brahma, dem unmanifestierten Schöpfer, kam einst der Gedanke: „Wie führe ich ein Opfer durch, dort in der Welt der Sterblichen und inmitten des Landes, in dem es keinen heiligen Bezirk für mich gibt wie für die anderen Götter?
> Dort gibt es achtundsechzigtausend heilige Bezirke von Shiva und ebenso [viele] von Vishnu, Indra und anderen Göttern.
> Deshalb wird mir jetzt ein Opferplatz auf der Erdfläche ent stehen, an dem es eine mächtige, bis ins Detail [vollständige] Opferstätte gibt!"

Abb. 171 Lagernde Kamelzüchter auf der Pushkara-Mela.

> Als er sehr lange nachgedacht hatte, warf er aus seiner Hand die vorzüglichste Lotosblüte auf das Erdufer und sagte: "Wohl sei es!"
> Durch den Aufprall sprang die Lotosblüte von dort, wohin sie zuerst gefallen war, an einen zweiten und an einen dritten Ort.
> Nachdem Brahma dort angekommen war, erklärte er jenes, an all jenen [Stellen] herauskommende, reine Wasser als verdienstbringend.
> Und als dann die Zeit dafür gekommen war, legte Brahma dort in der Gegend die Stelle für [sein] Opfer nach dem Maß einer Lotosblüte fest.
> Daraufhin sprach Brahma glücklich, die drei Welten erfreuend: „Dieses Pushkara-Kshetra wird das Pushkara-Tirtha genannt.
> Der Name Pushkara wird in den drei Welten berühmt werden. Diese Dreizahl von Seen, welche dort der Welt-Schöpfer angelegt hat, wird der Reihe nach Ältester, Mittlerer und Jüngster [See] genannt. Diese Dreizahl von Becken wird von nun an in der Welt Ruhm erlangen und die Sünden der Menschen zerstören."
> Nachdem er so gesprochen hatte, befestigte Brahma dann für die Opferstätte die Erde in der Länge eines *yojana* auf jeder Seite. Diese reichte nördlich des Indra-Weges bis zum Praci-Sarasvati[-Fluß] und östlich des Nanda[-Flusses] bis zum Jüngsten Pushkara[-See]. Das Land innerhalb dieses *yojana* ist als das verdienstbringende Pushkara bekannt. Dieses so berühmte [Land] wird allen Lebewesen Dharma, Himmel und Erlösung schenken. Sogar Würmer und Insekten, Haustiere, Vögel und Wildtiere, die [hier] innerhalb eines *yojana* sterben, werden das höchste Ziel erreichen.

Diese Textpassage aus dem Pushkara-Mahatmya verdeutlicht, daß die Topographie des Wallfahrtfahrtsbezirkes sich konzeptionell an das vedische *yajña* anlehnt. So verleiht der Opferplatz, in Form einer Lotosblüte dem Wallfahrtsort seine Gestalt. Außerdem werden durch den Aufprall der Lotosblüte, die ein Symbol von Brahmas schöpferischer Tätigkeit darstellt, die drei Wasserquellen oder Seen erschaffen, die zu den wichtigsten Elementen des Wallfahrtsortes gehören. Denn die Ortschaft ist um den „Ältesten" See angelegt, in dem die Pilger ihr rituelles Bad nehmen, bevor sie zum Brahma-Tempel gehen, um *darshan* des Gottes zu erlangen

Neben den drei Seen, die *jyeshtha* („älteste"), *madhya* („mittlere"), und *kanishtha* („jüngsten") genannt werden, werden im Kapitel I des Textes auch drei Berge erwähnt, die es in Pushkara geben soll. In Wirklichkeit ist der *Jyeshtha*-See jedoch von vier Hügel umgeben. Nach den Erklärungen der dort ansässigen Brahmanen sind die (drei) Hügel die drei Feuer[4] von Brahmas *agnishtoma-yajña*. Der See ist die Opfergrube (*vedi*). Als Brahma sein Opfer vollzog, schuf er gleichzeitig auch die Welt, in deren Zentrum dann Pushkara lag.

In diesen Ausführungen finden wir eine wiederkehrende Zahlensymbolik, z.B. drei Seen, drei Berge, drei Feuer des Opfers und die drei Welten des Kosmos. Diese Dreier-Symbolik ist eng verbunden mit der vedischen Kosmologie. Diese kosmologischen Vorstellungen werden in Pushkara auf der topographischen Ebene durch das Prinzip der Homologie bzw. Korrespondenz (*bandhu*) in einem Mikrokosmos umgewandelt. So gleichen die drei Hügel des Ortes den drei Feuern des Opfers. Die drei Feuer ihrerseits symbolisieren die drei Welten, nämlich Erde, Luftraum und Himmel. Darüber hinaus werden bei dem vedischen Opferritus die Vorgänge und Strukturen der Weltschöpfung wiederholt. Somit wird Pushkara, der Opferplatz des Schöpfergottes Brahma, mit seinen drei Hügeln (Feuern) und dem See (Opfergrube) ein Mikrokosmos, an dem die drei Welten und die Schöpfung selbst vereint werden.

Pushkara ist nicht nur Mittel- und Ausgangspunkt der Welt, es ist auch das *tirtha* des Luftraumes (*antariksha*), der Himmel und Erde miteinander verbindet. Durch die Vorstellung eines „*tirtha* des Luftraumes" wird impliziert, daß Pushkara eine Weltachse bzw. *axis mundi* darstellt, die als Mittler zwischen himmlischer und irdischer Welt dient. In Kapitel II des Pushkara-Mahatmyas wird erzählt, wie es dazu kam, daß Pushkara in den Luftraum plaziert wurde. –

Der Suta sprach:

O beste Zweimalgeborene! Einst sind die Sterblichen, die übermäßig mit Sünde befleckt waren, zum Wohnort der dreißig [Götter] gelangt, nachdem sie in Pushkara gebadet hatten.

In dieser Zeit sind alle Opfer, angefangen mit dem *agnishtoma*, und alle anderen edlen Riten zugrunde gegangen.

Keiner brachte [mehr] Gaben dar, weder Gelübde noch Opfer, weder Anbetung von Göttern und Ahnen, noch Riten oder das flüsternde Wiederholen heiliger Gebete usw.

Abb. 172 Blick von Süden auf die Stadt mit Badestätten, im Hintergrund der Bergtempel der Göttin Papa Mocini.

Abb. 173 Kamelmarkt, im Hintergrund der Ratna Parvata-Berg mit dem Tempel der Savitri.

> Allein dadurch, daß die Menschen in Pushkara gebadet hatten, gingen sie in den Himmel ein. Von ihnen wurden alle Welten erfüllt [und] die Götter wurden aus [ihrer] Sphäre vertrieben.

Nachdem die Götter sich bei ihm beschwert hatten, entschloß sich Brahma Pushkara in den Luftraum anzusiedeln, damit die Menschen wieder den Götter und den Ahnen opfern würden. –

> Brahma sprach:
> O Götter, ich werde deshalb dieses *tirtha* m Luftraum ansiedeln, außer an fünf Tagen und fünf Nächten in der hellen Monatshälfte des [Monats] Karttika, an denen es sich durch mich veranlaßt auf der Erde befinden wird.
> In der übrigen Zeit wird sich mein Pushkara im Luftraum befinden.

An diesen fünf Tagen und Nächten im Monat Karttika wird das Pushkar-Fest (*pushkara-mela*) gefeiert, aus dessen Anlaß Hunderttausende von Pilgern in Pushkar eintreffen, um ein rituelles Bad in dem See zu nehmen und anschließend Brahma ihre Verehrung zu erweisen.

Brahma und seine Gattinen

Im Pushkara-Mahatmya erfahren wir, daß Brahma zwei Frauen hat, Savitri und Gayatri. Während die sanfte, hingebungsvolle Gayatri, Brahmas zweite Frau neben ihm im Inneren des Tempels ihren Platz gefunden hat, verweilt die unabhängige und stolze Savitri allein auf einem der vier Hügel, die den *Jyeshtha*-See umgeben. Dieser Hügel, der westlich des Sees liegt, heißt *Ratna-Parvata* (Juwelen-Berg) und ist Hauptziel für Frauen, die Kinder und Familienglück wünschen. Die Stellung des Tempels von Savitri außerhalb der Stadt läßt auch ihre Trennung von ihrem Gatten Brahma erkennen. In der Gründungslegende wird erzählt, wie Brahma Savitri zum Opfer rufen ließ. Als sie aber nicht rechtzeitig ankam, heiratete er eine andere Frau, um das Opfer fortsetzen zu können. Später, am letzten Tag des Opfers, als Savitri erschien und eine andere Frau an der Seite ihres Mannes sah, verfluchte sie alle Teilnehmer des Opfers und trennte sich im Zorn von Brahma. Seitdem wohnt Savitri auf dem Ratna-Parvata. Darüber berichtet Kapitel V des Pushkara-Mahatmyas:

> Nachdem Pulastya (der Opferpriester) eine *arani* ergriffen hatte [um das Feuer anzuzünden], rief er mit sehr lauter Stimme „Gattin! Gattin!" zu den dort stehenden Brahmanen. Inzwischen schickte Brahma den besten Muni Narada aus, um die Gattin herbeizuholen. Aus Verspieltheit aber ging dieser langsam zu Savitri hin. Dann sprach er, der streitsüchtige Antworten zwischen Brahma und Savitri liebt, in spielerischer Laune folgende Worte: „Ich bin vom Vater [Brahma] zu dir gesandt worden, o Götterfürstin.
>
> Du sollst dich sofort zum Aufbruch in das Opferzelt vorbereiten. Wenn aber du als einzige dorthin gehst, o Götterfürstin, wirst du in dieser Gestalt dem Opfer wie eine Schutzlose erscheinen, deshalb hole alle Götterfrauen, die es gibt, herbei." Darauf ging Narada zum Vater [Brahma] und sprach: „Ich habe sie eingeladen, aber mir ist ihr [Savitris] Benehmen ein wenig störrisch vorgekommen". ...
>
> Als er dessen Worte hörte, sprach der Herr der Welt, der mit großem Zorn erfüllt war, zu Indra, der gebeugt vor ihm stand: „O Shakra, geh' mit Eile und schaffe irgendein Mädchen herbei, ehe die Zeit für den Beginn des Opfers überschritten wird!
>
> O Zweimalgeborene, nachdem er [Indra] gegangen war, um ein Mädchen ausfindig zu machen, sah er nun eins, das einen Krug Buttermilch auf dem Haupt trug.
>
> Es war ein von den Hirten stammendes Mädchen mit einem lieblichen Körper, das mondgesichtig, lotosäugig und mit allen glückverheißenden Merkmalen versehen war und am Anfang der Jugend stand. ...
>
> Als Indra erkannte, daß das Hirtenmädchen jungfräulich war, überwältigte er es voller Eile.
>
> Dann ließ Indra die weinende [Frau] in das Maul einer Kuh eingehen und darauf aus dem After herausziehen. Nachdem [Indra] sie auf diese Weise opferrein gemacht, im glückverheißenden Wasser des Ältesten Sees gebadet, mit prächtigen Kleidern umhüllt und [sie] unverzüglich zu der Versammlung der Götter getragen hatte, sprach er voller Freude zu Brahma:
>
> „O bester Gott! Deinetwegen habe ich dieses tugendhafte Mädchen gebracht, das mit allen glückverheißenden Zeichen versehen ist und einen wohlgestalteten Körper hat." ...
>
> [Dann] sprach Vishnu:
>
> Das Geschlecht der Brahmanen und das der Kühe ist ein und dasselbe, welches aber in zwei geteilt worden ist. [Weil sie] aus einer Kuh entsprungen ist, ist sie zu einer Zweimalgeborenen geworden.

O Gott, heirate sie wegen des Opfers, damit die Zeit für den Beginn des Opfers nicht verrinnt.
[Daraufhin] sprach Rudra:
Weil sie eine solche ist, die durch das Maul einer Kuh eingegangen und durch den After herausgekommen ist, darum wird diese Frau von dir Gayatri genannt.

Savitri

Am fünften und letzten Tag des Opfers begibt sich Savitri, dem Rat Naradas folgend, zusammen mit den anderen Göttinnen zum Opferplatz:

Von Narada wurde ihnen erzählt, daß Brahma in der Abwesenheit Savitris eine andere Frau geheiratet hat. Niedergeschlagen durch diese Nachricht, erreicht Saivitri ... verzweifelt, mit tränenerfüllten Augen, wiederholt seufzend, mit Mühe das Opferzelt. Als Savitri Brahma zusammen mit ihrer Rivalin sah, sprach sie mit Augen, die vor Zorn kupferrot waren, folgende Rede:
Du hast gewußt, daß diese Ehefrau von Hirten abstammt ...
O Lotosgeborener! Auch die Menschen des niedrigsten Ranges vermeiden jene, die von geringer [oder: tierischer] Herkunft sind. ... Gab es denn, wenn du unbedingt für den Zweck des Opfers eine andere Frau brauchtest, in den drei Welten keine Brahmanenfrau, daß du diese Unreine und von anderen Liebhabern genossene genommen hast? ...
Wegen dieser verwerflichen Tat wirst auf der Erde keine wahre Anbetung wie die anderen Götter erfahren.
Die Menschen, die dich an anderen Orten außer dem Pushkara-Wald verehren, werden [in Zukunft] arm sein.
Ich will dorthin gehen, du Lüstling, wo man noch nicht einmal mehr deinen Namen hört. Diesen Entschluß habe ich jetzt fest in meinem Herzen gefaßt.
Als sie so gesprochen hatte, erklomm die Göttin den Gipfel des Berges, ließ sich dort nieder und übte Tag und Nacht die höchste Askese[5].

Im 7. oder 8. Jh. n. Chr. soll der Gurjara-Pratihara König Nagabhatta I auf der Jagd zu dieser Stelle angekommen sein. Er entdeckte den Ort wieder und ließ dort Badestätten bauen und brahmanische Priester ansiedeln. Eine mündliche Legende, die in Pushkara und in seinen umliegenden Dörfern erzählt wird, berichtet von des Königs Jagd nach einem Eber, der ihn zu der kleinen vergessenen Quelle im Pushkara-Wald führt. –

Der König und der Eber
Einst wanderte ein besonders großer und kräftiger Eber aus der Umgebung von Pushkara and den Ort [Mandor], an dem der Pratihara-König lebte. Der König, der den Eber sah und ihn unbedingt erlegen wollte, verfolgte ihn zusammen mit seinen Begleitern. Der Eber war schlau und kräftig, und bald konnten die Gefolgsleute des Königs ihm nicht mehr folgen. Der König aber ritt alleine weiter und wurde nach und nach in einen dichten Wald hineingeführt. Nach einiger

Zeit sah er in der Ferne, daß der Eber sich an einer kleinen Quelle aufhielt. Müde und erschöpft folgte der König dem Eber zu diesem Ort. Er wusch seine Hände und trank von dem Wasser. Währenddessen verschwand der Eber in die umliegenden Berge. Der König, der unter einer schrecklichen Krankheit litt, bemerkte erstaunt, daß er durch das Wasser der Quelle geheilt worden war. Im selben Augenblick erkannte er, daß der Eber, den er verfolgt hatte, kein gewöhnlicher Eber war, sondern [Gott] Varaha selbst, der ihn dorthin geführt hatte. Aus Dankbarkeit für seine Heilung ließ er den Wald roden, einen See ausgraben und an dieser Stelle 12 *dharamshalas* sowie 12 *ghats* bauen.

Gayatri

Im Pushkara-Mahatmya erfahren wir, daß Gayatri eine Kuhhirtin ist. Heute sagt man in Pushkara, daß Gayatri von den Gujars stammt. Nach einer Volksetymologie wird ihr Name mit Hindi *gay* (=Kuh) in Verbindung gebracht, eine Anspielung auf die Tatsache, daß die Gujars in erster Linie Kuhhirten sind. Die Gujars jedoch erzählen ihre eigene Version der Geschichte. Darin fehlt die gewaltsame Entführung Gayatris durch Indra und die seltsame Reinigung durch den Leib der Kuh. Im folgenden wird ein Teil dieser mündlichen Geschichte wiedergegeben, die von einem Gujar-Tempelpriester (*bhopa*) in Marvari erzählt wurde.[6]

> Die 24 Rshis gingen daraufhin nach Pushkar. Dort fand zur selben Zeit das Opfer von Brimaji Maharaj (= Brahma) statt. Aber das Opfer schritt nicht voran. Warum schritt sein Opfer nicht voran? Es schritt nicht voran, weil die Askese der Rshis so stark war. Da fragte Brimaji Vishnu, was er tun solle. Vishnu Bhagavan erzählte ihm von den Rshis, die er [Brimaji] nicht sehen konnte. Dann rief Bhagavan Vishnu den Bhagavan Inder (= Indra), und er [Inder] ließ es regnen. Als es regnete, kamen aus der Erde zweiteilige Gefäße heraus, eins nach dem anderen. In jedem Gefäß waren zwei Rshis – zwölf Gefäße – Da stand Brimaji Maharaj vor ihnen mit aneinandergelegten Händen: „O ihr Rshis! Kommt zu meinem Opfer, damit es vollendet wird!“ Die Rshis waren einverstanden. Da sagte Bhagavan [Vishnu] zu Narad, er solle dafür sorgen, daß Savitri nicht am Opfer teilnehme: „Es gibt ein Mädchen namens Gayatri, das die Tochter eines Chechis, eines Gujars ist. Dieses Mädchen soll am Opfer teilnehmen. Nur dann wird das Opfer voranschreiten und die Rshis werden zufrieden sein“. Als die Zeit für den Beginn des Opfers gekommen war, ging Narad zu Savitri und sagte ihr, daß die Zeit noch nicht gekommen sei. Brimaji wiederum erzählte er, Savitri sei noch nicht gebadet und angezogen und könne deshalb nicht kommen. So näherte sich die Zeit für den Beginn des Opfers. Da traf die Tochter des Chechi mit Buttermilch ein. Als sie [die am Opfer beteiligten] versuchten, das Mädchen bei dem Opfer einzusetzen, sagte es: „Halt! Erst solltet ihr meinen Vater um Erlaubnis

> bitten, sonst werde ich [hier] nicht teilnehmen". Da ging der Patel zum Gujar Baba [Gayatris Vater] und bat ihn [für Brima] um die Hand seiner Tochter. Der Vater stimmte unter einer Bedingung zu: „Nur wenn bei dem Opfer keine *balis* mehr gemacht werden, d.h. keine Pferde, Kamele, Ziegen, Schafe usw. geopfert und stattdessen Opferspenden aus Butterschmalz, das aus Kuhmilch entstanden ist, gemacht werden, werde ich meine Tochter zur Heirat geben". Da war er [Brima] einverstanden. Seitdem wird die Opferspende aus Butterschmalz gemacht. Danach wurde Gayatri in Ganga-Wasser, Kuhurin und Pushkara-Wasser gewaschen und an die Seite Brimas gesetzt. Dann schritt sein Opfer voran und wurde vollendet.

Diese Geschichte weicht an vielen Stellen von der Sanskrit-Erzählung ab. Gayatri wird aus der Anonymität einer Entführung und der Zweckheirat herausgehoben und in ihr spezielles soziales Milieu eingesetzt. Sie ist in dieser Geschichte keineswegs machtlos. Es muß nicht nur ihr Vater um die Erlaubnis der Heirat gebeten werden, sondern es müssen auch Teile des vedischen Opfers geändert werden, bevor Brahma sie heiraten darf.

Die beiden Beispiele von Gayatri und Savitri zeigen, daß es neben dem Sanskrittext und der vedischen Kosmologie und Mythologie, die Brahma repräsentiert, auch andere religiöse und soziale Strömungen in Pushkara gibt, die ihre eigenen Möglichkeiten der Auslegung der Geschichte und des Charakters von Pushkara haben. Unser Verständnis von der Tradition Pushkaras kann nur durch die Einbeziehung dieser verschiedenen und vielschichtigen Perspektiven Vollständigkeit erlangen.

KATALOG

1 Detail einer Hausfassade aus rötlichem Sandstein, Gesamtlänge 485 cm, Höhe 195 cm, westliches Rajasthan, 19. Jh. (siehe auch S. 21, Abb.9).

Die Steinplatten bildeten die Verblendung der Vorderseite eines oberen Stockwerks. Stilistisch entspricht die Fassade den reich ornamentierten *havelis* (Bürgerhäuser) in der Stadt Jaisalmer im Westen Rajasthans, wo allerdings der gelbliche Sandstein vorherrscht. Noch heute werden dort von muslimischen Steinmetzen solche Auftragsarbeiten zur Verschönerung der straßenseitigen Fassaden und der Innenhöfe ausgeführt. Die senkrecht aneinandergefügten Einzelteile, bis zu 140 cm breit, sind von feinem Gitterwerk und floraler Ornamentik in Flachrelief bedeckt. Einige Paneele besitzen Fensterchen, die von miniaturisierten Dachaufbauten von der Art des bangaldar, des „bengalisches Daches", bekrönt sind. Eines der Paneele ist als Balkonfenster mit kleinen Pilastern und aufgesetztem Dachteil aus mehreren Teilen gestaltet. Die vorgeblendeten Fassaden dienen als Wärmeschutz, indem sie die Sonnenstrahlen vom Mauerwerk fernhalten und durch ihren Abstand von den Wänden eine Luftzirkulation ermöglichen. Die Fensteröffnungen sind angesichts der extremen klimatischen Bedingungen der Wüstenregion stets klein. Sie bilden einen Sichtschutz gegen die Außenwelt, erlauben aber gleichzeitig das Beobachten der Straßenszenerie.

2 Balkon eines Stadthauses, grüngraues Schieferkonglomerat, Höhe 235 cm, Rikhabhdev (Süd-Rajasthan), 17. bis 18. Jh.

Wie die handwerkliche Ausführung dieses Balkonbaus anzeigt, handelte es sich um sehr wohlhabende Hauseigentümer aus dem städtischen Bürgertum. Der aus 22 Teilen zusammengefügte Balkon war zum Betreten oder als Sitzplatz geeignet und öffnete sich zu einem großflächigen Innenhof. Das ausladende Dach bot den erwünschten Sonnenschutz. Seine Oberfläche ist mit einer scheinbaren, reliefierten Lattenstruktur versehen, die aus der Holzbauweise stammt. Auf der Unterseite wurde durch eingefügte Deckenpaneele mit kreisrunden Lotosblüten eine Kassettendecke nachgeahmt. Die Säulen mit reichem Kapitell- und Gebälkdekor sind abschnittsweise vier-, acht- und sechzehneckig gestaltet. Elefantengestützte Voluten ragen als Gebälkkonsolen hervor. Die Brüstung, die in fünf reliefierte Felder mit einer Pflanzenstaude in der Mitte und je zwei gefüllten Vasen an den Seiten unter Vielpaßbögen gegliedert ist, könnte die spätere Ergänzung eines ursprünglichen Brüstungspaneels sein, das - wie die seitlichen Mutterfiguren andeuten - mit menschlichen Gestalten reliefiert gewesen sein mag. Die Reste von Rankenwerk an den Eckstücken weisen eine ältere, noch präzisere Handschrift auf als der mittlere Teil.

Der Balkon zeugt auch mit seinen Ergänzungen, die vielleicht dem 18. Jh. zuzuschreiben sind, von der traditionellen Kunst der Sompura-Tempelbaumeister. Diese waren nach dem Ende der mittelalterlichen Dynastie der Solanki (Chaulukyas) aus Gujarat in das Bagar-Gebiet im südlichen Mewar (Süd-Rajasthan) emigriert. Über die Jahrhunderte wirkten sie dort weiter als Architekten und Steinmetze.

3 Teile eines Balkons, grüngrauer Schieferkonglomerat, Rikhabhdev, 17. bis 18. Jh.

Die Vorderseite der Brüstung (Breite 112 cm) zeigt eine zwischen Dekorbändern in Hochrelief gemeißelte Szene mit Tänzerinnen und Musikanten, die sich um die zentrale Figur des Hirtengottes Krishna gruppieren. Die rhythmisch gegliederte Komposition aus neun Figuren verwendet das Motiv des Tanzes Krishnas mit den Hirtenmädchen, eines Liebesreigen von poetischem Reiz (vergl. die Malereien S. 178, Abb. 161). Die Gestalt Krishnas, wie fast immer mit einer Krone und Kokarde aus Pfauenfedern geschmückt, ist hier mit seiner Hirtenflöte (*bansuri*) in der erhobenen rechten Hand dargestellt. Durch die leicht erhobenen Fußsohlen und gebeugten Knie wird bei ihm und einigen der Begleiterinnen ein Tänzeln angedeutet, während andere Figuren sehr bewegte Tanzschritte oder Sprünge ausführen. Die beiden äußeren Gestalten sind durch ihre hohen, gebundenen Frisuren als männlich gekennzeichnet. Sie entsprechen den flankierenden Wächterfiguren an Portalen und Figurenreliefs älterer Zeit.

Neben reliefierten Elefanten- und Papageienfiguren finden sich an der Säule (b) Remineszenzen an Elemente altindischer Baukunst, wie das „Topfkapitell" (*purnaghata*) und die Scheinnische mit Kielbogen, während die Konsolen (c, d) eine mittelalterliche, geometrische Ornamentik aufweisen. Die Eckstücke der Brüstung (e) sind als kleine Fenster mit herausblickenden Männerfiguren gestaltet. Sie blicken auf die Krishna-Szene sowie auf die Elefanten an den seitlichen Brüstungsteilen (f, g).

4 Steinerne Wandhaken zum Aufhägen von Textilien, Länge bis 35 cm, aus einem Zeremonienraum eines ländlichen Palastes in der Bagar-Region im südlichen Mewar, 18. bis 19. Jh.

Die abwechlungsreich mit Menschen- und Tierfiguren rundplastisch gestalteten Wandhaken wurden mit dem hinteren, nur grob bearbeiteten Teil in der Mauer verankert. In horizontalen Reihen befanden sie sich über den Köpfen der sitzenden Gäste, die ihre Reisekleidung, Schals und Taschen daran hängen konnten. Eine besondere Verwendung hatten die Wandhaken in der Zenana, dem Frauenbereich des Palastes. Diesen betrat der Hausherr beim Besuch der Ehefrau mit seinem Turban auf dem Kopf, dann erst legte er ihn über einem der Wandhaken ab.

Die feinen Meißelarbeiten zeigen weibliche, vollbusige Figuren, teils als Mütter mit Kindern, oder Löwen, Pferde und Papageien. Während Löwe und Pferd herrschaftliche Embleme sind, gehört der Papagei als altindischer literarischer Topos dem Bereich der Erotik an.

5 Hängegestell mit Turbanhaken aus Akazienholz, 45 cm Höhe, südliches Rajasthan, 19. bis 20. Jh.

An einer Kette von der Decke hängend, diente das Gestell demselben Verwendungszweck wie die vorangehend beschriebenen Objekte. Das Schnitzwerk weist einen deutlich rustikalen Stil auf, wie er für die Bagar-Region typisch ist. Die Haken werden von Papageien gebildet, die sich mit den Schnäbeln putzen.

6 Säulenreihe aus Akazienholz (Sala-Holz), ca. 200 cm hoch, Jewas (südliches Mewar), 18. Jh.

Die aus sechs Säulen und zwei Pilastern bestehende Arkade trug das Dach einer Veranda, die einem Raumtrakt des ersten Geschosses im hinteren Teil eines ländlichen Palastes, den Wirtschaftsräumen, vorgelagert war. Dieser Teil des Anwesens war im Gegensatz zum Wohnbereich nicht aus massivem Steinmauerwerk gebaut, sondern ließ Arbeits- und Lagerflächen in Form von tiefen Veranden offen. Das Hartholz widerstand erstaunlich gut den Witterungseinflüssen, so daß die tief geschnitzten Ornamente, die eine rustikale, aber feinsinnige Künstlerhand erkennen lassen, in vollem Detailreichtum erhalten geblieben sind. Die Stützen sind dreifach gegliedert mit vierkantigem Unterteil, zypressenförmigem, gerundeten Mittelstück und vierkantigem Oberteil über einem Volutenkapitell. Die vorgesetzten, mit Zapfen eingefügten Konsolen deuten die aus der älteren Steinarchitektur bekannten Vielpaßbögen an. Einige Teile des komplizierten Aufbaus aus Auflager, doppelten Kapitellkreuzen und Zierkonsolen scheinen ersatzweise für beschädigte Stücke eingesetzt worden zu sein. Vor Regen und Spritzwasser geschützt, saßen die Holzsäulen auf reliefierte Steinbasen.

Jewas war ein Kleinkönigtum einer Rajputfamilie aus Gujarat, die im Bhil-Gebiet südlich von Rikhabhdev Ländereien erworben hatte. Die leicht bergige Region läßt das Aufstauen von Wasser zu und ermöglicht dadurch einen ertragreichen Reisanbau. Dieser verhalf der Landbevölkerung zu einigem Wohlstand und der Herrscherfamilie zu entsprechend hohen Steuereinnahmen.

7 Drei Nischenverkleidungen, Sala-Holz, Höhe 61 cm, 62 cm und 64, cm, Breite 78 cm bis 80 cm, aus einem Bürgerhaus in Salumbar (südliches Mewar), 18. bis 19. Jh.

Die fensterartigen Verkleidungen waren vor Nischen in die Wand eingelassen und bildeten mit ihren abschließbaren Schiebetüren als Wandschränkchen sichere Plätze für wertvollen Hausrat, Schmuck und Geld. Ihre dekorative Wirkung wird durch die geschnitzten Figuren neben den Bäumen betont. Wie noch erkennbar, leiten sich die Gestalten aus den traditionellen Wächterfiguren – hier in voller inhaltlicher Bedeutung – her. Trotz generationenlanger Benutzung wurde bei einem Vielpaßbogen das herausgeschnitzte Holzstück nicht entfernt.

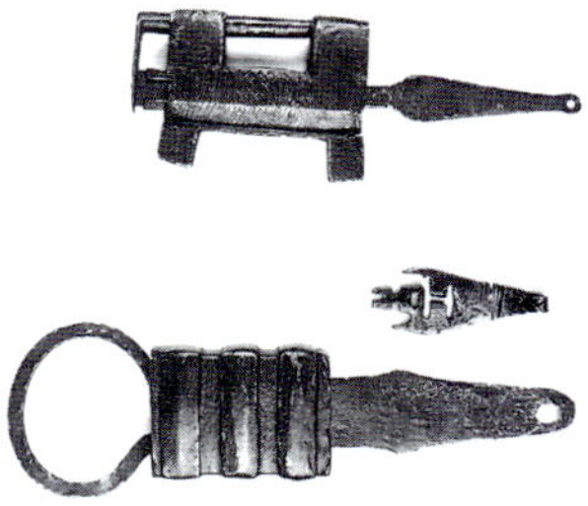

8 Zwei Nischenverkleidungen, beigebraunes Sala-Holz, Höhe 176 cm, Breite je 47,5 cm, südliches Rajasthan, wohl 19. Jh.

Die sehr sorgsam gearbeiteten türhohen Wandverkleidungen bilden mit ihrem Durchbruchschnitzwerk im oberen Bereich Ziergitter vor offenen Nischen, unten dagegen mit Schließblechen versehene, gesicherte Schränkchen mit Klapptüren.

9 Truhe für Hausrat und Textilien, Sala-Holz, Höhe 82 cm, Breite 162 cm, Tiefe 60 cm, aus der Bagar-Region (südliches Mewar), 18. bis 19. Jh. oder älter.

Das schwere Möbel ruht einseitig auf hölzernen Rollen. Es besitzt mehrere Schiebetüren, die nur in einer bestimmten Reihenfolge geöffnet werden können. Dadurch boten sie eine gewisse Sicherheit vor unerwünschtem Zugriff. Eine geschnitzte Wächterfigur und zwei Tanzmädchen flankieren die Blendnischen. Zwei vorspringende, halbe Pferdeleiber bilden den oberen seitlichen Abschluß und zugleich Griffe.

Gegenüber Schränken hatten Truhen den Vorteil der Beweglichkeit und Transportierbarkeit auch außerhalb des Hauses. Sie bildeten einen der wichtigsten Teile des Mobiliars. Besonders die Frauen pflegten Besitztümer wie Schmuck und Textilien, über die sie das alleinige Verfügungsrecht hatten, dort aufzubewahren. In Zeiten der Abwesenheit vom eigenen Haus – anläßlich der Pflichtbesuche bei ihrer Familie – konnte der Besitz gesichert zurückgelassen und notfalls auch transportiert werden.

10 Vorhängeschlösser mit Steckschlüsseln, Schmiedeeisen, Länge 26 bis 32 cm.

Ketten und Schließbleche an Türen, Truhen oder Nischen ermöglichten das Anbringen von Schlössern. Im Inneren der Schlösser sorgt eine federnde Eisenplatte für die Sperrung, wenn der Schlüssel abgezogen wird.

11 Zimmerdecke in Kassettenform, Holz, polychrom gefaßt, 142 x 145 cm, aus einem Bürgerhaus in Salumbar, südliches Mewar, 19. Jh.

Die Holzdecke war zwischen untergezogenen Tragbalken eingespannt und bildete das Zentrum der Raumdecke. Die äußeren 16 Felder des Kassettenrasters enthalten durchbrochen geschnitzte Holzpaneele, in die gedrechselte Zapfen eingesetzt sind. In die neun inneren Felder sind Spiegel und Hinterglasmalereien mit Blumenmuster eingelassen. Die Decke wurde durch herabhängende Glaslampen beleuchtet, die an den vorhandenen Eisenringen befestigt waren. Ihr Kerzenlicht beleuchtete die Holz- und Glasmalereien.

12 Glaslampen in Ampelform (Repliken alter Formen), Glashöhen 26 bis 28 cm.

Diese Art Lampen wurden im 19. Jh. aus Europa importiert und fanden in Rajasthan einen großen Markt. Die ältesten scheinen aus des Glashütten Böhmens zu stammen, in großer Menge wurden sie dann bis ins 20. Jahrhundert hinein aus Belgien bezogen. Diese Lampen wurden auch mit großen farbigen Glaskugeln kombiniert, so daß das relativ schwache Lampenlicht vielfach reflektiert wurde.

13 Hölzerne Zimmerdecke mit floralem, stark geometrisiertem Schnitzdekor, Sichtfläche 122,5 x 131 cm, Bikaner, nördliches Marwar, 19. Jh.

Der serielle Schnitzdekor, der einem Textil- oder Teppichmuster ähnelt, läßt muslimische Einflüsse erkennen. Im Innenfeld, dessen Zentrum ein Spiegel einnimmt, besteht das Muster aus versetzt angeordneten Blüten in einer fortlaufenden Rahmung. Der Naturcharakter der Pflanzen ist hierbei völlig zurückgenommen zugunsten der grafischen Wirkung.

14 Zwei Türflügel aus Hartholz, Höhe 152,5 cm , Breite 81 cm, südliches Rajasthan, etwa 18. Jh.

Die beiden Türblätter sind aus starken Planken zusammengesetzt. Sie tragen auf der Vorderseite innerhalb einer Rahmung aus profilierten Latten einen aufgesetzten Dekor aus geschnitzten Holzteilen. In einer Art Landschaftsbild - auf beiden Flügeln ähnlich, aber nicht exakt spiegelsymmetrisch - wächst aus einem leicht gerundeten Boden eine baumartige Staude mit vielfacher Verzweigung. In rhythmischer Verteilung sind Blumenkelche und offene sechsblättrige Blüten in Aufsicht in das Blattwerk eingefügt. Am Boden und im Gezweig finden sich einige Vögel, deren Häubchen sie als Kraniche kennzeichnen. Der große Vogel im oberen Viertel auf jeder Seite hält in seinem Schnabel einen wulstartigen Gegenstand, vielleicht ein raupenähnliches Beutetier.

Die Holzteile sind teils mit hölzernen Stiften auf den Türblättern befestigt, teils wurden auch eiserne Nägel - wohl zur besseren Sicherung - eingeschlagen und rückseitig gekrümmt. Die Innenseiten sind deshalb wenig attraktiv und waren wohl nicht als Sichtflächen gedacht. Möglicherweise handelt es sich bei der Tür um den Abschluß einer Kammer, die nicht Wohnzwecken diente, oder sogar um Schranktüren, die mit den (möglicherweise später) angeschraubten Eisenscharnieren befestigt waren.

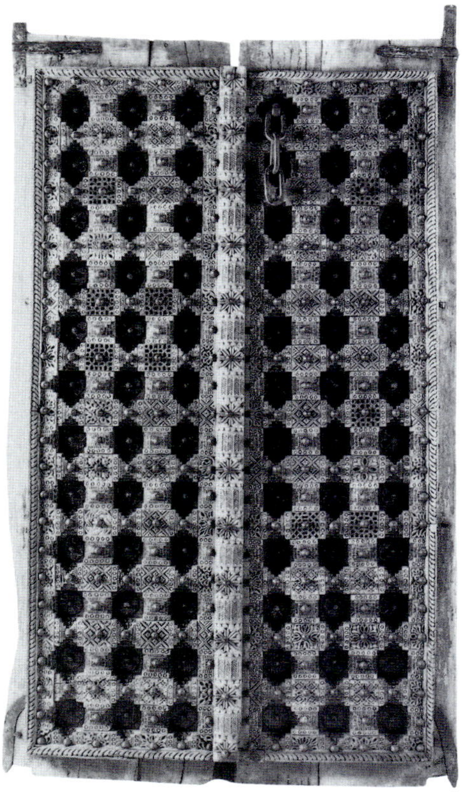

15 Zweiflügelige Haustür aus Hartholz, Höhe (ohne Zapfen) 160 cm, Rikhabhdev, südliches Mewar, 18. bis 19.Jh.

Auf die durch Eisenbeschläge vestärkten Türblätter wurde ein filigran geschnitztes Raster aus sorgfältig gereihten Holzblöcken als zweite Ebene aufgelegt. Das durch Bohren und Sticheln erzeugte Schnitzwerk zeigt einen äußerst eindrucksvollen Variantenreichtum der rein geometrischen Muster, wie sie ähnlich auf manchen rajasthanischen Textilien (besonders im westlichen Wüstengürtel in den Gebieten um Jaisalmer und Barmer, vergl. die Wollumhänge Nr. 61 und 62) vorkommen. Diese Ornamentebene ist auf den Türblättern mit dicht gesetzten Ziernägeln befestigt, wodurch jeder Mittelpunkt und Kreuzungspunkt des zugrundeliegenden Rasternetzes markiert ist. Sowohl in der Horizontal- und Vertikalrichtung als auch in den Diagonalen ergibt dies ein interessantes Linienspiel. In den entstandenen Vertiefungen wurden die Ziernägel zusätzlich mit Beschlagplatten in Rosettenform unterlegt. Bei wechselden Lichtverhältnissen erscheint die Tür in jeweils anderer Plastizität und geometrischer Ordnung.

Zum Einsetzen in einen eingemauerten Türrahmen dienen zwei Zapfen an der Oberkante sowie eiserne Auflager unten. Die Flügel öffnen sich nach außen. Die Kette konnte über eine Öse im Türrahmen gelegt und mit einem Vorhängeschloß versehen werden.

16 Zweiflügelige Haustür mit Rahmen, Holz, Gesamthöhe 165 cm, nordöstliches Rajasthan, etwa 19. Jh.

Die Türblätter sind mit zehn geometrisch beschnitzten Paneelen bedeckt, die durch aufgesetzte, ebenfalls mit Schnitzdekor versehene Leisten gesäumt werden. Die quadratischen Paneele zeigen paarweise eine ähnliche, jeweils um 90 Grad verdrehte Musterung muslimischer Stilistik. Ziernägel und Messingbeschläge beleben die strenge Gestaltung. Die Ornamentik der Rahmen folgt der bekannten traditionellen Gliederung in der Tempelarchitektur: Über der Türöffnung ist ein kleines zentrales Feld hervorgehoben, in der bei Sakralbauten die Weihgottheit abgebildet wird, seitlich im unteren Bereich endet das umlaufende Ornamentband und wird durch ein breiteres Feld abgelöst, das in der Steinarchitektur einen Vorsprung bildete. Statt der im Hinduismus anzutreffenden Darstellung der Flußgöttinnen oder Wächterfiguren ist hier ein ebenfalls muslimisch beeinflußtes Floralmotiv eingeschnitzt, das häufig in der Buchkunst verwendet wurde. Der untere Teil der Tür ist stark abgenutzt. Vermutlich handelt es sich um eine Außentür, die der Witterung ausgesetzt war.

17 Vorder- und Rückseite einer zweiflügeligen Zimmertür, polychrom gefaßtes Holz mit Elfenbeinauflage, Höhe (ohne Zapfen) 180 cm, Kota-Bundi-Region (südöstliches Rajasthan), 19. Jh.

Aus der Öffnungsrichtung ergibt sich, daß die bemalte Seite als Innenseite anzusprechen ist. Sie zeigt von Rindern begleitete Hirtenfrauen (*gopis*) und verweist damit auf die Krishnaverehrung. Es könnte sich hierbei also um das Zierportal eines Hausschreins aus dem Innenbereich eines Wohnhauses oder Palastes handeln. Der Elfenbeinschmuck der Außenseite rahmt den zierlichen Schnitzdekor der eingelegten Paneele ein. Beide Seiten der Türflügel waren wegen der empfindlichen Dekoration nicht geeignet, der Witterung ausgesetzt zu werden.

18 Vorder- und Rückseite einer zweiflügeligen Tür, polychrom gefaßtes Holz, Höhe 163 cm, Jodhpur-Nagaur-Region (Marwar), 19. Jh.

Im Vergleich zur vorangehend beschriebenen weist diese Tür einen weniger „höfischen" Charakter auf. Die gefälligen Bilder auf rotem Grund sind motivisch mit der im Straßenbild häufig anzutreffenden Hausfassadenmalerei verwandt. Die Blumenstauden und Blütenmuster zwischen den Figurenfeldern und bei den heraldisch posierenden Gestalten sind unpretentiös aufgetragen. Die Darstellung der Kleidung dagegen ist abwechslungsreich und detailgetreu angelegt. Bei den Frauen sind der weitschwingende, vielfarbige Faltenrock (*ghaghra*) und der Umhang über Schultern und Kopf (*odhani*), bei den Männern der kürzere Mantel (*angarkha*), eine Schärpe sowie der obligate Turban abgebildet. Die festlich geschmückten Elefanten tragen Reitsitze (*hauda*).

Wie bei den vorangehenden Türen steckten die Türflügel mit den Zapfen als Angelpunkt im Mauerwerk. Die Außenseite zeigt Querstreben zur Stabilisierung der (mehrfach rissigen) Türblätter sowie einen vielpassigen Zierbogen.

19 Höfisches Portal. Zweiflügelige Holztür in Rahmung aus rötlichem Sandstein, Gesamthöhe 252 cm, Breite 195 cm, aus Bikaner, Mitte 19.Jh. (siehe S. 18, Abb. 7)

Die Dimensionen des Portals machen klar, daß es sich hierbei um den Teil einer Palastarchitektur handelt. Die Rahmung besteht aus dreifach gegliederten Stützen und dem monolithischen Architrav, dem ein Sims mit Tropfenornamenten aufliegt. Der Sandstein ist mit stilisierten Blütenstauden und Rosetten in flachem Relief bedeckt. Eine plastische Abwechslung bilden die seitlichen Nischen in Form kleiner Pavillons, deren angedeutete Kuppeldächer jedoch nicht mehr das „bengalische Dach" mit seinen ausschwingenden Platten zeigen (vgl. S. 12, Abb. 1).

20 Bett *(charpoi)*, als Schaukel an vier Messingketten hängend, 150 x 90 cm, Kettenlänge 155 cm, südliches Rajasthan.

Ein *charpoi*, die in ganz Indien übliche Form des Bettes, besteht aus einem hölzernen, verzapften Rahmen auf vier geschnitzten oder gedrechselten Beinen mit einer Bespannung aus Seilen, die bei Bedarf festgezogen oder gelockert werden können, um in der gewünschten Weise zu federn. Das Bett dient nicht ausschließlich dem Schlafen, vielmehr ist es auch ein Sitzmöbel, das dem Gast als Ehrenplatz angeboten wird. Dieser zeremonielle Charakter tritt in der Verwendung des Bettes als Schaukel deutlich hervor. Zwischen die Glieder der Messingketten sind Figuren von Tänzerinnen und Musikantinnen sowie lampenähnliche Schalen eingefügt.

21 Stuhl aus beschnitztem Holz, Höhe der Rückenlehne 73 cm, nördliches oder westliches Rajasthan, 19. Jh.

Stühle sind Sitzmöbel für den zeremoniellen Gebrauch, während im Alltag die Menschen in Hockstellung arbeiten und auch rasten. Die Grundform der Stühle ähnelt der bis in den Hindukush verbreiteten Art, auch eine Anzahl von Ornamenten – beispielsweise die kreisförmige vertiefte Rosette, hier mit sechsstrahligem Blütendekor – ist bis dorthin anzutreffen. Für Rajasthan typisch sind die vorspringenden Pferdeköpfe am Oberteil der Rückenlehne. Das durch Metallklammern gehaltene Lehnbrett trägt die seltenen figürlichen Reliefdarstellungen eines Mannes zwischen zwei Pfauen in einem eigenwilligen, tribalen Stil. Die Sitzfläche ist mit Seilen bespannt.

22 Gruppe von Holzstühlen mit bespannten Sitzflächen, Lehnenhöhen zwischen 70 und 80 cm.

Der rechte Stuhl mit eckig geschnitzten Beinen enthält die bereits erwähnten Dekorelemente der Pferdeköpfe und der Blütenrosetten, ergänzt durch Rosetten aus sich überlagernden Kreisen, deren Schnittflächen in einem Negativ-Positiv-Wechsel voneinander abgehoben sind. Die Lehnenfläche wird von zwei Blütenstauden mit stark geschwungenem Blattwerk gefüllt. Auf den Blüten sitzen Pfauen mit schlanken Hälsen. Der untere Teil der Lehne ist mit durchbrochenem Gitter- und Fenstermotiv beschnitzt. Beim linken Stuhl fällt das nach dem Vorbild europäischer Heraldik inszenierte Löwenpaar mit „Wappenschild" ins Auge. Hier standen die schweren Silberthronsessel der viktorianischen Epoche Pate, die in den Herrscherpalästen im Laufe des 19. Jahrhunderts allmählich die traditionellen Sitzkissen verdrängten. Die „höfischen" Anklänge setzen sich bei dem Holzstuhl in der architektonischen Gliederung der Lehne mit Säulen und Bögen fort. Der mittlere Stuhl bildet insofern eine Ausnahme, als er eine nur rückseitig dekorierte Rückenlehne besitzt. Während im Oberteil eine Blüte naturalistisch wiedergegeben ist, zeigt das Mittelfeld geometrischen, muslimisch geprägten Kreisdekor.

23 Gestell einer Kinderwiege, beschnitztes Holz mit Eisenbügeln, Höhe 99 cm, Breite 146 cm, südliches Rajasthan, Jahrhundertwende.

In die frei schwingenden Bügel am Querholz kann ein kastenartiges Bettchen oder ein Tuch als Wiege (*palana*) in der Art einer Hängematte eingehängt werden. Das Gestell trägt den beliebten Dekor aus halben Pferdeleibern sowie kauernde Affengestalten.

24 Wandpaneel aus rötlichem Sandstein, Höhe 142 cm, Breite 103 cm, aus Bikaner, 18. bis 19. Jh.

Die insgesamt fünf Paneele (Nr. 26 und Abb. 8 auf S. 20) einer Palastanlage in Bikaner bilden in ihrer gleichartigen Ausarbeitung und Stilistik einen Satz von „Fenstergittern" (*jali*). Sie sollten jedoch nicht die Sicht nach außen ermöglichen, sondern dienten als Sichtblenden zwischen dem Männerteil des Palastes (*mardana*) und dem Frauenbereich (*zenana*), in dem die Rajputfrauen traditionell in *pardah* lebten, das heißt in Abgeschiedenheit von der Öffentlichkeit und unter Ausschluß von anderen Männern außer ihrem Ehegatten. Damit sie als Zuschauerinnen an den Hofzeremonien teilnehmen konnten, waren die Festräume für offizielle Versammlungen (*darbar*) mit derartigen Sichtblenden – häufig in den oberen Etagen – ausgestattet, hinter denen die Frauen das Geschehen verfolgten, ohne gesehen zu werden.

Die nur fünf Zentimeter starken Sandsteinplatten wurden mit großer Kunstfertigkeit zu Gittern durchbrochen, eine Technik, die bereits in frühmittelalterlicher, vorislamischer Zeit praktiziert wurde, wie beispielsweise große Paneele in den Haupthallen der Tempelgruppe „Sasbahu" in Nagda (nahe Udaipur) anzeigen. Das fortlaufende Muster aus sich überschneidenden Achtecken stammt aus der muslimischen Stilistik, ebenso das feine Liniengeflecht der Ranken, die die undurchbrochene Fläche über den Bögen ausfüllen. Die gerundeten Einzüge an den oberen Ecken zeigen an, daß das große Paneel für seinen Platz zwischen fest vermauerten Stützen paßgenau behauen wurden.

25 Fenstergitter, hellgraues Schieferkonglomerat, Höhe 145 cm, Rikhabhdev, 18. bis 19. Jh.

Das aus einem Stück gearbeitete Paneel bildete als Sicht- und Sonnenblende die Verkleidung eines Erkers an einem Bürgerhaus (*haveli*). Das Paneel ist in acht Ornamentfelder und eine Fensteröffnung aufgeteilt. Der Dekor auf der nur fünf Zentimeter dicken Platte wurde in exaktem Reliefschnitt ausgearbeitet. Die acht Felder zeigen das Vasenmotiv mit Pflanzenstaude, das als Lebensbaum- oder Fruchtbarkeitssymbol (*purnaghata*) altindischen Ursprungs ist. In der hier mit großem Geschick variierten Gestaltungsweise rührt es aus der Synthese muslimischer und rajputischer Kunsttraditionen der Moghulkunst zur Zeit Akbars (2. Hälfte 16. Jh.). Jedes Feld wird durch einen Siebenpaßbogen auf Halbpilastern gesäumt.

26 Zwei Sandsteinpaneele , Höhe 110 cm, Breite 75 cm (Herkunft wie Nr. 24).

Die Felder unter den Bögen weisen einheitlich das ineinandergreifende Achteckmuster im Gitterraster auf, allerdings wegen der reduzierten Fläche in der harmonischen Wirkung etwas beeinträchtigt. Die Außenkanten verlaufen rechtwinklig ohne Einzüge, den inneren Fensteröffnungen fehlt der Bogen.

27 Sitzbank aus weißem Marmor, Höhe 125 cm, Breite 185 cm, Tiefe 85 cm, Udaipur, etwa 19. Jh.

Die tiefe Sitzplatte läßt erkennen, daß man nicht in „europäischer" Art zu sitzen pflegte, sondern die Bank als Sitzpodest benutzte, indem man sich mit untergeschlagenen Beinen auf der Platte niederließ. Wahrscheinlich war das Sitzpodest, im Freien aufgestellt, eventuell in einem Palastgarten oder in der Zenana (Frauenbereich). Der Dekor der Durchbruchsarbeit in den Lehnen ist durch eine gewisse Strenge geprägt und höchst präzise ausgeführt. Rajasthans bekannteste Marmorsteinbrüche liegen in Makrana (in der Region Ajmer), woher das Material für den Taj Mahal in Agra stammt, sowie in der Umgebung von Udaipur.

28 Küchengeräte aus dem südwestlichen Rajasthan, Länge des Mörserstößels 101 cm.

Holzstößel, Mahlsteine und Vorratsbehälter für Mehl, Schöpflöffel, Pfannenschaber, Gemüsereibe, Quirl sowie Lehmherd mit Schürhaken, Eisenpfanne und Topf mit Greifzangen. Das Inventar indischer Küchen ist durch die Beschränkung auf wenige, zweckdienliche Gerätschaften gekennzeichnet. Die Frauen pflegen die Nahrung in einer überdachten Ecke im Gehöft oder – wie bei den Bishnoi-Bauern in Marwar – in einer separaten Küchenhütte mit Rauchabzug hockend zuzubereiten und zu kochen.

29 Großes Vorratsgefäß aus ungebranntem Lehm, Höhe 77 cm, Bagar-Region (südliches Mewar), etwa 19. Jh.

Das ungebrannte Lehmfaß bietet zum Aufbewahren größerer Getreidemengen ein günstiges Mikroklima. Die Frauenfigur in „Tänzerinnenpose" sowie die beiden turbantragenden Männerköpfe (einer davon als Replik) bekunden äußerlich die rajasthanische Schmuckfreudigkeit. Darüberhinaus mögen aber Reminiszenzen an die altindische Baumnymphe (*salabhanjika*), eine halbgöttliche Symbolfigur für Fruchtbarkeit, in Erscheinung treten.

30 Wasser- und Milchgefäße, Kochtöpfe und Becher aus Messing, Treibarbeiten, größte Höhe 25 cm.

Zum täglichen Wasserholen dienen außer Tongefäßen auch solche aus Messing, die weniger schnell beschädigt werden. Oft tragen die Frauen und Mädchen die schwere Last mehrerer gefüllter Gefäße übereinander auf dem Kopf von den Teichen oder Dorfbrunnen zu ihren Häusern.

Kochtöpfe haben meist einen breiten Durchmesser mit Umbruch auf mittlerer Höhe und runden Boden, um die Herdhitze besser zu nutzen. Trinkbecher aus Messing sind ebenso beliebt wie Gläser; man setzt sie nicht an die Lippen, sondern läßt sich einen Strahl in den Mund fließen. So kann man den Becher trotz des kastenspezifischen Berührungstabus an den nächsten weiterreichen. Ein ständig und mehrfach verwendetes Gefäß ist der *lota*, ein bauchiger Waasernapf, den man zur morgentlichen Toilette mit sich führt und auch für den weiteren täglichen Bedarf an kleineren Wassermengen im Hause griffbereit hat. Die schönsten *lotas* benutzt man für die kultische Libation (siehe Abb. 84 und Nrn. 117–119).

31 Küchengeräte zum Brotbacken aus Messing, Eisen und Holz (größter Durchmesser 45 cm).

Ein wesentlicher Bestandteil der täglichen Nahrung ist das Fladenbrot (*roti*, *chapati*) aus Hirse- oder Weizenmehl, das ein- bis zweimal am Tag gebacken wird. Frisch schmeckt es am besten, doch ist Feuerholz rar und teuer, so daß oft ein Vorrat für den ganzen Tag und für den nächsten Morgen bei einem Backgang hergestellt wird.

Zum Brotbacken dient ein Großteil der Küchengeräte: ein großer schalenartiger Teller (*thali*) aus Messing mit flachem Rand für das Anrühren des Mehls mit Wasser und zum Kneten des Teigs, große Holzschalen zum Ablegen der Teigballen, ein Holzbrett (*chaklo-ti*) und eine Rolle zum Formen der Fladen, eine Eisenschale als Backpfanne, die auf einem Dreibein über dem Feuer steht, Zangen zum Herausnehmen der heißen Fladen, sofern man nicht die Finger benutzen will, und schließlich die Roti-Dose zum Aufbewahren der Brote.

Chapatis sind in Nordindien Grundnahrungsmittel, zu denen je nach Größe der Mahlzeit mehrere Sorten von Gemüse, *dal* (Linsenart) und Milchprodukte wie *dahi* (Yoghurt) oder *raita* (gewürzte Yoghurtsoße) gegessen werden. Auch zu einem vollständigen Reisessen, nach der Speiseplatte *thali* benannt, werden *chapatis* gereicht.

32 Schöpflöffel und Kellen, Eisen und Gelbguß, Länge 33 cm bis 62,5 cm, südwestliches Rajasthan, 20. Jh.

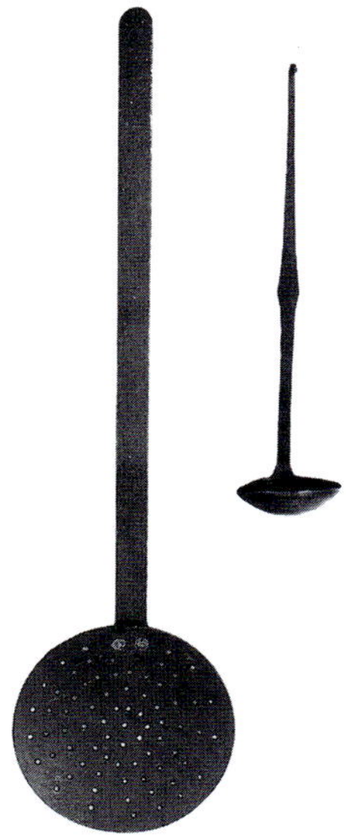

33 Dörfliche Keramikgefäße, gebrannter Ton, teils geschlämmt und monochrom bemalt, Höhen bis 27 cm, Dorf Molela, 1984.

Das Töpferhandwerk zählt in den Dörfern zu den grundlegenden Zweigen der Eigenversorgung. In Ortschaften, wo in erreichbarer Nähe die nötigen Rohstoffe aus Tongruben und von Flußufern bezogen werden können, ist die Töpferei seit langer Zeit angesiedelt. Mehrere Familien aus der Kaste der Kumhar arbeiten im Dorf Molela (Distrikt Nathdvar) als Töpfer und zugleich Terrakottakünstler (siehe Abb. 73–76 und Nrn. 63–67). Die Nutzgefäße aus ihrer Produktion sind vor allem Wasser- und Kochgefäße, ferner Näpfe, Deckeldosen und Schüsseln verschiedener Größen zum Aufbewahren gekochter Nahrung. Die in Haufenbrand üblicherweise rotgebrannte Ware wird bisweilen mit einem Schlick aus feinsten Tonerden geschlämmt und mit Streifen, Wellenlinien und schraffierten Dreiecken bemalt. Wenn beim Brennen durch Abdecken des Haufens mit Schlacken die Sauerstoffzufuhr verringert wird, entsteht eine schwärzliche Färbung der Ware.

Als Spezialitäten stellen die Kumhars tragbare Wasserpfeifen, aus *huqqa* (Flasche) und *chilam* (Pfeifenkopf) bestehend, sowie flache Beutelflaschen für Trinkwasser (rechts unten), die an Strohseilen getragen werden, und „Wasserdiebe" (*chor*) her. Dies sind Gefäße ohne obere Öffnung. Man gießt in ein trichterartiges Loch im Boden Wasser, das beim Umstülpen des Topfes nicht wieder herausfließen kann. Die Gefäße bilden somit kleine Reservoire, in denen das Wasser nicht in der Tageshitze verdunstet, sondern nur durch die leicht porösen Gefäßwände dringt und dadurch Kühlung erzeugt. Eine bestimmte Art von Napf (vorn, Mitte) wird medizinisch als Vakuumbecher angewendet. Er wird – ähnlich den alten Schröpfbechern – in erwärmtem Zustand auf die Haut gesetzt und bewirkt durch den Sog, der bei der Abkühlung entsteht, spürbare Entlastung zum Beispiel bei Muskel- oder Rückenschmerzen.

34 Gefäße aus Stein, Durchmesser bis 52 cm, Jodhpur-Region, wohl 19. Jh. und früher.

Brotschale, Brotteller, Gießgefäß und Gewürztablett. Die sehr sorgfältig geschliffenen Steingefäße aus wohlhabenden Haushalten ähneln in ihrer Form den holzgeschnitzten. Das hochwandige Gefäß mit echter Tülle weist einen Reliefdekor aus Lotosblättern auf, der an altindische Vorlagen erinnert.

35 Agrargeräte, Holz, Bambus und Eisen, Länge des Pfluges 265 cm, Jodhpur-Region, ca. 1980.

Die kleine Auswahl von Geräten für den Ackerbau zeigt einen Doppelpflug mit langer Deichsel und Joch für das Ochsen- oder Büffelgespann, Sicheln zum Mähen des Getreides, Flechtkörbe aus Bambusspleißen und eine Harke mit gesteckten Holzzinken. Der Pflug ist eine Sonderform des üblichen Hakenpflugs (*hal*). Er besitzt zwei Schare, die in Rinnen enden. Am rückwärtigen Teil des Pflugs ist ein Trichtergestell aus Eisenblech befestigt, in das der Pflüger Saatgut gibt. Durch zwei Röhren rieseln die Körner in die gezogenen Furche. Die simple Art des Hakenpflugs hat sich für die Ackerböden Indiens in Jahrtausenden bewährt und seit den frühesten Abbildungen – auf den buddhistischen Reliefs von Bharhut um 100 v.Chr. – in der Form nicht verändert. Untersuchungen zufolge, hat der neuere Einsatz tiefpflügender Schare den Nachteil, in weniger fetten Böden den Schichtenaufbau der Mikroorganismen empfindlich zu stören.

Statt Sensen kennt man in Rajasthan nur Sicheln, die in der üblichen Hockstellung gehandhabt werden. Man greift Büschel von Halmen und sichelt sehr zügig, während man sich hockend weiterbewegt. Sicheln sind auch das Grundwerkzeug der Schaf- und Ziegenhirten. Sie schneiden damit Dorngestrüpp und Büsche als Futter. An Stangen gebunden, lassen sich mit den Sicheln auch Zweige von Bäumen schneiden.

Große Körbe (*oda*) und kleinere (*tokri*) werden von Angehörigen der Jogi-Kaste und den darauf spezialisierten Byopari hergestellt und auf Märkten angeboten. Auch in städtischen Haushalten besteht ein großer Bedarf.

36 Sätrichter, beschnitztes Holz, Höhe 30 cm, südwestliches Rajasthan, 20. Jh.

Der schön dekorierte Holztrichter mit drei Auslässen ist zum Aufsetzen auf einen Säpflug – nach obigem Beispiel – oder auf ein fahrbares Gestell, das dem Pflüger folgt, bestimmt.

37 Schöpfgefäße eines Kettenradbrunnens, gebrannter Ton, Höhe 35 cm, Dorf Molela, 1984.

Das sogenannte Persische Rad ist ein Brunnensystem, bei dem zahlreiche Behälter mit Stricken aneinandergereiht sind und über ein Rad zum tiefliegenden Wasserspiegel laufen. Das Rad wird durch Zugtiere in Gang gehalten. Sie laufen im Kreise um eine Achse, deren Bewegung rechtwinklig über hölzerne Zahnräder zur Antriebswelle des Rades umgeleitet wird.

Wasserräder dieser Art sind bereits in der altindischen Kunst Rajasthans abgebildet (Architrav aus Mandor, Museum Mandor, Distrikt Jodhpur). Sie kommen heute vornehmlich in hügeligem Gelände mit tiefliegenden Wasseradern im südwestlichen Rajasthan zum Einsatz. Die Schöpfgefäße (*ged*) werden traditionell von den Kumhars hergestellt, heute aber zunehmend durch Blechgefäße abgelöst.

38 Strohgabeln, Holz und Leder, Länge 155 cm, Distrikt Jodhpur, um 1990.

39 Zimmermannswerkzeug, Eisen und Holz, Länge des Hobels 25 cm, südwestliches Rajasthan, 20. Jh.

Der traditionelle Name der Schreiner, Tischler und Architekten ist *sutradhar*, „Fadenzieher“, da sie mit einem Faden die Linien ihrer Entwürfe zogen. Zu ihren wichtigsten Werkzeugen gehörten Zirkel, Hobel und Meißel.

Vor allem im ländlichen Handwerk vererbt sich häufig noch der Beruf des Vaters auf den Sohn. Das Werkzeug der Vorfahren hält man generationenlang in Verehrung, auch wenn es den praktischen Anforderungen längst nicht mehr genügt.

40 Kamelsattel, Reisetaschen und Ölflasche. Länge des Sattels 55 cm, westlichen Rajasthan, Jahrhundertwende.

Der traditionelle Reitsattel ist aus Holz gefertigt, das von Eisenklammern gehalten und mit Eisenbeschlag dekoriert ist. In das Bockgestell des Sattels wurden Reitdecken zur Polsterung gelegt. Noch heute ist das Kamel in weiten Teilen Rajasthans Last- und Zugtier. Als Reittier wird es nur gelegentlich, hauptsächlich aus zeremoniellem Anlaß, eingesetzt. Die indische Armee unterhält aber nach wie vor das berühmte Bikaner Corps, das nur aus Kamelreitern besteht.

In früherer Zeit verkehrten Kamelkarawanen durch die Thar-Wüste zwischen den nordindischen Ebenen und dem Sind. Reisetaschen für Proviant und Munition waren aus Kamelleder gefertigt und mit bunten Stickereien versehen. Ölflaschen aus transparenter, gegerbter Kamelhaut mit holzgeschnitzten Pfropfen in Form kleiner Pavillons waren sichere Behältnisse für die wertvollen Öle.

41 Kamelsänfte, Holz mit polychromer Bemalung, Eisenbeschläge, Länge 145 cm, Nagaur-Bikaner-Region, Anfang 20. Jh.

Die Sänfte bietet vorn einem Reiter Platz sowie mehreren Personen auf der Plattform. Die Sitzfläche besteht aus einem Holzrahmen, dessen Verspannung mit Seilen eine federnde Unterlage ergibt. Die Holzeinfassung mit aufgesetztem Geländer ist mit dekorativer Lackmalerei überzogen. Sie zeigt festlich gekleidete Figuren in Kartuschen. Elfenbeinknäufe zieren die Ecken. Vermutlich war die Sänfte als Transportmittel für Frauen gedacht. Ihre dekorative Ausstattung weist auf einen zeremoniellen Gebrauch hin.

42 Silberbeschlagener Kamelsattel, Länge 130 cm, westliches Rajasthan, 19. bis 20. Jh.

Der doppelsitzige Prunksattel ist bis auf die Kufen und die mittlere Lehne gänzlich mit Silberblech überzogen. Der getriebene Dekor zeigt Rankenwerk, in dem Paare von Pfauen (vorn) und Löwen in heraldischer Gegenüberstellung postiert sind. Seitlich an den auslaufenden Kufen ist durch zwei gleichlautende Namenszüge in Devanagari-Schrift der ehemalige Besitzer angegeben: Sardar Ji.

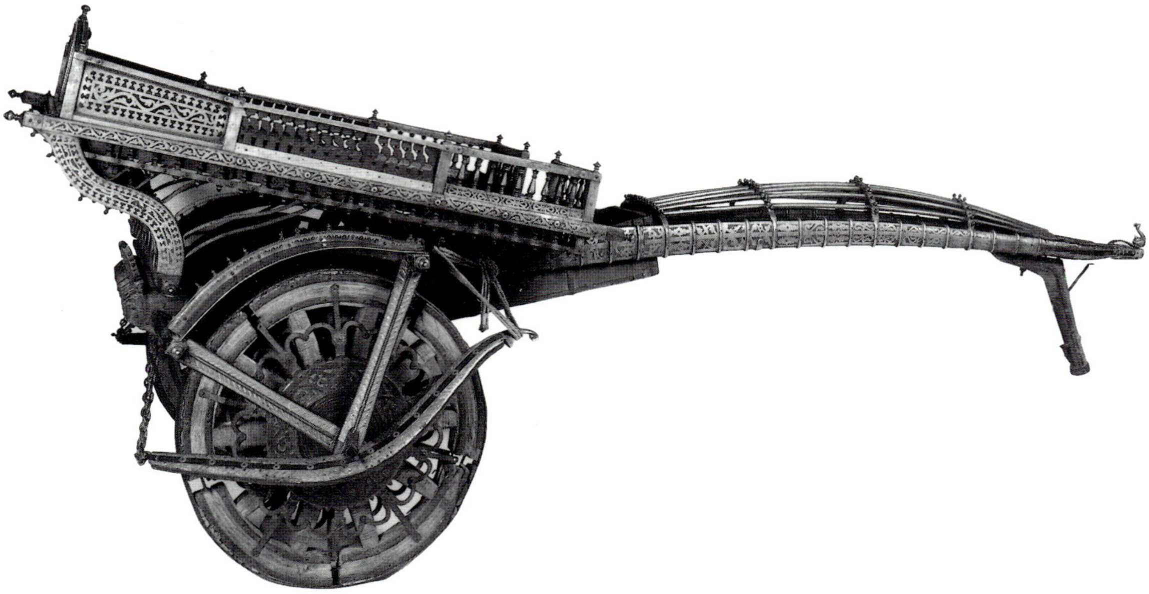

43 Ochsenwagen der Lohar-Wanderschmiede, Holz, Eisen- und Messingbeschläge, Länge 315 cm. Chitorgarh-Region, Mitte 20.Jh. (Detail siehe S. 98, Abb. 81).

Rajasthans wandernde Grobschmiede, die Gadia Lohars, fahren sippenweise auf Wagen (*gadi*) durch Nord- und Mittelindien. Zwei Wagentypen werden dabei benutzt: ein schweres Fahrzeug zum Wohnen, auf das der gesamte Hausrat geladen werden kann, und – wie hier abgebildet – ein leichteres zum Personentransport. Beide sind zweirädrig und werden von Ochsenpaaren gezogen. Die hölzernen Räder werden auf kurzen Eisenachsen einzeln an das Chassis gesteckt und mit Holzbügeln an Ketten oder Seilen in Position gehalten. Diese Einzelradaufhängung ist bei den unebenen Pisten, die in die Dörfer führen, von großem Vorteil. Sie erbringt mehr Fahrkomfort und erleichert das Reparieren. Trotz der Zweckgebundenheit der Fahrzeuge wird größter Wert auf die traditionelle Dekoration gelegt. Sie besteht aus geschnittenen Messingblechen mit abstrahierten floralen Motiven sowie Tierfiguren – vornehmlich dem Pferd als rajputischem Herrschaftssymbol. Neben den Beschlägen, die mit Ziernägeln an den Holzwänden und auf den Kotflügeln befestigt sind, fallen die dekorativen, geschwungenen Gestänge auf, die die Sitzplattform nach hinten abstützen. Auch die ganze Länge der Deichsel ist mit solchen Messingstangen verstrebt.

Die Wagen werden von spezialisierten Handwerkern im Distrikt Chitorgarh hergestellt. Ein Wagen verrichtet etwa 30–40 Jahre seinen Dienst, dann wird von den Lohars ein neuer in Auftrag gegeben und nach dreimonatiger Bauzeit in Empfang genommen. Die Lohars berufen sich auf eine rajputische Herkunft als ehemalige Waffenschmiede und Krieger der Mewar-Festung Chittaur, die sie nach der Bezwingung durch die Moghularmee verließen. Mit ihren Wagen ziehen sie sippenweise von Dorf zu Dorf, um ihre Eisenprodukte zu verkaufen und Reparaturen auszuführen. Ihre Tätigkeit stellt sie in Zusammenhang mit den Zigeunern Europas.

44 Werkzeuge der Lohars, Eisen, Leder und Holz. Gesamtlänge des Blasebalgs 140 cm, südliches Rajasthan, 1984–86.

Die mobile Werkstätte der Grobschmiede umfaßt nur wenige Geräte: einen Blasebalg, mit dem ein Werkstück auf Weißglut gebracht wird, Greifzangen, einen Amboß sowie Vorschlag- und Schmiedehämmer. Der mit zwei ledernen Luftsäcken arbeitende Blasebalg wird, zu meist von den Alten der Sippe, im Hocken bedient. Die Luft wird durch die Eisenröhren in eine Düse aus Schamotte gepreßt und bringt die Kohlen und das Werkstück zum Glühen. Große Werkstücke werden vom Meister im Hocken mit einer beidhändigen Zange auf den Amboß plaziert und dort unter den Hammerschlägen eines Dritten gedreht und gewendet. Auffällig ist, daß oft Frauen die schweren Vorschlaghämmer schwingen.

Die kleinen Werkstücke bearbeitet der Meister allein. Mit viel Geschick werden so alle nötigen Eisengeräte für die dörflichen Haushalte und den Ackerbau hergestellt. Reparaturen wie Kesselflickerei können von den älteren Männern ohne größeren Kraftaufwand ausgeführt werden.

45 Werkstücke der Lohars, Eisen, Holzgriffe. Längen zwischen 10 und 35 cm.

Greifzangen für Herdfeuer, Gemüseschneider, Fleischmesser, verschiedene Schneidezangen, Keil, Sichel und Hackbeil. Die pincetteartigen Greifer, mit denen man sich Glutstücke aus dem Herdfeuer nehmen kann, tragen oft eine gravierte, geometrische Verzierung.

46 Inventar der Lohars, Holz, Eisen, Messing, Keramik. Breite des Topfständers 85 cm.

Das Gut der Loharfamilien ist den Bedingungen der leichten Verstaubarkeit angepaßt. Als Tische und Borde dienen steckbare Gestelle: hier ein Wassertopfständer mit Pferdekopfdekor. Der kleine schlichte Ochsenkarren vorn ist Kinderspielzeug.

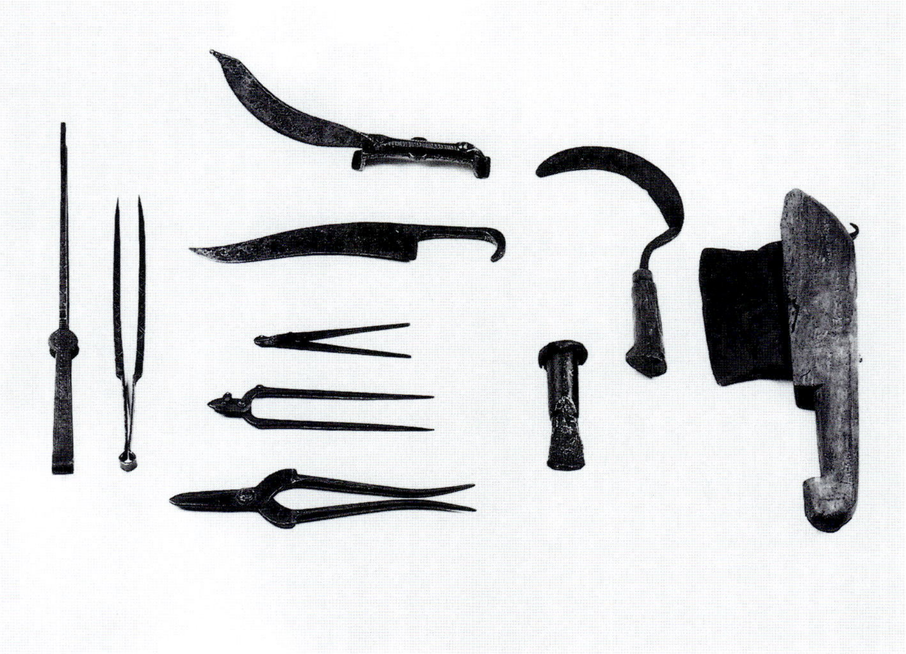

47 Stempeldruck-Mustertücher, Baumwolle, Sanganer und Bagru, Jaipur-Region, Ende 19. Jh.

Unter den Verfahren zum Textilfärben nimmt der Stempeldruck einen besonderen Rang ein. Die Methode, mit Holzstempeln aneinandergereihte Muster aufzutragen, reicht bis ins Altertum zurück. Funde indischer Textilien aus dem 5. bis 15. Jh. – wohl aus Rajasthans Nachbarland Gujarat stammend – wurden in Fostat, Ägypten, entdeckt.

Die vielfarbigen Muster können aus einzelnen Motiven – meistens Blumen und Stauden – bestehen, die versetzt oder nebeneinander die Fläche füllen, oder aus Abschnitten von Floralgebilden, Ranken, Streifen oder anderen geometrischen Formen, die im Rapport Bordüren ergeben. Die Stempel haben handliche Größe, so daß das Tuch bei jeder einzelnen Stempelung nicht mehr als etwa 10 bis 20 cm längs und breit bedruckt wird. Ein geschickter Färber setzt die Rapportmuster rasch und präzise aneinander, kleinere Verschiebungen führen eher zu einer Belebung des Dekors, als daß sie stören würden. Durch paßgenaues Übereinanderdrucken mehrerer Farben mittels unterschiedlicher Stempel ergibt sich eine kostbar wirkende Musterung, die an Ausstrahlung der Stickerei kaum nachsteht.

48 Mustertuch, Baumwolle, Höhe des Motivs 3 cm. Sanganer, Jahrhundertwende oder früher.

49 Mustertuch, Baumwolle, Höhe des Motivs 8 cm. Sanganer, Jahrhundertwende oder früher.

50 Werkbank zum Stempelschnitzen, Sanganer, 1984.

Aus einer Teakholzscheibe wird die eckige Rohform gesägt. Die Oberfläche wird gehobelt und erhält mittels spezieller Steine (*khatiya*), die aus Farukkabad bezogen werden, einen seidigen Glattschliff. Von einer Papierstanze oder Pause wird das Muster auf die Fläche übertragen und mit einem Farbstift verdeutlicht. Mit Stechbeitel und Drillbohrer wird es detailgenau herausgearbeitet, wobei die für den Rapport nötige Paßgenauigkeit des Musterendes der einen Seite mit dem Musteranfang der anderen eingehalten werden muß. Auf den Holzstempel wird rückseitig ein Griffholz angesetzt.

Die Stempelherstellung ist ein spezialisiertes Handwerk, das in den Familien weitergereicht wird. Von großer Bedeutung für den Betrieb ist die eigene Sammlung von Mustern in gezeichneter Form auf Papierbögen. Für sie besteht eine Art Copyright. Die Schnitzer sind im Laufe der Zeit zusammen mit den Färbern von vermögenden Textilhändlern zu privaten Kombinaten zusammengeschlossen worden.

Trotz des industriellen Maschinenfärbens der Baumwolltücher, durch das ihr Berufszweig in den letzten einhundert Jahren erheblichen Schaden erlitt, bestand in Rajasthan stets weiterhin Bedarf an handgestempelten Kleiderstoffen, Umhangtüchern und sonstigen, darunter auch neuen Produkten wie Tisch- und Bettüchern. Neuerdings gibt es durch das Interesse an dem kunsthandwerklichen Vermögen der Schnitzer und Färber wieder ein Aufleben ihres Spezialistentums.

51 Stempelsätze und Rakelkasten, Sanganer, 1984.

Mehrere übereinander gedruckte Farblagen lassen sich durch Stempelsätze erzielen, bei denen die Muster des folgenden Stempels die vorher freigelassenen Stellen füllen oder eine Farbe mit einer weiteren überdecken. Für jeden Stempelgang steht ein Kasten mit Baumwoll- oder Jutekissen und darübergelegtem Rakel zum Abstreifen der überschüssigen Menge angerührter Farbflüssigkeit bereit.

52 Detail eines Umhangtuches mit Bandhani-Färbung.

Es wurde noch nicht „geöffnet“, d.h. die Stellen, an denen das Tuch für den letzten Färbevorgang abgebunden wurden, sind teilweise noch als kleine umwickelte Punkte zu erkennen. Ein Muster im Bandhani-Stil entsteht, indem an den vorgesehenen Stellen der Stoff von links mit dem Nagel des kleinen Fingers angehoben und dann mit einem Faden umwickelt wird. Werden die einzelnen Punkte klein gehalten und eng gesetzt, entsteht eine Streifen- bzw. Linienwirkung.

54 Detail (Viertel) eines Umhangtuches mit Bandhani-Färbung.

53 Umhangtuch mit Bandhani-Färbung, halb geöffnet.

Das Tuch wurde zum Abbinden halb übereinandergelegt. Beim Öffnen läßt sich die klappsymmetrische Musterung deutlich erkennen.

Gelbgrundige Odhani mit tropfenförmig gestalteten Kreismustern in den Farben rot, grün, hell- und dunkelblau. Blaue Randbordüre mit einem aus Punkten zusammengesetzen Diagonalmuster.

57 Deteil eines Turbanstoffes, Baumwolle, einseitig Goldfarbenbordüre, 17 cm breit, 2240 cm lang. Rajasthan, 1. Hälfte 2o. Jh.

In einer Kombination von Laharia- und Bandhani-Reservetechniken gemusterter Turbanstoff. Fondfarben alternierend rot, dunkelblau, grün und gelb. Blattformen möglicherweise zusätzlich in Stempeldruck aufgebracht. Das Beispiel zeigt, mit welcher Hinwendung zum Detail traditionell auch solche Stoffe gestaltet wurden, deren Muster beim Tragen durch das Rollen des Stoffes in den Einzelheiten nicht mehr erkennbar waren.

55 Detail eines Umhangtuchs Odhani, Baumwolle, Bandhani-Musterung, 223 cm lang, 148 cm hoch. Shekhavati, um 1900.

Reich gemusterte Odhani mit gelber Hauptfarbe auf rotem Grund. Im Feld aus feinen Punkten gestaltete Linien als Fond für ein in weiß , blau und grün gestaltetes Blüten- und Rankenmuster. Aufwendig gestalteter Rand alternierend angeordneter stilisierter Figuren und Pflanzen.

56 Detail eines Umhangtuches Odhani, Baumwolle, 241 cm lang, 148 cm breit. Shekhavati, um 1900.

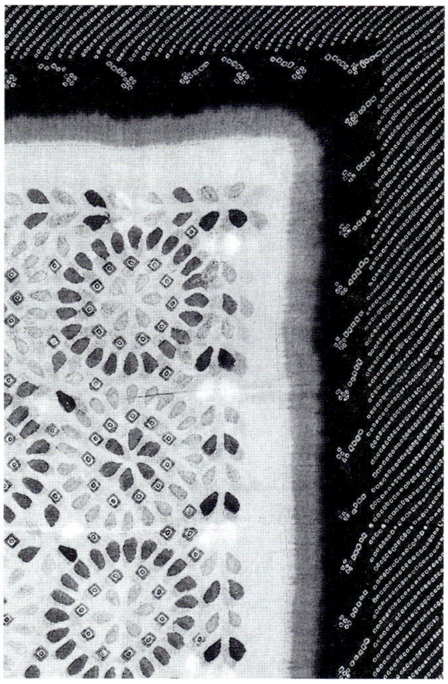

58 Musterprobe eines Lahariya-Turbanstoffes, Baumwolle, teilweise vom Holzstab abgewickelt.

Die komplexen Lahariya-Muster entstanden, indem schmale und möglichst feine Stoffe abschnittsweise diagonal auf einen Stab gewickelt und an den Stellen abgebunden wurden, an denen die Farbe beim jeweiligen Färbevorgang nicht in den Stoff eindringen sollte. Wurde der Stoff vorher zusammengelegt und dann in unterschiedliche Richtungen diagonal gerollt, entstand ein Wellenmuster, das den Lahariya-Stoffen den Namen gab. Die Lahariya-Technik wurde vor allem für die Musterung von Turbantüchern verwendet, nur ausnahmsweise wurden in dieser Technik gemusterte Stoffstreifen auch zu Odhanis oder Röcken zusammengesetzt.

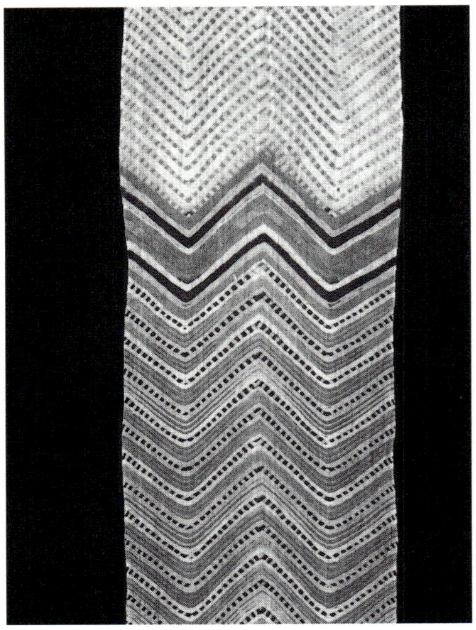

59 Turbantuch in Lahariya-Musterung mit unterschiedlichen Mustern pro Rapport. Nicht aufgeschnitten, möglicherweise als Mustertuch verwendet. Shekhavati, 1. Hälfte 20. Jh.

60 Turbantuch in Lahariya- (Wellen-) Musterung, Baumwolle, 17 cm breit, möglicherweise Shekhavati, 1. Hälfte 2o. Jh.

Bei diesem Tuch wechseln zweifarbige mit stärker gemusterten Partien. Insgesamt wurden jedoch „müde“ Farben verwendet, wie sie z.B. in der Monsunzeit getragen werden.

61 Wolltuch mit vierfarbiger Stickerei, 220 x 150 cm, westliches Rajasthan, 20. Jh. (siehe S. 102, Abb. 86).

Das Umhangtuch (*odhani*) wurde von einem dörflichen Weber in der Region Barmer-Bikaner-Jaisalmer gewebt. Es besteht aus zwei zusammengenähten Bahnen mit ähnlichem, aber nicht symmetrischem Stickmuster. Die Stickerei ist stark geometrisierend und enthält nur wenige figürliche Motive. Selbst die menschlichen Formen an einem der Schmalseiten sind zu Strichfiguren mit linearen Dreiecken als Körper abstrahiert. Manche der Muster lassen ihre Herkunft aus Naturformen jedoch noch erahnen, wie beispielsweise die Bäume an den Enden der rechtwinkligen Kreuze auf beiden Seiten. Symbolhaltige Motive dieser Art sind von Nomadenteppichen des Iran und Zentralasiens wohlbekannt.

62 Wolltuch mit vierfarbiger Stickerei und Spiegeleinlagen, 210 x 140 cm, West-Rajasthan, 20. Jh. (Privatsammlung)

Ähnlich dem vorangehenden, ist dieses Umhangtuch aus roter Wolle mehrfarbig mit geometrischen Formen bestickt. In noch weitergehender Abstraktion fehlen selbst die Reste der menschlichen und floralen Figuren. Dominierend wirkt ein durch hellrote Stickerei hervortretendes mittleres Feld mit variierten Rauten, die ein grünliches Feld in der Mitte einschließen. Innerhalb der Bordüre schließen sich achtstrahlige Sterne – ein Grundmotiv bei Teppichmustern – zu einem Rahmen zusammen.

63 Figürliche Keramik, gebrannter Ton, teils polychrom bemalt, Höhen zwischen 10 und 35 cm, Molela, Distrikt Nathdvar, Gegenwart.

Neben den Haushalts- und Ackerbaugefäßen (vergl. die Nrn. 33 und 37) stellen die Dorftöpfer der Kumhar-Familien in Molela Keramikfiguren und Terrakottareliefs für den zeremoniellen und rituellen Gebrauch her. Die rundplastischen Figuren sind aus der Grundform des Topfes abgeleitet, wobei Gliedmaßen und plastischer Dekor einzeln geformt und, nach Lufttrocknung, den Leibern angefügt werden. Nach dem Brennen im Schichtbrand können die Keramikfiguren auf Wunsch bemalt werden. Das Repertoire umfaßt in einer großen Spannbreite Tierfiguren, Helden und Götter in ikonographisch festgelegter Gestaltung. Vornehmlich für die dörflichen Feiern bestimmt sind Gangor-Isaji-Figuren (vergl. Nr. 90) sowie verschiedene Muttergöttinnen, die auch als Reliefpaneele hergestellt werden. An Tierdarstellungen sind außer dem Tiger, dem Reittier der Göttin Durga, und dem Stier Nandin Pferdefiguren verschiedener Größen als Symboltiere des vergöttlichten Helden Ramdev anzutreffen. Auch spielerische Tiergestalten wie ein lebensechter Mungo und eine Schildkröte in Gefäßform sind anzutreffen. Figuren klassisch-hinduistischer Prägung, wie der vielköpfige Ganesha oder Krishna-Darstellungen sind nicht traditionell, lassen sich aber aufgrund einer wachsenden Beliebtheit der Molela-Keramik heute in städtischen Kreisen gut vermarkten.

64 Kultrelief der beiden Bherus, Kalaji und Goraji, polychrom gefaßte Terrakotta, Höhe 45 cm, Molela, 1986.

Zu den wichtigen Gottheiten im dörflichen Ritus gehören die Schutzgötter Kala und Gora, „der Schwarze und der Helle", zwei Formen des Shiva-Aspekts Bheru (Bhairava). Ihr Altar steht am Dorfeingang, den die beiden bewachen. Die Bemalung dient nicht nur der ikonographischen Hervorhebung von Details, sondern bietet durch den Leimfirnis auch in gewissem Umfang Schutz vor der Witterung.

65 Zwei Terrakottapaneele, bräunlichrot gebrannt, Höhe 57 cm, Molela, 1984.

Auf dem linken Relief ist Dharmraj, der Gott des Totenreiches, dargestellt, rechts, das Göttinnenpaar Lalu und Phulami. Dharmraj steht als Schicksalsbestimmer an zentraler Stelle im dörflichen Hinduismus, der wesentlich von der Ahnenverehrung bestimmt wird . Er registriert die Sünden der Verstorbenen und legt nach dem Gesetz des Karma, der kausalen Wiedergeburtslehre, ihren kommenden Lebenszyklus fest. Viele Altäre auf freiem Feld tragen sein Kultbild, flankiert von einer Schlangenstele und Bheru-Reliefs. Die Muttergöttinnen (*mata*) treten im Dorfglauben als vielzählige Gruppe auf. Mit ihnen wird das Heil der Familie, Gesundheit von Mensch und Tier und die Fruchtbarkeit der Felder verknüpft. Durch besondere Attribute werden sie in den Darstellungen gekennzeichnet, ohne aber eine individuelle Funktion auszuüben.

66 Drei polychrome Terrakottapaneele und Utensilien zum Bemalen, Molela, 1984. (siehe S. 88, Abb. 74)

Zur Aufstellung auf Feldaltären bestimmte Figuren und Reliefs werden zumeist mit einer Bemalung versehen, die abschließend einen dicken, glänzenden Firnis erhält. Die Bemalung wird von den Töpfern selbst vorgenommen.

Um die Leuchtkraft der Farben zu verstärken, wird das zu bemalende Objekt zunächst grundiert, wie die weißgeschlämmte rundplastische Ganesha-Figur vorn zeigt. Das mittlere Paneel, das den Ahnen Kakal Dev in Schlangenform darstellt, hat den ersten Farbauftrag aus (chemischem) Farbpulver, angemischt mit Wasser und Leim, erhalten. Die Muttergöttin Kalika Mata, auf dem Büffel reitend, sowie das kleine Reliefpaneel mit Ganesha und seiner Frau Rati sind bereits fertig bemalt, mit Silberstreifen beklebt und gefirnist.

67 Ständer für Räucherwerk (*dhupdan*), zum Aufstellen auf den Feldaltären, polychrome Terrakotta, Höhe 35 cm, Molela, 1984.

68 Figurenkeramik, Höhe des Pferdekopfes 35 cm, Pokaran (W-Rajasthan), 1992.

Neben der Herstellung von Gebrauchskeramik befassen sich auch die Töpfer in Pokaran, zwischen Jodhpur und Jaisalmer gelegen, mit figürlichen Arbeiten. Ihr Formenkanon und ihre Stilistik erscheinen dabei diffus und weniger traditionell als die der Molela-Keramik und ziehlen wohl auf die Vermarktung außerhalb ihres lokalen Kundenkreises. Das Windlicht mit einer Ganeshafigur sowie der dekormäßig überladene Elefant gehören in diese Kategorie der Marktprodukte. Die Öllampenschale vorn links, deren Rand mit Vogelfigürchen besetzt ist, weist dagegen sogar altindische Bezüge auf. Die Pferdeköpfe sind für den Ramdev-Kult in der nahegelegenden Pilgerstadt Ramdeora bestimmt.

69 Ahnenpaare, Terrakotta, Höhe 40cm, bzw. 12 cm, Pokaran, 1992.

In Haltung und Ausdruck zählt das große Ahnenpaar, genannt *adivasi* („Ureinwohner"), zu den eigenwilligsten Schöpfungen der Pokaran-Töpfer. Während im allgemeinen verstorbene Frauen nie und männliche Ahnen als berittene Krieger wiedergegeben werden, erscheinen hier menschlich wirkende Personen, die reichlich erzürnt auf die Nachwelt zu blicken scheinen.

70 Hinduistische Kultfiguren, grauer Seifenstein, Höhe bis 28 cm, Dungarpur (Süd-Rajasthan), 1984.

Die Angehörigen der Sompura-Kaste in der Bagar-Region sind seit Jahrhunderten als Steinbildhauer tätig. Ursprünglich in Gujarat beheimatet, waren sie unter der Solanki-Dynastie Tempelbaumeister. Daher beziehen sie heute noch die Berechtigung zur Herstellung hinduistischer Bildwerke in ikonographisch getreuer Tradition. Die hier versammelten Kultbilder zeigen das vierköpfige Shivalinga auf der Yoni-Plattform mit dem Ablauf des Libationswassers, Shiva als thronende Gottheit, sein Symboltier Nandin sowie Ganesha und die stehende Durga.

71 Der schwarze Bheru, polychrome Steinfigur, Höhe 32 cm, Rikhabhdev (Süd-Rajasthan), 1984. **(Siehe S. 30, Abb. 18)**

Der hier in seiner klassisch-hinduistischen Form als Bhikshatana („büßender Pilger“) dargestellte Gott Bhairava in Begleitung eines Hundes ist eine Inkarnation Shivas. In der volkstümlichen Version ist er ein Schutzgott der Dörfer.

72 Gedenkstein, grüngrauer Seifenstein, Höhe 35 cm, Dungarpur (Süd-Rajasthan), 1984.

Die Benutzung rajuptischer Vorlagen der Ahnenbilder durch die Stammesbevölkerung der Bhil und Garasia geht auf das Prestige zurück, das die überlegen bewaffneten Rajputs genossen.

73 Gruppe von Gedenksteinen, grüngrauer Seifenstein, Höhe bis 30 cm, Rikhabhdev (Süd-Rajasthan), 1984.

Gedenksteine für Verstorbene (*purvaj*) werden von den Bhil- und Garasia-Ethnien im Bagar-Gebiet auf Feldaltären aufgestellt. Die Figuren werden von den hinduistischen Sompura-Steinmetzen in einem begrenzten ikonographischen Repertoire von Reiterfiguren, Kriegern, Schlangen und weiblichen *sati*-Gestalten zum Kauf angeboten. Die Kunden wählen sich die ihnen thematisch passende Stele aus. Sie verbinden mit ihr eine individuell auf den Verstorbenen gerichtete Bedeutung, die über die generalisierende Darstellung hinausreicht. Die Form und Abbildungsweise der *purvaj*-Steine leiten sich einerseits aus den rajputischen Gedenkstelen für verstorbene Helden (*paliya*) her, andrerseits aus den *sati*-Steinen, die den rajputischen Frauen zur Erinnerung an ihren Feuertod an der Seite ihres verstorbenen Mannes gesetzt wurden.

74 Vishnu Vishvarupa, gelblicher Sandstein, Höhe 47 cm, Breite 45 cm, aus dem Grenzbereich von SO-Rajasthan und Madhya Pradesh, 8.Jh.

Das Kultbild stellt den hinduistischen Hauptgott Vishnu in seiner Vielgestalt (*vishvarupa*) dar. Er steht mit leichter Körperbiegung in aufrechter Haltung (*abhanga*), seine ehemals vier Arme weisen abwärts. Seine rechte vordere Hand liegt lässig an der Hüfte, seine linke hält als eines seiner drei Attribute, die Schneckenschale. Die weiteren beiden Unterarme und Hände sind nicht erhalten geblieben. Wahrscheinlich berührten sie eine Keule (*gada*) und eine Wurfscheibe (*chakra*), die den Köpfen von zwei Beifiguren als Personifikationen dieser Waffen auflagen. Neben der zentralen Figur Vishnus standen sie auf der weggebrochenen Basisplatte. Vishvarupa wird die Form des Gottes genannt, in der sich seine Funktion als Schöpfer des Kosmos in Raum und Zeit mit seiner Vielfalt an auseinander hervorgehenden Kräften ausdrückt. Diese dem Gott immanente Vielfalt offenbart sich durch seitlich aus seinem Kopf tretende kleine Tierfiguren und durch Gruppen von Gestalten, die ihn umgeben. Sie füllen den gesamten Reliefgrund und bilden eine Art belebter Aureole. In einer umfassenden Abhandlung hat T. Maxwell (in: B.N. Sarasvati et al.[Hrg.], Art, the Integral Vision, New Delhi 1995, S.98–110) die Skulptur beschrieben und analysiert. Danach ist der Hauptgott mit seinen vier tierischen Inkarnationen (Fisch, Schildkröte, Eber – nicht erhalten – und Löwe) insgesamt als Kombination der Aspekte Balarama und Krishna zu Narayana Vishnu aufzufassen, was durch die kleine Schlangenhaube über seiner Krone gekennzeichnet ist. Die Weltenschöpfung wird durch die drei über der Haube axial aufsteigenden Gestalten präsentiert: Vamana, der Zwerg, der zum Riesen Trivikrama wird, gefolgt vom pferdeköpfigen Hayagriva, der die Sprache symbolisiert, und dem viergesichtigen Brahma, dem die Ausführung der Schöpfung obliegt. Das so erschaffene Weltganze wird durch die Gestalten auf dem Nimbus dargestellt. Hier finden sich die einzelnen Götter wieder: Zur Linken Brahmas sind Rama mit dem Bogen, Indra auf seinem Reittier, dem Elefanten, Agni (beschädigt) auf einem Widder, Yama auf einem Wasserbüffel, Virupaksha auf einem Kamel, begleitet von seiner Frau Nirtti, sowie zwei Heilige zu erkennen, auf der Gegenseite Parashurama mit seiner langstieligen Axt, Shiva mit seiner Gattin Parvati auf dem Schoß, sowie (beschädigt) Skanda und Ganesha. All diese Gottheiten verkörpern den Bereich von Tod, Wiedergeburt und Erlösung. Der kosmische Aspekt des Todes ist dabei als göttliche Manifestation einer positiven universellen Kraft aufgefaßt (Maxwell op.cit., S. 106).

Die weiteren Gruppen unterhalb der Götterzone verkörpern die mit dem Sonnengott verbundenen Adityas, wobei nur sechs erhalten sind, während die weiteren sechs im unteren Nimbusteil dargestellt waren, sowie – über der rechten Schulter Vishnus – in zwei Reihen neun der elf Rudras und, in drei weiteren Reihen, zehn Rishis. Der Nimbus trägt als Saum die maskenartige Gesichter der acht Bhairavas, des furchteinflößenden Aspekts Shivas.

Der komplexe Inhalt der Skulptur verdeutlicht, daß die Kultbilder des Hinduismus als komprimierte Darlegungen theologischer Doktrinen aufzufassen sind. Die Allgestalt Vishnus, entstanden in der Mathura-Kunst des 5.Jh., hat vermutlich der früh-rajputischen Gurjara-Pratihara-Dynastie von Kannauj (Kanyakubja) als Symbolfigur königlicher, allumfassender Macht gedient. Mehrere Vishvarupa-Plastiken aus dieser Epoche und derselben Region sind überliefert.

75 Varaha, gelblicher Sandstein, Höhe 85 cm, Rajasthan, 11. Jh.

Die dritte der zehn irdischen Herabkünfte (*avatara*) des Gottes Vishnu ist die Inkarnation als Eber (*varaha*), in der er die Erdgöttin Bhumi aus den Urgewässern der Unterwelt emporhebt und dem Herrschaftsbereich der Weltenschlange Adishesha entzieht. Die Darstellungsweise dieses Schöpfungsmythos ist seit der Guptazeit stets die gleiche: das rechte Bein gestreckt, das linke (hier fehlend) angewinkelt, steigt der vierarmige Gott in dynamischer Pose auf und hebt auf seinem linken Ellbogen die Göttin empor, während seine rechte Hand den Schlangenkönig umspannt. Der Varaha ist mit Eberkopf, aber menschlichem Körper wiedergegeben, entstammt damit gleichermaßen dem Tier- wie dem Menschenbereich, während die beiden vorangehenden *avataras*, Fisch und Schildkröte, noch gänzlich tierisch waren. Der Varaha hält die üblichen Waffen Vishnus in den Händen: rechts die Keule (*gada*, nur im Knauf erhalten), links die Schneckenschale (*shankha*) und das Rad (*chakra*).

Die *avatara*-Formen befinden sich als kleine Figuren an den Rändern des Kultbildes. Neben der rechte Hand des Varaha ist der Fisch (*matsya*) erkennbar, die Schildkröte (*kurma*) auf der Gegenseite fehlt. Über dem Fisch ist nochmals der Eber vorhanden. Oberhalb der sitzenden, dickbäuchigen Gottheit Brahma – die Komplementärfigur Shivas hinter der Erdgöttin fehlt – setzt sich die *avatara*-Reihe fort mit Vamana, dem Zwerg mit dem Sonnenschirm, Rama mit dem Bogen (in dieser Abfolge unüblich, siehe auch Nr. 178) und Parashurama mit der Axt, sowie, auf andere Seite wechelnd, Balarama und Buddha. Von der Reiterfigur Kalkin als zehnter Darstellung ist nur der Pferdekopf erhalten (vergl. Nr. 125). Die mittlere Figur oben zeigt die residierende Gottheit Vishnu in seiner meditierendenen Form mit den Attributen Rad und Schneckenschale in den oberen Händen.

76 Shiva und Parvati, Sandstein, Höhe 26 cm, östliches Rajasthan, 10. bis 11. Jh.

Der vierarmige Shiva sitzt entspannt auf seinem Reittier Nandin, die Gattin Parvati auf seinem Schenkel schmiegt sich an ihn. Am rechten Knie Shivas kauert der dickbäuchige, elefantenköpfige Ganesha.

77 Kirttimukha, Deckenpaneel aus rötlichem Sandstein, Höhe 44 cm, Breite 71 cm, Zentral-Rajasthan, 11. Jh.

Kirttimukha („Siegesgesicht") ist ein Standardmotiv der Tempelplastik. Dargestellt ist der Kopf eines gehörnten, löwenähnlichen Mischwesens. Aus seinem Maul sprießt beidseitig sich dekorativ rundendes Rankenwerk. Die grollend wirkenden Köpfe finden sich oft aneinandergereiht als Friese an Tempelsockeln. Durch ihr dämonisches Aussehen sollen sie böse Einflüsse abwehren. Das Eckpaneel stammt aus der Kassettendecke eines hinduistischen oder jinistischen Tempels.

78 Sardula, gelblicher Sandstein, Höhe 63 cm, nordwestliches Rajasthan, 11. bis 12. Jh.

Eine Löwengestalt – durch ihre Hörner als Raubkatze (*sardula*) der Fabelwelt gekennzeichnet – bäumt sich wütend auf. Sein rückwärts gewendeter Kopf wird von einem kleinen Speerträger, der auf dem Hinterteil des Tieres sitzt, attakiert. Der dekorative Charakter des Füllpaneels wird durch die floral verfremdete Schwanzspitze des Löwen unterstrichen.

79 Friesfragment, gelblicher Sandstein, Höhe 35 cm, Rajasthan, 12. bis 13. Jh.

Im runden Bildfeld sind vier Frauenfiguren reliefiert, die durch die Verbindung ihrer Füße einen *svastika*-ähnlichen Wirbel bilden. Das Fragment stammt von einem Trennfries, der, gemäß dem Nagari-Stil mittelalterlicher Tempel Nordindiens, die Außenwände vertikal betont.

80 Kopf eines Tirthankaras, gelblicher Sandstein, Höhe 22 cm, Rajasthan, 11. Jh.

Der Kopf ist durch seine Frisur aus Kräusellocken, den Kopfauswuchs und seine schmucklosen, gelängten Ohrläppchen als Tirthankara („Furtbereiter") gekennzeichnet. Welcher aus der Gruppe der 24 Heiligen des Jinismus gemeint ist, bleibt offen. In der mittelalterlichen Kunst nehmen die Gesichtszüge einen formalisierten, starren Ausdruck an.

81 Tirthankara, Bronze, Höhe 25,4 cm, Grenzbereich von SW-Rajasthan und Gujarat, 7. bis 8. Jh. (Siehe S. 96, Abb. 80).

Der Heilige steht in der kanonischen unbeweglichen Pose eines dem Irdischen Enthobenen unter einem Ehrenschirm auf einem aus gebreiten Lotos, der dem mehrfach gegliederten Sockel aufliegt. Die frühmittelalterlichen Kultbronzen im westlichen Indien werden generalisierend unter dem Stilbegriff „Akota-Bronzen", benannt nach dem grenznahen Fundort Akota im heutigen Gujarat, zusammengefaßt, wobei die aus Rajasthan stammenden nicht eindeutig isolierbar sind.

82 Türrahmen eines jinistischen Tempelschreins, beschnitztes Holz, Höhe 122 cm, südwestliches Rajasthan, 17. bis 18. Jh. oder früher (Detail auf S. 27, Abb.15).

In reichen Bürgerhäusern der Jaina-Gemeinde wurden Miniaturtempel für den privaten Kult aufgestellt. Der Türrahmen zeigt in der Mitte des Architravs oben eine sitzende Göttin, die einen Hakenstab (*ankusha*) und eine „Seelenschlinge" (*pasha*) trägt, und darunter als Titularfigur einen Tirthankara in meditativer Sitzhaltung.

83 Fragment einer jinistischen Kultfigur, Sandstein , Höhe 26 cm, Breite 51 cm, südwestliches Rajasthan, 10. bis 11. Jh.

Das Fragment stammt von der Umrahmung einer großen Stele, die möglicherweise als zentrale Figur einen Tirthankara darstellte. Üblicherweise sind diese von weiteren Jinas begleitet, wovon hier drei erhalten sind. Sie sitzen in Meditationshaltung in kleinen Nischen, die eine Tempelarchitektur andeuten. Das gebogene Verbindungsstück in der Mitte ist eine stilisierte Ranke, die aus dem Maul eines krokodilartigen Fabelwesens (*makara*) dringt. Die Figur links ist in kämpferischer Pose wiedergegeben.

84 Parshvanatha, Bronzeguß mit Kupfer- und Silbertauschierung, Höhe, 18,2 cm, westliches Rajasthan, datiert 1243 n.Chr.

Die Kultbronze stellt Parshvanatha dar, den 23. Tirthankara, der stets von einer siebenköpfigen Schlangenhaube beschirmt wird. Parsvanatha sitzt hier auf einem Löwenthron in Meditationshaltung, wie einen Herrscher flankieren ihn zwei Wedelträger. Zu Füßen des Sockels sind in stark reduzierter Weise die neun Planeten (*navagrahas*) wiedergegeben, rechts und links sitzen die dem Parshvanatha zugeordneten Schutzgottheiten Dharanendra und Padmavati als Yaksha-Paar (*yakshadampati*). Der Rahmen der Figur enthält noch zwei

weitere Jinafiguren und wird von einer Vase (kalasha), dem altindischen Glücks- und Fruchtbarkeitsmotiv, bekrönt. Gegenüber älteren Arbeiten läßt diese „spätmittelalterliche“ Bronzefigur stilistisch den Beginn einer Schematisierung erkennen, die sicher auch auf die Tatsache zurückzuführen ist, daß erhebliche Mengen solcher Stiftungsfiguren hergestellt wurden. Die Bronzearbeiten wurden zumeist in tempeleigenen Werkstätten ausgeführt, der Verkaufpreis, besser: das Stiftungsgeld, floß in die Tempelkassen. Das Stiften von Figuren gilt noch heute als religiös verdienstvoll.

Rückseitig werden in einer eingravierten Inschrift das Jahr 1300 der indischen Ära Vikrama-samvat (V.S.; beginnend 57 v.Chr.) und das genaue Datum der Stiftung angegeben: „am 5.Tag der hellen (zweiten) Hälfte des Monats Jyeshtha“ (etwa Anfang Juni).

85 Parshvanatha, Kupferbronze mit Silbertauschierung, Höhe 20,6 cm, Jaisalmer, West-Rajasthan, datiert 1477 n.Chr.

Der stilistische Vergleich dieser Kultbronze mit der vorangehend beschriebenen zeigt eine weitgehende Stilisierung der figürlichen und ikonographischen Details: Die Körper verlieren weiter an Plastizität, der „architektonische“ Aufbau wirkt erstarrt. Die ikonographischen Merkmale der Parshvanatha-Darstellung bleiben dabei jedoch erhalten (vergleiche Nr. 84). Auf der Brust trägt der Tirthankara das jinistische Glücksemblem *shrivatsa* (auch „Brustjuwel“ genannt).

Auch diese Figur ist rückseitig mit dem genauen Datum beschriftet: V.S. 1534, im Wintermonat Pausha, am 10. Tag.

86 Der Jina Rishabhanatha, Gelbguß, Höhe 11,5 cm, westliches Rajasthan, datiert 1309 n.Chr.

In Form einer unüblichen rundplastischen Sitzfigur ist hier der erste der 24 Tirthankaras ohne jegliche Beifiguren dargestellt. Lediglich sein Symbol- oder Reittier (*vahana*), der Stier (*vrisha*) ist am Sockel vorhanden. Eine in das Gußoriginal geritzte Stiftungsinschrift mit der Jahreszahl V.S. 1366 bedeckt den Fuß und die gesamte Rückseite des Sockels.

87 Zwei Manuskriptmappen, textilverbundene Pappen mit Lackierung, Länge 27 cm, südwestliches Rajasthan, 19.Jh.

Neben den umfangreichen Manuskripten der Jaina-Literatur, die hunderte von Folien umfassen können, gibt es kürzere Texte mit Traktaten und religiösen Episoden, die in die klappbaren Mappen eingelegt werden können. Die Lackbemalung zeigt schlichten Rasterdekor mit Blumenmotiven (oben), bzw. häufig die Gruppen der acht glücksverheißenden Symbole (*ashtamangala*, auf der Rückseite) und auf der Außenseite die Symbole, die die vierzehn Träume der Mutter (und der Ersatz-Mutter) des Jina Mahavira piktogrammatisch wiedergeben: (von links) Elefant, Stier, Löwe, Göttin Shri, zwei Girlanden, Mond und Sonne, sowie – in der unteren Reihe – Banner, gefüllte Vase, Lotosteich, Milchozean (symbolisiert durch ein Segelschiff), Zeremonialwagen, Juwelenschale und rauchlose Feuerschale.

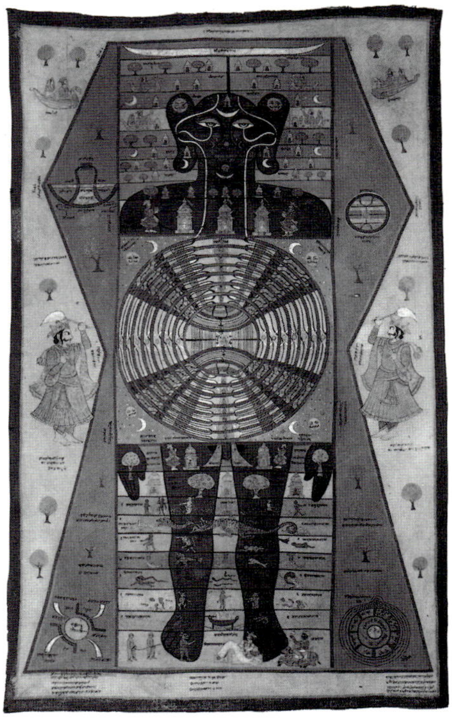

88 Der Jina als Weltenherr (*lokanatha*), Textilmalerei auf Baumwolltuch, Höhe 230 cm, Breite 140 cm, südwestliches Rajasthan (Pratabgarh, eventuell Sirohi ?), datiert 1884.

Die Malerei stellt die drei Welten der jinistischen Kosmologie dar, die hier auf den Körper eines allumfassenden Wesens übertragen worden sind: Im Oberteil sind die Ebenen der Oberwelt (*urdhvaloka*, Himmelssphären) übereinander gelagert, besetzt von Tempelschreinen und seligen Gottheiten; zwei fürstliche Adoranten preisen die Tirthankaras in Tempeln. Im Zentrum der Malerei steht eine kreisförmige Darstellung der irdischen Welt Jambudvipa („Kontinent des Rosenapfelbaums“), die sich aus sieben Ringkontinenten und -ozeanen und dem Berg Meru in der Mitte zusammensetzt. In dieser „Menschenwelt“ (*manushyaloka*) existieren alle Lebewesen, hier werden auch die Jinas geboren und ermöglichen die Erlösung. Die untere Sphäre ist die Hölle (*naraka*), aufgeteilt in sieben numerierte Ebenen, die von zwei oberen und einer unteren Ebene eingefaßt werden. In den beiden oberen sind Tempel angesiedelt – eine letzte mögliche Zuflucht. Darunter erleiden die Verdammten alle denkbaren Höllenqualen: von Ungeheuern verfolgt, zerstückelt, geschmort, büßen sie ihre Sünden, die ihnen schriftlich vorgehalten werden (siehe Detail).

Herr über diese drei Welten ist der unbekleidete, in starrer Meditationshaltung (*kayotsarga*) stehende Lokanatha (oder *lokapurusha*, „Weltenmensch“). Seine Nacktheit kennzeichnet die sektenmäßige Zugehörigkeit der Malerei zur Digambara-Richtung („Luftbekleidete“) des Jinismus. Die Beschriftung links unten, gelesen von S. Andhare (in: Pal, P., The peaceful liberators - Jaina art from India , Los Angeles 1994, p. 261, No. 103B), benennt diesen kosmischen Menschen als Bhagavan Mahavira Vardhamana, also als den 24. Tirthankara, den historischen Religionsstifter aus der Epoche des Buddha (etwa 500 v.Chr.). Der Titel der Malerei wird in der Kopfzeile wiedergegeben: Malerei des *mandalas* (Meditationsdiagramm) der drei Welten („tin lok pujan mandal ka citram“, in Rajasthani). Außerdem wird schriftlich das Datum mit dem Vollmondtag des Sommermonats Shravan im Jahre V.S. 1941 erwähnt. Die Stifter bezahlten 151 Rupies an den Tempel (S. Andhare, op.cit.).

Durch die drei Welten und den Erlöser sind der Makro- und der Mikrokosmos vollständig umschlossen. Dies betrifft auch die inneren Sphären des nach Erlösung (*moksha*) strebenden Menschen. Dargestellt ist also eine Art Seelenlandschaft mit psychologisch definierten Abschnitten und Stufen, die ein methodisches Voranschreiten auf dem Erlösungsweg ermöglichen.

88a Der Höllenrichter Dharmaraja erstellt auf einer Papierrolle das Sündenregister der Verstorbenen.

89 Mantra-Bild „hrim“, Gouache auf Papier, Blattgold und Besatz aus Flußperlen, 51 x 51 cm, Jaipur, zweite Hälfte 19. Jh. (Siehe auch S. 28, Abb. 16).

Das jinistische Mandala („Kreis“, kosmisches Diagramm) besteht aus fünf kreuzweise angelegten Feldern mit figürlicher Ausmalung und vier Eckfeldern mit „magischen Quadraten“. Dargestellt ist ein räumlich gedachtes Universum, das von den 24 Heiligen, vier Weltenhütern und 72 Schutzgottheiten des Jinismus besetzt ist. Das Bild dient als Instrument (*yantra*) für die Meditation, indem es eine quasi geographische Ordnung der Kosmologie herstellt und die sie beherrschenden Kräfte in Form von Gottheiten visualisiert.

Das quadratische Mittelfeld ist als grasbedeckte Landschaft wiedergegeben, über der inmitten konzentrischer Kreisflächen das in vier Farben gemalte Schriftzeichen „hrim“ des nordindischen Devanagari-Alphabeths geschrieben steht. Es ist eine der in der Meditation auszusprechenden Keimsilben (*bijamantra*), die durch ihre Vibration kosmische Kraft entwickeln. Auf und um dieses Schriftzeichen sind die 24 in Meditationshaltung sitzenden Tirthankaras des Jinismus und zwei Götterpaare als Adorantenfiguren in fürstlichem Ornat gemalt. Auf den hellgrünen acht Lotosblättern, die das Schriftzeichen umfassen, sitzen wiederum acht Jinas, begleitet von Anrufungsformeln, die die verschiedenen Stufen der Meditation benennen. Die folgenden blauen und roten Kreisflächen sind mit Anrufungen und den Namen von 72 Gottheiten in Goldschrift beschrieben. Es sind dies die den 24 Tirthankaras zugeordneten 24 Yakshas mit jeweils zwei Frauen. In den 72 Bilderfeldern an den Rändern sind diese Gottheiten mit allen ikonographischen Details, ihren Reittieren und Attributen dargestellt.

Die kosmische Geographie wird durch die Zuordnung der Felder zu den Himmelsrichtungen deutlich. An den Kardinalpunkten des Achsenkreuzes stehen Torbauten, bewacht von tierköpfigen Bewaffneten. Es sind dies die Personifikationen der Symboltiere der vier Weltengötter Soma (Mond, im Osten), Yama (Todesgott, im Süden), Varuna (Gott der Wahrheit, im Westen) sowie Vaishravana (gleich Kubera, Gott des Reichtums, im Norden), die alle inschriftlich als Maharajas tituliert sind. In den Eckpunkte des mittleren Quadrates sind nochmals Jinas in Tempelschreinen, begleitet von Göttern auf ihren

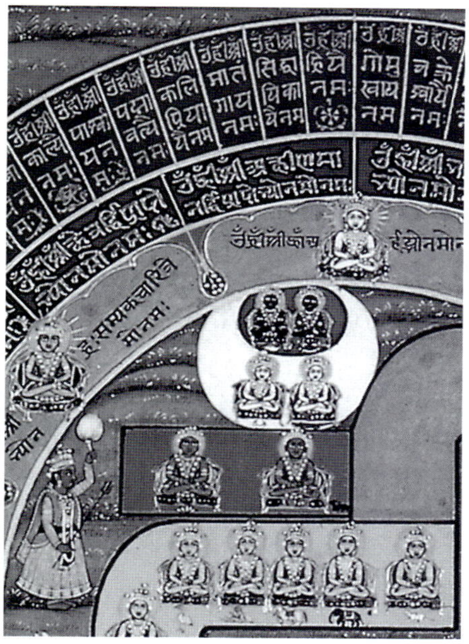

Symboltieren, dargestellt. Davor lagern Gruppen von männlichen Verehrern (links) und weiblichen (rechts) zur Andacht der Tirthankaras.

Die magischen Quadrate enthalten exakt kalkulierte Zahlenreihen, die als Ausdruck esoterischer Gesetzmäßigkeit jeweils die gleichen Summen ergeben.

Das Detail zeigt den Oberteil der Silbe *hrim* mit einer Anzahl darin sitzender Tirthankaras, begleitet von einer wedelschwenkenden Gottheit, sowie einen Teil der Anrufungsformeln für die Yakshas und Yakshinis.

89a Detail vom unteren Rand des Hrimkara Yantra

Das Westtor, genannt „Siegestor“, wird von zwei ochsenköpfigen Wächtern flankiert; im Uhrzeigersinn den schriftlichen Benennungen zugeordnet, reiten die Yakshas (im mittleren Horizontalstreifen) und die zugeordneten Yakshinis auf ihren Symboltieren (*vahana*).

90 Gangor-Isaji, Holz mit polychromer Fassung, Höhe 120 und 105 cm, Rajasthan, 20. Jh.

Das Götterpaar Gangor (eigentlich Ganagauri) und Isa (Ishvara, ein Epithet Shivas) wird in Rajasthan bei Frühlingsfesten zum Erntedank verehrt. Hauptfigur der Feiern ist die Göttin, was als Hinweis auf ihre ehemalige Eigenständigkeit als Getreidegöttin verstanden werden kann.

An Holi, am Vollmondtag des Monats Phalgun (Februar/März), werden Saatkörner der neuen Ernte in kleine Wassertöpfe gesetzt und zum Keimen gebracht. Wenn sich nach 18 Tagen daraus Schößlinge entwickelt haben, feiert man das Gangorfest als Beginn des neuen Ackerbauzyklus. In volksfestartiger Prozession wird das prächtig bekleidete und mit Schmuck behängte Götterpaar in den Dörfern zum Festplatz geleitet, und Frauen tragen tanzend die Figur der Gangor auf den Köpfen. Auch bei Hofe wird dieses Fest gebührend gefeiert. Hier bestehen die Figuren mitunter aus Silber mit Edelsteinbesatz.

Den geschnitzten und zusammengesetzten Holzfiguren sind Kleidung und Schmuck aufgemalt. Sie stehen auf sechseckigen tischähnlichen Podesten, da Götter nie den Erdboden berühren. In den Händen trugen sie kleine quastenartige Szepter aus Streifen von Blattsilber.

91 Kampferpfanne, Bronzeguß, Länge 32 cm, westliches Rajasthan, etwa 19. Jh.

Zu den Kulthandlungen (*puja*) bei der Verehrung von Götterbildern gehört auch das Räuchern von Kampfer (*dhup*), das in solchen Metallpfannen abgebrannt wird. Der Priester schwengt den *dhupdan* vor dem Kultbild, wodurch sich die enge fensterlose Cella schnell mit dickem Rauch füllt und die „irdische" Luft vertreibt.

93 Priesterglocke, Bronzeguß, Höhe 16,5 cm, südwestliches Rajasthan, 18. bis 19. Jh.

Schall ist eine Komponente des Universums. Der Ton der Glocke (*ghanta*), die der Priester mit der Hand schwingt, deutet auf das Erscheinen (*darshan*) der Gottheit zum Abschluß der Kulthandlungen. Auf dem Griff sitzt die Figur des Adlers Garuda mit in Andacht zusammengelegten Händen.

92 Pujagefäße, Bronzeguß und Messing, Länge des Löffels 14,8 cm, südwestliches Rajasthan, 20. Jh.

Götterfiguren und Gabentabletts werden mit heiligem Wasser beträufelt, das in kleinen Schalen auf dem Altar bereitsteht. Bei der Andacht verteilt der Priester das geweihte Wasser aus dem Napf (*lota*) mit dem Löffel in die Hände der Gläubigen, die einige Tropfen schlürfen und sich das Gesicht benetzen.

94 Sigri, Bronzeguß, Standhöhe 14, 5 cm, Breite 35 cm, westliches Rajasthan, etwa 19. Jh.

Das Becken wird mit glühenden Kohlestückchen gefüllt und dient als Ofen (*sigri*) in der kalten Jahreszeit. Es ist zum Aufstellen oder Hängen vorgesehen und wird in Tempeln ebenso wie in Wohnhäusern verwendet. Die Füße haben die Gestalt von Pfauen.

95 Kleine Tempelglocke, Gelbguß, Höhe 8 cm.

Im Eingangsbereich von Tempeln hängen Glocken, die der Gläubige vor der Andacht anschlägt. Diese kleine Glocke stammt von einem Miniaturschrein in einem Privathaus.

96 Öllampe, Gelbguß, Gesamthöhe 40 cm, Breite 10 cm, westliches Rajasthan, ca. 19. Jh.

Die Lampe besteht aus einem Hohlkörper als Brennstoffbehälter in Form eines Elefanten sowie einer Wanne, in deren Spitze man den Docht plaziert. Zum Einfüllen des Öls wird die mit einem Scharnier versehene und mit einem Stift fixierte Wanne aufgeklappt und der Hohlkörper von unten her gefüllt. Durch den Rüssel des Elefanten sickert das Öl in der zum Verbrennen nötigen Menge in die Wanne. Die Lampe wurde mit einer Kette, die mit zwei Vogelfiguren dekoriert ist, von der Decke abgehängt.

97 Öllampe, Gelbguß, Breite 25 cm, westliches Rajasthan, 18. Jh. oder älter.

Der Ölbehälter dieser Lampe hat die Form eines Papageien, unter dessen Brust die Tropfröhre angebracht ist.

98 Öllampe in Papageienform, Gelbguß, Breite 25,5 (siehe S. 98, Abb. 83, zusammen mit Nr. 97).

99 Garuda, Gelbguß, Höhe 6 cm, westliches Rajasthan, 18. bis 19. Jh.

Das Symbol- und Reittier Vishnus legt die Hände in Verehrung zusammen und trägt an seinen Armen kleine Flügel. Die für einen Hausaltar bestimmte kleine Kultfigur wird in Blickrichtung auf den Gott aufgestellt, wobei die kniende Haltung eigentlich das Heranfliegen des Adlers in Andachtshaltung bedeutet.

100 Ganesha, Gelbguß, Höhe 10,4 cm, südwestlicher Grenzbereich Rajasthans zu Gujarat, 18. bis 19. Jh.

Der dickbäuchige, elefantenköpfige Ganesha ist der Gott des guten Beginnens und Erfolgs. In bequemer Sitzhaltung mit untergeschlagenem linken Bein langt er mit seinem Rüssel in eine Schale mit Süßigkeiten. In seiner rechten Vorderhand trägt er einen Rettich, seine hinteren beiden Hände halten Waffen.

101 Ambika, Gelbguß, Höhe 11,8 cm, südwestliches Rajasthan, 14. bis 15. Jh.

Die vierarmige Ambika sitzt in der *lalitasana* genannten Haltung auf einem Lotos. Ihr Symboltier, der Löwe, kauert zur ihrer Linken. Eine niedergestreckte menschliche Figur zu ihren Füßen weist auf Vernichtungsaspekt der Göttin hin, die als Waffen einen Dreizack (*trishula*) und ein Schädelszepter trägt.

102 Annapurna, Gelbguß, Höhe 7 cm, südwestliches Rajasthan, 15. bis 17.Jh.

Annapurna, die „Göttin der reichlichen Nahrung“, sitzt mit einem Reislöffel in den Händen auf einem Thron mit einer Fußplatte, die in Führungsschienen auf einen Sockel einer größeren Figurengruppe geschoben werden konnte.

103 Nagini, Gelbguß, Höhe 15,5 cm, westliches Rajasthan, 17. bis 18. Jh. (Privatsammlung).

Die zweiarmige Figur ist rundplastisch gearbeitet. Über ihrem Kopf erhebt sich eine dreiköpfige Schlangenhaube, die sie dem Bereich der Schlangengottheiten (*nagas*) zuweist. In beiden Händen hält sie becherartige Stutzen zum Einsetzen ihrer Attribute, von denen der Pfau in ihrer Linken erhalten ist. Pfauen sind eigentlich die Todfeinde der Schlangen. Die Nagini gehörte wahrscheinlich zu einer größeren Gruppe weiblicher Gottheiten, die als quasi anonyme Begleiterinnen von Hauptgöttinnen aufgestellt wurden.

Die für das westliche Rajasthan bedeutendste Göttin, die in Verbindung zu Schlangen steht, ist Nagnechiya, die Familiengottheit (*kuldevi*) der Rathors von Jodhpur.

104 Weibliche Figur, Gelbguß, Höhe 11,5 cm, südwestliches Rajasthan im Grenzgebiet zu Gujarat, 16. bis 17. Jh.

Die vertikal durchbohrte Gestalt diente wahrscheinlich als Ständerfigur eines Kultgeräts, eventuell eines Standleuchters. Frisur, Gewand und Schmuckstücke sind mit feiner Musterung wiedergegeben. Mit ihren üppigen Körperformen entspricht sie dem altindischen Idealbild der Fruchtbarkeit.

105 Devi, Gelbguß, Höhe 10,8 cm, westliches Rajasthan, 14. bis 16. Jh. (Privatsammlung).

Die vierarmige, kriegerische Göttin sitzt auf einem Lotossockel mit ausladenden Blütenblättern. In den hinteren Armen hält sie einen Dreizack und ein Schwert, mit den vorderen Händen schenkt sie sich aus einer Flasche ein Getränk in eine Schale. Dieser Aspekt der shivaitischen Devi entstammt dem im Sanskrittext Devimahatmya beschriebenen Mythos der Dämonenbekämpfung Durgas, in dem sie mit den von den Göttern verliehenen Waffen eine Vielzahl von Dämonen besiegt. Den Triumph feiert die in stolzer Pose sitzende Göttin mit einem Rauschtrank.

Es kann nicht verwundern, daß sich die kriegerischen Rajputs eine solche Göttin zur Idealfigur erkoren. Die meisten Familiengöttinnen (*kuldevis*) der Rajput-Geschlechter werden auf den Siegesaspekt der Devi bezogen, auch wenn ihr Ursprung im Bereich der lokalen Muttergöttinnen zu suchen sein könnte. Im Waffenkult (*shastrapuja*) wurde der Göttin das Schwert des Herrschers zur Segnung dargeboten, mit Hymnen an die Göttin zog man in die Schlacht. Alkohol und Opiumgetränke stärkten den Kampfesmut.

106 Heldenfigur, Gelbguß, Höhe 9,8 cm, Rajasthan, Gujarat oder Maharasthra, 16. bis 18. Jh.

Der ehemals von einer Mandorla umgebene Held (*vir*) steht mit Schwert (weggebrochen) und Schild auf einem Sockel, der zum Aufschieben auf eine Plattform für eine größere Figurengruppe vorgesehen war. Als behelmter Rajput-Krieger repräsentiert die Figur das Ideal der Ahnen. Ihre Heldentaten verleihen ihnen göttlichen Rang.

107 Nandin, Holzfigur mit Farbfassung, Höhe 33,5 cm, Bassi, nahe Chittaurgarh (Süd-Rajasthan), 19. bis 20. Jh.

Der liegende Stier, Symboltier Shivas, wird vor der Kultfigur des Gottes oder außerhalb des Tempels mit Blick auf die Cella aufgestellt.

108 Hanuman-Maske und Pferd, Holz mit Farbfassung, Höhe 25,5 bzw. 30 cm, Bassi, 20. Jh.

Mit der affengesichtigen Maske wurde bei volkstümlichen Theateraufführungen von Szenen aus dem Epos Ramayana der Affenheld Hanuman dargestellt. Das gesattelte Pferd kann als Spielzeug, aber auch rituell als Symboltier des Heldengottes Ramdev gedient haben.

109 Hanuman, Marmorfigur mit Farbfassung, Höhe 20,5 cm, Jaipur, Ende 19. Jh.

Der schreitende – eigentlich fliegende – Hanuman, der einen Dämonen unterworfen hat, trägt in seiner Linken den Medizinberg aus dem Himalaya nach Lanka, um dem dort verwundeten Brüderpaar Rama und Lakshmana zur Heilung zu verhelfen.

110 Nandin, farbig gefaßter Marmor, Höhe 17 cm, Jaipur, Ende 19. Jh.

111 Durga Mahishasuramardini, farbig gefaßter Marmor, Höhe 30 cm, Jaipur, Ende 19. Jh.

Die Göttin steht im Begriff, den Büffeldämon Mahisha zu töten. In ihren acht Armen hält sie die von den Göttern verliehenen Waffen. Aus dem enthaupteten Büffelkörper steigt schwertschwingend der Dämon, wird aber sogleich von der Göttin am Haarschopf gepackt. Kampfgefährte und Reittier der Durga ist ein Tiger.

Die bekrönte Durga ist in rajputischer Tracht mit Rock (*ghaghra*) und knappem Leibchen (*choli*) wiedergegeben. Ihre Stirn zieren die horizontalen Streifen als Kennzeichen der Zugehörigkeit zu Shiva.

112 Ganesha, farbig gefaßter Marmor, Höhe 26,5 cm, Jaipur, Ende 19. Jh.

Der vierarmige, dickbäuchige Ganesha sitzt auf einem Sockel, an dem sein Symboltier, die Ratte, reliefiert ist. In den oberen Händen trägt er den Stachelstab (*ankusha*) der Elefantentreiber und eine Axt (*parashu*). In seiner rechten Hand hält er eine Gebetskette (*akshamala*), in der linken eine Kugel Zuckergebäck.

113 Holispritze, Gelbguß, Länge 30,5 cm, westliches Rajasthan, 19. Jh.

Zum Holi-Fest am Phalgun-Vollmondtag (Februar/März) bewirft man sich gegenseitig mit Farbpulvern oder bespritzt sich mit gefärbtem Wasser. Mit der Saugpumpe entnimmt man das Wasser aus bereitstehenden Eimern und versprüht es mit gezieltem Strahl auf die Vorübereilenden - bevorzugt auf einen Flirtpartner.

114 Gangoj-Topf, bemalte Keramik, Höhe 30 cm, Molela, südliches Rajasthan, 1984.

Außer der oberen besitzt das Ritualgefäß vier seitliche Öffnungen. Mit Wasser gefüllt und mit einer Kokosnuß bedeckt, wird es in der Gangoj-Prozession im Frühjahr von tanzenden Frauen auf dem Kopf getragen, wobei aus den Öffnungen das geweihte Ganga-Wasser (*ganga-jal= gangoj*) auf den Boden spritzt. Der Ritus gehört in den agrarischen Kultbereich, wird aber auch von städtischen Frauen, z.B. in Udaipur, gepflegt.

115 Hochzeitsembleme, Holz, Papiermaché, Textilfäden, Höhe bis 50 cm, Gegenwart.

In den Familien werden Hochzeitsvorbereitungen von Zeremonialhandlungen begleitet, die je nach sozialem Stand mehr oder weniger aufwendig ausfallen. Dies reicht von teuren Kleidungs- und Schmuckgeschenken bis zu kleinen Gaben von Süßigkeiten, die in Schalen aus Papiermaché überbracht werden, oder Schmuckbändern mit Silberflitter. Ein Fächer darf bei Zeremonien als einfache Version höfischer Fliegenwedel nicht fehlen.

Die Hochzeitszeremonie sieht vor, daß sich der Bräutigam zu Pferde zum Haus der Brauteltern begibt, wobei er mit seinem Schwert - einem unerläßlichen zeremoniellen Attribut der Rajputs - ein hölzernes Gestell (*toran*= Tor) über dem Eingang berührt. Auf dem *toran* sitzen sieben Vogelfiguren. Das *toran*-Gestell bleibt bis zur Verwitterung am Dach befestigt und erinnert an die verheiratete Tochter des Hauses.

116 Kultständer, Sandstein, Höhe 15,2 cm, südliches Rajasthan, ca. 19. Jh.

Der Ständer diente zum Abstellen von Kultgeräten verschiedener Art, beispielsweise von Wassergefäßen (*lota*). Seitlich stützen drei Papageien die Standfläche, die in Form einer Lotosblüte gestaltet ist. Der Lotos, der üblicherweise auch Sitz oder Standfläche von Götterfiguren ist, symbolisiert die Reinheit des Überirdischen.

117 Wassergefäß, Messing, Höhe 13,3 cm, Salumbar, Bagar-Region (Süd-Rajasthan), ca. 18. Jh.

Eine *lota* kann als Trinkgefäß, in der Körperpflege oder als Kultgefäß verwendet werden. Der feine, in fließenden Linien gravierte Dekor zeigt Tierfiguren in Rankenwerk.

118 Wassergefäß, Messing mit Kupferauflagen, Höhe 13,5 cm, westliches Rajasthan, ca. 18. bis 19. Jh.

Das bauchige Gefäß trägt ist in drei Zonen gegliedert. Boden und Hals tragen ein Lotosblattdekor, die Mitte wird von einem Figurenfeld eingenommen, in dem Papageien auf Blattranken sitzen. Die Lotosblätter sind aus Kupfer dem Grundmaterial *kansa* aufgelegt.

In den tieferen Partien sind schwärzliche Reste ehemaliger Lackeinlagen erhalten.

119 Medaillondekor, Detail eines Lota, Messing, Höhe 16 cm, westliches Rajasthan, ca. 19. Jh. (Siehe S. 98, Abb. 84).

Wie bei Nr. 118 ist das Mittelfeld der *lota* mit figürlichen Darstellungen besetzt. Hier sind es acht kreisrunde Medaillons mit Baum- und Vogelfiguren, die vor dem durch Punzen vertieften Hintergrund stehen.

120 Kokosnußbehälter, Silberblech, Höhe 18 cm, evtl. Jaipur, östliches Rajasthan, 20. Jh.

In dem Behälter werden Kokosnüsse als Opfergabe zum Tempel getragen. Dort übergibt man sie dem Tempeldiener, der sie aufbricht und die Kokosmilch über bestimmten Götterfiguren ausgießt. Als Libationsflüssigkeit ist die Kokosmilch besonders geeignet, weil sie frisch und unberührt von irdischen Dingen und deshalb rein ist. Der Behälter war eventuell ein Opfergeschenk in Verbindung mit der Darbringung der Kokosnuß.

121 Opiummörser, Holz, Länge 38 cm, Bagar-Region (Süd-Rajasthan), 19. bis 20. Jh.

Opium, das in Rajasthan gut gedeiht, wird in dem schiffsförmigen Mörser zu einem Rauschtrank (*bhang*) gepreßt. Besonders die Asketen (*sadhus*) der shivaitischen Richtung pflegen sich dem Opiumgenuß hinzugeben, wobei der Rausch die meditative Nähe zur Gottheit vermitteln soll (vergleiche S. 165, Abb. 147). Die Holzschnitzereien zeigen musizierende, sitzende Asketen, an den Enden des Mörsers sind Schlangen – zu Shiva gehörig – dargestellt. Eine Seite ist als Ausguß gearbeitet. Der Mörser besitzt Rollen.

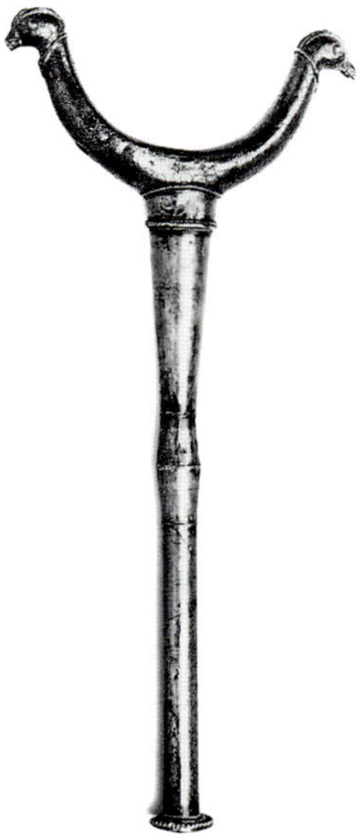

122 Armstütze, Messingrohr, Höhe 43,6 cm, Rajasthan, 19. Jh.

Sitzende Askten stabilieren ihre Meditationshaltung mit einer Armstütze, die zugleich ein Insignium ihres Lebensstandes (*ashrama*) darstellt. Die Spitzen sind in Form von Vogelköpfen gestaltet. Für den Bedarf der Wanderasketen ist das Gerät aus zwei Teilen zusammensteckbar.

123 Doppeldose mit Drehdeckel, Holz, Höhe 12,5 cm, Länge 45 cm, südwestliches Rajasthan, 20. Jh.

Die am Mittelstück gut transportable Holzdose wurde beim zeremoniellen Betelgenuß benutzt (*pandan*). Der mit Lotosblütendekor beschnitzte Deckel verschließt den zweifachen Behälter, um Blätter und Gewürze (*masala*) frisch zu halten.

124 Deckeldose, Holz, Länge 24 cm, südwestliches Rajasthan, 19. Jh.

Dosen dieser Art werden für rituelle und kosmetische Farbpasten verwendet. Allmorgentlich trägt man sich zur privaten Andacht ein Mal auf die Stirn (*tilak*), verheiratete Frauen bestreichen sich den Scheitel mit roter Farbe (*sindur*). Der Drehdeckel trägt das Flachrelief einer Pfauenfigur.

125 Pferdeköpfige Kultfigur, Holz mit polychromer Fassung, Höhe 82 cm, Bassi, Distrikt Chittaurgarh, 20.Jh.

Vishnus zehnte „Herabkunft" (*avatara*, vergl. Nr. 75) ist der Reiter Kalkin, der als Erlöser in einem zukünftigen Weltzeitalter auf die Erde kommen wird. In den Darstellungen der *avataras* wurde seit dem Mittelalter statt der menschlichen Gestalt der göttlichen Inkarnation häufig in symbolhafter Verkürzung nur sein Pferd wiedergegeben. Hier erscheint das Pferd mit menschlichem Körper in Gestalt eines rajputischen Adligen, bekleidet mit einem detailliert dekorierten Gehrock wie bei einem Empfang bei Hofe (*durbar*). Die bei weltlichen Herrschern in Rajasthan unübliche Spitzenkrone kennzeichnet ihn allerdings als Gottheit. Kronen dieser Art schmücken auf Miniaturmalereien der Moghul- und Rajputschulen sowie an Kultplastiken die Gestalt Krishnas. In der erhobenen linken Hand, die einen Kreis bildet, ließ sich ein Büschel Pfauenfedern oder ein Szepter einstecken (vergl. Nr. 90).

126 Ramdev-Pferdepaar, Textilien über Holz, Höhe 41 cm, Ramdeora, Distrikt Pokharan (W-Rajasthan), Gegenwart.

Der Tempel des Heldengottes Ramdev Pir, eines der bedeutendsten volktümlichen Reitergottheiten, in der nach ihm benannten Ortschaft Ramdeora (siehe S. 31, Abb. 20) ist ein vielbesuchtes Pilgerzentrum mit überregionaler Anziehungskraft. In seinem Haupttempel stehen überlebensgroße silberne Pferde als seine Symbole. Stofftiere mit hölzernem Gerüst werden in Ramdeora als Devotionalien verkauft. Von der Pilgerreise zurückgekehrt, legen die Gläubigen in ganz Rajasthan diese Pferdefiguren paarweise an ihren Heimattempeln nieder.

127 Ahnenstelen, Kalzitgestein, Höhen 57 cm, Udaipur-Region, Süd-Rajasthan, Ende 18. Jh.

Am Ort der Totenfeiern wurde den rajputischen Adligen ein Kenotaph errichtet, der – je nach Vermögen – aus einem pavillonartigen Bauwerk (*chattri*) oder nur einer Plattform bestehen konnte. In die altarähnliche Plattform wurde der Ahnenstein mit einer stilisierten Darstellung des Verstorbenen gesetzt. Meistens ist dies eine Reiterfigur. Das Prestige der Rajput-Reiter veranlaßte auch andere Bevölkerungsgruppen, ihre Ahnen in dieser Form – mit künstlerisch sehr unterschiedlichen Ergebnissen – abbilden zu lassen. Die rechte Stele ist inschriftlich einem *ravat* (Landherr) Vir (Eigenname oder Terminus für „Held") im Jahre V.S. 1837 (1780) gewidmet. Der linke Ahnenstein, dessen Inschrift stark abgerieben ist, trägt naive Züge, imitiert aber – z. B. in der Haltung der Vorderbeine – die kanonischen Vorlagen.

128 Ahnenstele, Kalzitgestein, Höhe 67 cm, südwestliches Rajasthan, datiert 1718 (siehe S. 48, Abb. 41).

Die „klassische" Form der Ahnenstele zeigt den Reiter in rajputischer Tracht mit Turban, Schmuck und Speer. Das Pferd ist monumentartig auf einem Sockel unter einem Nischenbogen dargestellt. Der Bogen trägt die Zeichen für Mond und Sonne. Die vierzeilige Inschrift datiert die Stele in das Jahr V.S. 1775.

129 Ahnenstelen, Schieferkonglomerat, Höhen 48 und 59 cm, Dungarpur, SW-Rajasthan, Gegenwart.

Außer Reiterfiguren werden Darstellungen von Schlangen mit ein- oder mehrköpfiger geblähter Haube als Ahnensymbol verwendet. Unter den volkstümlichen Gottheiten Rajasthans gibt es verschiedene in Schlangengestalt, darunter Tejaji. Schlangenstelen werden von der *adivasi*-Bevölkerung („Ureinwohner") der Bhil- und Garasiya-Gruppen den frühzeitig oder unter unnatürlichen Verhältnissen Verstorbenen gesetzt. Die beiden Stelen tragen imitierende Inschriften mit Phantasie-Datierungen.

130 Reiterfigur, Gelbguß, Höhe 21,5 cm, westliches Rajasthan, datiert 1618. (Privatsammlung).

Der rajputische Reiter sitzt auf einem gepanzerten Pferd. Er trägt eine Knotenpeitsche in der rechten Hand, Säbel (*talvar*) und Schild hat er linksseitig gegürtet. Sein Bogen ist links hinter ihm befestigt, der breite Pfeilköcher rechts. Der von Kreuzmustern durchbrochenen Sockel trägt auf drei Seiten eine Inschrift verschiedener Hände. Die Datierung am Anfang der Zeile unter der rechten Flanke ist lesbar als „samvat 1675" mit der Monatsangabe Bhadon (August-September) und dem Tag 13 der hellen Hälfte. Die Schriftzeichen sind durch spätere Punzierung absichtlich unleserlich gemacht worden.

131 Reiterfigur, Bronzeguß, Höhe 26,5 cm, Bagar-Region (Süd-Rajasthan), ca. 18. Jh.

Der reitende Ahn, dessen Name inschriftlich mit „Lalji" angegeben ist, ist als turbantragender Rajput mit einer Wasserpfeife (*huqqa*) in der linken Hand dargestellt. Ein Schwert ist links gegürtet, Pfeilkocher und Bogen sind auf der rechten Seite befestigt. Der Reiter war von zwei Dienern begleitet, von denen der noch vorhandene eine Flasche und eine Schale für das wahrscheinlich alkoholische Getränk bereit hält. Das Pferd ist festlich mit mehreren Ketten um Hals, Brust und Schweif geschmückt, eine Schabracke bedeckt den Sattel und das Hinterteil.

132 Reiterfigur, Bronzeguß, Höhe 31 cm, Bagar-Region (Süd-Rajasthan), ca. 18. Jh. (Siehe S. 49, Abb. 42).

Reiter und Pferd sind in ähnlicher Weise wie auf Nr. 131 wiedergegeben. Der Rajput trägt seinen Buckelschild auf dem Rücken, neben der Beifigur mit den Trinkutensilien steht ein Diener mit Schild und geschultertem Säbel.

133 Pabuji Par, Wasserfarben auf Leinwand, Höhe 138 cm, Länge 358 cm, gemalt von Motilal Joshi, Chittaurgarh, ca. 1965.

Eine *par* ist eine bis zu 8 Meter lange Bilderrolle mit Darstellungen aus den rajasthanischen Volksepen um die Helden Pabuji oder Devnarayan (zu letzterem siehe S. 181 ff, Abb. 165 bis 168 sowie Nr. 13   6). Die *par*w stundenlangen nächtlichen Festlichkeiten von einem spezialisierten Volkspriester (*bhopa*) besungen, wobei seine Frsiatiest. Der Sänger greift an einem Aufführungsabend einige Episoden aus dem umfangreichen Erzählstoff heraus und weist dabei auf die betreffenden Illustrationen. Die Aufführungen werden von Stiftern finanziert, die damit religiöses Verdienst erlangen.

Pabuji war ein rajputischer Held aus der Rathor-Linie. Man datiert ihn in das 13. oder 14. Jahrhundert. Ihm werden göttliche Kräfte nachgesagt, die gegen Epidemien wirken oder für den persönlichen Schutz der Verehrer angerufen werden. Kern der Erzählung ist, daß Pabuji ein begehrtes Pferd aus dem Besitz einer Adligen namens Charani Deval, die eine Inkarnation der Devi ist, unter der Bedingung erhält, daß er sich in jeder Weise zum Schutz der Dame und ihrer Viehherden einsetze. Als bei der Hochzeit Pabujis die Nachricht eintrifft, ein Feind habe das Vieh der Deval gestohlen, muß er die Zeremonien abbrechen und in den Kampf ziehen, in dem er dann getötet wird. Dieser Akt der Vorsehung verbindet die Pabuji-Geschichte mit dem Ramayana, wobei Pabuji eine Inkarnation Lakshmanas ist und diesmal seinem Gegner, dem reinkarnierten Ravana, unterlegen ist (siehe Smith, J.D., The epic of Pabuji, Cambridge 1991).

Die große sitzende Gestalt in der (ehemaligen) Mitte der Bilderrolle stellt Pabuji im Palast vor seinen vier Kampfgefährten dar. Die Einzelepisoden sind auf der *par* nichtaneinander gereiht wiedergegeben, sondern verteilt. So finden sich die Hochzeiten links, die Kampfhandlungen rechts (nicht erhalten). Die äußeren Streifen der *par* nehmen Randepisoden ein, darunter die Eroberung der Milchkamele von Lanka (links unten), was für die kamelhaltenden Raika- und Rebari-Gruppen Rajasthans ein Hauptanlaß zur Verehrung Pabujis bildet.

Die Kartusche vor dem Kopf des Pabuji enthält in der Regel Angaben zum Auftraggeber, Ort und Maler sowie das Datum der Entstehung, weshalb dieses Feld „*samat*" (eigentlich *samvat*= Jahr) genannt wird. Bis auf den Namen des Malers Motilal, der 1992 oder 1993 verstarb, ist die Beschriftung in der Kartusche unleserlich geworden. Durch Nässe oder sonstige Beschädigung werden *pars* schon nach wenigen Jahren unbrauchbar. Diese *par* ist im letzten Teil, der in aufgerolltem Zustand nach außen zeigte, völlig zerstört gewesen und zum Verkauf beschnitten worden.

133a Eine Beschriftung auf Nr. 133.

Unter den zahlreichen Stifteraufschriften der *par* sind solche mit Daten, die über die Jahre

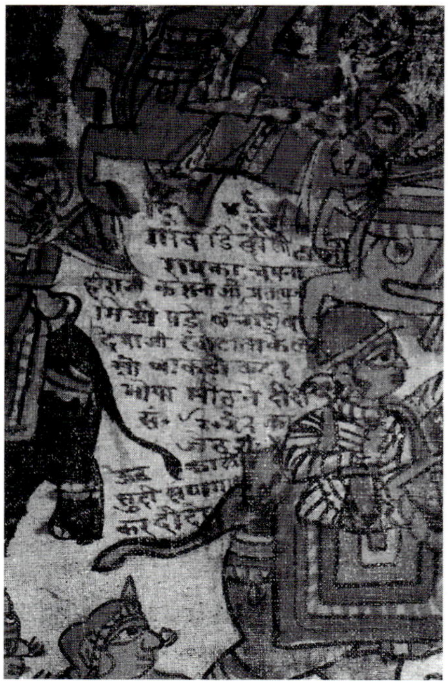

1965 bis 1969 (zum Teil in unserer Zeitrechnung, als „*san*" bezeichnet, genannt) reichen. Die illustrierte Beschriftung besagt, daß vier Herren namens Hiraji, Kishnaji, Pratabhji und Mishri aus dem Ort Didoli für die Par-Aufführung (*arti*) im Jahre V.S. 2022 (1965) eine Kamelkuh, die keine Milch gibt (*bakri umdh*), bezahlt haben.

134 Pabuji Par, Wasserfarben auf Leinwand, Höhe 142 cm, Länge 475 cm, Chittaurgarh-/Bhilwara-Region (Süd-Rajasthan), um 1980.

Die *par* wurde von Sammlern aufgekauft, ohne rituell benutzt gewesen zu sein, weshalb sie unbeschädigt erhalten ist. Sie ist nach traditionellen Vorbildern und sehr sorgfältig ausgemalt. Die Kartusche ist wegen der nichtrituellen Verwendung der Bilderrolle unbeschriftet geblieben. Nach traditionellen Regeln hätte auch das Auge Pabujis frei bleiben müssen, solange die *par* nicht einem Bhopa übergeben wird.

Die Illustration zeigt links den Palast mit Pabuji und seinen Getreuen, rechts davon die Verhandlungen an Charani Devals Hof zur Übernahme der schwarzen Stute, die darunter nochmals groß und prächtig geschmückt zum Ausritt vorgeführt wird. Am rechten Rand stürmt der berittene Trupp mit Pabuji an der Spitze in die Schlacht, in der der Held fällt.

Links unten erscheint in einer Nebenepisode ein Nashorn, das bezeichnenderweise auf seiner Haut einen Kampfschild aufgemalt trägt (vergl. Nrn. 143 und 146, sowie S. 43, Abb. 34).

135 Endstück einer Pabuji Par, Wasserfarben auf Leinwand, Höhe 140 cm, Länge 475 cm, südwestliches Rajasthan, datiert 1953.

Das Bildertuch trägt erhebliche Abnutzungsspuren und war sicher mehrere Jahre in rituellem Gebrauch gewesen. Während sich die Malerfamilien der Joshi-Kaste in Chittaurgarh und Bhilwara eines „klassischen" Stils bedienen, die die Nrn. 133 und 134 repräsentieren, liegt hier ein abweichendes Beispiel vor. Zwar folgt die inhaltliche Darstellung in den vorderen Teilen den kanonischen Erzählstoffen, jedoch ist das hier abgebildete Endstück in unorthodoxer Weise gestaltet und nur teilweise identifizierbar.

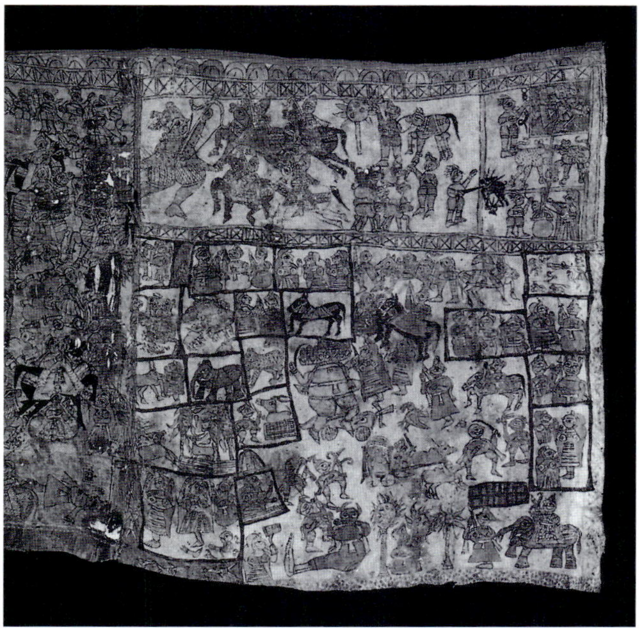

136 Devnarayan Par, Wasserfarben auf Leinwand, Länge 800 cm, Shahpura, Distrikt Bhilwara, 1978. (Siehe auch S. 181, Abb. 165 und 168). (Privatsammlung Singh).

Die *par* mit der Malerei des Devnarayan-Epos ist schon auf den ersten Blick gut von den funktional und formal sonst ähnlichen Pabuji-Malereien unterscheidbar (Nrn. 153 bis 155). Die Hauptfigur des Devnarayan sitzt im großen mittleren Bildfeld auf einer Python. Vor seinem Antlitz steigt der schwarze Schlangenherrscher Basak (Version des altindischen Vasuki) aus der Unterwelt auf. Rechts davon sitzen – in Paralelle zu den Gefolgsleuten Pabujis – die vier Brüder Devnarayans.

Die Kartuschenbeschriftung besagt (nach 108 Segenswünschen), daß diese „*Devnarayan ki phar*" am 27. Mai 1978 von Durgesh Kumar und Rajesh Kumar aus der Künstlerfamilie Joshi in Shahpura fertiggestellt wurde.

136a Detail der Nr.133: Der Asket Rupnath siedet im Öl.

Im Verlauf des ersten Teils des Epos (siehe S. 182 ff) läßt sich der Asket Rupnath von Savai Bhoj, einem der 24 Söhne des Mannlöwen Bagh Simh, in einen Ölkessel stürzen und erstarrt zu einer goldenen Figur. Am oberen Rand des Details sind Teile der 10-Avatara-Reihe Vishnus zu sehen: die Quirlung des Milchmeeres mit Hilfe der Schildkröte (*kurma*) sowie, rechts davon, Varaha und Narsimha, die auch auf den Pabuji-*pars* regelmäßig erscheinen.

137 Instrumente der Volksmusik, Holz, Fell, Stahl- und Darmsaiten, Höhen 96,5 cm, bzw.70 cm, Rajasthan, Gegenwart, bzw. 1. Hälfte 20. Jh.

Das zweisaitige Zupfinstrument (*dotar*) wird solo von Wander- und Bettelmusikern gespielt, die am Straßenrand alte Weisen und populäre Lieder zum besten geben. Ihr sozialer Stand ist sehr niedrig, obwohl sich manche von ihnen auf alte Bardenfamilien, die für Könige gesungen haben, zurückführen. Das Streichinstrument ist eine *sindi sarangi*, die in klassischer bis volkstümlicher Musik eingesetzt wird, begleitet von Gesang mit Tabla-Perkussion. In Rajasthan bedienen sich häufig muslimische Musiker dieser dem Namen nach aus dem benachbarten Sindh (heute Pakistan) stammenden Lautenart.

139 Nagphani, bemaltes Kupferblech, Länge 50 cm, westliches Rajasthan, Mitte 20. Jh.

Die schlichte Posaune mit aufgestecktem Mundstück bezieht ihren Namen aus ihrer Schlangenform (*nag*). Der Trichter ist als Kobrakopf gestaltet, im Maul ist eine bewegliche Zunge angebracht. Das Blasinstrument wird bei traditionellen Prozessionen und bei Begrüßungszeremonien von Ehrengästen eingesetzt.

138 Trommel und Trommelkörper, fellbespannter gebrannter Ton, Höhen 30 bis 38 cm, Durchmesser bis 26 cm, Molela, Süd-Rajasthan, 1984.

Die Doppelfell-Trommel (*madal*) wird als Begleitinstrument zu volkstümlichem und halbklassischem religiösem Gesang (*bhajan*) sowie zur Untermalung von rituellen Handlungen und bei Prozessionen gespielt. Im Dorf Molela drehen die Töpfer die sonst aus Holz gefertigten Körper auf der Töpferscheibe aus Ton.

140 Ehrenwedel, Silbergriff und Yakhaar, Grifflänge 42,5 cm, gesamte Länge 115 cm, Rajasthan, 19. Jh.

Der Wedel (*chauri*, *chamar* oder *chavan*) ist seit dem indischen Altertum ein obligatorisches Herrschaftsinsignium. Seine ursprüngliche Funktion als Fliegenwedel ist gegenüber der repräsentativen Form längst in den Hintergrund getreten: allein die Anwesenheit von Wedelträgern – ein Ehrenamt bei Hofe – bei Audienzen wie auch bei Ausritten (siehe Abb. 121, 125, 131 f) war unumgänglich. Verwendet wurde schwarzes oder weißes Haar vom tibetischen Grunzochsen.

Die Tradition des *chamars* läßt sich bis in die Anfänge der indischen Kunst zurückverfolgen. Eine der imposantesten und zugleich ältesten Kolossalfiguren ist die spiegelblank polierte Wedelträgerin von Didarganj (Staat Bihar) aus dem 1. Jahrhundert vor/nach Chr.

141 Zeremonialstab, Silber, Höhe 70 cm, Udaipur, 19. Jh.

Der mit einem Löwenkopf versehene Kurzstab *chob*, den es auch in goldenen oder vergoldeten Ausführungen gibt, wurde als Insignium den Herrschern vorangetragen (siehe Abb. 131). Außer den rajputischen Maharajas umgaben sich auch die religiösen Führer mit solchen Würdezeichen.

142 Ehrenschirm, Samt mit Metallfaden-Stickerei, Durchmesser ca. 85 cm, Udaipur, Jahrhundertwende. (Ohne Abb.)

Ein Ehrenschirm (*chattra*) wird in seiner ursprünglichen Bedeutung als Sonnenschutz über dem Haupt des Herrschers oder der Götterfigur getragen, aber auch in Innenräumen als obligatorisches Insignium der Herrschaft über Thron oder Altar aufgestellt. Der faltbare Schirm ist mit Darstellungen der hinduistischen Hauptgötter bestickt.

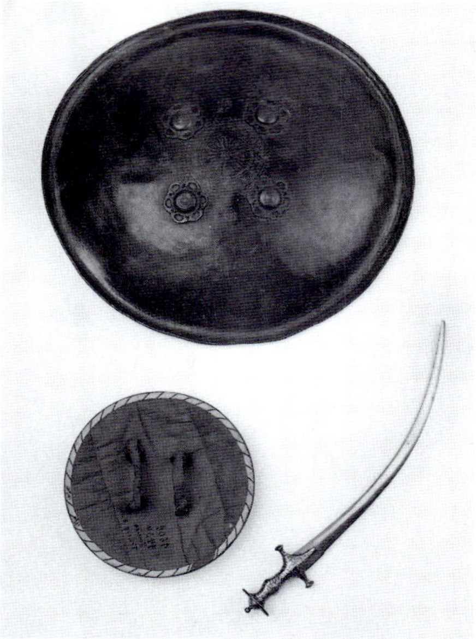

143 Kampfschild und Kinderwaffen, Schild-Durchmesser 48,5 cm, Säbellänge 43 cm, Rajasthan, 18. bis 19. Jh.

Säbel (*talvar*) und Schild (*dhal*) zählten zur Grundausstattung rajputischer Krieger (siehe auch S. 43, Abb. 34). Schilde waren aus dicker Büffelhaut oder auch aus Rhinozeroshaut gefertigt. Ihre Außenseite trägt vier metallene, meist mit Gravuren dekorierte Buckel, die die Befestigung der inneren Handgriffe überdecken.

Schon im Kindesalter wurden die rajputischen Adligen mit den Waffen vertraut gemacht. Ihrer Größe angemessene Kinderwaffen gehörten zur zeremoniellen prinzlichen Ausstattung, auch wurden sie zu Trainingszwecken verwendet.

144 Zeremonialschild, Stahl mit Goldauflage, Durchmesser 52,6 cm, Udaipur, ca. Ende 19. Jh. (siehe auch S. 46, Abb. 38).

Der Schild trägt im äußeren Kranz die Darstellungen von neun Göttinnen auf unterschiedlichen Reittieren, im mittleren Feld zwischen den vier Schildbuckeln nochmals vier Göttinnen sowie im Zentrum das Sonnenantlitz, das Symbol der Suryavamsha-Geschlechter, zu denen die Herrscherfamilie von Mewar, die Guhilot-Sisodiyas, zählen. An der Unterkante ist in einer Kartusche eine Inschrift „shri maharanaji shri raj singhji samvat 1714" eingeschnitten. Der Königsname und das Datum 1657, das 6. Regierungsjahr des Herrschers Raj Singhs I. von Mewar, stimmen zwar überein, datieren jedoch nicht den Schild. Dieser dürfte – will man nicht eine Art zeremonieller „Waffen-Genealogie" unterstellen – zu dekorativen Zwecken wohl frühestens Ende des vorigen Jahrhunderts hergestellt worden sein.

Die in feinem Stahlschnitt ausgeführten Darstellungen der Göttinnen sind namentlich gekennzeichnet. Es handelt sich um die neun Formen der Durga (Navadurga), wie sie in fast identischer Gestaltung auf dem linken Flügel des Silberportals des Shiladevi-Tempels im Palast von Amber 1931 wiedergegeben wurden. Die Aspekte der Göttin entstammen den altindischen hinduistischen Anrufungstexten. Zusammen mit den innen dargestellten vier Göttinnen geben sie mit ihrem zumeist kriegerischen, blutrünstigen Habitus ein Idealbild der Familiengottheiten (*kuldevatas*) der rajputischen Herrscher ab. Die *kuldevi* des Königs war seine Schutzpatronin, die ihn und sein Heer zu Siegen führen sollte. Der Herrscher verehrte sie, indem er ihr seinen *talwar* zu Füßen legte und durch sie die Waffe in einer jährlich wiederholten Zeremonie weihen ließ (*shastra-puja*). Durch die Identifikation der *kuldevi* mit der Durga galt zumeist auch das opfermäßige Töten des Büffels bei den Navadurga-Feiern am neunten Tag des Dashahara-Festes im Herbst der Verehrung der *kuldevi* (siehe S. 148 f , Abb. 132 und 133).

Allerdings gab es Ausnahmen wie in Mewar, wo die kuldevi der Sisodiyas eine vegetarische Göttin ist und keine Blutopfer annehmen würde. In Udaipur fanden die Büffeltötungen deshalb am Ambamata-Tempel im gleichnamigen Stadtbezirk statt.

145 Speerspitze, Eisen und Reste von Vergoldung, Höhe 28,1 cm, Jodhpur, 17. bis 18. Jh.

Die auf eine Holzlanze (*bhala*, *ballam*) aufsteckbare Spitze trägt unterhalb der geschmiedeten Klinge ein an den Rändern perforiertes Figurenfeld, in das beidseitig die Figur einer vierarmigen Gottheit in Sitzhaltung eingeschnitten ist. In den oberen Armen sind Säbel und Schild erkennbar, in den unteren befanden wahrscheinlich Weinschale und -flasche (vergl. Nr.105). Gemeint ist eine Form der Devi, die als Weihgöttin diese Waffe leiten soll oder sogar die *kuldevi* des Lanzenbesitzers ist. Die Schäftung ragt mit einem tierkopfförmigen Vorsprung auf das Bildfeld. Es könnte hiermit der Kopf eines *makara* (*magar*, Krokodilart) oder ein aufgerichteter Pfau als Reittier der Göttin dargestellt sein.

146 Zeremonialschild, Rhinozeroshaut mit Bemalung, Durchmesser 47 cm, Mewar, Süd-Rajasthan, 18. bis 19. Jh.

Der Schild (*dhal*) aus transluzenter Nashornhaut trägt eine feine, von einer Folie getragene Bemalung mit Stern- und Kreismustern im Mittelfeld und am Saum. Seine vier Buckel aus Gelbguß, die die Halterung des Handpolsters und der Griffe auf der Innenseite verdecken, tragen *à-jour*-Dekor. Zum Kampfeinsatz war dieser Prunkschild nicht gedacht.

148 Langschwert, Stahl, Goldtauschierung, Gesamtlänge 126 cm, Korbhöhe 14 cm, Moghulindien, 2. Hälfte 17. Jh.

Die Arsenale der Rajputs enthielten Waffen verschiedener Herkunft. Im Kampf erbeutete oder durch Dienste am Moghulhof erworbene Waffen wurden hoch geschätzt. Dieses am Hof von Dungarpur aufbewahrte Schwert weist durch seine Bezeichnung *firanghi* (= Franke, Europäer) auf die abendländische Herkunft der Klinge hin, die durch moghulische Waffenschmiede – wahrscheinlich im Dekkhan – mit Schäftung und gepolstertem Griffkorb versehen wurde. Der Korb trägt eine sehr präzise florale Goldauflage in *koftgari*-Technik.

147 Schwert, Stahl und Eisen, Silbertauschierung, Länge 95 cm, Moghulindien, Anfang 18. Jh.

Das Schwert hat eine italienische Klinge mit eingepunzter europäischer Beschriftung (wohl „*ferro*"), die einem indischen Griff (*munth*) aus einer Moghul-Werkstatt angesetzt wurde. Der florale Dekor ist silbertauschiert mit reliefartiger Erhöhung, ferner ist der Griff graviert, eine seltene Kombination verschiedener Techniken (mündliche Kommunikation durch Herrn Dr. Bernd Augustin, Hamburg, dem hier gedankt sei).

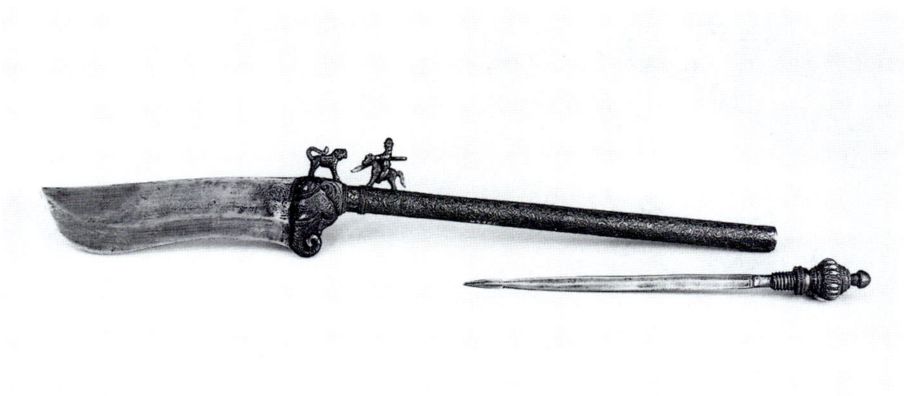

149 Zeremonialwaffe Bhuj, Stahl und Kupfer, Länge 62,5 cm, Gujarat oder Rajasthan, 19. Jh. (Vergl. auch S. 44, Abb. 35).

Diese Art Stoß- und Hiebwaffe wurde nach ihrem Ursprungsort, der Stadt Bhuj in Gujarat, benannt. In Rajasthan ist sie häufig anzutreffen. Sie besteht aus einer leicht geschwungenen Stahlklinge und einer Kupferröhre als Griff, in die eine stilettartige Klinge (*gupti*) mit Knauf mit Gewinde eingeschraubt ist. Die Klinge weist eine Schraffur für das Aufschlagen der nur in Resten erhaltenen Silbertauschierung auf, der Griff trägt Blattvergoldung. Typisch für den *bhuj* ist der Elefantenkopf am Klingenansatz. Darauf sind Gelbgußfiguren einer Tigerjagd gesetzt. Die Waffe war wohl lediglich für eine zeremonielle Verwendung bestimmt.

150 Katar, Stahl und Eisen mit Goldtauschierung, Länge 41 cm, östliches Rajasthan, 18. bis 19. Jh. (Vergl. auch S. 45, Abb. 36).

Der als „Tiger-Stoßdolch" bekannte *katar* (auch als *jamdhar* bezeichnet) ist eine nur in Indien vorkommende Waffe. Abweichend von den normalen einfachen Klingen, besitzt dieser *katar* einen Mechanismus, der beim Zusammendrücken der beiden Verstrebungen im Griff die Oberklinge öffnet und eine darin verborgene zweite Klinge freilegt. Diese komplizierte Ausführungen soll schon in Zeiten Akbars üblich gewesen sein, doch kann man ihr einen mehr dekorativen Charakter zuerkennen. Die Oberklinge und der Griff tragen Goldauflage in feiner Musterung.

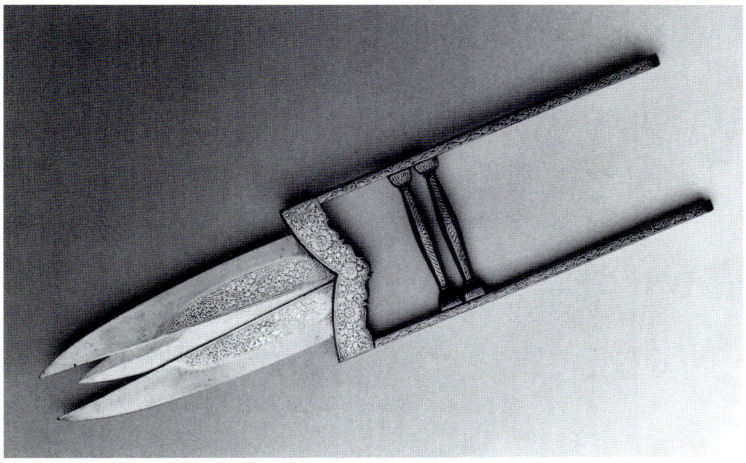

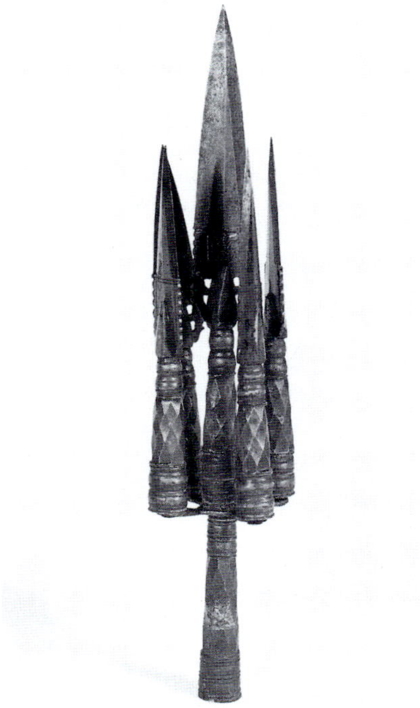

151 Lanzenspitze, brünierter Stahl, Höhe 34,5 cm, südwestliches Rajasthan, 18. bis 19. Jh.

Um die mittlere Lanzenspitze sind vier kleinere auf einem kreuzförmigen Träger montiert. Unterhalb der Klingen sind die Schäfte mit Rautenmustern facettiert, deren Oberflächen im Wechsel blauschwarz brüniert sind. Die Waffe stammt aus dem fürstlichen Besitz von Dungarpur.

152 Stirnbehang für Elefanten, Textilien, Metallfaden-Stickerei, Jodhpur, Jahrhundertwende. (Mehrangarh Museum Trust, Jodhpur).

Für höfische Prozessionen an Feiertagen, Hochzeiten und Empfängen werden seit jeher Elefanten als Reittiere der Herrscher eingesetzt. Sie werden dafür mit kostbaren Decken und Ketten behängt und mitunter farbenfroh bemalt. Zur Personenbeförderung dient eine große, bisweilen überkuppelte Sänfte (*hauda*). Die Tore aller Rajput-Paläste sind nach dem Maß der Elefanten einschließlich der *hauda* errichtet. In den Palastanlagen sind Elefantenstallungen in weitläufigen Trakten errichtet. Große, durch eine flache Mauer halbierte Innenhöfe dienten für Elefantenkämpfe, an denen sich die Aristokratie ergötzte. An der Anzahl der Elefanten wurde das Prestige des Herrschers bemessen.

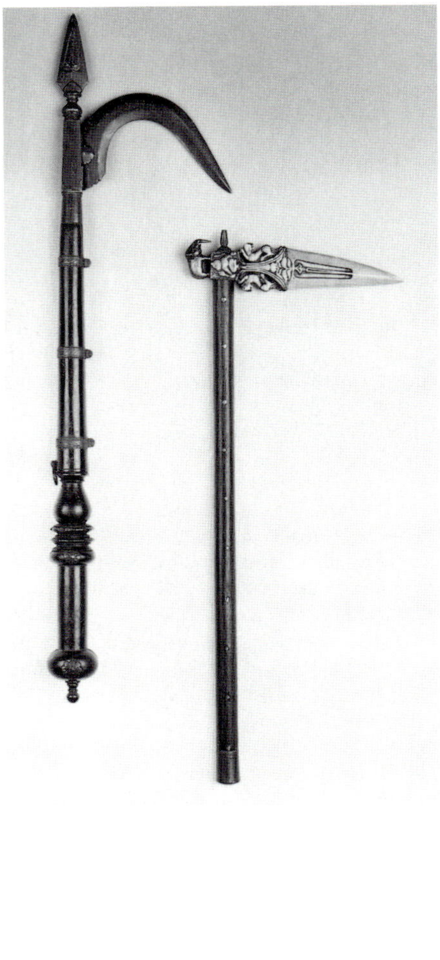

153 Ankush und Picke, Stahl und Holz, Längen 73,5 cm, bzw. 59,3 cm, südwestliches Rajasthan, 18. bis 19. Jh.

Der Stachelstab *ankush* dient den Elefantentreibern zum Dirigieren ihrer Tiere. Gegenüber diesem stabilen Arbeitsgerät, das in seiner schlichten Gestaltung seinen Gebrauchswert erkennen läßt, weist der *ankush* der Abb. 37 (S. 45) zeremoniellen Charakter auf. Die Stahlpicke ist ebenfalls zur zeremoniellen Verwendung figürlich ausgestaltet. Unter der aufgesetzten Elefantenfigur sind auf beiden Seiten in Stahlschnitt die Gestalten des Affenelden Hanuman sowie eines sitzenden Asketen dargestellt. Hanuman ist der tief ergebene Diener des göttlichen Helden Rama und repräsentiert – wie sein Beiname „Bal" besagt – die körperliche Kraft. In Übertragung auf die geistige Ebene besitzen Asketen ebensolche Macht (*tapas*), die sie in strenger Meditation erlangen. Beide Arten Stärke werden also durch die Darstellungen angesprochen, ergänzt durch die tierische Kraft der heraldisch angeordneten Löwenfiguren, die *à jour* aus dem Stahl geschnitten sind.

154 Kettenhemd mit Brustpanzer, Handschutz und Helmen, Stahl mit Goldtauschierung, Eisennetze und Textilien, Hemdlänge ca. 90 cm , Rajasthan, Mahratta- oder Moghul-Indien, 17. bis 18. Jh.

Die berittenen Rajputkrieger trugen zur Panzerung relativ leichte, in der Bewegung nicht behindernde Kettenhemden, die über eine

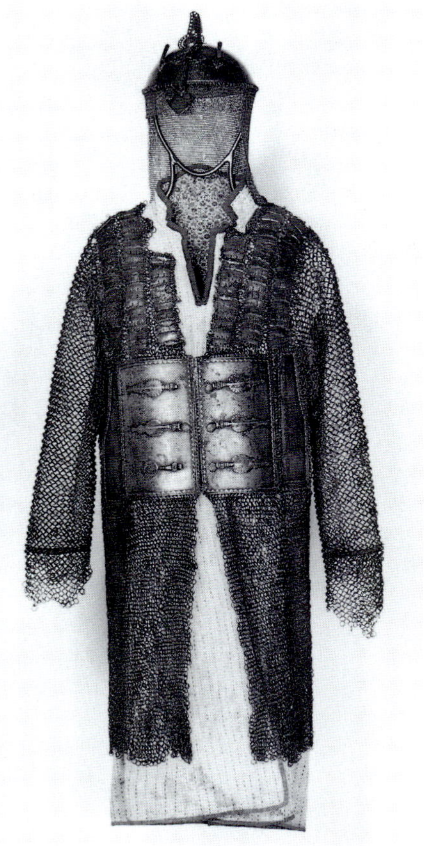

wattierte Bekleidung gestreift wurde. Schultern, Brust und Rücken wurden durch Stahlplatten und -plättchen, die durch Ringe verbunden sind, geschützt. Auf der Vorderseite sind je drei Schließen auf den großen Brustplatten wie auf den darüberliegenden kleinen angebracht. Mit dem dazugehörigen Helm, dessen Eisennetz den Nacken schützte, Armschienen, Handschutz und Schild zog der Krieger mit Lanze, Schwert, Streitaxt, Keule oder Bogen in die Schlacht. Die halbkugelige Form der Helme stammt aus dem persisch-moghulischen Bereich und wurde von den Rajputs übernommen, die daneben noch eine Helmform aus Halbschalen mit Mittelschiene, alle durch Ringe verbunden, kannten. Die Helme tragen ornamentale Tauschierung, bzw. Gittermuster in Stahlschnittrelief, an ihrer Vorderseite sind Halterungen für dekorative Federbüschel angenietet. Dem Schutz der Nase diente eine verschiebbare Schiene, die die Gestalt des Schmuckstückes *sarpech*, das sonst an Turbanen zu finden ist, haben konnte.

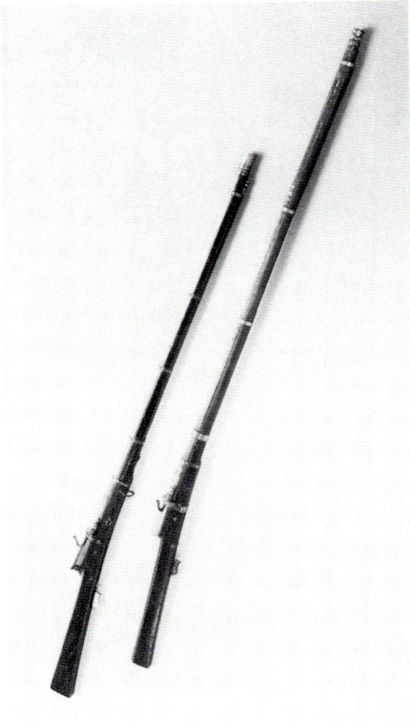

155 Wattepanzer, Textilie mit Metallfaden-Stickerei, Höhe ca. 60 cm, Rajasthan, Gujarat oder Dekkhan, 19. Jh.

Wegen der Durchschlagskraft der von Reflexbögen abgeschossenen Pfeile mußten in der Schlacht Brustpanzer mit starker Wattierung getragen werden. Das Innenfutter des Panzers besteht aus dem auch in Rajasthan beliebten *Mashru*-Seidenikat aus Gujarat oder dem Dekkhan, die Außenseite ist dekorativ mit stilisierten Pflanzenmotiven in *kheiri*-Form bestickt.

157 Zwei Luntenschloßgewehre, Eisen, Holz und Bein, Läufe aus Wutzstahl, Länge 186 cm und 170 cm, südwestliches Rajasthan, Ende 18. Jh.

Die Läufe aus damasziertem Stahl sind mit holzgeschnitzten Kolben versehen, die mit Intarsien aus Bein verziert sind. Ihre Länge erforderte, daß sie beim Zielen aufgelegt wurden. Auf Miniaturmalereien der Zeit sind Flinten dieser Art bei Tigerjagden in Gebrauch (siehe S. 160 f, Abb. 143 u. 144).

156 Stahlreflexbogen, Pfeile und Daumenring, Bogenhöhe 110 cm, Rajasthan und Moghulindien, 18. bis 19. Jh.

Der bereits im Altertum aus Zentralasien eingeführte Reflexbogen war die hauptsächliche Schußwaffe der rajputischen Heere. Bei diesem aus drei Teilen bestehenden Stahlbogen wurden die Bogenschultern mit dem Griffteil verschmiedet. Die dekorative Ausführung der Waffe mit Gold- und Silberauflagen läßt auf einen zeremoniellen Gebrauch schließen. Auch die Pfeilspitzen sind in aufwendiger Weise teils *à jour* gearbeitet. Mit dem Daumenring wurde vom Bogenschützen die Sehne (*chilla*) gespannt und bei entsprechendem Widerstand freigelassen.

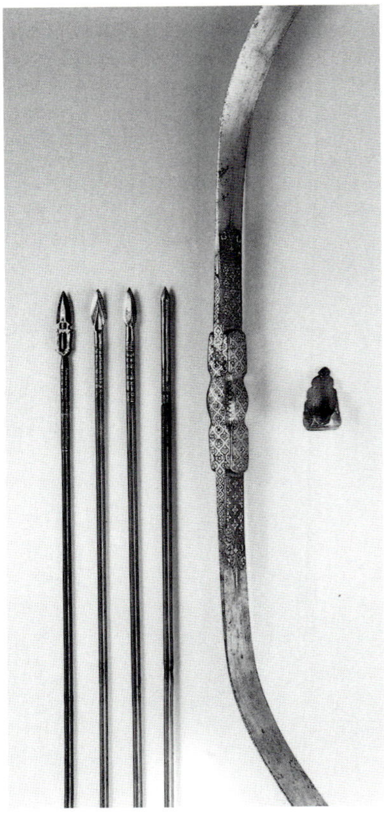

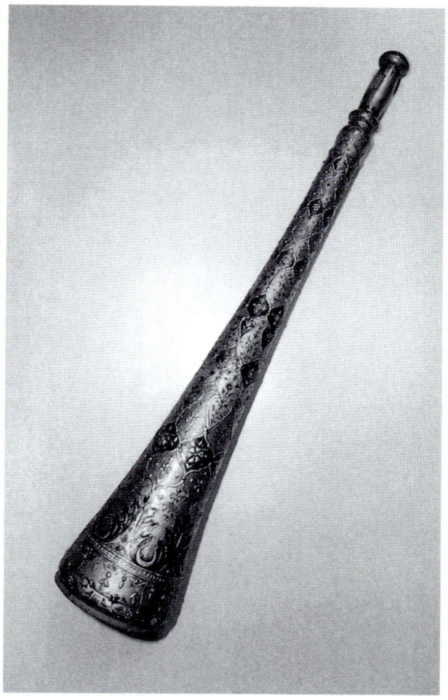

158 Hantel, Massivholz mit polychrom gefaßtem Belag, Höhe 86 cm, Rajasthan oder Nordindien, Ende 19. Jh.

Die keulenartige Hantel wurde zur Körperertüchtigung eingesetzt. Ihre Verzierung weist sie dem höfischen Inventar zu. Auch in der Zenana waren solche Geräte anzutreffen, wo sich die Frauen ihrer bedienten. Undekorierte und schwerere Ausführungen werden von den traditionellen Ringkämpfern (*pahalvan*) zum Training benutzt.

159 Rückenkratzer, Eisen mit Silbertauschierung, Höhe 55 cm, Rajasthan oder Nordindien, 19. Jh.

Rückenkratzer (*pushtkar*) in Form von Händchen, wie sie auch in Europa verbreitet waren, gehörten bei Hofe zu den Zeremonialattributen (vergl. S. 137, Abb. 121).

160 Zwei Betelschneider, Silber bzw. Gelbguß mit Eisenklingen, Länge 12,3 cm und 10,8 cm, Rajasthan, etwa Jahrhundertwende.

Einer der Hauptbestandteile des Betelpriems (*pan*) ist ein Stück Arekanuß. Zum Abschaben oder Zerkleinern dieser harten Nuß wird ein scherenartiges Gerät – kurz Betelschneider genannt – verwendet. Solche Utensilien wurden in früherer Zeit von den meisten Teilnehmern an Zeremonien mitgeführt, da die Zubereitung und Darbietung von *pan* ein obligatorischer Akt war. Die Scheren haben deshalb ausgeprägten Schmuckcharakter.

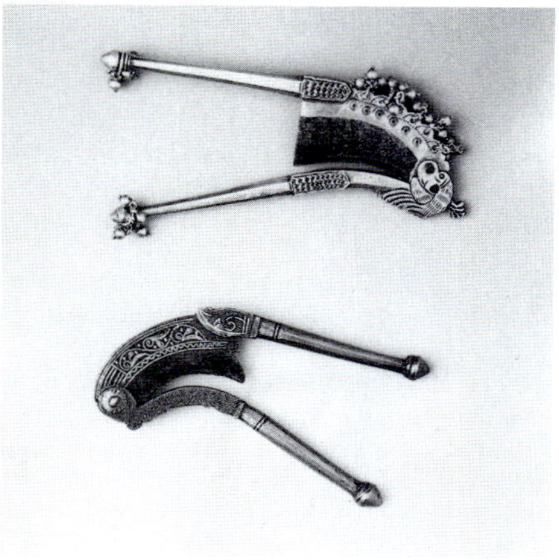

161 Betelschneider, Gelbguß mit Eisenklinge, Länge 13 cm, Rajasthan, Jahrhundertwende.

Unter den in Indien üblichen Formen der Betelschneider wurde in Rajasthan eine Gestaltungsweise bevorzugt, die man als Guillotine-Typ bezeichnen kann: der Scherenarm mit der Klinge verläuft innerhalb eines D-förmigen Bügels wie ein Hackbeil. Der Schneider ist relativ derb gearbeitet und – deutlich sichtbar – stark beansprucht gewesen. Die ziselierten Kreismuster lassen sich in Rajasthan vielfach nachweisen (vgl. die Nrn. 31 und 46).

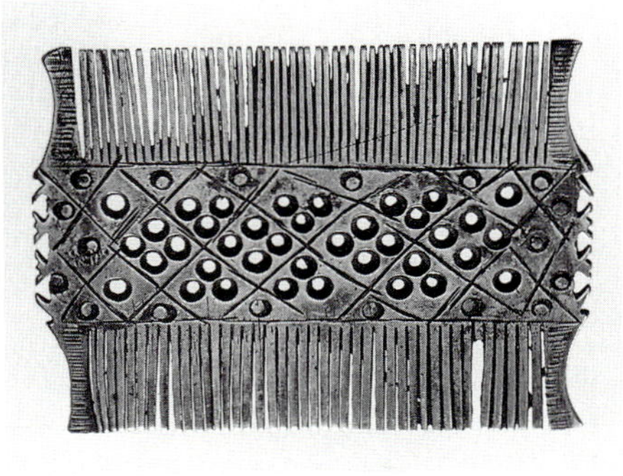

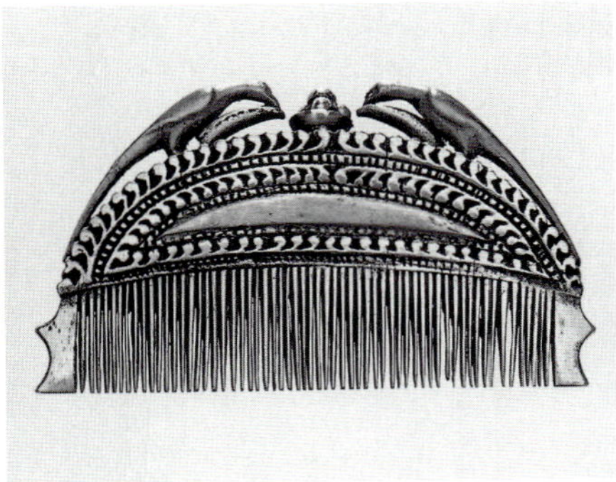

162 Silberkamm , Länge 7 cm, Rajasthan, 20. Jh. (Privatsammlung).

Der beidseitig mit engem Zinkenstand versehene Kamm mit Gravur- und Sägeschnittdekor diente zur Reinhaltung des Haars von Ungeziefer.

163 Silberkamm mit Hohlkörper, Länge 7,5 cm, Rajasthan, 20. Jh. (Privatsammlung).

Der Griff des Kammes ist als Behälter für Öl gearbeitet, das durch Düsen zwischen den Zinken zum Einfetten der Frisur eingekämmt wurde. Ein Schraubverschluß befindet sich zwischen den dekorativen Vogelfiguren obenauf.

164 Kosmetikfläschchen, Silber, 8,5 cm, Rajasthan oder Nordindien, 20. Jh. (Privatsammlung).

165 Rosenwassersprinkler (gulabpash) mit perforierter Kappe, Silber, Höhe 24 cm, Rajasthan oder Nordindien, 20. Jh. (Privatsammlung).

166 Kosmetikbehälter, Silber, Höhe 9,5 cm, Durchmesser 10,5 cm, Rajasthan, 20. Jh. (Privatsammlung).

Der Behälter ist für unterschiedliche kosmetische Pulver und Salben in sechs Fächer mit separaten Deckeln unterteilt. Dekorative Pfauenfiguren bilden die Griffe. Zu den meist benutzten Kosmetika gehören das rote *sindur*, ferner Sandelpaste und die Augenschwärze *kajali* oder *kohl.*

167 Turban- oder Haarschmuck, Gold mit Emaillierung, Edelsteinen und Perlen, Länge 14 cm, Rajasthan 19. Jh.

Der bunt emaillierte Papagei trägt einen glockenartigen Anhänger mit Schnüren kleiner Flußperlen und Smaragde. Mit einer beweglichen Spange auf seinem Rücken konnte das Schmuckstück am Turban oder Haar befestigt werden.

168 Paar Ohrgehänge, emailliertes Gold, Perlen und Edelsteine, Länge 21,5 cm, Rajasthan, 19. Jh.

Die mit Diamantcabochons sternförmig gestalteten Ohrscheiben sind auf der Rückseite farbig emailliert. Unter einer weiteren Scheibe hängen vier Glocken mit Perl- und Edelsteinanhängern.

169 Drei Halsketten, Gold, Textilfaden, Perlen und Edelsteine, Länge ca. 70 cm, Udaipur, 19. bis 20. Jh.

Die Ketten zeigen verschiedene, oft kombiniert getragene Typen von Halsschmuck mit Naturperlen, gemugelten sowie geschliffenen und gefaßten Edelsteinen.

170 Paar Ohrstecker oder Knöpfe, Gold mit Diamantcabochons, Durchmesser 1,8 cm, Udaipur, 19. bis 20. Jh.

Ohrstecker (*totiya*) werden von Frauen und Männern getragen, an Ketten befestigte Stücke der gleichen Form bilden eine Knopfleiste für Männerjacken.

171 Kopf- und Halsschmuck, Silber, Textilbänder und Glasperlen, Maße 3 bis 5,5 cm, südliches Rajasthan, 20. Jh.

Frauen erhalten anläßlich bestimmter Lebensstationen Geschenke von Schmuck, den sie nach Möglichkeit in großem Umfang ansammeln, um ihn in Notzeiten veräußern können. Während wohlhabende Frauen Silber gering schätzen und grundsätzlich nur Goldschmuck tragen, gehört Silberschmuck zur Alltagsausstattung der breiten Bevölkerungsschichten in den Städten und Dörfern sowie bei den Adivasi-Gruppen. Vor der Stirn tragen Bhil-Frauen einen kugeligen Anhänger (*boriya*), der mit Ketten oder scheibenbesetzten Fäden im Haar befestigt wird (*dhora*). Durch den Nasenflügel wird ein großer Ring (*nath*, vergl. S. 52, Abb. 45) gesteckt. Ohrringe der Bhil wie auch der Lohari-Frauen sind häufig in Kobraform gestaltet.

172 Amulettkette, Silber und Textilfaden, Länge der Amulette 4,2 cm, Udaipur, 1984.

173 Halsreifen, Silber, Durchmesser 18,5 cm und 19 cm, Südliches Rajasthan, 20. Jh.

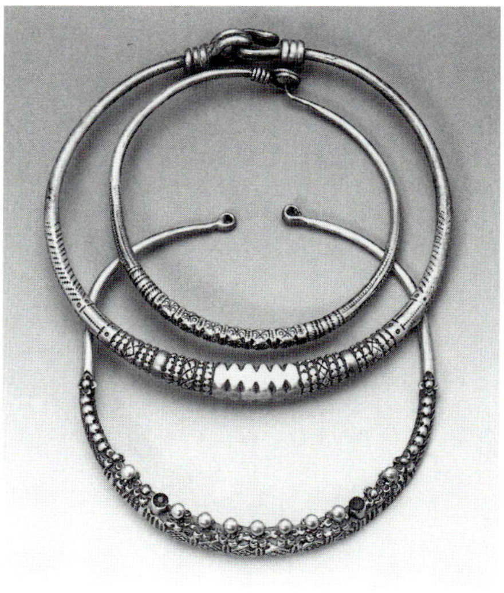

174 Halsreifen, Silber, Durchmesser bis 21 cm, südliches Rajasthan, 20. Jh.

Die massiven Silberreifen werden den Mädchen anläßlich der durch die Eltern getroffenen Heiratsvereinbarungen überreicht. Bei den Bhil tragen auch Jungen Halsreifen.

175 Halsamulette, Silberblech, Höhe bis 7,5 cm, Udaipur, 20. Jh.

Die auf Schutzamuletten (*pagaliya*) dargestellten Gottheiten entstammen dem populären, auch von Skulpturen bekannten Figurenrepertoire: Schlangenahn Taka, Reiterhelden wie Ramdev sowie Bheru, allein mit Hund und als Brüderpaar Kala-Gora.

176 Amulettplättchen und -dosen, Silber, Maße bis 4,2 cm, Udaipur, 20. Jh.

Bereits kleine Kinder bekommen apotropäische Amulette mit Abbildungen vor allem der Devi oder ihrem Symboltier, dem Löwen, umgehängt. In Kapselamulette werden aufgeschriebene priesterliche Sprüche (*mantra*) zum lebenslangen Geleit eingelegt.

177 Amulettplatte, Silber, Durchmesser 10,7 cm, Udaipur, 20. Jh.

Statt einer figürlichen Götterdarstellung reichen zur Kennzeichnung Vishnus seine Fußabdrücke (*vishnupada*). Marmorreliefs mit solchen Füße wurden auch in Kenotaphen niedergelegt. Das Amulett könnte sich also auch an eine Ahnengestalt richten, die im Rufe steht, ein Vishnu-*avatara* gewesen zu sein.

178 Amulettdose, Silber mit Vergoldung, Höhe 4,4 cm, südwestliches Rajasthan, 20 Jh.

Die flache Dose, die an einem Halsband getragen wird, trägt auf der Vorderplatte in elf Bogenfeldern getriebene Darstellungen des Gottes Vishnu. Im größeren Mittelfeld thronen Gott Rama und Sita, begleitet vom Affen Hanuman und (wahrscheinlich) Lakshmana und Bharata. Diese Gruppe ist umgeben von Vishnus zehn „Herabkünften“ (*avataras*, siehe Nr. 75), rechts unten beginnend mit *matsya*, dem Fisch, und im Uhrzeigersinn fortlaufend bis zum Feld darüber, das den Reiter Kalkin darstellt. Wie bei Nr. 75 nimmt Ramachandra im Eckfeld links oben die Position vor Rama mit der Axt (*parashu*) ein.

179 Armreifen, Silber, Durchmesser bis 8,6 cm, Udaipur, 20. Jh.

Armreifen für Männer sind oft an den Enden mit Löwenköpfen besetzt. Die hohl gearbeiteten geschlossenen Reife besitzen ein Scharnier mit Schräubchen.

180 Lohari-Armreifen, teils auf Textilbänder montierte Einzelglieder, Durchmesser des vorderen verschraubten Reifens 7 cm, Udaipur, 20. Jh.

181 Lohari-Armreifen, Massivsilber und Silberblech auf Kokosringen, Durchmesser bis 11,8 cm.

182 Gruppe Armreifen, Silberblech auf Kokosringen, Durchmesser 7 bis 12,5 cm, Bassi, Distrikt Chittaurgarh (Süd-Rajasthan), 1984.

Von spezialisierten muslimischen Silberschmieden werden für die Frauen aus ärmeren Bevölkerungskreisen Armreifen mit dünnem Belag aus Silberblech gefertigt. Dieses wird in Wellenform gebogen, wodurch der Reif voluminöser und entsprechend wertvoller erscheint. Traditionell werden als Basismaterial gesägte Ringe der Kokosnuß benutzt, heute allerdings zunehmend auch Kunststoffreifen. Die Ringe werden auf Ober- und Unterarme gestreift und bilden eine Art Manschette.

183 Fingerring mit Amulettbehälter, Fingerringe aus Drahtspiralen und Doppel-Zehenringe, Silber, Länge bis 4,6 cm, Udaipur, 20. Jh.

184 Ein Paar Armreifen in Manschettenform, Silber, Höhe 8 cm, Durchmesser 9,2 cm, Udaipur, 20. Jh.

185 Fußketten-Paar, Silber, Durchmesser 14 cm, Udaipur, 20. Jh.

Außer schweren Massivreifen tragen dörfliche und Adivasi-Frauen Ketten oder Kettenbänder mit Glöckchenanhängern. Dem Klingeln beim Schreiten wird eine erotische Ausstrahlung beigemessen.

187 Fußreifen, Silber, Durchmesser bis 12 cm, Udaipur, 20. Jh.

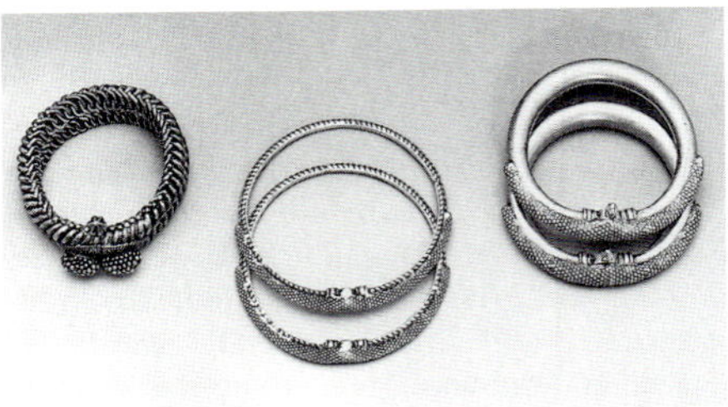

186 Schmuckkasten aus eisenbeschlagenem Holz und Silberschmuck, Höhe des Kastens 30,5 cm, südwestliches Rajasthan, 20. Jh.

Bei der hinduistischen Hochzeit erhält die Braut Geschenke an Schmuck, über den sie verfügen kann, während die von ihren Eltern zu entrichtende – oft ruinösen – Mitgift der Bräutigamsfamilie zufällt. Dagegen besteht bei den Bhil und anderen Adivasi-Gruppendie Sitte, einen Brautpreis zu entrichten, wodurch die bisherigen Aufwendungen der Brauteltern für die Tochter sowie deren künftige Arbeitskraft durch eine Zahlung in Form von Vieh oder Geld seitens des Bräutigams ausgeglichen wird.

Die abgebildeten Schmuckstücke sind eine Armmanschette aus getriebenem Silberblech, ein Zopfgehänge mit Glöckchenanhängern und ein Armreif, dessen Kalottenglieder aus gehämmerten Moghul-Silbermünzen bestehen.

188 Bräutigamschmuck, Weißmetall mit Glassteinen und Textilfäden, Kettenlänge 45 cm, Udaipur, 1984.

Auch weniger wohlhabende Teile der Bevölkerung pflegen, die Hochzeit als höchst aufwendige und prestigeträchtige Zeremonie zu gestalten. Der Bräutigam muß sich zu Pferde – gemietet – zum Haus der Braut begeben, er trägt einen rajputischen Säbel und kostbar wirkenden Schmuck. Tatsächlich hat dieses Talmi-Schmuckensemble, bestehend aus Turbanschmuck (links *chandrama*, rechts *sarpech*), Halsketten und Armreifen, das seine aristokratischen Vorbilder bis ins Detail imitiert, lediglich – bzw. immerhin – den Gegenwert eines Wochenlohns.

189 Hochzeitskette, vergoldetes Silber, Länge (doppelt) 74 cm, südwestliches Rajasthan, 20. Jh.

Typischer männlicher Hochzeitsschmuck sind über Kreuz verlaufende Brustgehänge. Die Kettenglieder in Blütenform sind mit zwei fachen drahtbesponnenen Fäden verbunden und treffen sich auf Brust und Rücken in medaillonartigen Scheiben.

190 Turban mit Hochzeitsschmuck, Baumwolle mit Goldfadenweberei, Talmischmuck, Udaipur, 1984 und 1994.

Der Turban in Lahariya-Färbung ist mit den Schmuckstücken *sarpech* (Mitte) und *chandrama* (vergl. S. 47, Abb. 40) für den festlichen Anlaß dekoriert.

191 Höfischer Mantel, Seide, Goldbrokat, Länge 131 cm, Schulterbreite 41 cm, östliches Rajasthan (Jaipur ?), 19. Jh.

Der Mantel (*servani*) aus roter Seide, der in Brokatweberei mit dicht gesetzten medaillonartigen Pflanzenstauden aus Goldfäden dekoriert ist, wurde bei Hofe über dem linksseitig geschlossenen Hemd *angarkhi* oder leichten Obergewändern (*bagal bandi*) und der die Beine eng umschließenden Hose (*pajama*) getragen. Während dieses relativ schwere Überkleid in Winterzeiten wärmte, war der ebenfalls knöchellange Überrock *jama*, meist aus leichtem Baumwollstoff gewebt, für die heiße Jahreszeit bestimmt.

192 Höfischer Überrock, Seidenbrokat, Länge 120 cm , Schulterbreite 40 cm, östliches Rajasthan (Jaipur ?), 19. Jh.

Das aus fein gemustertem Goldbrokatstoff genähte Übergewand *choga* weicht im Schnitt durch die linksseitig in gerader Linie fallende Mantelseite von Nr. 191 ab. Bei beiden Mänteln haben die Ärmel Überlänge und bedecken die Hände.

193 Standportrait des Rao Shatru Sal von Bundi, Miniaturmalerei aus einem Portfolio der Herrscher von Bundi, Blattmaße: 27,4 x 15,6 cm, Bild: 22,3 x 11,3 cm, leicht unregelmäßig; Bundi oder Indargarh, ca.1670. (Privatsammlung).

194 Thronportrait des Rao Bhao Singh von Bundi, aus einem Portfolio der Herrscher von Bundi; Blattmaße: 25,1 x 16,4 cm, Bild: 20,6 x 11,7 cm; Bundi oder Indargarh, ca.1670. (Sammlung Metzger).

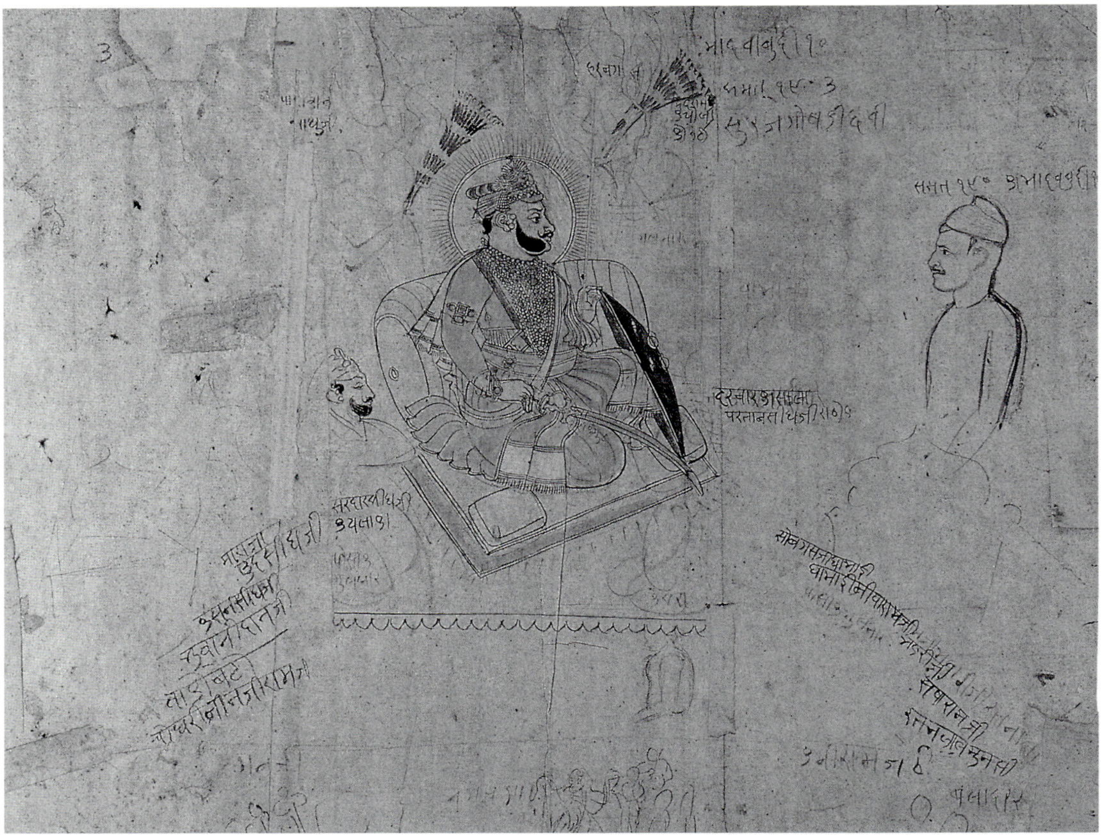

195 Thronportraitskizze mit Maharao Ram Singh von Kota im Darbar im „Darbarsaal" mit Pratap Singh Rathor, Blattmaße etwa 25,1 x 32,7 cm; Kota, datiert 1846; (Privatsammlung).

Auf der gezeigten Seite befindet sich die Datumsangaben mit den Namen der im Darbar Anwesenden, auf der Rückseite Skizzen mit einem Thronportrait Maharao Ram Singhs en face, Portrait zweier Vallabhacharyas und die Skizze eines Damenkopfes.

196 Mittelstücke der beiden Seiten einer Garudastandarte aus Kota, Blattgold, Silber und Wasserfarben auf Seide, Maße: 58,0 x 57,0 cm; Kota, Mitte des 19. Jahrhunderts. (Vergl. auch Abb. 134).

197 **Sitzportrait des Maharaja Man Singh von Jodhpur im Bett mit einer ihm angebotenen Dame, auf der Rückseite Beschriftung in schwer lesbarer Nashtaliq und eine Ziffernfolge; Blattmaße: 32,6 x 25,3 cm, Bild, innerhalb der äußeren goldenen Umrandung: 30,2 x 23,5 cm; Jodhpur, um 1815. (Sammlung Heil).**

198 **Lebensgroßes Bildnis eines Tigers, der von Maharana Ari Singh erlegt wurde; Wasserfarben auf Baumwolle, Maße: 205 x 309 cm; Udaipur, datiert 1762.**

Die Beschriftung über dem Tigerrücken gibt den Namen des Schützen und seines Vaters, Maharana Jagat Singh, sowie das genaue Datum als V.S.“1819, im Monat Jyeshtha, am 2. Tag der hellen Hälfte“ bekannt, ferner die Maße der Trophäe mit 7 hath Länge und 2 hath Höhe (zur Lesung von J.K. Bautze siehe im Anhang: Katalog der Malereien).

199 Standportrait des Maharana Raj Singh I von Mewar bei Verehrung des Sonnengottes; Blattmaße: 24,2 x 19 cm (beschnitten), Bild : 23,3 x 15,7 cm; Udaipur, um 1670. (Sammlung Heil).

200 Darstellung des Gottes Shri Nathji als Reiterportrait; Blattmaße: 30,4 x 22,7 cm (Rand beschnitten); Bild: 28,9 x 21,2 cm; Kota, 1830–50. (Privatsammlung).

201 Reiterportraits der (religiösen) Maharajas Gobindji aus Dvarka (links) und Chote Devtaji Purushotamji aus Nathdvar; Blattmaße: 25,0 x 34,5 cm, Bild: 22,9 x 32,3 cm; Nathdvar, um 1850. (Privatsammlung).

202 Standportraits von Priestern und Gläubigen bei der arati vor dem Kultbild des Gokulchandramaji in Sommerkleidung in Kankroli ; Blattmaße: 22,7 x 34,7 cm, Bild: 18,7 x 30,8 cm; Kankroli(?) um 1810. (Sammlung Heil).

203 Oberer und unterer Teil eines (oder verschiedener?) Pichvai, Wasserfarben und Gold(?) auf imprägnierter Baumwolle, Maße (oben) 155,5 x 292 cm und (unten) 117 x 279 cm; Nathdvar, um 1850. (Siehe auch S. 177 f, Abb. 160 u. 161).

Im Oberteil des Pichvais ist der tanzende Shri Nathji mit den Hirtenfrauen beim Herbstvollmondfest (*purnima*) dargestellt. Im Laub der Mangobäume springen Affen herum. Das untere Teil zeigt den Berg Govardhan nahe Mathura, an dem sich eine Rinderherde, geleitet von zwei Hirten versammelt. Die beiden Stiere in der Mitte kämpfen mit ineinander verhakten Hörnern, ihr friedlicher Gesichtsausdruck läßt die Szene spielerisch erscheinen.

Unter dem linken Stier in der Mitte (Abb. 160) findet sich eine Beschriftung mit dem Namen des Malers „Jai Kisan, Sohn des ...vadhanji". Pichvais mit Malerzuschreibungen aus dieser Zeit sind äußerst selten.

204 Shri Nathji beim Herbstvollmondfest, umgeben von den Darstellungen seiner 24 Hauptfeste, des Religionsstifters Vallabhacharya und seines Sohnes Vitthalnath, Wasserfarben und Silber auf versiegelter Baumwolle, Maße: 131 x 88 cm; Nathdvar, um 1870. (Beschreibung siehe S. 179 f).

205a und 205b Details von Abb. 162: Standportraits der Hauptpriester Nathdvaras, Tilkayat Govardhanlalji (links) mit seinem Sohn Damodarlalji bei der arati vor Shri Nathji, Wasserfarben, Gold und Silber auf imprägnierter Baumwolle, Maße: 195 x 207,5 cm, Nathdvar, um 1915; hier dem Maler Ghasiram Sharma zugeschrieben.

206 Pichvai, Baumwolle, Häkelarbeit, Maße: 274 x 253 cm, Deutschland, Jahrhundertwende.

Die Szene stellt Krishnas Reigentanz mit den Hirtenfrauen (*gopi*) am Vollmondfest dar (vergl. Nr. 203 und 204). Auf einer von unterschiedlichen Bäumen gesäumten Lichtung tanzt inmitten eines Figurenkreises ein klein wiedergegebener Krishna mit einer *gopi*. Der Mythos besagt, daß jede teilnehmende *gopi* sich vorstellte, sie allein tanze mit dem geliebten Gott. In der Darstellung drückt sich dies so aus, daß im Reigentanz je zwei Frauen einer der achtfach erscheinenden Krishnagestalt zugeordnet sind, mithin jede Frau ihn an der Hand fassen kann. Im Vordergrund wiederholt sich das Motiv in Form des radschlagenden Pfaus mit seinen beiden Hennen. Zum Tanz spielen zwei Gruppen von Musikerinnen auf. Am sternenübersäten Himmel stehen zwei Monde, zwei Luftfahrzeuge schweben herbei. Die Szenerie ist beidseitig von Rankenborten gesäumt und ringsum von zwei Bordüren mit Rinder-, bzw. Pfauendarstellungen eingefaßt.

Von dieser Art Häkel-Pichvai sind einige Beispiele bekannt (Talwar, K. u. Kalyan Krishna, Indian Pigment Paintings on Cloth. Ahmedabad, 1979; S. 62, Nr. 81 mit Abb. 71). Sie wurden um die Jahrhundertwende aus Deutschland importiert. Es handelt sich um maschinengefertigten Tüll, der nach indischen Vorlagen gestaltet wurde. Dabei stellten sich einige Mißverständnisse ein, so bei der geringen Größe des Tänzerpaares im Zentrum, bei der Eckigkeit der Schallkörper bei den vina-Lauten vorn, beim Fehlen von göttlichen Passagieren in den Luftschiffen, beim Mondpaar, das sich aus anderen Krishnaszenen als Sonne und Mond herausstellt, aber in dieser nächtlichen Zeit fehl am Platze ist, sowie bei den wedelartigen Bananenblättern, die hier aus Bäumen herausragen.

207 Altartuch, Wasserfarben auf Baumwolle, Maße: 140 x 81 cm, in Stufenlage 37 cm plus 52 cm hoch, Nathdvar, Anfang 20. Jh.

Auf einem Krishna-Altar ausgelegt, bildet das Tuch einen Stufenabsatz, auf dem die Götterfiguren und Ritualgeräte Platz finden. Das Oberteil des Kulttuches (*sirhi*) dient dabei mit seinem aufgemalten Thronkissen als Teil des Göttersitzes (*simhasana*). Die in Verehrung nahenden Kühe zeigen an, daß es sich um einen Altar Krishnas handelt.

208 Göttersitz, Holz mit Spiegeleinlagen und polychromer Fassung, Höhe 33,3 cm, Breite 35 cm, Jodhpur, Jahrhundertwende. (Siehe auch S. 30, Abb. 19).

Das auf Beinen in Form von Krokodilköpfen (*makara*) stehende Gestell wird als Thronsitz (*simhasana*) auf dem Altar mit Kultfiguren bestückt. Der *simhasana* kann auch bei Prozessionen oder von Wanderpredigern mitgeführt werden.

209 Arati, Gelbguß, Höhe 20 cm, südwestliches Rajasthan, 19. bis 20. Jh.

Das mehrstufige Lampengestell (*arati*) gibt aus dutzenden Ölschälchen Licht und wird bei der gleichnamigen Lichterverehrung vom Priester vor der Kultfigur geschwenkt.

210 Venugopala und Radha, Gelbguß, Höhe 13,8 cm und 14 cm, südwestliches Rajasthan, 18. bis 19. Jh.

Krishna ist als Hirte (*gopala*) auf der Flöte (*venu*) spielend dargestellt, seine Hauptgeliebte und Inbegriff der hingebungsvollen Verehrung (*bhakti*) ist Radha, die ihm stellvertretend für alle Gläubigen zugesellt wird. Von den Pushti-Marg-Anhängern in Nathdvar werden zwei Krishna-Bildwerke dieser Form unter den Namen Madanamohanji, eine Metallfigur, und Gokulchandramaji, eine Holzfigur, verehrt.

211 Zwei aratis und Opferlöffel, Gelbguß, Höhe des Lampenträgers 8,8 cm, Länge des fünffachen Leuchters 13,5 cm, Länge des Löffels 17 cm, südwestliches Rajasthan, 18. bis 19. Jh.

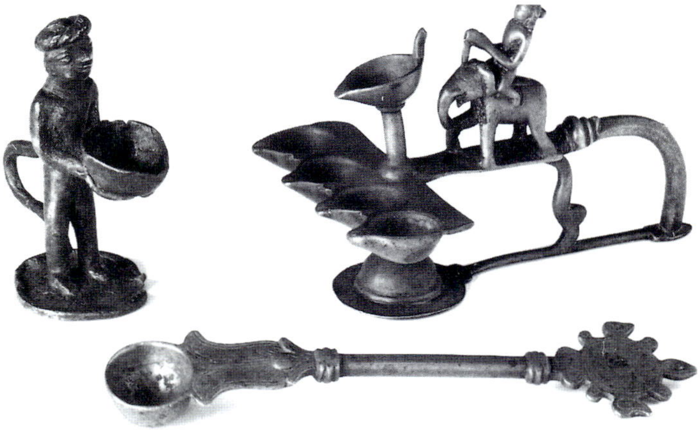

212 Schaukelgestell, Holz mit polychromer Fassung und Spiegeleinlagen, Eisenmontierungen, Höhe 256 cm, Sockelbreite 129 cm, westliches Rajasthan, 20. Jh.

Die Schaukel (*jhula*) besteht aus einem steckbaren Rahmen mit einer eingehängten Achse, an der vier Stangen den großen Schaukelthron halten. Dieser hat die Gestalt einer Sitzplattform und dient als Altar zum Aufstellen von Götterfiguren und Gerätschaften der Krishnaverehrung. Krishna selbst erscheint als Venugopala in Begleitung von vier Hirtenfrauen auf dem blumenübersäten Hintergrund gemalt. Das Rahmengestell und der aufgesetzte Tympanon (hier mit der ausgemalten Rückseite abgebildet) sind mit Spiegelscheiben besetzt, die bei der *arati* die Lichterwirkung vielfach verstärkten. Auch die Thronrückseite ist mit Blüten und Blumenstauden, in denen Vögel sitzen, in Lackmalerei ausgestaltet.

Das Schaukeln, das vor allem in den Palastgärten der Unterhaltung diente, hat auch erotische Bezüge und sollte einer Gottheit wie Krishna zur Freude gereichen.

213 Schaukelrahmen, Holz mit polychromer Fassung, Höhe 261 cm, Breite (oben) 116 cm, westliches Rajasthan, 19. bis 20. Jh.

Das relativ zierliche Säulengestell besitzt noch die frei bewegliche Halterung für den Schaukelsitz, welcher jedoch fehlt. Der aus zwei beschnitzten Brettern zusammengesetzte Mehrpaßbogen mit der lichten Weite von 84 cm und die kannelierten Stützen mit Akanthuskapitellen folgen dem spätrajputischen Architekturstil. Der gewundene Aufbau, bekrönt von einer Pfauenfigur, stammt aus der religiösen Steinplastik (vergl. Nr. 83).

214 Ausstattung für Kultfiguren, Textilien mit Metallfäden und Glasperlen, Höhe des Mäntelchens 12 cm, Nathdvar, Gegenwart.

Die im Devotionalienhandel der Pilgerstadt Nathdvar angebotenenen Kleidungs- und Schmuckstücke en miniature sind für die Ausstattung der Kultfiguren auf dem Hausaltar gedacht. Sie zeigen vereinfachte Formen der Bekleidung, mit der die Hauptkultfiguren, wie Shri Nathji, Vitthalnathji oder Navanitapriyaji im Tempelkomplex zu den verschiedenen festlichen Anlässen angetan werden. Für die Winterzeit sind beispielsweise gefütterte Umhänge vorgesehen, während Krishna im Sommer nur leichte Musselinstoffe trägt.

215 Krishna Govardhanadhara, Figur aus Gelbguß, Höhe 34,8 cm, Rajasthan oder Gujarat, Jahrhundertwende.

Der ausgestreckte linke Arm Krishnas weist ihn als „Träger des Govardhana-Berges" aus. Als solcher ist auch das Hauptkultbild Shri Nathji wiedergegeben (vergl. S. 173, Abb. 157 und S. 179, Abb. 162, sowie Nr. 204).

In der Kulthandlung *(puja)* werden die Götterfiguren als lebendige, reale Wesen umsorgt. In einem festgelegten Tagesprogramm folgen dem Wecken (etwa um 5:00 Uhr), Waschen und Bekleiden die Speisung *(bhog)* mit verschiedenen Milchprodukten und Früchten sowie Zeremonien der Sinnenerbauung mittels Duftstoffen und Musik. Die *puja*-Handlungen haben als Höhepunkte die *arati*-Zeremonien. Die teilnehmenden Pilger erleben das *darshan* (Sichtbarwerdung), legen ihre Opfergaben nieder und erhalten von den Priestern Süßigkeiten vom Altar als Gegengabe göttlicher Herkunft *(prasad)*. Die Mittagsstunden und die Nachtzeit ab 20:00 Uhr sind Ruhezeiten *(shayan)* der Gottheiten, zu denen die Tempeltore geschlossen werden.

216 Polsterthron mit Krishnafigur, Textilien mit Metallfäden, Messingfigur, Thronhöhe 15,5 cm, Breite 21 cm, Nathdvar, Gegenwart.

Neben Shri Nathji ist die Gestalt des knienden Knaben Krishna (Balakrishna), der seiner Ziehmutter eine Butterkugel gestohlen hat. Eine der *svarupas* (Formen Krishnas) in Nathdvar ist dieser, als Navanitapriyaji („der eine Vorliebe für Butter hat") bekannte Krishna-Aspekt.

217 Krishna und Radha, Holz mit Resten polychromer Fassung, Höhe 67 cm und 63,5 cm, südliches Rajasthan, 18. bis 19. Jh. oder älter.

Die stark „patinierten" Figuren sind in einem abstrahierenden Stil geschnitzt, der auf ein für Holzobjekte relativ hohes Alter schließen läßt. Ihre Arme sind angesetzt, aber nicht für einen marionettenartigen Einsatz gedacht. Es dürfte sich um Kultfiguren im Zusammenhang mit Prozessionen handeln, über deren Hintergründe allerdings nichts bekannt ist. Der bekrönte Krishna läßt sich anhand seiner Beinstellung als flötespielender Venugopala, bzw. Gokulchandramaji (vergl. Nr. 209) bezeichnen. Wie bei Gangor-Figuren (vergl. Nr. 90) sind auf das Holz Bekleidung und Schmuckstücke aufgemalt gewesen, doch war für die kultische Verwendung eine reale Ausstattung mit angepaßter Bekleidung vorgesehen.

218 Venugopala und Kuh, Holz und Ton, Höhe 19 cm und 20 cm, Bassi und/oder Udaipur, 1984.

Figürchen wie diese werden in Basaren und an Tempeln als Devotionalien verkauft und finden im privaten Ritus oder für den Hausaltar Verwendung. In Form von „Krippenspielen" werden zur Verehrung Krishnas seine Figur und Kuhherden aufgebaut, mit denen die populären Episoden aus seiner Kindheit und Jugend in der Region Mathura nachgespielt werden können. Als eines der bedeutendsten Feste feiert man am Tag nach Dipavali, dem herbstlichen Lichterfest zu Ehren der Glücksgöttin Lakshmi, das Fest Govardhana, benannt nach dem Berg, den Krishna emporstemmte, um Menschen und Vieh Schutz vor einem von Gott Indra gesandten Unwetter zu gewähren.

219 Kavad, Holz mit Farblackierung, Höhe 30,2 cm, Bassi, Distrikt Chittaurgarh, Gegenwart.

Ein *kavad* ist ein tragbarer Tempelschrein, der mit mehrflügeligen Türchen verschlossen ist. Beim Entfalten kommen nach und nach Darstellungen religiösen Inhalts zum Vorschein, bis innen die Cella geöffnet werden kann. Hier sind die geschwisterliche Triade Baladeva, Subhadra und Krishna als Halbreliefs aufgestellt. In geöffnetem Zustand mißt dieser *kavad* 52 cm in der Breite.

Kavads können in Größen bis über einen halben Meter hergestellt werden. Sie werden von religiösen Wanderbettlern mitgeführt, die sich durch das Zurschaustellen der aus den vishnuitischen Epen Mahabharata und Ramayana stammenden Abbildungen Almosen verdienen.

ANHANG

Katalog der Malereien

Wenn nicht anders angegeben, handelt es sich um Malereien mit Wasserfarben, Gold und Silber auf Papier. Maße in Zentimetern, Höhe vor Breite. Im Textbeitrag „Die Welt der höfischen Malerei" bereits genannte Einzelheiten wurden hier nicht noch einmal aufgeführt. Die Reihenfolge entspricht der im Text, einschließlich der im Katalogteil in Schwarzweiß abgebildeten Werke (Kat.Nrn.).

ABB. 113 Standportrait des Maharaja Sawai Pratap Singh von Jaipur. Jaipur, datiert 1817; Maler: Ram Kisan; Blattmaße: 23,4 x 15,6; Bild: 19,2 x 12,0. Privatsammlung. Vormals Sammlung Kumar Sangram Singh of Nawalgarh (Stempel auf Rückseite). Rückseite: Insgesamt sieben Zeilen Nagari, von drei verschiedenen Händen, zusätzlich die Nummer „26", ebenfalls in Nagari.

ABB. 114 Standportrait des Rao Ratan von Bundi. Subimperial Moghul in Rajasthan (Bundi?), ca. 1630; Blattmaße: 19,7 x 12,2, am rechten Rand leicht beschnitten; Bild: 13,6 x 8,0. Privatsammlung.

Vormals Sammlung des Maharana von Mewar. Rückseitige Jotdan-Nummer (die Mewarische Inventarnummer): 15/309. Ältere Inventarnummer: „399". Preis: „ki 2///" (ki° = kimat <Preis>; die Vertikalstriche stehen für Untereinheiten der Rupie). 1 Beschriftung in Nashtaliq, 2 in Nagari, jeweils den abgebildeten Herrscher identifizierend. Dazu, von anderer Hand: „ara..to 26 jila hej / s°1111 ki° si°" das Datum der ersten Inventur in A.H. 1111 angebend.

ABB. 115 Standportrait des Chandrawat Nahar Dasji und des Rukmangadji. Subimperial Moghul in Rajasthan (Bundi?), ca. 1640; Blattmaße: 21,5 17,0; Bild: 17,0 x 12,8. Privatsammlung.

Vormals Sammlung des Maharaja von Bundi (Stempel auf Rückseite), 2 Inventarnummern in Nagari „36", „11"; Zwei Signaturen von späterer Hand. Zwei Zeilen Nagari mit der Namensangabe der beiden dargestellten Männer.

ABB. 116 Standportrait des Rao Shatru Sal von Bundi. Aus einem Portfolio der Herrscher Bundis, Bikaner, ca. 1680; Blattmaße: 29,8 x 19,9; Bild: 20,0 x 11,9. Privatsammlung.

Vormals Sammlung des Maharaja von Bikaner (Stempel auf Rückseite). Beschriftet auf der Rückseite in Nagari: „hado ravo satra sal", darüber, in altertümlicher Schrift, auf englisch, in Blei: „Hada Rao Chhatarsal". Mehrere Inventarnummern, zweifach Nr. 868.

KAT.NR. 193 Standportrait des Rao Shatru Sal von Bundi. Aus einem Portfolio der Herrscher Bundis. Bundi oder Indargarh, ca. 1670; Blattmaße: 27,4 x 15,6; Bild: 22,3 x 11,3 (leicht unregelmäßig). Privatsammlung.

Vormals Sammlung des Maharaja von Bundi (Stempel auf Rückseite). Verwischte Nagari-Beschriftung am oberen Bildrand. Zählung „8" am linken Bildrand, Zählung „198" am rechten Bildrand. Rückseitige Nagari-Beschriftung „maharav raja śatruśal ji" nicht zeitgenössisch. Zwei Signaturen, mehrere Inventarnummern. Publiziert: Bautze 1992a, fig. 3.

KAT.NR. 194 Thronportrait des Rao Bhao Singh von Bundi. Aus einem Portfolio der Herrscher Bundis. Bundi oder Indargarh, ca. 1670; Blattmaße: 25,1 x 16,4; Bild: 20,6 x 11,7. Sammlung Metzger.

Vormals Sammlung des Maharaja von Bundi (Stempel auf Rückseite). Verwischte Nagari-Beschriftung am oberen Bildrand. Zählung „10" am linken, „199" am rechten Bildrand. 2 Signaturen auf Rückseite; Sammlerstempel.

ABB. 30 Medaillonportraits in genealogischer Zusammenstellung der Herrscher Mewars von Maharana Udai Singh bis Maharana Sajan Singh, gruppiert um die von einem Stammesangehörigen (Bhil) und einem Herrscher (Rana Pratap) gehaltenen Staatswappen: (von oben nach unten) das Schwert, das Linga (für die Staatsgottheit Eklingji) und der Sonnengott Surya über dem Band mit dem Staatsmotto. Udaipur zwischen 1882 und 1884; Maler: Staatsmaler Parasram; Blattmaße: 66,7 x 52,8. Sammlung Heil.

Drei Kolumnen zu 7, 6 und 7 Zeilen mit der Namensangabe des Herrschers und der Angabe des Geburts-, Krönungs- und Todesjahres nach indischem Kalender in goldener Nagari. Auf der Rückseite drei Zeilen unleserlicher Nagari. Darüber auf Englisch, in Blei: „Twenty Maharajas of Udaipur Price Rs 250/-"

ABB. 117 Thronportrait des Rao Raja Budh Singh von Bundi. Bundi, um 1725. Blattmaße: 46,5 x 31,1; Bild: 24,5 x 17,2. Privatsammlung.

Vormals Sammlung H. Kevorkian, Nr. 363 (Papiersiegel auf Rückseite). Beschriftung auf der Bildseite, oberer Bildrand, in englischer Sprache, in Blei: „Bhod Sing Boondee Raj". Zwei Zeilen Nagari auf der Rückseite: „rav raja budh simhji / bumdi ka raja", gezählt als „1". Daneben eine Beschriftung in Nashtaliq, im Wortlaut ähnlich. Publiziert: Maggs Bull. No. 35, Spring 1982, no. 12; Bautze 1987, Abb. 168.

ABB. 118 Jharokhabild des Rao Raja Budh Singh von Bundi. Kota, um 1730. Blattmaße: 25,9 x 20,0; Bild: 19,7 x 14,5. Privatsammlung.

Vormals Sammlung des Maharana von Mewar. Rückseitige Jotdan-Nummer 15/143. Ältere Inventarnummer: „144". Preis: „ki°3". Einzeilige Nagari-Beschriftung: „chabi bud simghji ki bu<m>di rav raja" (Portrait des Budh Singh, Rao Raja von Bundi).

ABB. 119 Thronportrait des Maharao Durjan Sal von Kota im Darbar mit Ajay Singhji. Kota, um 1731-1735. Blattmaße: 18,4 x 24,4; Bild: 15,4 x 20,2. Linden-Museum Stuttgart.

Einzeilige Nagari-Beschriftung am oberen Rand der Bildseite mit Nennung des Titels und Namens des Kotaherrschers, Beschriftung am linken Rand unsicher, da das Bild hier beschnitten wurde. Die zweizeilige Beschriftung der Rückseite, in Nagari, liest: „maharavji durjan sal/ji mudha ag<e> bhai ajay si<gh>ji" (Maharao Durjan Salji, vor ihm Bruder Ajay Singhji). Publiziert: Christie's, 9.11.1977, lot 86, Plate 22; Bautze 1985, Abb. 1, S. 91 mit ausführlicher Beschreibung und Diskussion. Eine vergleichbare, spiegelverkehrte Darstellung in der Sammlung von Dr. Alvin O. Bellak, Philadelphia war einst Teil der Sammlung des Maharana von Mewar mit der älteren Inventarnummer „115" und der Preisangabe „ki°3". In einer ebenfalls unveröffentlichten, auf vorliegender Abb. basierenden Malerei der Sammlung von Rajkumar Tandan, Secunderabad, empfängt Durjan Sal seinen Onkel, Chitra Singh Rajawat aus Ramgarh. Beide genannten Vergleichsbilder sind um mindestens zwei Jahrzehnte nach vorliegender Abbildung entstanden.

ABB. 120 Standportrait des Maharao Durjan Sal von Kota. Udaipur, um 1734. Blattmaße: 25,9 x 15,6; Bild: 21,7 x 11,5. Sammlung Heil.
Vormals Sammlung des Maharana von Mewar, Jotdan-Nr. „15/130", Ältere Inventarnummer: „131", Preis: „ki° 3". Identifiziert auf oberem Rand der Bildseite: „maharav durjan salji", gezählt als „34". Am unteren Rand auf der Rückseite, in Nagari: „maharavji".

Abb. 121 Thronportrait des Maharao Ajit Singh von Uniara. Uniara, um 1770. Blattmaße: 24,1 x 14,9; Bild: 20,7 x 11,7. Privatsammlung. Vormals Sammlung Yasmin Hussein, London. Identifiziert in silberner Nagari am oberen Rand als: „maharajeravji śri ajat samghji".

Abb. 122 Thronportrait des Maharaja Sawai Madho Singh von Jaipur im Darbar mit seinem Minister und anderen Würdenträgern. Jaipur, datiert 1765 (A.D.). Maler: Ramjidas. Blattmaße: 41,8 x 32,4; Bild: 35,8 x 28,9. Sammlung Heil.

Vormals Sammlung des Maharana von Mewar, Jotdan-Nr. „15/11". Ältere Inventarnummer: „11", Preis: „ki° 25". Die goldene Nagari-Beschriftung in der Kartusche am oberen Bildrand nennt Titel und Namen des Herrschers, die anderen Personen sind im Bild durch winzige Beischriften identifiziert. Am unteren Bildrand ist die Malerzuschrift zu lesen. Auf der Bildrückseite erfolgt in einer ein-einhalb zeiligen Nagari-Beschriftung die Identifikation des Bildthemas („pano babat jepur thi...") mit entsprechender Datumsangabe, wahrscheinlich aus der Hand eines mewarischen Schreibers. Publiziert: Christie's Amsterdam, 12.10.1993, lot 35.

Kat.Nr. 195 Thronportraitskizze mit Maharao Ram Singh von Kota im Darbar im „Darbarsaal" mit Pratap Singh Rathor. Kota, datiert 1846 (A.D.). Blattmaße etwa 25,1 x 32,7. Privatsammlung.

Auf der gezeigten Seite die Datumsangaben mit den Namen der im Darbar Anwesenden. Rückseite: Skizzen mit einem Thronportrait Maharao Ram Singhs en face, Portrait zweier Vallabhacharyas und die Skizze eines Damenkopfes. Literatur: Bautze 1988/89, Appendix I, Nr. 20.

Abb. 123 Sitzportrait eines Höflings aus Jodhpur. Jodhpur, ca. 1730–40. Blattmaße: 13,2 x 10,4. Linden-Museum Stuttgart.

Abb. 124 Wedelträger im Dienste des Maharaja Abhai Singh von Jodhpur. Jodhpur, ca.1730–40. Blattmaße: 16,5 x 8,8 (äußerster unterer Rand ergänzt). Linden-Museum Stuttgart.

Abb. 125 Thronportrait des Maharaja Abhai Singh von Jodhpur im Darbar im „Sursagar"-Garten. Jodhpur, ca.1730-1745. Blattmaße: 38,3 x 31,4; Bild: 36,2 x 29,5. Sammlung Heil.

Vormals Sammlung Michael Goedhuis. Beschriftet auf der Rückseite mit: „maharaj śri abhai sighji ri cavi sursagar ra bag ri" (Bildnis des Maharaja Abhai Singh im Sursagar Garten). Publiziert: Sotheby's, 9.10.1978, lot 275 (als Bijai Singh); Sotheby, 19.10.1994, lot 175 (als Bijai Singh). Vergleichsportraits: Gray 1950, Plate 94, no.432; Sotheby & Co., 12.12.1972, lot 105; Sotheby & Co., 11.7.1973, lot 114 (= David/Soustiel 1983, no.90, p.79); Christie's, 1.4.1982, lot 67; Maggs Bull. No. 18, January 1971, no.212; Maggs Bull. No.35, Spring 1982, no. 28.

Abb. 126 Standportrait des Maharaja Ram Singh von Jodhpur in der Körperhaltung eines Herrschers aus Kishangarh. Bikaner, datiert 1752 (A.D.). Maler: Ustad Qasim, Sohn des Ghulam Mohamad. Blattmaße: 27,1 x 17,7; Bild: 20,3 x 12,1. Sammlung Metzger.

Vormals Sammlung des Maharaja von Bikaner (Stempel). Beschriftet in Nagari auf der Rückseite mit: „sabi, raja ram simgh jodhpuri the. jike ne maharaja śri 5 śri bakhat simhji kath diyo. / kam uste kasam gula mamhamadre ro sam°1809 <vierte Ziffer unklar> miti a/su vade 12" (Bildnis des Raja Ram Singh von Jodhpur, dem der fünffach erhabene Maharaja Bakhat Singh einen Verrat (oder Niederlage) beibrachte. Werk des Meisters Qasim, Sohn des Ghulam Mohamad, V.S.1809 im Monat Asoj, am 12. Tag der dunklen Hälfte). Publiziert: Sotheby's N.Y., 16./17.3.1988, lot 394. Vom Ustad Qasim als dem Sohn Mohamads ist dies eines der wenigen publizierten datierten Bilder, vergl. Doshi 1987, p. 188.

Abb. 127 Thronportrait des Maharaja Sawai Jagat Singh von Jaipur mit seiner Favoritin in seinem Palast bei einer Tanzvorführung. Jaipur, ca.1810-15. Maler: Gobind. Blattmaße: 34,5 x 25,2; Bild: 32,4 x 23,1. Sammlung Habighorst.

Beschriftet auf der Terrasse, oberhalb des Springbrunnens, in goldener Nagari. „kalam gobind catera ki" (Stil des Malers Gobind). Vergleichsportraits: Hendley 1897, Plate 15, no.18 (= Nath / Singh Jodha 1994, p.94, links); Ward / Joel 1984, S. 21; Gray 50, Plate 96, no. 500; Neven 1976,p. 105, no. 133 (als Pratap Singh); Boner/ Fischer/Goswamy 1994, Nr. 152; Koller, 5.–8.11.1980, Nr. 171, Tafel 21; Sotheby's N.Y., 21./22.3.1990, lot 171; Maggs Bull. 35, Spring 1982, no. 21.

Abb. 128 Thronportrait des Balwant Singh von Ratlam im Darbar bei einer Tanzvorführung anläßlich des Frühlingsfestes. Ratlam, Madhya Pradesh, um 1825. Maler: Kusal, wahrscheinlich aus Udaipur, Rajasthan. Bildmaße: 28,1 x 35,2; Blatt: 21,2 x 28,1. Sammlung Heil.

Vormals Sammlung Dr. Kaywin Lehman Smith; Sammlung William K. Ehrenfeld. MD Rückseite: Diverse Zahlenfolgen von Kunsthändlern. Publiziert: Pal 1983, R46; Sotheby's N.Y., lot 99; Sotheby's N.Y., 28.10.1991, lot 32; Sotheby's N.Y., 30.11.1994, lot 18.

Abb. 129 Thron- und Standportrait des Maharana Sangram Singh II von Mewar beim Feiern des Blumenfrühlingsfestes im „Gulab Bari" Garten. Udaipur, ca. 1715. Blattmaße: 51,0 x 89,0; Bild: 46,5 x 85,0. Sammlung Habighorst.

Vormals Sammlung des Maharana von Mewar, Jotdan-Nr. „2/102" bzw. „128" (Ältere Zählung), Preis: „ki°115" (? Beschriftung verwischt); British Railway Pension Fund. Rückseite am oberen Rand mit einzeiliger Nagari-Beschriftung, auf dem Kopf stehend: „gulab badi cogan jataji manibajuri". Darunter eine zehnzeilige Nagari-Inschrift unter „'sri". Zum Inhalt der Beschriftung siehe die vorherigen Publikationen. Publiziert: Cimino 1985, no. 70, p. 71 (Text von Andrew Topsfield); Cimino 1988, fig. 32, p. 150; Sotheby's, 26.4.1994, lot 23. Vergleichsportraits (Auswahl): Topsfield 1980, nos. 67–85, 88; Ehnbom /Topsfield 1987, nos. 36–39; Pal 1978, no. 37, p. 120f (jetzt im Los Angeles County Museum of Art); Topsfield 1990, nos. 1–7; Sotheby's, 26.4.1994, lots 22, 24–29, 31, 32; Sotheby's N.Y., 21./22.3.1990, lot 82; Sotheby's N.Y., 6.10.1990, lots 91–92; Sotheby's N.Y., 28.10.1991, los 19–20, 232; Sotheby's N.Y., 17.6.1993, lot 396.

Abb.130 Thronportrait des Maharo Ram Singh von Kota im „Rosenwasserpavillon" anläßlich der Gangaur-Feierlichkeiten. Kota, um 1850. Blattmaße: 33,9 x 25,3; Bild: 28,4 x 20,4. Privatsammlung.

Beschriftet am oberen Rand in weißer Nagari: „sri maharajdh<i>raj maharaorajaji śri śri śri ram sighji ganagor karan / gulab ka ba<m>gla ma brajaji ki chabi" (Bildnis des in den Rosenwasserpavillon gegangenen dreifach erhabenen König der Könige Maharao Ram Singhji beim Gangaur-Machen).

Abb. 131 Elefantenreiterportrait des Maharao Ram Singh von Kota in Begleitung seiner Insignienträger und einer

Tänzerin. Kota, ca.1840–45. Blattmaße: 34,0 x 25,7; Bild: 30,8 x 22,5. Sammlung Metzger.

ABB. 132 Elefantenreiterportrait des Maharao Ram Singh von Kota beim Ausritt anläßlich der Feierlichkeiten zu Ehren der Göttin Asapura. Kota, datiert 1853 (A.D.). Blattmaße: 50,7 x 65,1; Bild: 45,6 x 60,5. Sammlung Metzger.

Vormals Sammlung des Maharana von Mewar. Rückseitige Jotdan-Nr.: „15/138". Die in weißer Nagari ausgeführte Beschriftung am oberen Blattrand liest: „śri śri śri maharajdh<i>raj maharajaji śri ram simghji asapuraji na padharay asoj sudi 9 mi° samat 1910".

ABB. 133 Reiterportrait des Maharao Ram Singh und einiger Gefolgsleute bei der Büffeltötung auf dem „Chaugan" genannten Platz anläßlich des zehnten Tages der Verehrung der Göttin Durga. Kota, um 1853. Blattmaße: 49,9 x 44,5; Bild: 43,9 x 38,8 (gemessen innerhalb der, von außen gesehen, zweiten weißen Umrahmungslinie wegen der in den Rand hineinragenden Bildteile). Privatsammlung.

Vormals Sammlung des Maharana von Mewar. Rückseitige Jotdan-Nr.: „15/140". Ältere Nummer: „141". Preis: „ki°30". Beschriftet auf oberem Blattrand der Bildseite: „śri". Beschriftet auf der Rückseite mit fünf Zeilen Text in Nagari unter der Anrufung „śri ramji". Die letzten beiden Zeilen sind dabei in 7 Kolumnen aufgeteilt, in denen die Namen der Mitreiter angegeben werden. Publiziert (als Ausschnitt): Bautze 1991/92, figs. 21–22. Zu einem 1852 (A.D.) datierten Bild der Büffeltötung durch Maharao Ram Singh mit einem Gefolgsmann zu Pferd siehe Sharma 1963, p. 23. Dasselbe Pferd wie auf vorliegender Malerei reitet Maharao Ram Singh bei einer Eberjagd, siehe Sotheby's, 26.4.1994, lot 15. Es wird auf der rückseitigen Beschriftung hier „Bhuvani Bags" genannt. Analog den Malerzuschriften auf der Rückseite dieser Jagdszene kann auch die vorliegende Abb. 133 den Malern Kisan Das und seinem Sohn Lachiram zugeschrieben werden[3].

ABB. 134 Kernstück einer Garudastandarte aus Kota, wie sie in Abb. 133 dargestellt ist. Blattgold, Silber und Wasserfarben auf Seide Kota, Mitte des 19. Jahrhunderts. Maße: 61,0 x 67,0. Linden-Museum Stuttgart.

Publiziert und diskutiert: Bautze 1986b.

ABB. 135 Reiterportrait des Maharao Ram Singh von Kota auf dem Pferd „Hansah". Kota, datiert 1858. Maler: Lachiram. Blattmaße: 37,1 x 29,3; Bild: 31,0 x 24,3. Sammlung Metzger.

Beschriftet in weißer Nagari auf oberem Blattrand: „sri". Beschriftet im Bildhintergrund: „samat 1915 kalam catera lachiram ki śriji ka vasakh vad 1<danach unlesbar>". Zu vergleichbaren Ausrittbildern Maharao Ram Singhs siehe Maggs Bull. No. 15, August 1969, no. 142 (= Archer 1970, no. 14); Sotheby's, 22.4.1980, lot 98 (Sammlung Kenneth X. Robbins, U.S.A.); Topsfield 1980, no. 36, p. 42. Ein 1864 datiertes Bild in der Sammlung Benkaim, Beverly Hills, gibt in der dritten Zeile der Hauptbeschriftung auf der Rückseite eines Bildes, das Maharao Ram Singh auf tänzelndem Pferd bei einem Elefantenkampf zeigt, den Namen des Pferdes als „Hansah" an. Dieses Pferd ist identisch mit dem der vorliegenden Abbildung 135. Die Malerei der Sammlung Benkaim illustriert eine Begebenheit vom Donnerstag, den 7. Tag der hellen Hälfte des Monats Magh im Jahre V.S.1921 unterhalb des „Zoravar Burj", auf dem Maharao Ram Singhs Sohn, Shatru Sal sitzt. Zur Publikation siehe Gosvami 1972, citra 8, p. 85 (farbig)[4].

ABB. 136 Reiterportrait des Maharao Chattar Sal von Kota auf dem Pferd Harihansraj umgeben von rennenden Insignienträgern. Kota, um 1764. Blattmaße: 39,1 x 31,3; Bild: 33,5 x 26,6. Sammlung Metzger.

Vormals Sammlung Kumar Sangram Singh von Nawalgarh; Dr. Alvin O. Bellak, Philadelphia. Beschriftet am oberen Blattrand: „kota ka mharavji" (Der Maharao von Kota). Publiziert: Bautze 1988, Abb. 7, S. 93 und weiterem Publikationshinweis auf S. 108, Anm. 65; Abb. 5, S. 92, zeigt das entsprechende, 1764 (A.D.) datierte Vergleichsbild.

ABB. 137 Reiterportrait des Maharana Sangram Singh von Mewar. Bikaner, um 1730, basierend auf einem Mewar-Original von ca. 1720. Blattmaße: 35,0 x 26,9; Bild: 26,0 x 19,3. Linden-Museum Stuttgart.

Die Szenerie mit der im bläulichen Dunst der Ferne verschwindenen, detailliert gezeichneten Landschaft dieser Bikaner-Malerei erinnert an das mehrfach publizierte Reiterportrait Maharaja Anup Singhs von Bikaner, das um 1690 datiert wird[5]. Die Größe und Gestaltung der Köpfe der Mitläufer trägt jedoch unverkennbare Züge der Malerei Mewars um 1720 (vergl. vorliegende Abb. 153). Die Art der Landschaftsandeutung war auch um 1730 noch ein Mittel der Darstellung von „Ferne", vergl. die entsprechend datierte, vorliegende Abb. 146. Die Schwere des Pferdes und der lange Gehrock des Maharana könnten unter Umständen sogar eine etwas spätere Datierung rechtfertigen.

ABB. 138 Reiterportraits von (von links nach rechts) Maharaja Ajit Singh von Jodhpur, Maharana Amar Singh von Mewar auf dem Pferd Manman Pyara, Maharaja Sawai Jai Singh von Amer und Rathor Durgadas anläßlich des Empfanges im Mai 1708 in Udaipur. Udaipur, um 1720 oder früher. Blattmaße: 25,4 x 40,7; Bild: 22,5 x 39,3. Sammlung Habighorst.

Vormals in der Sammlung des Maharana von Mewar. Rückseitige Jotdan-Nr.: „5/11". Preis: „ki°120"; Sammlung Gursharan und Elvira Sidhu, Kalifornien. Beschriftet auf der oberen Bildumrandung mit „jesighot" („von Jai Singh", gemeint ist Maharana Jai Singh, Nachfolger und Sohn des hier vertretenen Raj Singh (Kat.Nr. 199) und Vater und Vorgänger des mit einem Strahlennimbus dargestellten Maharana Amar Singh II. Die Rückseite ist über das ganze Blatt mit 16 Zeilen Nagari beschriftet, zu Beginn der 10. Zeile wird z.B. der Name des Pferdes des Maharana erwähnt. Eine leichter lesbarere Fassung des Textes liefert Shyamaldas 1886, Vol. 2, p. 769f. Eine 1867 datierte Kopie dieser oder einer früheren Version publiziert Topsfield 1980, no. 59, p. 63. Vergleichsportraits a) von Sawai Jai Singh: Sangram Singh 1977, exhibit 100 und Farbtafel in der Einleitung; Das 1977, Farbtafel p. 11, Farbtafel p. 60; Hendley 1897, Plate 15, no. 13; Nath / Singh Jodha 1994, p. 77; Molitor 1985, Abb. 4; Bothmer 1982, Kat.-Nr. 62, Farbtafel 15; Christie's, 24.11.1987, lot 84 (der Mann unmittelbar hinter Muhammad Shah); Sotheby's Colonnade, 21.10.1994, lot 533; Topsfield 1980, colour plate 13 (= Desai 1985, no. 16); Ehnbom / Topsfield 1987, Umschlagillustration, no. 36, p. 81, no. 37, p. 82; ein Standportrait nämlichen Herrschers eines Malers aus Mewar befindet sich auch in der Sammlung Heil; b) von Ajit Singh: Gray 1950, Plate 91, no. 430, datiert 1722 (A.D.); Sotheby & Co., 12.12.1972, lot 133 (= Soustiel / David 1973, no. 94, p. 83); Sotheby's, 9.10.1978, lot 274, datiert V.S.1767. c) von Amar Singh II, mit Vollbart wie in vorliegender Malerei: Gray 1950, Plate 89, no. 415 (= Andhare 1987, Plate 77); Skelton 1961, Plate 11 (= Boner / Fischer / Goswamy 1994, Nr. 135, S. 59); Topsfield 1980, col. Plate 12, Detail p. 62 (= Topsfield 1981, fig. 175).

ABB. 139 Sitzportrait des Maharana Sangram Singh von Mewar im Pavillon des „Sabrat Vilas". Udaipur, um 1725.

Größe des beschnittenen Blattes: 31,5 x 34,0. Sammlung Heil.

Vormals Sammlung Sir Robert Bradlaw. Rückseite mit 5 Zeilen Nagari-Text unter „'sri", das Bild, soweit vorhanden, beschreibend. Darüber: „35". Publiziert (Detail): Sotheby's, 22.10.1993, lot 251. Zu einem weiteren Fragment dieses Bildes aus derselben Sammlung siehe Sotheby's Colonnade, 29.10./2.11.1993, lot 855.

Kat.Nr. 197 Sitzportrait des Maharaja Man Singh von Jodhpur im Bett mit einer ihm angebotenen Dame. Jodhpur, um 1815. Blattmaße: 32,6 x 25,3; Bild, innerhalb der äußeren goldenen Umrandung: 30,2 x 23,5. Sammlung Heil.

Rückseite mit schwer lesbarer Nashtaliq und einer Ziffernfolge.

Abb. 140 Zeichnung einer nachts von zwei Frauen gestützten, trunkenen Dame auf dem Weg zum Schlafgemach unter Führung einer Fackelträgerin. Bundi, um 1790. Blattmaße: 23,3 x 16,8; Bild: 189,2 x 14,2. Linden-Museum Stuttgart.

Abb. 141 Zwei Frauen geleiten nachts eine trunkene Dame in ein Schlafgemach. Kota, um 1770. Blattmaße: 19,9 x 15,1; Bild: 14,9 x 10,6. Sammlung Heil.

Publiziert: Sotheby's, 10./11.10.1991, lot 802. Das Blatt gehört zu einem Portfolio äußerst niveauvoller, kleinformatiger Nachtszenen.

Abb. 142 Sitzportrait der „Bhagtana Husan Bags, Tochter von Madar Bags" in koketter Pose. Kota, um 1720-30. Blattmaße: 21,5 x 14,4 (unregelmäßig beschnitten); Bild: 15,9 x 10,5. Privatsammlung.

Publiziert: Bautze 1993b, Abb. 8, S. 85.

Abb. 143 In Begleitung von Maharao Raja Umed Singh von Bundi legt eine Dame mit einem Jagdgewehr auf einen zur Tränke gekommenen Löwen an. Bundi, um 1760. Blattmaße: 22,5 x 32,8; Bild: 17,9 x 29,0 (gemessen innerhalb der – von außen nach innen gesehen – zweiten schwarzen Umrandungslinie wegen des in den Rand hineinragenden Pavillons). Privatsammlung.

Vormals Sammlung des Maharaja von Bundi (Stempel auf der Rückseite, gezählt als 52). Publiziert und beschrieben: Bautze 1990b, Abb. 1 und Abb. 7.

Abb. 144 Standportrait des Kumar Kirat Singh mit Damen nach Erlegung eines Tigers vom Ansitz aus. Kishangarh, um 1760. Blattmaße: 30,5 x 26,3; Bild: 19,8 x 12,9. Sammlung Metzger.

Vormals Sammlung des Maharaja von Kishangarh[6]. Beschriftet auf der mit Papier überklebten Rückseite mit insgesamt 13 Zeilen Nagari. Darüber, nicht überklebt: „sadaramg" (etwa: immer froh, bzw. stets vergnügt, bzw. ewig schön). Die ersten 9 Zeilen bilden ein „kavitta" genanntes Gedicht, das den Namen des Jägers als „Prinz Kirat, Sohn des Maharavat Pratap" angibt. Dieser Prinz Kirat sei auf der Tigerjagd. Daneben werden weitere Namen (surajmal) und Orte (devgarh) genannt, jedoch ist die Lesung schwierig und die bisher erbrachten Übersetzungen sind nicht miteinander in Einklang zu bringen. Die letzten vier Zeilen bilden ein „Doha" genanntes Gedicht. Eine vergleichbare Malerei in der Sammlung von J.P. Goenka, Bombay, zeigt einen durch Pfeilschüsse erlegten Tiger in der Art der Darstellung vorliegender Abb. 144 in einer kleinformatigen Kishangarh-Malerei mit zwei gesattelten Pferden und Radha mit Krishna auf einem Teppich im Hintergrund. Die sicher nicht zeitgenössische Beschriftung auf der Rückseite dieses Bildes liest: „kasangad ko raja sikar khele / janane sudha / nihalcamd ki / tasbir seth banmali das ke ghar ki" (Der Raja von Kishangarh auf der Jagd mit dem Harem, von Nihal Chand. Das Bild ist aus dem Haus des Seth Banmali Das).

Kat.Nr. 198 Lebensgroßes Bildnis eines von Maharana Ari Singh erlegten Tigers. Wasserfarben auf Baumwolle. Udaipur, datiert 1762 (A.D.). Maße: 210 x 306. Linden-Museum Stuttgart.

Beschriftet im oberen Teil der „Parda" (eigentlich: Vorhang) genannten Malerei mit: „nabar 2", (für engl. „number" und entsprechend wie na<m>bar zu lesen?) daneben „kimat 12" (Preis: 12). Darunter, in kleinerer Nagari, unterhalb der Anrufung Ramas („śri ramji"), vier Zeilen Text, beginnend mit: „pardo 1 na<ha>r ro śri maharajadhiraja maharanaji śri jagat sighji kave<?> sarji maro tiro <es folgen 2 ausgestrichene Silben> / śri maharajadhiraja maharanaji śri arsimhji..." endet mit „ori jma samat 1819 / ra jeth sud 2 mhejsi<?> la<m>bo hath 7 sal uco hath 2 ||| punatin<?>"

Abb. 145 Idealportrait des Maharaja Savant Singh alias Nagari Das von Kishangarh bei einem unter freiem Himmel dargebrachten Konzert. Kishangarh, um 1745. Blattmaße: 35,3 x 26,0; Bild: 28,8 x 20,1. Sammlung Habighorst.

Zum 1745 datierten Standportrait Savant Singhs siehe Randhawa / Schreier Randhawa 1980, col. Plate I. Die Detailfreudigkeit in der Landschaftsdarstellung teilt vorliegende Malerei auch mit früher datierbaren Bildern aus Kishangarh, wie z.B. zwei zeitgenössischen Portraits des Moghulkaisers Bahadur Shah, von denen eines über Nadir Shah um 1739 von Delhi nach Persien und von dort nach St. Petersburg gelangte und heute Teil des St. Petersburger Albums ist (Ivanova / Grek / Akimuskina 1962, Folio 41, Plate 79). Die andere Malerei befindet sich in einer Londoner Privatsammlung (abgebildet: Christie's, 24.11.1987, lot 84). Zu einem um 1760 datierbaren Thronportrait Maharaja Savant Singhs mit seinem Sohn Sardar Singh siehe Smart / Walker 1985, no. 45 mit zwei weiteren Publikationsverweisen dieses Bildes. Zum etwa zeitgenössischen Thronportrait Sardar Singhs siehe Sotheby's, 22.4.1980, lot 89 (= Sotheby's, 22./23.5.1986, lot 83).

Abb. 146 Sitzportrait des Swami Prabhat Girji und zwei weiteren Asketen. Bikaner, datiert 1730 (A.D.). Maler: Ustad Qasim. Blattgröße: 21,5 x 14,8; Bild: 15,5 x 10,0. Sammlung Löschhorn.

Vormals Sammlung des Maharaja von Bikaner (Stempel auf der Rückseite). Die dreizeilige Nagari-Beschriftung der Rückseite ist am linken und rechten Rand etwas durch die Einfassung überklebt: „sabi samiji śri prabhat girji ri chai śri / ri nijur ki bi ustai kasam sam°1787 mi<ti> kati sud 1 divali ri najar" (<Dies> ist <ein> Bildnis des erhabenen Swami Prabhat Girji, Gabe des Meisters Qasim am 1. Tag der hellen Hälfte des <Monats> Kartik V.S.1787 <anläßlich des> Divali <Festes>). Zum Thema vergl. Welch 1973, no. 26, p. 55. Im Malstudio Bikaners arbeiteten offensichtlich mehrere Malers dieses Namens, vergl die Aufstellung in Doshi 1987, p. 188.

Abb.. 147 Sitzportrait eines Asketen und mehrerer Opiumkonsumenten. Sawar(?), um 1785. Maler: Pemji. Blattgröße: 28,3 x 21,0; Bild: 23,8 x 16,2. Sammlung Habighorst.

Vormals Sammlung William K. Ehrenfeld, San Francisco. Beschrieben auf der Rückseite am oberen Rand, in schwarzer Nagari: „catara pemji ki <ka>lam" (Gemalt vom Maler Pemji). In einigem Abstand darunter: „pano amalya ko" darunter, von anderer Hand in verblaßter Nagari: „tasvir amalhara ki chai". Publiziert: Ehnbom 1985, no. 57, p. 126f; Sotheby's N.Y., 6.10.1990, lot 26; Sotheby's N.Y., 17.6.1993, lot 414. Zu einem weiteren Portrait Pemji's, das wahrscheinlich denselben Asketen darstellt, siehe Eskenazi 1977, no. 8, p. 12. Ob Pemji tatsächlich der Vater des berühmten Malers Chokha in Devgarh war, wurde bisher nicht geklärt, vergl. Topsfield 1990, p. 67.

ABB. 148 Thronportrait des Vishnuiten Veniram Bhattaji in der linken Hand ein Manuskript haltend. Kota, um 1720-1740. Blattgröße: 23,2 x 17,4; Bild: 18,2 x 12,6. Privatsammlung.

Gezählt in der linken oberen Ecke der Randleiste mit „4". Auf dem Manuskript ist noch lesbar: „śri ramaya namah, śri ram camdra<ya> namah" (Ehre dem Rama, Ehre dem Ramachandra). Beschriftet auf der Rückseite, am unteren Bildrand in Nagari: „veniram bhattaji ch° 23" (Veniram Bhattaji, Bildnis <ch° = chabi> 23).

ABB. 149 Thronportrait des Vrajbhushanji aus Kankroli. Kota, um 1770. Blattgröße: 24,8 x 18,9; Bild: 18,4 x 14,0. Privatsammlung.

Gezählt am oberen linken Rand mit „1". Beschriftet auf der Rückseite in Nagari: „gusaim vrajbhusanji giridharlalji suta" (Gosain Vrajbhushanji, Sohn des Giridharlalji).

ABB. 150 Thronportrait des Goswami Maharaja Devakinandanaji aus Kamaban bei der Unterweisung des Maharaja Sujan Singh von Bikaner und dessen Sohnes, Prinz Zoravar Singh, vor einem Gartenpavillon. Kota(?), um 1825. Blattgröße: 31,1 x 22,7; Bild: 25,5 x 17,2. Sammlung Metzger.

Beschriftet in Nagari auf dem oberen Blattrand mit: „gosvami śri devakinamdanaji maharaj bicaleji<?> gokulcamdramaji ke tiket kamaban ke bikaner ke maharaj / śri sujan simhji pas kavarji śri joravar simhji". Die Beschriftung auf dem von Devakinandanaji gehaltenen Manuskript ist sinnvoll nicht lesbar. Publiziert: Christie's, 1.4.1982, lot 88.

ABB. 151 Sitzportraits des Maharao Raja Umed Singh von Bundi und dem Shivaiten Dubermakantji auf einer Terrasse. Bundi, um 1765. Blattgröße: 26,6 x 18,0; Bild: 21,0 x 12,5. Privatsammlung.

Vormals Sammlung des Maharaja von Bundi (Stempel auf Rückseite). Nagari-Beschriftung auf oberem Bildrand: „maharavrajaji śri ummed simhji dubermakamtji". Publiziert: Bautze 1990b, Abb. 18, S. 101. Vergl.: Umed Singh verehrt Ranganathji, Sotheby's N.Y., 30.6.1980, lot 76.

ABB. 152 Sitzportrait des Bhattaji Maharaja Gobindji im Kreise bedeutender Könige Bundis und verbündeter Herrscher vor in Bundi verehrten Gottheiten. Bundi, um 1765. Blattgröße: 29,4 x 20,7 Bild: 24,2 x 16,7. Sammlung Metzger.

Die Nagari-Beschriftung am oberen Bildrand sagt, für wen und warum das Bild gemalt wurde; beginnt mit: „maharavrajaji śri ummed simhji kai nityaniyama samay maim darśana kariba ko citra patra pava...". Die kurze Beschriftung über dem Bild und die Zeile am oberen Bildrand zählt von 1-5 die einzelnen Gottheiten auf: surya 1 / śri jagamnathji 2, śri mahadev 3, parbati 4, śri ramajanaki 5". Die Beschriftungen auf dem linken Rand nennen ehemalige Bundiherrscher: „ravraja/ji śri śa/trusal/ji 1 / ravraja/ji śri bha/vsimhji/2 / maharaj/kumar śri / krsnasi/mhji 3 / ravraja/ji śri a/nirud sim/hji 4". Auf dem rechten Rand werden aufgezählt: „maharav/rajaji / śri budhsim/hji 1 / ravat dev / simhji be/gum ka 2 / maharav du/rjan sal/ji kota / ka 3 / holkar / mallar ra/v subada/r 4". Auf dem unteren Rand steht: „bhattaji maharaj śri / gobimdji maharaj". Eine nur leicht kolorierte Zeichnung dieser Malerei unter Ausschluß der Sonne und des Maharaja Gobindji befindet sich in einer Londoner Privatsammlung.

KAT.NR. 199 Standportrait des Maharana Raj Singh I von Mewar bei Verehrung des Sonnengottes. Udaipur, um 1670. Blattmaße: 24,2 x 19,0 (beschnitten); Bild: 23,3 x 15,7. Sammlung Heil.

Vormals Sammlung des Maharana von Mewar, Jotdan-Nr. „18/38", ältere Nummer: „45", Preis: „ki°22". Beschriftet auf der Rückseite mit einer Zeile Nagari: „maharajadhiraja mharanaji śri raj sigji bada" (Maharaja etc. Raj Singh, der ältere)[7]. Publiziert: Sotheby's, 26.4.1991, lot 124. Vergleichsportrait: Sotheby's N.Y., 22.3.1989, lot 104.

ABB. 153 Sitzportrait Maharana Sangram Singhs bei einer religiösen Zeremonie. Udaipur, um 1730. Blattmaße: 40,7 x 26,2; Bild: 34,3 x 20,7. Sammlung Heil.

Vormals Sammlung des Maharana von Mewar, Jotdan Nr. „19/136", ältere Nummer „137", Preis: „ki°23". Die Rückseite enthält keinen direkten Hinweis auf die Identität des bzw. der Dargestellten[8].

ABB. 154 Standportrait des Maharana Bhim Singh von Mewar, eines Priesters und zwei Frauen bei der Verehrung eines Linga. Udaipur oder Devgarh, um 1820. Blattmaße: 18,9 x 13,4; Bild: 16,0 x 10,0. Sammlung Heil. Vergleichsportraits: Topsfield 1980, nos. 207, 210, 214–216; Topsfield 1990, no. 23, p. 66 oben; Sotheby & Co., 10.12.1974, lot 108; Maggs Bull. 27, June 1977, no. 23; Gahlin 1991, Planche 76, no. 75 mit weiterem Publikationshinweis.

ABB. 155 Sitzportrait des Maharana Bhim Singh von Mewar bei der Puja vor Eklingji, der Staatsgottheit Mewars, mit Adligen und Priestern aus Anlaß der Geburt des Thronfolgers, 1796. Udaipur, um 1820. Blattmaße: 34,4 x 25,2; Bild: 31,2 x 22,2. Linden-Museum Stuttgart.

Vergleichsportraits (Bhim Singh mit flacher Kopfbedeckung): Topsfield 1990, nos. 24–25; Mc Near 1974, no. 73, p. 44; Sotheby's N.Y., 21./22.3.1990, lot 86. Zu einer Ansicht des Tempels vergl. Masters 1990, p. 27.

ABB. 156 Standportrait des Maharana Bhim Singh bei der Verehrung des Gottes Jagannathray in Udaipur. Udaipur, um 1810. Blattmaße: 34,3 x 23,2; Bild: 28,1 x 18,8. Linden-Museum Stuttgart.

Das Gesicht dieser Gottheit ähnelt frappant dem des Shri Nathji, mit dem v.a. das Kinnjuwel (Chibuk) übereinstimmt. Vergl. folgende Abbildung 157.

ABB. 157 Standportrait des Maharana Sarup Singh von Mewar bei der Verehrung des Shri Nathji in Nathdvar. Udaipur, datiert 1850. Blattmaße inklusive angesetzter Bordüre: 34,7 x 23,5; Bild: 25,8 x 17,0. Sammlung Heil.

Beschriftet am oberen roten Rand des eigentlichen Blattes: „śri nathji". Beschriftet auf der Rückseite in Nagari: „maharajadhiraj maharanaji śri sarup sighji s°1907 ra savan sud 1 pano / najar huvo sopau ki ori jma" (Ein „sopau"-Geschenk mit Maharaja <etc> Sarup Singh am ersten Tag der hellen Hälfte des Monats Sawan, V.S.1907). Vergleichsportraits (Sarup Singh mit Spitzturban): Topsfield 1980, nos.265–267, 269; Topsfield 1990, nos. 29–34, besonders Abbildungen p. 86, p. 92 und p. 94; Christie's, 24.4.1990, lot 24; Sotheby's, 10.10.1988, lot 97, Plate XVIII; Sotheby's, 26.4.1994, lots 51, 52, 55.

Abb. 158 Sitzportrait des Vallabhacharya bei der Vision Krishnas und seiner Söhne am Ufer der Yamuna. Nathdvar, um 1850. Blattgröße: 23,0 x 32,0. Sammlung Heil.

Abb. 159 Reiterportrait des Maharao Bhim Singh von Kota als Gott Vishnu. Kota, 1720-30. Blattmaße: 32,2 x 28,8; Bild: 29,0 x 20,7. Sammlung Metzger.

Publiziert: Bautze 1993b, Abb. 1 mit ausführlicher Diskussion.

Kat.Nr. 200 Darstellung des Gottes Shri Nathji als Reiterportrait. Kota, 1830-50. Blattmaße (Rand beschnitten): 30,4 x 22,7; Bild: 28,9 x 21,2. Privatsammlung.

Vormals Sammlung Heeramaneck. Publiziert: Sotheby's N.Y., 2.11.1988, lot 58.

Kat.Nr. 201 Reiterportraits der (religiösen) Maharajas Gobindji aus Dvarka (links) und Chote Devtaji Purushotamji aus Nathdvar. Nathdvar, um 1850. Blattmaße: 25,0 x 34,5; Bild: 22,9 x 32,3. Privatsammlung.

Vormals Sammlung Lois Ehrenfeld, San Francisco. Publiziert (Detail): Bautze 1993b, Abbildung 13, S. 89. Vergleichsportrait: Bautze 1993b, Abbildung 12; vergl. Wiener 1970, no. 13, p. 13. Entsprechende Reiterportraits des Tilkayat Damodarji Dauji II (1797–1826) befinden sich in der Sammlung S.H. des Maharajas von Kotah und in der Sammlung von Vinod Kanoria, Patna.

Kat.Nr. 202 Standportraits von Priestern und Gläubigen bei der Arati vor dem Kultbild des Gokulchandramaji in Sommerkleidung in Kankroli. Kankroli(?) um 1810. Blattmaße: 22,7 x 34,7; Bild: 18,7 x 30,8. Sammlung Heil.

Bei den gläubigen Verehrern handelt es sich um die drei Herren mit dem Kind in der rechten Bildhälfte. Auffällig ist die besondere Tonsur der Priester auf der linken Bildseite.

Abb. 160 Unterer Teil eines Pichvai mit Darstellung des Berges Govardhan Wasserfarben und Gold(?) auf imprägnierter Baumwolle (siehe auch unter Kat.Nr. 203, unterer Teil, sowie Detail mit Inschrift unter Nr. 203a). Nathdvar, um 1850. Maler: Jai Kisan. Maße: 117 x 279. Linden-Museum Stuttgart.

Pichvais mit Malerzuschreibungen aus dieser Zeit sind äußerst selten.

Abb. 161 Oberer Teil eines Pichvai mit der Darstellung des mit den Hirtenfrauen tanzenden Shri Nathji aus Anlaß des Herbstvollmondfestes. Material wie Abb. 161 (siehe auch unter Kat.Nr. 203, oberer Teil). Nathdvar, um 1850. Maße: 155,5 x 292. Linden-Museum Stuttgart.

Kat.Nr. 204 Shri Nathji beim Herbstvollmondfest umgeben von den Darstellungen seiner 24 Hauptfeste, des Religionsstifters Vallabhacharya und seines Sohnes Vithalnath Wasserfarben und Silber auf versiegelter Baumwolle. Nathdvar, um 1870. Maße: 131 x 88. Linden Museum Stuttgart.

Publiziert: Kreisel 1987, Abb. 98, S. 89. Die Fußstellung Shri Nathjis erlaubt keine spätere Datierung, es sei denn, der Künstler hat sie bewußt archaisierend eingesetzt.

Abb. 162 Standportraits der Hauptpriester Nathdvaras, Tilkayat Govardhanlalji (links) mit seinem Sohn Damodarlalji bei der Arati vor Shri Nathji (Details siehe unter Kat.Nr. 205); Wasserfarben, Gold und Silber auf imprägnierter Baumwolle. Nathdvar, um 1915. hier dem Maler Ghasiram Sharma zugeschrieben. Maße: 195 x 207,5 Linden-Museum Stuttgart.

Eine auf Seide(?) oder fein gewebter Baumwolle gemalte, vergleichbare lebensgroße Darstellung des Shri Nathji im Reiss-Museum der Stadt Mannheim ist in der unteren rechten Ecke in Nagari mit „citrakar ghasiram śri nathdvar" (Maler: Ghasiram, Nathdvar) angeschrieben.

Abb. 163 Sitzportrait des Govardhanlalji von Nathdvar bei einer Andacht. Nathdvar, um 1910. Maler: Ghasiram Hardev Sharma. Maße: 33,2 x 25,2; Bild: 27,6 x 19,5. Sammlung Heil.

Vergleichsportrait: Ambalal 1987, p. 140.

Abb. 164 Büstenportrait des Govardhanlalji von Nathdvar im Foto-Stil. Nathdvar, um 1920. Maler: Ghasiram Sharma. Maße: 63,0 x 49,2. Sammlung Haubold.

Eine nahezu auch in den Abmessungen identische Darstellung dieses Mannes befindet sich in der Sammlung von William K. Ehrenfeld, San Francisco.

Anmerkungen

1 Vergl. hierzu Weber 1982, pp.45-49.
2 Das im Bild angegebene Datum bezieht sich auf das im Bild festgehaltene Ereignis. Die Fertigstellung des eigentlichen Bildes dürfte nicht viel später erfolgt sein.
3 Herrn Andrew Topsfield, Oxford, sei an dieser Stelle für die Übersendung einer Kopie der rückwärtigen Beschriftung dieser Malerei gedankt.
4 Wir möchten an dieser Stelle Herrn und Frau Benkaim für die freundliche Übersendung eines Fotos der Beschriftung danken.
5 Gray 1949, Plate II, no.18; Goetz 1950, Plate I (farbiges Frontispiz); Gray2 1955, col. Plate VIII; Anand 1973, p. 125, links; Chaitanya 1982, fig. 54.
6 Nach mündlicher Auskunft S.H. des Maharajas von Kishangarh an den Sammler.
7 Der Zusatz „bada" (= der große, der ältere) deutet an, daß die Beschriftung frühestens zur Regierungszeit von Maharana Raj Singh II (3.6.1756–3.4.1761, siehe Somani 1985, pp. 23–30) erfolgte.
8 Die „19" des Jotdan-Inventars klassifiziert hauptsächlich, so Topsfield, „Mewar thakurs". Da die Rückseite der Malerei keine Auskunft über die Identität des Dargestellten gibt, wurde Maharana Sangram Singh II wahrscheinlich wegen seines nicht vorhandenen Nimbus unter dieser Rubrik eingeordnet.

Anmerkungen

Frauen in Rajasthan

1 Vergöttlichte Ehefrau, die mit ihrem Mann bei dessen Kremation starb. Satimatas gelten als Schutzpatronin der jeweiligen Familien.
2 Nach dem Verbot öffentlicher Sati-Verehrungen durch die Rajasthan Sati (Prevention) Ordinance im Oktober 1987 wurde das Wort Sati aus dem Titel gestrichen. Dennoch unterstützt die Vereinigung weiterhin aktiv Forderungen nach einem religiös sanktionierten Recht auf einen Tod als Sati und auf Sati-Verehrung.
3 Die erste umfassende Studie, die Werte und Überzeugungen der Frauen als emic-Kategorien bestehen läßt, ist 1992 von Lindsey Harlan erschienen.
4 Abhängig von Region und Kaste wird nur die Geburt eines Jungen mit festlichem Gepränge begangen. Die modernen Möglichkeiten der vorgeburtlichen Geschlechtsbestimmung werden heute auch in größeren Städten Rajasthans angeboten. Es muß angenommmen werden, daß auch hier Abtreibungen weiblicher Föten in den vergangenen Jahren erheblich zugenommmen haben.
5 Mitgiftforderungen sind bereits seit längerem per Gesetzt verboten, ohne daß davon das aktuelle Geschehen beeinträchtigt worden wäre. Neben Geldsummen, die sich am Status des Mannes orientieren, und einer Haushaltsausstattung werden in städtischen Gemeinschaften häufig auch Autos oder andere Luxusgüter als Teil der Mitgift verlangt.
6 Noch immer wird in vielen Kasten und Berufsgruppen erwartet, daß ein Sohn das Familienhandwerk bzw. die Tradition weiterführt. Dennoch wird auch in bäuerlichen Familien heute auf die Schulbildung der Söhne geachtet. Größere Veränderungen haben sich in den letzten 50 Jahren für die Bildungsideale der höheren Kasten ergeben. Das alte Sprichwort „Ein Rajput, der liest, wird nicht reiten“, das ehemalige Ausbildungsideale verdeutlicht, ist durch die Anforderungen des modernen Indien überholt.
7 Töchter, die eine höhere Schulbildung erhalten, werden häufig vor dem Abschlußexamen verheiratet. Die Entscheidung, ob eine junge Frau studieren kann oder eine Berufsausbildung erhält, wird damit dem Ehemann und seiner Familie übertragen.
8 Bruderehe wurde in unteren Kasten und bei den autochthonen Bhil praktiziert.
9 Kasten-panchayats regelten alle internen Angelegenheiten einer Kaste. Die von diesem Gremium aufgestellten Gesetze bezogen sich auf Speisegebote, Heiratsregeln und andere kastenspezifische Gebräuche. Die Herrscher unterstützten den Rat bei der Implementierung der Regeln. Vgl. G.N. Sharma 1970, S. 175
10 Als „kleine Brüder“ werden diejenigen Rajputs bezeichnet, die sich von Nebenlinien herleiten, z.B. von „ausgewanderten“ Brüdern ehemaliger Herrscher bzw. deren Nachkommen. Sie sind vor allem Bauern mit eigenem Landbesitz, jedoch auch früher ohne Kontrolle über Dörfer oder andere Ressourcen. Für ihr Selbstverständnis ist ihre Zugehörigkeit zu einem kul von großer Bedeutung.
11 Familien- bzw. Schutzgottheit weiblichen Geschlechts. In einem Aspekt gilt sie als Schutzgöttin der Krieger, in einem anderen als Schutzgöttin der Familie. Kuldevata sind auch als Staatsgottheiten bezeichnet worden – tatsächlich wird ihnen im Krieg auch Schutzfunktion für Mitglieder anderer kuls zugeschrieben. Vorherrschend sind sie aber mit einer Verwandtschaftsgruppe und nicht mit dem von ihr kontrollierten Staatsgebiet verbunden. Als Schutzgöttin für die Familie wird die kuldevi regelmäßig von den Frauen verehrt. Für ausführliche Diskussion s. Harlan 1991.
12 Shakh ist eine wichtige Einheit, die sich als eigenständig definiert, wenn eine Gruppe sich anderswo niederläßt und möglicherweise militärische oder politische Macht erlangt. So teilt sich z.B. der kul der Rathors (Herrschergeschlecht von Jodhpur) in über 50 shakh, die auf Seitenlinien zurückgehen.
13 Die Rajputs befolgen die von Yajnavalkya aufgestellten und von Mitahara niedergelegten Regeln (vgl. N.R. Raghvachariar: Hindu Law. Madras, The Madras Law Journal Office, 6.Ed., 1970, p.50), durch die die Ehe mit insgesamt 2121 Arten von Verwandten ausgeschlossen werden (s. K.B.K.Singh 1988, S.40). Gemäß den im Hindu Marriage Act 1955 (No.XXV) niedergelegten sapinda-Regeln auf die 3. Generation in mütterlicher und die 5. Generation in väterlicher Linie begrenzt.
14 K.B.K. Singh 1988, S. 37ff mit Beispielen für die entsprechende Einordnung der Rajput-Klane in Bihar in 1976/77.
15 Die Einigung zwischen den Familien wird durch ein chheka genanntes Ritual besiegelt, bei der Geld an die Familie des Bräutigams übergeben wird, um sie von Verhandlungen mit anderen Brauteltern abzuhalten. K.B.K. Singh 1988, S.45.
16 Vgl. u.a. Jodhpur Records – Residency File No.8, 1891.
17 Aufstrebende Familien mit Einfluß hatten oft wenig Mühe, ihre Töchter auch mit geringerer Mitgift „hoch“ zu verheiraten. Gemeinhin war die Mitgift aber vom Status des Mannes abhängig. Im Mittelalter waren die Herrscher verpflichtet, die mit dem Hof verbundenen Adelsfamilien bei den Mitgiftzahlungen/Geschenken zu unterstützen.
18 Dies trifft bis heute in den meisten Fällen zu. Es ist aber üblich geworden, den zukünftigen Ehepartner bereits vor der Hochzeit Fotos zugänglich zu machen.
19 Die übersandten Gaben konnten je nach Status der Familien sehr aufwendig sein. Von ärmeren Familien müssen zumindest Armringe und Odhanis übergeben werden, die als Symbol für eine glückliche Heirat gelten.
20 Damen der Adelsschicht wurden von persönlichen Dienstfrauen begleitet und oft auch von Vertrauten, die in ihrem Auftrag das ihnen überlassene Lehen verwalteten. (Rajmataji of Kotah, pers. Komm. 1994). Rajput-Frauen aus bäuerlichen Familien erhalten oft nur eine Begleitung für einen kurzen Zeitraum.
21 Parda bedeutet Vorhang und meint die Abgrenzung von Frauen, die je nach Lebensumständen unterschiedlich sein kann: sie reicht von einer Verschleierung der Frauen in der Öffentlichkeit bis zur vollständigen Abschirmung der Frauen gegenüber der Außenwelt.
22 In den meisten Familien gibt es eine klare Arbeitsteilung zwischen den Männern, die außerhalb des Hauses den Unterhalt der Familie verdienen, und den Frauen, die für alle häuslichen Arbeiten zuständig sind. Lediglich in bäuerlichen und handwerklichen Familien arbeiten Frauen zeitweilig Hand in Hand mit den Männern. Hier haben sie entsprechend größere Mitsprache als in vielen mittelständischen Stadthaushalten, wo die Frauen wesentlich abhängiger vom Verdienst des Mannes und seiner Großzügigkeit sind.
23 Einige Regeln und Meidungsgebote haben sich gelockert. So betreten auch Mitglieder unterer Kasten heute ein Gehöft höherer Kasten. Die Speisegebote werden in dörflichen Regionen noch immer strikt eingehal-ten. So nimmt ein Rajput keine gekochte Nahrung von Mitgliedern unterer Kasten an und ißt nicht mit diesen zusammen. Werden Mitglieder unterer Kasten von Rajput-Familien bewirtet, nehmen sie ihr Essen in einem Vorhof des Gehöfts ein. Es wird erwartet, daß sie das Eßgeschirr anschließend

selbst mit Asche säubern und damit einen Gebrauch in der Familie wieder ermöglichen. Ein nicht richtig gereinigtes Gefäß würde den gesamten Herd verunreinigen.

24 Wenn möglich, werden die Frauen an diesem Tag gelbe Kleidung oder zumindest eine gelbe Odhani anlegen.

25 Wurde die junge Ehefrau den anderen Frauen erstmals vorgestellt, überreichten diese Geschenke und wertvollen Schmuck, wenn sie ihren Schleier lüfteten, um ihr Gesicht zu betrachten. Außer in Anwesenheit der Schwiegermutter und anderer Älterer war das Tragen eines Schleiers, der zumindest Kopf und Haar verhüllte, danach im Bereich der Zenana nicht mehr notwendig.

26 Sämtliche Ausflüge mußten beantragt werden und konnten nur mit seiner Zustimmung stattfinden.

27 Noch in den 30er Jahren wurde ein ganzes Kino gemietet, wenn die Damen einer Adelsfamilie einen Film ansehen wollten.

28 Dies kam vor allem im kriegerischen Mittelalter häufiger vor. In unserem Jahrhundert schlugen sich ähnliche Überlegungen in einer ausgezeichneten Bildung der Töchter nieder, für die Privatlehrerinnen engagiert wurden (Rajmataji of Kotah, pers. Komm.). Zur Rolle weiblicher Regenten kommentierte Amar Singh: Das schlimmste Schicksal, das einem Staat widerfahren könnte, sei, von einer Frau regiert zu werden. zit. bei Rudolph, unveröff. Manuskript, eingesehen mit freundlicher Genehmigung von Thakur Mohan Singh of Kanota.

29 In seinem Tagebuch beklagt Amar Singh unter dem 20.4.1890, daß die Maharani Sahiba (Maharani von Sardar Singhji Jodhpur) bei Ausfahrten die Fenster ihres Wagens öffnete und die Tücher entfernte, so daß die Menschen auf der Straße sie sehen konnten. Als weiteres Indiz für den Verfall guter Rajput-Sitten sieht er die Tatsache, daß bei Festen Ehepartner gemeinsam unter den Augen der Ältesten Mahlzeiten einnehmen.

30 Palast- und zenana-Intrigen, in unzähligen Geschichten kolportiert, hatten oft ihre Wurzeln in dem Machtkampf, den Mütter untereinander zugusten ihrer Söhne ausfochten. Manchmal scheint es, daß in solchen Fällen die Hingabe an den Gatten von machtpolitisch motivierter Fürsorge für den eigenen Sohn abgelöst wurde, vor allem, wenn sich der Kontakt zum Ehemann gelockert und dieser sich jüngeren Frauen oder Konkubinen zugewandt hatte.

31 So wurden neue Kleider oder besondere Speisen verweigert und der Widerstand zermürbt. Kommentar im Tagebuch Amar Singhs zur Zweitheirat eines Freundes in Jaipur.

32 Die Verabschiedung eines Scheidungsrechts hat daran in ländlichen Regionen kaum etwas geändert.

33 Nur untere Kasten erlauben eine Witwenheirat (nata, natra oder karawa). Vorbedingung war die Zahlung einer phargati genannten Gebühr. Geldtransaktionen spielten ebenfalls eine Rolle. In armen Kasten wurden Frauen gelegentlich verheiratet, auch wenn der Mann noch lebte (Kota Record-Ghandar No2/1, Basta No 170, V.S.1918). Kinder, die nach der nata-Zeremonie geboren wurden, galten als legal. Für eine historische Betrachtung der Witwenheirat in Rajasthan vgl. R.K.Saxena 1978, S.166-194.

34 Der Rajasthan Census von 1941 gibt die Zahl von 19 000 Witwen im jugendlichen Alter, darunter 680 jünger als 5 Jahre; R.K.Saxena 1978, S. 167.

35 Wörtlich übersetzt bedeutet saka (auch shakaband von shaka Zweig, band auslöschen) „Niederschlagen" und bezeichnet den Opfertod der Rajput-Krieger auf dem Schlachtfeld. Es wird bis heute als bestimmendes Prinzip für die Ehre und Identität der Rajputs verstanden; vgl. L. Harlan 1992, S. 121ff; S. Narasimhan, 1990, S. 123 f; N.Ziegler, 1973, S. 69.

36 Harlan (1992) lehnt eine Verbindung des rajputischen Ideals mit der Shiva-Ehefrau Sati, die sich verbrannte, weil ihr Mann nicht vom Vater respektiert wurde, als aus Sicht ihrer Informanten unzutreffend ab. Diese gedankliche Verbindung wird in den meisten anderen Studien über Witwenverbrennung hergestellt.

37 In den Kolonialschriften wird erstmals 1783 der Begriff sati für die Witwenverbrennung verwendet, der Brauch war aber schon seit dem 4.Jh.v.Chr. durch griechische Quellen bekannt. Im 18. und 19.Jh. wurde die Witwenverbrennung in England als Vorwand für ein stärkeres Engagement der Kolonialmacht benutzt. Sati wurde in der Presse hochgespielt und Teil der politischen Diskussion. Die innerindische Diskussion wird im 7.Jh.n.Chr. faßbar und hat über die Jahrhunderte nie ganz aufgehört (vgl.A.Sharma et al. 1988). Neben den Anhängern der Jain-Religion, die den Brauch ablehnen, kam Ablehnung auch aus der Hindu-Gemeinschaft. Ihr bekanntester Vertreter war in englischer Zeit Raja Rammohan Roy, der 1818 eine Streitschrift zu den verschiedenen Positionen verfaßte. Er trug wesentlich zum Verbot von sati in den englischen Gebieten bei, das 1829 erlassen wurde (s. S.Sharma et al. 1988; über Roy auch V.N.Datta 1988, S.119-135).

38 Für eine Auslegung der verschiedenen Quellen und Texte s. A.Sharma et al. 1988, S. Narasimhan 1990 und J.Leslie 1992.

39 Das Satapatha Brahmana wird mit einer Sentenz zitiert, die zeigt, daß einer pativrata kein vom Schicksal ihres Mannes unabhängiges Leben zugestanden wurde: „Wenn der Ehemann glücklich ist, sollte sie glücklich sein; ist er traurig, sollte sie traurig sein; und ist er tot, sollte sie auch sterben. Eine solche Ehefrau wird pativrata genannt" zit. nach Narasimhan 1990, S. 29.

40 Für eine Diskussion des Themas s. R.K.Saxena, S. 195-231.

41 Dies vor allem, wenn der Mann als Anführer verstorben war. Das bei den Frauen Rajasthans bekannteste Beispiel ist das der Rani von Jhansi, die auf dem Schlachtfeld, ihren Sohn auf dem Rücken, im Kampf gegen die Engländer fiel. Obwohl eine Maratha, wird ihr von vielen Rajput-Frauen der Besitz von sat zugestanden.

42 vgl. dazu J.Leslie 1992, S. 183ff.

43 Zur Diskussion der Gebote s. Harlan 1992, S. 146ff.

44 vgl. Harlan 1992, S. 133ff. Im dörflichen Rajasthan wird ein Erscheinen von Frauengestalten im Traum auch auf das Wirken von als paliya bezeichneten männlichen Ahnen zurückgeführt, die vor den Gehöften durch „Reiterbilder" verehrt werden. Dies auch in einem Fall, in dem ein Händeabdruck neben der Eingangstür auf das Wirken bzw. Vorhandensein einer satimata in der Familie hindeutete. (Interview in Lavera 1992).

45 In einer anderen Version ist dafür der Fluch einer Tänzerin verantwortlich, die ein Maharana im See ertrinken ließ.

46 Nicht nur Wissenschaftler gehen davon aus, daß wohl Druck angewandt wurde, um die vielen Witwen, die ein königlicher Herrscher hinterließ, zum Freitod durch Verbrennen zu bewegen. (Pers. Komm., G.N. Sharma, 1994)

47 Die einzelnen Staaten Rajputanas mußten das Gesetzt individuell verabschieden. Dies geschah zuerst in Jaipur und bis zum Ende des gleichen Jahres in insgesamt 11 von 18 Staaten.

48 Der Verdacht, daß viele Frauen unter dem Einfluß von Opium zu ihrer Entscheidung gelangen, wird immer wieder laut. Man geht davon aus, daß man an den Königshöfen bereits im Mittelalter einigen Frauen durch die Gabe von Opiaten ihren Schritt erleichterte.

49 Leslie 1992, S.190.

Töpferei und Terrakotta-Kunst

1 Die Form der heute z.B. in den Werkstätten von Pokaran (Distrikt Jaisalmer) hergestellten „Windlichter" entspricht der Funktion nach den rituellen Lampenbehältern für die Verehrung von „Korngöttern" in Surat (Gujarat), wie sie S. Westphal-Hellbusch, 1971:23 mit Abb.19, beschreibt. Dort allerdings „hat man aus der [Gefäß-] Wand ein Viereck herausgeschnitten..." und nach Anzünden der Lampenschale „...das Viereck wieder eingesetzt. die geschlossenen Gefäße mit ihrem Inhalt gelten nun als die Götter selbst." Die Pokaran-Version mit der aufgesetzten Ganeshafigur entspricht nun nicht mehr dieser volksreligiösen Verwendung, sondern hat dekorativen Charakter.
2 Bereits 1994 war aber in Udaipur ein Marktstand aufgebaut, der fast ausschließlich Terrakottapaneele religiösen Inhalts anbot. Das schnellebige Zeitalter des Ferntourismus hat hier das traditionelle Verhalten des letzten halben Jahrtausends innerhalb eines Jahrzehnts überrollt.
3 Unter „Muttergöttinnen" ist neben dem Aspekt der Fruchtbarkeitsgöttin auch die gesamte Palette der weiblichen Naturgeister, Baum- und Wassernymphen, „Hexen", guten und bösen Feen zu verstehen, die beim Aufstieg der „Hochreligionen" diesem einverleibt, und dabei ihrer eigenständigen Kultbereiche enthoben wurden. Übrig blieben die als Hauptgottheit in Hinduismus, Buddhismus und Jinismus gleichermaßen anerkannte Göttin Shri Lakshmi („Glück"), ferner die den männlichen Hindu-Gottheiten als Ehefrauen zugesellten, kanonisierten Matrikas; siehe G. Kreisel, 1989:5.
4 Siehe die jährlichen Grabungsberichte in ASI-IA/AR 1960-61 bis 1968-69.
5 Bericht über R.C. Agrawalas erste Untersuchung in ASI-IA/AR 1954-55:14f und Grabungspublikation von Sankalia, Deo & Anzari 1969.
6 Ausgegraben durch die Schwedische Archäologische Expedition 1952-54, siehe Rydh, H. 1959.
7 Agrawala, R.C. 1956:61-65; Shah, U.P. 1960:55-62; Agrawala V.S. 1960:63-68; Kumar, K. 1975:109; Kreisel, G. 1986:150f, Abb.A16.
8 Über den Glauben der Mina siehe Jain, J. 1973.
9 Verwendet wurden die ausführlichen Informationen des Meistertöpfers Khemraj Kumhar, Molela (Preisträger des National Award for Master Craftsmanship der indischen Regierung, 1981); für zusätzliche, hilfreiche Informationen dankt der Autor Frau Txuku Iriarte und Herrn Jörg Drechsel, Karlsruhe.

Textilkunst – die Farben Rajasthans

1 Viele Traditionen des Stempeldrucks scheinen aus dem Sind (heute Pakistan) beeinflußt, bzw. werden von den Färberfamilien durchgeführt, die ursprünglich von dort stammten.
2 Erst durch moderne Bewässerungssysteme wird heute in vielen Regionen Rajasthans Baumwolle angebaut. Traditionell galten die meisten Regionen als dafür zu trocken.
3 Es werden für einen perfekten Stoff heute vor Ort bis zu 40 000 Rupees verlangt, in einer Stadt wie Bombay oder Delhi sogar erheblich mehr.
4 Als Spezialität gelten im Basar von Kota im Blockdruck gefärbte Stoffe aus Sanganer.
5 In Bagru wurden Muslim-Weber aus dem Sind angesiedelt. Als sich der Wasserlauf des Flusses veränderte, wurden unterirdische Wasserkanäle und Becken angelegt, die das Färben an alter Stelle weiterhin ermöglichten. Überreste dieser Anlagen sind bis heute erhalten.
6 Einzelne Schlüsselmotive gelten als typisch für jeweils eine bestimmte Region. Darüberhinaus werden Stoffe aus Bagru z.B. dadurch identifiziert, daß das Wasser dem ungefärbten Hintergrund einen beige-rötlichen Ton verleiht.

Die Welt der höfischen Malerei

1 Khandalavala / Doshi 1975, Plate 265A; Shah 1976, figs. 6-8; Agarawala 1979, Plate 78; Doshi 1985, p.36, col. Plate 3, p.37, col. Plate 8.
2 Moti Chandra 1949, p.4.
3 Einen Überblick zu diesem wie auch den wichtigsten anderen v.a. in Rajasthan illustrierten kanonischen, epischen, mythologischen und sonstwie literarischen Texten gab die Ausstellung „Lotosmond und Löwenritt" 1991 im Rahmen der Indien-Festspiele im Linden-Museum (vergl. Bautze 1991).
4 Die eigentliche Mutter Mahaviras ist Devananda. Da Devananda aber die Frau eines Brahmanen war und zur Zeit der Abfassung des Textes Brahmanenfrauen als von Herkunft niedriger galten als die Frauen von Kshatriyas („Kriegern"), wurde der Fötus aus dem Leib der Devananda auf göttlichen Ratschluß in den Leib der Trishala, einer Kshatriyafrau, transferiert, vergl. Kalpasutra, pp.35-39.
5 Kalpasutra, p.59.
6 Kalpasutra, p.83.
7 Kalpasutra, p.111.
8 Digby 1967, p.56f; Losty 1982, p.52, no.46.
9 Digby 1967, p.53.
10 Jaisi 1944, p.318f; zur Datierung vergl. Dhar 1949, p.ix; zur Historizität Padminis siehe Somani 1976, pp.97-100.
11 Vergl. Bautze 1987a, S.206ff.
12 Dort „citrasala" genannt, vergl. Keshavadasa 1954, Kapitel 5, Vers 29. Zum Text siehe Bautze 1991, S.29f.
13 Die Maler der entsprechenden Textpassagen haben in der Regel jedoch eine Wandmalerei – oft als Teil einer „Bildergalerie" – illustriert.
14 Keshavadasa 4, 8-11. Zur Übersetzung vergl. Bahadur 1972, p.63f.
15 Khandalavala/Doshi 1975, p.401f. Abbildungen ibid., col. plate 24; der gesamte Buchdeckel dann in Moti Chandra 1949, Figs. 193-198; vollständig farbig in Doshi 1985, pp.38-39, nos.15 & 16.
16 Vergl. Kraatz / zur Capellen / Seckel 1990.
17 Weber 1982.
18 Weber 1982, S.35.
19 Von Orlich 1845, S.121f bzw. von Orlich[2] 1845, Band 1, S.225f.
20 Weber 1982, S.37.
21 Zu den Lebensdaten siehe Harnath Singh 1965, alle 3 Tabellen jeweils unter „Pratap Singh", ferner Gahlot 1966, pp.114-127, Shyamaldas 1886, Vol. 2, pp.1306-1316.
22 Krishnadatta 1983.
23 Das 1977, p.93; Das 1979, p.129. Ram Kisan („Ramkrishna" bei Das) wird an vierter Stelle genannt.
24 Das 1977, p.93; Das 1979, p.128.
25 Bahura 1976, pp.77-83.
26 Roy 1978, p.63f.
27 Sarkar 1984, pp.285-314, 405; Narendra Singh 1939, pp.225-296; Tod 1920, Vol. III. pp.1362-1365; Duff 1863, Band 3, p.15ff.; Keene 1891, pp.152-160; Young 1959, pp.84-87; Martineau 1931, pp.55-58; Francklin 1805, pp.135-171; Malleson 1875, p.34; Narendra Singh 1935, pp.19-20; Brooke 1868, p.16; Holman 1961, pp 26-33.
28 Hendley 1888, Plate IV (= Nath / Singh Jodha 1994, p.91<links>); Hendley 1897, Plate 15, no.17 (= Gahlot 1966,

p.118); Mehta 1926, Plate 9; Skelton 1961, Plate 23 (= Cimino 1985, no.11, p.12 = Boner / Fischer / Goswamy 1994, Nr.150); Sharma 1973, no.52; Pal/Glynn 1976, no.14 (Farbillustration auf vorderem Umschlag); Topsfield 1980, no.30. Krishnadatta 1983, Abb. gegenüber p.24; Sarkar 1984, die unnumerierte, mit „Sawai Pratap Singh and his son Jagat" betitelte Tafel im Anhang; Molitor 1985, Abbildungen 7–8; Coomaraswamy 1981, Plate CXVI, no. CCCCLXXIV; Maggs Bull.14, 1968, no.107; Sotheby's, 11.10.1982, lot 63, um nur einige zu erwähnen.

29 Chandra 1971, no.165, aus Kishangarh.

30 Kheiri 1921, S.11. Vergl. auch Okada 1988, S.6. Zur klassischen englischen Übersetzung siehe Abu'l Fazl Allami 1977, p.115, zur Bearbeitung auch Chandra 1976, p.184.

31 Zum Akbar Nama vergl. z.B. Sen 1984, Plate 55 (Portrait des Rao Surjan Hada von Bundi) und Plate 69 (am äußersten rechten Rand z.T. identifizierte Portraits von Man Singh von Amer, und Raja Todar Mal).

32 Vergl. Brand / Lowry 1985, nos.47, 52–55; Kühnel / Goetz 1924, Farbtafeln 5–8; Bautze 1993a, Nr.185, S.262–264; Poster et al. 1994, no.37, p.82; Topsfield 1980, no.2, p.32.

33 Eden 1937, p.228.

34 Zu Vergleichsabbildungen siehe Bautze 1986a, figures 3, 5–7, 9–11, 13 und 17–20.

35 Zu den Lebensdaten siehe Bautze 1986a, p.88 besonders Anm.12–19. Letztere Anmerkung wurde nicht gedruckt. Der Todestag Rao Ratans wird dort nach der Inschrift an seinem Chattri in Banganga bei Bundi angegeben wie hier im Text. Das entsprechende Chronogramm bei Mishrana nennt nur das Todesjahr V.S.1688 ohne nähere Angaben (Mishrana, p.2548, Vers 60).

36 Topsfield, im Druck. Unter der Signatur „15" werden nach Topsfield in erster Linie nichtmewarische Herrscher erfaßt.

37 Die Malerei befindet sich in der Sammlung Heil, Berlin und ist mit „15/293" revisioniert bzw. eingeordnet worden. Zum Leben Bhao Singhs vergl. Maathir ul Umara 1952, p.57.

38 Nicht in Athar Ali 1985, siehe aber Manoharsimh 1983, p.65 (Nahardas, pita ballu cauhan) und p.66 (Rukmangada, pita prithviraj).

39 Zur Biographie und den Lebensdaten vergl. Gahlot 1966, pp.67–72; Bautze 1985a, p.115, Anm.2–3 (zum Todesdatum und Todesumständen); Shyamaldas 1886, Vol. 2, p.112f; Maathir ul Umara 1952, pp.722–724; Mishrana, pp.2573–2723; Tod 1920, Vol.III, pp.1488–1492; Athar Ali 85 unter „Satar Sal Hada" im Index zu Shah Jahan, p.373; Kewal Ram 1985, p.265.

40 Zur neuesten Veröffentlichung hierzu siehe Goswamy / Fischer 1987, S.92f, Nr.41. Ein weiteres Fragment derselben Genealogie befindet sich im Museum für Islamische Kunst Berlin.

41 Lebensdaten und Vergleichsbilder gibt Bautze 1985a.

42 Zu großformatigen Mewarportraits fraglichen Zeitraums siehe Mathur 1994, col. Plates 18–21, 23–44.

43 Eine Beischrift am unteren rechten Rand der Malerei besagt, daß das Bild vom Staatsmaler („istet citrakar") Parasram im Alter von 55 Jahren gemalt wurde. Der Beschriftung eines publizierten Portraits dieses Malers (Vashistha 1995, fig.50) ist zu entnehmen, daß er im Jahre V.S.1884, also 1827 A.D., geboren wurde („kalami musabar Parasramji s°1884 janma"), womit die Malerei dann 1882 zu datieren wäre. Da aber einerseits Sajan Singhs genaues Todesdatum (V.S.1941, 1884 A.D.) angegeben wird, sein Nachfolger, Maharana Fateh Singh, noch nicht mit einem Portrait bedacht wurde, muß die Malerei im fraglichen Zeitraum beendet worden sein. Zur Person des Malers siehe Vashistha 1995, p.81f. Eine etwas spätere Vergleichsmalerei ist abgebildet in Molitor 1985, Abb.45; vergl. auch Mathur 1994, vordere Umschlagseite. Die älteste kolorierte publizierte Ahnengalerie Mewars mit entsprechenden Identifikationen und Regierungsdaten befindet sich in Hendley 1897, Plate 20, eine diesbezügliche Kopie Panna Lals, Sohn Parasrams, ist abgebildet in Vashishtha 1984, phalak 74, no.83.

44 Zur Beschreibung der Zeremonie vergl. Bautze 1986b, S.74f. Zur Darstellung der Zeremonie siehe Moorhouse 1983, col. Plate pp.134–135 bzw. Nath / Singh Jodha 1994, col. Plate pp.108–109 oder Allen/Dwivedi 1984, p.231 unten, wo ab p.209 mehrere Darbarzeremonien beschrieben werden.

45 Vergl. z.B. Weber 1982, Abb.92 („Herrschergalerie") mit vorliegender, Abb. 30 entsprechender, 1892 datierter Ahnengalerie Mewars in Dev Nath 1938, Illustration 45 – ausführlich mit Lebensdaten besprochen auf pp.71–74 – bzw. Vashistha 1995, col. Plate 49.

46 Zum Portrait Rao Satrusals als Teil eines imperialmoghulischen Albums, das den charakteristischen, lose über die Schulter geworfenen Schal der Shah Jahan-Zeit wie in Kat.Nr. 193 zeigt, vergl. Bautze 1987a, S.181. Daher muß das jüngst mit „Chattarsal of Bundi(?)" (Pal 1993, no.78B) identifizierte Portrait aus demselben kaiserlichen Album mit Satrusals jüngerem Bruder, Indar Sal, identifiziert werden. Auf jeden Fall stellten die kaiserlichen Maler sowohl Satrusal als auch seinen jüngeren Bruder, Indar Sal, mehr oder weniger dezent dunkelhäutig dar.

47 Ein weiteres Portrait Satrusals aus Bikaner befindet sich in der Sammlung des Brooklyn Museums, New York. Es zeigt den Herrscher mit seinem typischen, dekhanischen Schwert wie in unserer Kat.Nr. 193 und wird um 1675 datiert, siehe Poster et al. 1994, no. 112, p. 150.

48 Zu den genauen Lebensdaten und zur Biographie Budh Singhs siehe Bautze 1987a, pp.306–320.

49 In der Malerei Bundis wurden die weltlichen Herrscher erst zu Beginn des 19. Jahrhunderts mit einem Nimbus versehen, nachdem er bereits im ersten Viertel des 17. Jahrhunderts Eingang in die imperiale Moghulmalerei gefunden hatte.

50 Zur eingehenden Beschreibung dieser Portraitform siehe Weber 1982, pp.45–50.

51 Zur Lebensbeschreibung Durjan Sals siehe v.a. Sharma 1939, Vol.I, pp.337–359, Vol.II, pp.361–411. Eine eingehende Beschreibung des Bildes liefert Bautze 1985b, pp.89–98.

52 Vergl. Sharma 1939, Vol.II, pp.341–347.

53 Bautze 1985b, Abb.4, S.97. Eine seit Erscheinen dieses Aufsatzes durchgeführte Studie hat nahegelegt, das auf der Zeichnung vermerkte Datum (V.S. 1788 <= 1731 A.D.>) als zeitgenössisch anzusehen.

54 Die Mewarische Inventarnummer auf der Rückseite der Malerei („15/130") bestätigt diese Vermutung.

55 Die Hochzeit fand am 9. Tag der hellen Hälfte des Monats Ashadha im Jahre V.S.1791 statt, folgend Sharma 1939, Band 1, p.347; vergl. auch Shyamaldas 1886, Band 2, p.1416.

56 Die zusammenfassendste Darstellung dieser gegen die Marathen gerichteten Versammlung im nördlich Udaipurs gelegenen Hurda gibt Gupta 1971, pp.39–42, vergl. auch p.54 und Bhatnagar 1974, pp.222–225. Eine spätere Darstellung dieses Zusammentreffens ist abgebildet in Topsfield 1990a, no.12, p.47. Sie schließt ein zwar phantasievolles, aber unrichtiges Portrait Maharao Durjan Sals ein. Zu einem weiteren, in Udaipur entstandenen Portrait Durjan Sals siehe Sotheby's, 26.4.1994, lot 39, p.51.

57 Zu einer zeitgenössischen Darstellung Jahangirs auf einem von löwengestaltigen Beinen gestützten Thron siehe Skelton 1976, Plate 127, Text p.259 (= Sotheby & Co., 26.3.1973, lot 23).

58 Siehe weiter unten, Anm. 62.
59 Gut sichtbar ist das Gestell im Rücken Maharao Umed Singhs von Kota, der einem Elefantenkampf beiwohnt, siehe Hodgkin/McInerney 1983, no.27.
60 Orlich 1845, S.194; Orlich[2] 1845, Band 2, S.76. Mundy schreibt ebenfalls über den Herrscher Bharatpurs, am 13.1.1828: „... a meeting having been agreed upon between the young Rajah of Bhurtpore (the same whom we had the honour of restoring to his musnud, or rather guddee) and the Commander-in-Chief..." (Mundy 1858, p.31). In diesem Sinne ist auch „..they promised to seat him on the musnud" zu verstehen (Francklin 1805, p.57), bzw. „Partap Singh was immediately placed upon the gaddi by the queen-regent, his mother, and her council.." (Tod 1920, Vol. III, p.1362).
61 Gaddi (Hindi) heißt als Maskulinum lediglich Kissen („The Gaddi, or throne, in the East is but a huge cushion, over which is thrown an embroidered velvet mantle" Tod 1920, Vol.1, p.551f), Matratze; als Femininum dann so viel wie Thron, Sitz, auch königliche Familie. Unter Masnad wird ein großes Kissen verstanden, im Hindi ebenfalls ein feminines Substantiv. Die Bezeichnung *takiya* (feminin), die ebenfalls „Kissen" bedeutet, wird in Rajasthan eher für den religiös-zeremonialen Gebrauch benutzt. Mit dem *takht* (maskulin) ist mehr ein Thron europäischer Vorstellung gemeint.
62 Broughton 1892, p.28: „We were received in a small tent, lined with scarlett cloth fantastically embroidered with coloured silks. Seendhiya was seated nearly in the centre, on a large square cushion covered with gold brocade; his back supported by a round bolster, and his arms resting upon two flat cushions; all covered with the same costly material, and forming together a kind of throne, called a Musnud or Guddee". Zur Bedeutung siehe auch Broughton 1892, p.249.
63 Vergl. eine Beschreibung vom Februar 1835: „In the centre of the room a carpet was spread, and upon that the gaddi and pillows for the Begam; the gaddi or throne of the sovereign is a long round pillow, which is placed behind the back for support, and two smaller at the sides for the knees; they are placed upon a small carpet of velvet, or of kimkhwab (cloth of gold); the whole richly embroidered and superbly fringed with gold" (Parks 1975, Vol.1, p.382f). Nur wenig später erfahren wir über Nawab Taj Ara Begam, die Frau von Amjad Ali Shah von Oudh, durch eine ihrer vertrautesten Kammerzofen: „... and the floor was covered with a large carpet, and in the centre of the carpet was a white cloth. Upon the upper end of this was a smaller and richer carpet, with cushions, and a large pillow for the back gorgeously trimmed with thick gold fringe. The cushions were covered with crimson velvet, with flowers of gold thread worked on them. With her back leaning against the large round pillow sat the queen smoking her hookah" (Knighton 1921, p.230). Aktuelle Stücke sind abgebildet in Desai 1985, no.130, p.148; Sotheby's, 10.3.1986, lot 514; Sotheby's, 5.6.1989, lot 244.
64 Z.B. in Costumes of Royal India 1988, pp.12–13 („Maharaja and Maharani of Jodhpur") und pp.13–14 („Maharaja of Jaipur").
65 Ein Spucknapf? Zur Form vergl. z.B. Lal 1990, nos. 87,89, 90–92, 95, 97, aber auch 106; Jain o.J., no.98; Jain 1984, no.75; Untracht/Parpola, no.32; Sen 1983, Plate 23; Desai 1985, no.119; Stronge 1985, no.32, p.62; Terlinden 1987, no.165, no.167; Sotheby's, 10.3.1986, lot 474; Folsach 1990, no.359. Zum Spucknapf als Herrscherinsignium vergl. Bernier 1916, p.214 und p.283.
66 Knighton 1921, p.246; Cf. Archer/Rowell/Skelton 1987, pp.104–107;
67 Vergl. Berniers Beschreibung: „a large body of servants on foot, who take their station in front, and at either side, of their lord, not only to clear the way, but to flap the flies and brush off the dust with tails of peacocks" bzw. „...on the other side, two more servants fan the luxurious lord, and flap away the flies, or brush off the dust with a peacock's-tail fan" (Bernier 1916, p.214 bzw. 283) oder, bei der Beschreibung einer Herrscherprozession am 11.6.1753 in Aurangabad: „un backchi, tenant à la main une queue de paon pour chasser les mouches" (Gentil 1822, p.61). Treffender bemerkte Parks am 2.5.1832: „Chaunris of peacock's feathers are emblems of royalty, and are used by servants in attendance on the Governor-general, who stand behind his chair and wave them over his head" (Parks 1975, Vol.1, p.239). Zum Begriff „Chaunri" siehe unten, Anm. 72.
68 Folgend Bhargava 1979, p.78 und Agrawal o.J., p.44 (dort „Jeet Singh" genannt).
69 Jain/Jain 1935, Chapter XIV, p.54.
70 Bhargava 1979, p.78.
71 Vergl. Mohanlal Gupta o.J., Plate XXXVI; Terlinden 1987, p.98, illustrations 120–121; Hendley 1888, col. Plate L; Sotheby's, 24./25.4.1991, lot 592; Sotheby's N.Y., 2.6.1992, lot 184 (= Sotheby's N.Y., 17.6.1993, lot 463); Skelton et al. 1982, no.486; Latif 1982, no.61.
72 In der englischen Literatur des 19.Jahrhunderts oft fälschlich als „cow-tail" bezeichnet, daher auch das Zitat von Orlichs: „den Tschauri Bedar <Chauriträger> zur Seite, der mit dem Kuhschwanze wedelnd die Luft zu kühlen sucht..." Orlich 1845, S.223 mit der Abbildung eines „Tschauri-Bedars", bei der es sich um eine jener im Vorwort erwähnten „Originalzeichnungen" eines „Eingeborenen" aus Agra oder Patna (Orlich 1845, S.XVI) handeln dürfte, auf S.112. Zur Textstelle siehe auch Orlich[2] 1845, Band 2, S.136; in dieser Ausgabe fehlen die Illustrationen der ersten Ausgabe. Zum „Tschauri-Bedar" siehe z.B. eine Beschreibung des Moghulkaisers vom 20.2.1838: „...the old king was sitting in the garden with a chowrybadar waving the flies from him" (Eden 1930, p.97). Vergl. auch Yule/Burnell 1984, p.214f (unter „CHOWRY) und ebenda, p.271f „COWTAILS"). Vergl. auch Parks 1975, Vol.1, p.238f und Broughton 1892, p.214.
73 Orlich 1845, S.165; Orlich[2] 1845, Band 2, S.14. Der Moghulkaiser verabschiedete im Dezember 1827 seine Gäste auf ebendiese Weise: „At this and with another embrace they parted" (Archer 1833, Vol.1, p.18). Die Engländer übernahmen diese Darbarsitte. Der Generalgouverneur Indiens beendete den Darbar entsprechend: „...and at the end,..., he poured attar on their hands and gave them paun, which they look upon as the greatest distinction" (Eden 1930, p.123). Zum „otto" bzw. „attar", dem Rosenöl, und weiteren historischen Darbarabschluß-beschreibungen siehe Bautze 1990a, p.69, Anm.34.
74 Die mitunter um einige Tage abweichenden Umrechnungen der indischen Zeitrechnung der Vikrama-Ära in die moderne Zeitrechnung westlicher Prägung erklärt sich u.a. durch das zeitweilige Nebeneinander des alten Kalenders und der unter Papst Gregor XIII vorgenommenen Korrektur im Jahre 1582, die in England erst 1752 übernommen wurde. Der interessierte Leser konsultiere daher stets die Datenangaben des indischen Kalenders. Zur praktischen Umrechnung vergl. Gahlot 1979.
75 Harnath Singh 1965, no.32 in den „Sheets" 1–2 und no.30 in „Sheet" 3; Gahlot 1966, pp.111–115; Sarkar 1984, Index unter „Madho Singh, Maharaja Sawai", zum Todesdatum besonders p.256; Narendra Singh 1935, pp.18–19; Zu den von Sawai Madho Singh geschlagenen Schlachten siehe v.a. Narendra Singh 1939, pp.170–200; zur künstlerisch-literarischen Seite siehe Bahura 1976, pp.75–77; Tod 1920, Vol. III., pp.1357–1361.

76 Vergl. Sharma 1973, no.53; Welch 1985, no.257, p.379; Topsfield 1980, no.183, aus der Hand eines Malers von Mewar.

77 Genannt ist Mittwoch, der 14. der hellen Hälfte des Monats Sawan des Jahres V.S.1822.

78 „Sabi banai ramji catera ki". Zum Atelier und Werk siehe Das 1981, wo unter der Liste der Portraitierten auch eine Zeichnung des Diwans Balchand zu finden ist (Nr.40, p.322).

79 Z.B. Topsfield 1980, no.27, p.41; Sotheby & Co., 27.11.1974, lot 731 mit gleichlautender Malerzuschrift; Das 1981, p.322, nos 74–75.

80 Hendley 1888, col. Plate III; Bahura 1976, Plate 20; Nath / Singh Jodha 1993, p.89; Coomaraswamy 1981, Plate CXV, nos.CCCCLXVI und CCCLXV; Sharma 1974, Plate 58, cat.no.56 (= Brijbhushan 1979, fig.60); Boner/Fischer/Goswamy 1994, no.148; Gahlot 1966, p.115; Gangoly 1961, p.109, Plate XXVIIA. Gray 1950, no.457, Plate 97; Christie's, 24.4.1980, lot 167 (= Tooth 1980, no.29); Sotheby's N.Y., 4.6.1994, lot 147; Sotheby's N.Y. 6.10.1990, lot 94; Sotheby's N.Y., 25.3.1987, lot 99; Lewis 1976, no.16. Größte Ähnlichkeit mit vorliegendem Bild hat die mit „Sawai Madho Singh I and his minister" betitelte Abb. in Sarkar 1984.

81 Topsfield 80, no.28; Sotheby's N.Y., 21./22.3.1990, lot 169. Sotheby's, 26.4.1991, lot 111; Cimino 1985, no.8 (Kopie aus Mewar nach einem Original aus Jaipur).

82 Die Datumsangabe befindet sich rechts neben dem vom Betrachter aus rechten Morchal und nennt den 10. Tag der dunklen Hälfte des Monats Bhadon (bhadava) im V.S. 1903 als Bild des „surajgosh". Was mit letzterem gemeint ist, bleibt unklar. Die Tagesangabe wird über dem Kopf des skizzierten Besuchers wiederholt, die Jahresangabe blieb mit „190 „ unvollständig.

83 Seine Königsweihe fand am 6. Tag der hellen Hälfte des Monats Sawan (Shravan) im Jahre V.S.1884 statt (Sharma 1939, Vol.2, p.587). Er starb am 13. Tag der hellen Hälfte des Monats Vaishakha (Baisakh), V.S.1922 folgend Sharma 1939, Vol.2, p.638. Nach Shyamaldas 1886, Vol.2, p.1427, lebte er bis zum Abend des 11. Tages der hellen Hälfte des Monats Chaitra, V.S.1923. Zu seinen Portraits siehe Bautze 1988/89.

84 Siehe weiter oben, Anmerkung 19.

85 Zum Abschluß eines Darbars gehörte neben der Tanzvorführung auch der Ringkampf, vergl. Bautze 1990a, p.79f, zur Daumenskizze eines Ringers, die nur ein Jahr nach vorliegender Kat.Nr. 195 entstand, siehe Bautze 1990a, fig.15.

86 Rousselet 1877, p.214: „Les turbans, qui distinguent chaque clan, offrent les formes les plus variées, depuis la gracieuse toque de mousseline, entourée de filets de diamants, que portent les nobles de la cour, jusq'au lourd cône des Haras et au casque grec des chefs Rahtores". Zur Abbildung des Darbars als Holzstich siehe Rousselet 1877, p.215, zur Abbildung der entsprechenden Photographie siehe Renié/Vignau 1992, Pl.84, p.136.

87 Zum entsprechenden Turban vergl. Spink 1976, no.56. Dieses mit „Maharaja Shri Abhai Singhji" überschriebene Bild – jetzt in der Davids Samling, Kopenhagen – ist auf dem oberen Teil der Balustrade mit „likhatam citrakar dalcand s°1789 ri..." beschriftet, d.h. es stammt aus dem Jahr 1732 vom Maler Dalchand, dem auch die Abb. 124 zugeschrieben werden könnte. Obwohl der Barttracht nach Abb. 123 sich zum Vergleich mit der um 1751 datierten no.15 in Hodgkin/McInerney 1983 anbietet, muß vorliegende Abb. 123 früher datiert werden; sie ist von geübterer Hand, was sich besonders an der Behandlung des Gewandes zeigt. Obwohl höchstwahrscheinlich von anderer Hand als Abb. 124 dürfte Abb. 123 kaum mehr als ein Jahrzehnt später entstanden sein. Da Dalchands Stil in der Wiedergabe der Natur starken moghulischen Einflüssen unterworfen ist, bleibt seine Herkunft ungeklärt. Zu Barttracht und Turban siehe auch Topsfield 1980, no.17.

88 Der Mann der Abb. 124 ist wahrscheinlich identisch mit dem links neben dem Pferd Abhai Singhs schreitenden Wedelträger in Gray 50, Plate 91, no.431 (= Chaitanya 1982, fig.53).

89 Zum Todesdatum Ajit Singhs und zum Regierungsantritt Abhai Singhs siehe Mitra 1973, v.a. p.306ff; zum Geburtsdatum siehe Shyamaldas 1886, Vol.2, p.843 (Sonnabend, am 14. Tag der dunklen Hälfte des Monats Margashirsh im Jahre V.S.1759); Irvine 1971, Vol.2, p.115 (wo der 7.Juni 1724 als Todestag angegeben wird), Chandra 1979, p.182 (wo der 7.Januar 1724 als Todestag angegeben wird) Shyamaldas 1886, Vol.2, p.849 (wo der 30.Juni entsprechend dem 15. Tag in der hellen Hälfte des Monats Asadh V.S. 1806 angegeben wird) und Parihar 1968, p.26. Zur Karriere Abhai Singhs vergl. Parihar 1968, pp.26–60; Adams 1900, p.49; Shyamaldas 1886, Vol.2, pp.843–849; Reu 1943, pp.XLIII–XLVII, pp.136–182.

90 Zu späteren, aktuellen Thronen mit eingearbeiteten Löwen bzw. Löwenmotiven vergl. z.B. Sotheby's, 29./30.3.1982, lot 615; Sotheby's, 7.7.1986, lot 364; Sotheby's 24.11.1986, lot 303.

91 Sharma 1970, p.60; Shastri 1971, pp.127, 133, 216 & 254; 2.11.1809: „The visit accordingly took place, at which he was presented with a string of pearls, and a sirpech, or ornament of jewelry for the head, sent by the Muha Raj himself,..." (Broughton 1892, p.220). 9.11.1837, Emily Eden: „There is an ornament called a surpêche, which the rajahs wear in their turbans, but there is seldom such a handsome one as this man had for sale. It was a diamond peacock holding in his beak a rope of enormous pearls, which passed through an emerald about the size of a dove's egg; then there came the tassel – the top was of immense diamonds, with a hole bored at one end of them, and they were simply drawn together into a sort of rosette, without any setting, Then there came strings of pearls each ending in three large diamonds... They stick it into their turbans by a gold hook, and the tassel hangs over one ear"(Eden 1930, p.16f – sollte Eden hier ein „Turra" genannten Turbanschmuck gesehen haben?); 27.9.1838, Emily Eden: „– the surpêche in the rajah's turban is worth the money" (Eden 1930, p.168f).

92 22.11.1832, Fanny Parks: „A man has brought a heron's plume for sale; the natives put them into jewelled ornaments on their turbans, called jika, and also on the heads of their horses. These feathers are extremely expensive in Paris; I was asked two hundred francs for a small plume. The pine-apple shaped figure on the Cashmere shawls is the representation of the jewelled jika worn in front of the turban; the plume rises from it" (Parks 1975, Vol.1, p.249).

93 13.12.1827, Charles Mundy: „He wore a red and gold turban, ornamented with a superb diamond aigrette, the whole surmounted by an elegant tuft of pendent feathers tipped with brilliants" (Mundy[n] 1858, p.17); 2.12.1838, Emily Eden: „G. <der indische Generalgouverneur> gave him a maginificent diamond aigrette. It only arrived from Calcutta yesterday on speculation, and was thought too expensive, but G. had a great fancy to give it to Ranjeet, it was so beautifully set" (Eden 1930, p.209).

94 Zu aktuellen Beispielen siehe Latif 1982, no.107; Skelton et al. 1982, no.309 (=Härtel / Auboyer 1972, Abb.204bc mit eingehender Beschreibung auf S.253); no.311 (= Folsach 1990, no.384); Guy et al 1990, no.87; Stronge / Smith / Harle 1988, nos.37–42; ; Markevitch / Lynch 1987, no.31; Ivanov / Lukonin / Smesova 1984, no.90 und no.92 (vor 1739 zu datieren, da aus Nadir Shahs Indienbeute); Purdon Clarke 1898, no.51; Sotheby's, 13.6.1988, lot 398; Sotheby's N.Y., 20./21.9.1985, lot 548.

95 Beispiele: Spink 1986, no.83; Spink 1988, no.64; Magnificent Jewels 1991: nos.85, 90, 283, 284 und 286; Sotheby's, 10./11.6.1985, lot 347; Sotheby's, 15.6.1987, lot 311, Sotheby's, 29.4.1993, lot 404; Sotheby's N.Y., 20./21.9.1985, lot 549; Latif 1982, no.3; Christie's, 12.4.1988, lot 186; Jacob / Hendley 1886, Plates 19 und 20a; Skelton et al 1982, no.311; Ray / Spink 1994, no.14; Sotheby's Geneva, 25.6.1985, lot 474; Hendley 1888, Plate XLIX, nos.1–2, um nur einige zu erwähnen.
96 Vergl. Sharma 1970, p.69, wo folgende Turbandekorationen aufgezählt werden: „turra, serpech, balabandi, dugdugi, gospech, fateh-pech".
97 Hussein-Khan 1832, p.350. Vergl. auch Broughton 1892, p.240: „As he was besides the known bosom friend of that minister, with whom he had gone through the ceremony of exchanging turbans (the strongest bond of eternal friendship), the Muha Raj's advisers have wisely concluded...".
98 Parihar 1965, p. 61, bzw. Shyamaldas 1886, Vol. 2, p. 850 zum Datum des Regierungsendes, das mit der Niederlage in der Schlacht von Merta gegen seinen patriciden Onkel Bakhat Singh gekommen sein dürfte. Leicht abweichende Daten gibt Adams[2] 1900, p.49. Shyamaldas 1886, Vol.2, p.849 nennt als Geburtsdatum den 7.August 1730 (für den 10. Tag der dunklen Hälfte des Monats Bhadrapad V.S.1787).
99 Parihar 1965, p.61f.
100 Siehe z.B. Maggs Bull. 17, August 1970, no.68; Raducha 1984, no.2.63; Christie's, 10.7.1975, lot 111 (= Cran 1980, no.71); Archer / Binney 1968, no.33; Archer 1957, Tafel X (= Cimino 1985, no.5).
101 Prostituierte, lat. wörtlich: vorstehen, sich der Öffentlichkeit zeigen. Hindi: veshya, wörtlich: eine, in die einzutreten ist.
102 Gahlot 1966, p.127 nennt als Geburtsdatum den 18.3.1784, Shyamaldas 1886, Vol.2, p.1316, den 25.3.1786 für den 11. der dunklen Hälfte des Monats Chaitra V.S.1842. Harnath Singh 1965, sheet 1, no.35, nennt den 10. Tag der dunklen Hälfte des Monats Chaitra V.S.1841. Krönungsdatum war der 1.8.1803 bzw. der 13. Tag der hellen Hälfte des Monats Sawan V.S.1860 folgend Harnath Singh 1965. Shyamaldas 1886, Vol.2, p.1316 nennt den 2. August bzw. den 14. Tag der hellen Hälfte des Monats Sawan, V.S.1860. Die Angabe des Todestages ist einheitlich (9. Tag der dunklen Hälfte des Monats Posh, V.S.1875).
103 Tod 1920, Vol.3, p.1364.
104 Broughton 1892, p.202.
105 Brooke 1868, p.16. Der an den wahren britischen Interessen an Jaipur Interessierte konsultiere Batra 1958.
106 Zur künstlerisch literarischen Seite Jagat Singhs siehe Bahura 1976, pp.83–85, ansonsten Gahlot 1966, pp.127–137.
107 Gray 50, no.432, Plate 94 unten.
108 Das 1979, p.129, unter „Govinda", Das 1977, p.93.
109 Bahura 1976, p.85 bzw. Das 1979, p.132. Siehe auch oben, Anm.104 für einen ausführlichen Bericht.
110 Zu diesen Objekten vergl. Sanderson / Hasan 1911, Plate V(b), A.150.
111 Zur Form der Wasserpfeife vergl. Desai 1985, no.126, p.146.
112 Orlich 1845, S.165; Orlich[2] 1845, Band 2, S.13f.
113 Wir möchten hier nur einige Kostproben zitieren. Am Ende einer sehr ausführlichen Beschreibung einer Tanzvorführung lesen wir: „The music approaches nearer to that produced by the hurdi-gurdy than anything else to which I can liken it; the interminable sawing upon one cadence, accompanied by the everlasting tom-tom, so expressively named, is wearisome beyond measure to those who have failed in acquiring a taste for it; and then the shrill ear-piercing notes of the women's voices, jarring occasionally in different keys, do most cruelly offend the tutored ear of an European; while the natives are becoming enraptured and excited far beyond anything that may be witnessed in civilized concert-rooms" (Bacon 1837, Vol.2, p.285f). „The Nâch women were, as usual, ugly, huddled up in huge bundles of red petticoats; and their exhibition as dull and insipid to an European taste as could well be conceived" (Heber 1828, Vol.2, p.136). Am Ende einer weiteren, sehr ausführlichen Tanzvorführungsbeschreibung lesen wir: „European ladies not unfrequently attend these spectacles; and, when the dancers are warned beforehand, they only witness a graceful and sufficiently stupid display; but, if thrown off their guard by applause, there is some danger of their carrying the suppleness of the body and limbs quite beyond the disgraceful, and even bordering on the disgusting. The situation of a gentleman in this case is irksome and uncomfortable; and he sits in constant and not unfounded dread lest these fair libérales in morality should commit some, perhaps unintentional, solecism against decency" (Mundy[II] 1858, p.44f, siehe auch ibid., pp.15, 17, 25, 32, 42f, 46, 50, 52, 66f, 69, 71, 155f, 158, 246). Broughton beschreibt sehr detailliert eine Tanzvorführung am 4.6.1809, aus der wir zitieren möchten: „You Europeans are apt to picture to yourself a Natch as a most attractive spectacle, but once witnessed it generally dissolves the illusion. Nothing can be more deficient in grace than the whole figure of a dancing girl... the whole figure thus presenting the appearance of an Egyptian mummy than of a living female tricked out to captivate and allure. ... In this favourite dance the most indecent gestures are used, meant to raise admiration and desire, but which, in uninitiated British bosoms seldom excite anything but disgust" (Broughton 1892, pp.142–144, zur Illustration siehe fig.7 in ibidem). „Le nautch qui avait été célébré a notre arrivée dans la tente des réception, était misérable par le petit nombre, la figure et le coustume des danseuses" (Jacquemont 1934, p.26). Anders als die meisten Briten lernte Jacquemont 1832 jedoch nach einiger Zeit den Tanz in Jaipur zu schätzen: „Après le dîner, ... il me donna, ou plutôt se donna le spectacle d'un Nautch, car je lui avais dit que j'étais parfaitement insensible à ce genre de plaisir. Effectivement, il méndormit bientôt, à l'extrême mortification des Kandjeris. Leur chant aigre, percant et faux ne troubla nullement mon sommeil. Mais l'on s'habitue à tout, même à cette musique. Avec le temps, je ne l'ai trouvée qu'ennuyeuse, puis elle a fini par m'être indifférente. Je regardai la danse avec plus d'attention, et découvris à la fin qu'une des deux filles qui figuraient ensemble ou alternativement devant nous, dansait d'une manière admirable. Sa pantomime représentait le jeu du cerf-volant. Elle l'enlevait d'un air craintif, incertain; lui rendait la corde, le regardait monter avec fierté, glorieuse de bonheur: et lancé dans les hautes régions de l'air, à peine visible, elle suivait avec un redoublement d'interêt et d'anxiété, ses caprices, ses écarts. Sa physionomie, ses attitudes exprimaient dans le plus beau langage de la poésie les fortunes diverses de cette création imaginaire. Cette fille était très noire, et je n'avais remarqué d'abord que sa laideur; sa danse me la fit oublier, je finis par le trouver presque belle. La fierté passionnée de son action me la fit admirer, je ne vis plus en elle qu'une jeune fille grande, bien faite, ardente; c'était l'imagination qui lui prêtait de belles formes, car elle était couverte d'une si énorme quantité de vêtements qu'on ne pouvait que les deviner" (Jacquemont 1934, p.47f).
114 „People may abuse nautching, but it always amuses me extremely. The girls hardly move about at all, but their dresses and attitudes are so graceful I like to see them. The singing is dreadful, and very noisy" (Eden 1930, p.124.

Vergl. auch ibid., pp.28f, 61, 63, 101, 198, 208, 216f, 218, 244). Siehe ebenso Eden 1988, pp.174f, 181, vor allem aber Ida Pfeiffer, die am 12. Februar 1848 einer Tanzvorführung in Kota beiwohnte und ausführlich bespricht (Pfeiffer o.J., pp.202–204).

115 „Bientôt arrivent les inévitables bayadères, sans lesquelles il n'est pas de fête ici;…" (Rousselet 1877, p.217). „Les bayadères et les bardes nous divertissent pendant de longues heures avec leurs danses et leurs chants, et nous ne les divertissons pas moins, je pense, en leur chantant God save the Queen et la Marseillaise" (Rousselet 1877, p.206). Zum entsprechenden Holzschnitt siehe Rousselet 1877, p.199. Die photographische Vorlage ist am vorteilhaftesten abgebildet in Okada / Isacco 1991, p.110, aber auch in Renié / Vignaud 1992, Planche 90, p.75 und p.139.

116 Kutzner 1857, S.222f. In diesem Zusammenhang aufschlußreich ist, was die indischen Tänzerinnen zum europäischen Tanz bemerkten: „I asked one of the nautch-girls, who was peering through the window, what she thought of the English ladies' dancing; and the nutbrown disciple of Terpsichore replied that 'they nautched very well, only they jumped to high'" (Mundy[n] 1858, p.167).

Singhs Rathor, einem Vorgänger des erwähnten Abhai Singh zur Zeit Akbars, gegründet. Einer anderen Version nach wurde Ratlam von Ratan Singh, dem ältesten Sohn von Maheshdas, der wiederum der Sohn von Dalpat Singh, Udai Singhs siebentem Sohn war, gegründet. Ratlam befindet sich südlich des heutigen Rajasthan in Madhya Pradesh. Zusammenfassend siehe Thornton 1854, Vol.3, p.345f; Chakrabarti 1895, p.215; Vadivelu 1915, pp.257–259.

118 Malcolm[2] 1824, Vol.1, p.507: „Purbut Singh, of Rutlam, … is a weak, incompetent prince;…", der aber innerhalb von nur 3–4 Tagen eine Armee von 1200, meist berittenen, Rajputen aufstellen konnte und damit die tributeintreibende Marathenarmee schlug!

119 Broughton 1892, p.36f.

120 Die beiden Malereien befinden sich in der Sammlung von Lowell Groves in San Francisco. Die Malerei mit der Bemerkung „citaro kusal" (Maler: Kusal) und „darbar balvant simhji" (Hof Balwant Singhs) zeigt Raja Balwant Singh von Ratlam wie in vorliegender Abb. 128, aber zu Pferd und umgeben von 13 weiteren Reitern; seinen Turban zieren jedoch keine Rosenblüten. Auf der Rückseite der zweiten Malerei steht unter der Überschrift „Ratlam" Titel und Name („rajarajendra maharajadhiraj maharaja 'sri 'sri 'sri 'sri 'sri ananta 'sri balvant simhji) des vorderseitig portraitierten Herrschers mit der Datumsangabe V.S. 1882 am zehnten Tag der hellen Hälfte des Monats Jeth (Mai–Juni 1825 A.D.). Auf dem unteren Rand des rotumrandeten Bildes, das den Maharaja auf einem Elefanten in Begleitung eines Engländers auf einem zweiten Elefanten zeigt (karnel borthink sahab, also Colonel Borthink), steht unter Shri Ramji „cataro udepur ko, vejnat" (Vejnath, der Maler aus Udaipur). Eine 1827 datierte Malerei dieses Malers zeigt ebenfalls Maharaja Balwant Singh von Ratlam, wurde aber verständlicherweise als „Deogarh" publiziert (Tandan 1982, fig.162), zumal es sich bei diesem Maler um den Sohn des berühmteren Malers Chokha aus Devgarh handeln kann. Zur malerischen Aktivität Bej- oder Baijnaths siehe u.a. Andhare 1967, figs.51 (= Beach 1970–71, fig.22) 52 und 53 und p.50f; Andhare / Nahar Singh 1977, col.Plate V. Auf einer kürzlich publizierten Miniatur (Sotheby's, 26.4.1994, lot 16) ist auf dem oberen Rand der Malerei neben den Titeln und Namen des Herrschers „udepur ka citara ka hat ko" (aus der Hand des Malers aus Udaipur) mit der Datumsangabe „miti pos sudi 15 s°1909 ka", also dem 15. der hellen Hälfte des Monats Pos im Jahre V.S. 1909 (Januar 1853 A.D.) zu lesen. Vorliegende Abb. 128 wurde in Unkenntnis dieser beiden Miniaturen zunächst für eine Malerei aus Devgarh gehalten und dem Maler Chokha der Jahre 1775–1800 zugeschrieben (Pal 1983, R46). Von der Turbanmode her vergleichbar sind die Malereien aus dem benachbarten Sitamau, das ebenfalls von Rathor-Rajputen gegründet wurde, siehe Topsfield 1981, Fig.183, p.171.

121 Folgend Shyamaldas 1886, Vol.2, pp.937–980. Als Geburtsdatum wird der 6. der dunklen Hälfte des Monats Vaishakh, V.S.1747 (p.980) angegeben. Bei der Angabe des Krönungstages folgten wir dem „großen Krönungsfest", (5. Tag, dunkle Hälfte Jeth, V.S.1768, p.937). Vergl. auch Narayan 1913, p.159, mit der Jahresangabe des 1. Krönungsfestes (V.S.1767). Das Todesdatum wird mit dem 3. der dunklen Hälfte Maghs, V.S.1790 (p.980) angegeben. Diesem Datum folgt auch Narayan 1913, p.161. Somani 1976, p.333 nennt als Todestag den 11.1.1734. Sangram Singh soll, folgend Shyamaldas 1886, Vol.1, p.238, 23 Jahre, 8 Monate und 9 Tage regiert haben.

122 Sotheby's, 26.4.1994, lot 24 (Sangram Singh); Desai 1985, no.55, p.70 (Jagat Singh).

123 Bautze 1988/89, S.339, Appendix I, Nr.6. Zur Nachbarschaft und zu den Feierlichkeiten der beiden Feste siehe auch Tod 1920, Vol.2, p.664f bzw. Rousselet[2] 1877, p.219f. Vergl. auch Cimino 1985, no.36, p.37, wo Maharao Ram Singhs Sohn aus selben Anlaß die Rosenblütengirlanden verteilt. Eine ausführliche Beschreibung der Gangaur-Feierlichkeiten in Kota zur Jahrhundertwende ist Jagatnarayan 1983, pp.235–237 zu entnehmen.

124 Vergl. das Foto eines ähnlich aufgezäumten Elefanten in Ivory 1975, p.24. Zu den Prozessionen derartig geschmückter Elefanten vergl. Coronation Durbar 1903, Plates 1, 3–21, 24, 27, 51–54; Worswick / Embree 1976, p.66; Ivory 1975, pp.22–23; Zur Beschreibung derartiger „Staatselefanten" vergl. Russel 1877, p.188f. Die Staatselefanten Kotas sind auf den unnumerierten Tafeln zwischen pp.224 und 225 in Jagatnarayan 1983 zu entnehmen.

125 Diese Manschetten sollten ein Reißen oder Splittern der Stoßzähne verhindern und sind bei den meisten Elefanten- bzw. Elefantenreiterportraits zu sehen. Vergl. Orlich 1845, S.157: „Sobald ein solcher Elefant eingefangen ist, werden ihm die Fangzähne bis auf ein oder zwei Fuss abgesägt, und die äußerste Spitze mit Silber oder Gold eingefaßt". Mundy _1858, p.213: „The elephant of Hindoo Rao, in particular, was the most beautiful I ever saw, and caparisoned in the most costly style; … he wore a deep frontlet of solid silver network, and each of his huge tusks was fitted into a sheath of silver richly embossed; massive silver chains encircled his legs…; large and sonorous bells of the same metal depended from his sides…".

126 Archer 1858, fig.1 (= Cimino 1985, no.22 mit drei weiteren Publikationshinweisen = Beach 1992, fig.171, p.219); Raducha 1984, no.2.75 (farbig, mit weiterem Publikationshinweis).

127 Broughton 1892, p.214 :"Appakandra, whom I have before mentioned as one of the Muha Raj's prime favourites , was placed behind him in the seat called „Kuwash", and fanned his master with a chounree, a kind of fan made of cow's tails. To be so distinguished is esteemed in India a mark of the highest trust and honour"; Mundy [n]1858, p.79 („kawas").

128 Broughton 1892, p.202.

129 Vergl. v.a. Coronation Durbar 1903, fig.1; Allen / Dwivedi p.213. Zu zeitgenössischen Beschreibungen vergl. Gentil 1822, p.61; Yule/Burnell 1984, p.204; Eden 1930, p.73. Broughton 1892, p.242: „Chobdar, the designation of a servant who carries a silver stick in the train of Princes and other great men". Archer 1833, Vol.1: „Then came…

those who bore silver-sticks, as badges of their office..." (Beschreibung einer Prozession am 11.12.1827); „...a Chobdar, or silver-mace-bearer of one of the latter kings" (Archer 1833, Vol.1, p.377). „The two ecorts led the way, followed by a pedestrian crowd of chôbdars, or mace-bearers, standards, heralds calling the high-sounding titles of the boy-prince, and led horses richly caparisoned" (Mundy ^{n}1858, p.9). Vergl. Bacon 1837, Vol.2, pp.230, 234, 237 et var. loc. Parks 1975, Vol.1, p.298, nennt sie: „assa-burdars, men with long silver sticks". Siehe auch Rousselet 1877, p.190: „Avant de suivre les tchoubdars à canne d'or qui nous conduisent à la salle du trône..." Zum Objekt vergl. Purdon Clarke 1898, no.65: „Stick of Office".

130 Parks 1975, Vol.1, p.298: „...and sonta burdars, with short silver tiger-headed stuffs, walk at the side". Zu aktuellen Objekten vergl. Purdon Clarke 1898, nos.31–32; Terlinden 1987, p.64, no.43; Sotheby's 21.10.1993, lot 627 (wo fälschlich als „sword-staffs" bezeichnet).

131 Zur ausführlichen Diskussion dieses Ehrenzeichens siehe Bautze 1988, Seiten 106–107, Anmerkung 37. Zum Schirm, *chattra*, vergl. Parks 1975,Vol.1, p.78: „...protected by an enormous chatr, carried by a bearer. The up-country-chatr is a very large umbrella, in shape like a large flat mushroom, covered with doubled cloth, with a deep circle of fringe. Great people have them made of silk, and highly ornamented. The pole is very long, and it is full employment for one man to carry the chatr properly" (Januar 1828).

132 Orlich 1845, Illustration S.109. Vergl. auch den Kupferstich nach einer Vorlage Hebers in Heber 1828, Vol.1, gegenüber p.341.

133 Zur Illustration dieser Szene siehe Cimino 1985, no.38, in der Maharao Umed Singh von Kotah in einem posthumen Portrait auftritt. Die ausgeführte Malerei befindet sich als Wandmalerei im Bara Devtaji ki Haveli von Kota und ist unpubliziert.

134 Vergl. z.B. Bacon 1837, Vol.2, p.234: „Then came two horses saddled and appointed, one for the Emperor, the other for his son; they simply performed a part in the pageant, being never used" (aus einer Beschreibung einer Prozession des Moghulkaisers in Delhi, Oktober 1834).

135 Die Unfähigkeit des englischen Königs beim feierlichen Einzug in Delhi anläßlich des Darbars von 1911 einen Elefanten zu lenken, brachte ihm einen enormen Prestigeverlust bei der Bevölkerung Delhis bei. „It was not possible to use elephants, as ancient tradition demanded that the principal feudatory should act as mahout <Elefantenlenker>. Also the elephant which carried Lord Curzon in the 1903 Durbar went mad the next day. The King-Emperor rode his charger on this occasion... This detracted somewhat from the effect, and indeed the people did not at all appreciate when the king was passing" (Hearn ^{2}1928, p.252).

136 Wir folgen hier einer 1939 (A.D.) datierten Beschreibung einer entsprechenden Puja des Maharao von Kotah in Jagatnarayan 1983, p.221f.

137 Shastri 1971, p.293f.

138 Desai 1985, no.45, p.54.

139 Bis hier folgen wir Jagatnarayan 1983, p.222, der seinen Bericht nach einem 1939 datiertem Dokument zusammenfaßte. Zu diesem Zeitpunkt wurden keine Büffel mehr in Kota auf die hier gezeigte Art getötet.

140 Die erwähnten Orte sind wichtige Ländereien innerhalb des Staates von Kota. So hatte der „Apji" von Koela, das 40 Meilen östlich der Stadt Kota liegt, 8 Dörfer unter sich und konnte aufgrund seiner direkten Abstammung vom ersten unabhängigen Herrscher Kotas, Madho Singh, den ersten Platz auf der rechten Seite im Darbar beanspruchen. Gainta liegt 40 Meilen nordöstlich von Kota und vereint insgesamt 15 Dörfer. Mit Tavar dürfte Kherli gemeint sein, das einem Tanwar Rajput des Jarola Unterclans gehörte, um es von einem gleichnamigen Gebiet zu unterscheiden, das einem Hara-Rajput unterstand (alle Angaben nach Chiefs and leading Families 1903, pp.46–50).

141 Zum episch-religiösen Hintergrund der Büffeltötung und der Geschichte der Göttin Durga in der ind. Malerei siehe Bautze 1991, S.27, 56–78.

142 Vergl. Bautze 1988/89, Appendix I, Nrn.26, 31 und 41, ferner Sangram Singh 1965, no.135 (Illustration auf vorderem Umschlag); Falk 1978, no.72, p.65 und Sotheby's N.Y., 16./17.3.1988, lot 407.

143 Sangram Singh 1965, no.135.

144 Bautze 1986b.

145 Zu den Feierlichkeiten dort vergl. wieder Jagatnarayan 1983, p.225.

146 Ein *nazar* (Hindi, n. fem.) ist im 18. und 19. Jahrhundert vornehmlich eine Gabe, die aus Anlaß eines Darbars dem Herrscher im Rahmen des Hofzeremoniells überreicht werden mußte. Im Laufe der Zeit wurde daraus eine Art Geschenk, dessen Einordnung zwischen Mitbringsel à la Blumenstrauß und offiziellem Bestechungsgeld schwerfällt. Vergl. Orlich 1845, S. 160: „... auch ein ... Raja ... brachte ... in offener Hand auf einem weissen Tuche mit dem Grusse einige Goldstücke als Zeichen der Unterwürfigkeit dar" (= Orlich ^{2}1845, Band 2, S.2); „The prospect of a handsome nuzzer or offering operated with the King to facilitate the presentation..."; „A nuzzer was also presented to the heir-apparent, who stood by the King, on the left of the throne" (Archer 1833, Vol.1, pp.9–11). Zur ausführlicheren Schilderung dieser Art von Geschenkdarbringung siehe Knighton 1921, p.14f, auch p.266 („to offer nuzzers or presents"); „...the Muha Raj...,in return, receives Nuzurs, or offerings, from all those employed..." (Broughton 1892, p.214f). „Wer ihm <dem Moghulkaiser> seine Aufwartung machen will, hat sich beim Hausminister zu melden und als Zeichen der Unterthänigkeit den „Nagar" (circa funfzig Thaler) zu zahlen, wofür er einen Ehrentitel, einen unbrauchbaren Säbel und ein desgleichen Ehrenkleid, aber keinen Sessel im Durbar erhält, weil dieser nur dem Thronerben gebühre. Seit Lord Ellenborough dem Mogul unnötigerweise den Nagar verwehrte, hat sich der alte Herr so tief gekränkt gefühlt, daß er bei der Königin von England Klage erhoben und keinen Durbar mehr gehalten hat; auch Prinz Waldemar verzichtete auf die Ehre..." (Kutzner 1857, S.237). „The old monarch, mindful in his dignity, scarcely deigned to notice, even by gold mohurs" (Mundy ^{n}1858, p.39). „The gallant inhabitant paid us a visit immediately on our arrival, presenting us his sword, as is usual with native officers, in lieu of a „nuzzur". In these cases the superior touches the sword with his right hand and makes a salaam" (Mundy ^{n}1858, p.126).

147 Zu einem häufig publizierten, frühen Beispiel dieser Art vergl. Gahlin 1991, no.13, Plate 11.

148 Zum Atelier und Lachiram siehe Bautze 1988/89, S.320f.

149 „Wir begaben uns dann nach dem Privatmarstall des Königs. ... Es wurden uns hier über hundert Pferde vorgeführt, unter denen sich mehrere schöne arabische und halbarabische Thiere befanden; jedoch waren alle so reich genährt, dass sie für eine anstrengende Arbeit gänzlich unbrauchbar sind. Die indischen Pferde, selten höher als 5'2", sind weniger schön als die europäischen, der Kopf ist gross und wenig edel, die Ohren liegen sehr nach vorn; aber sie sind feurig, ausdauernd und kraftvoll" (Orlich 1845, S.208; Orlich ^{n}1845, Band 2, S.104). „The durbar concluded with the presentation of some trays of armour to Lord Combermere, and we adjourned to see the royal stud paraded. The horses were generally large powerful ani-

mals... Many of them walked upon their hind legs, and lay down by word of command... They were for the most part very fat..." (Mundy [2]1858, p.157).

150 Einer im Jahre 1828 erstellten Beschreibung entnehmen wir: „A somewhat similar plume dances between the ears of the horse, who is further ornamented with rich embossed trappings, and a series of necklaces, some formed of blue beads, others of tigers' claws set in gold or silver, and others again of silken cords supporting little amulets, or charms against the evil eye. Over the saddle is thrown a richly-embroidered velvet jeenpose, or shabraque; and before and behind the stirrup leather hang clustres of fine chowries, formed of the tail of the yâk, or Thibet cow" (Mundy [2]1858, p.167). „The first show of the day was Runjeet's private stud. ... The first had on its emerald trappings, necklaces arranged on its neck and between the ears, and in front of the saddle two enormous emeralds, nearly two inches square, carved all over, and set in gold frames, like little looking-glasses. The crupper was all emeralds, and there were stud ropes of gold put on something like a martingale. Heera Singh said the whole was valued at 37 lacs <3.700 000 Rupien, für die damalige Zeit eine sehr hohe Summe, J.K.B.>; but all these valuations are fanciful, as nobody knows the worth of these enormous stones; they are never bought or sold. The next horse was simply attired in diamonds and turquoises, another in pearls, and there was one with trappings of coral and pearl that was very pretty. Their saddle-cloths have stones woven into them. It reduces European magnificence to a very low pitch" (Eden 1930, p.219). Ähnlich, wenn auch weniger verschwenderisch, aufgezäumt waren auch die Pferde im Gestüt des Raja von Alwar, wie wir einer Beschreibung von 1832 entnehmen können: „La mode radjpoute de leur harnachement était nouvelle pour moi; elle est très lourde et cache trop l'animal. La selle est le tchaijamah ordinaire; c'est une sorte de matelas posé en travers sur le dos du cheval. Elle est couverte de soie ou de brocart, ou de velours brodé. De ses quatre coins, pendent deux gros nœuds de rubans brodés, ou de lourdes franges d'or et de soie, qui descendent jusqu'à la hauteur du genou. La crinière est tressée avec de larges rubans semblables, qui tombent lourdement et de chaque côté sur le cou du cheval. Par-dessus est un large collier d'argent ou de pierres communes montées en or; et souvent, au lieu d'un collier, il y en a deux ou trois. La tête est presque entièrement cachée par les lames d'or et d'argent qui descendent du front, et par les noeuds et glands qui pendent des oreilles au devant les yeux. Un châle de cachemir sert de martingale. Aux pieds sont des anneaux d'argent" (Jacquemont 1934, p.24f). „Leurs chevaux (die der Rajputs in Rajasthan, d.Verf.) sont harnachés avec beaucoup de goût et de luxe; la selle est haute, rembourrée et couverte de housses de soie; de chaque côté pendent des queues de yâk, d'une blancheur de neige, qui cachent les jambes du cavalier; la tête du cheval, parée de panaches, est attachée au poitrail par une martingale très courte, ce qui force l'animal à arrondir son cou d'une manière gracieuse. Ils soignent beaucoup ces animaux et aiment à les voir très-gras; comme les Maharates, ils les font sauter, bondir et caracoler" (Rousselet [2]1877, p.181). „I also bought a mala for a horse, which the natives say possesses great power as a charm; of what it is composed, I know not: the beads are somewhat of the shape and size of a pigeon's egg, and opaque white, but appear not to be of glass or china. It looks well on the neck of a black horse. The natives tie one bead of this sort upon a horse's fetlock to avert the evil eye and keep off maladies. With a whole mala the horse must bear a charmed life!" (Parks 1975, Vol.I, p.259f).

151 Siehe vorherige Anmerkung.

152 Folgend Shyamaldas, der für den Tag der Königsweihe den 13. Tag der hellen Hälfte des Monats Bhadrapad, V.S.1815 angibt. Dieses Datum wird von Thakur Lakshmandan in seiner unveröffentlichten Geschichte Kotas bestätigt (p.51 im Typoskript im Besitz von Kaviraj Mahipat Singh). Als Todesdatum wird der erste Tag der dunklen Hälfte des Monats Pos, V.S.1821 angegeben, siehe Shyamaldas 1886, Vol.2, p.1418f. Zur Biographie siehe Sharma 1939, Vol.2, pp.416–431. Zur Beschreibung der Schlacht von Bhatwara, in der Maharao Shatru Sal mit Hilfe der Mahrathen der Armee Jaipurs unter Sawai Madho Singh eine vernichtende Niederlage beibrachte, siehe Narendra Singh 1939, pp.195–200, ferner Shastri 1971, pp.36–48.

153 Aus einer Herrscherbeschreibung vom 27.3.1828: „He was on a northern horse, which, according to custom, was painted with several colours from his hoofs up to the height of the saddle-flap; the colour was a dark salmon; all above he was spotted with blue and red; his tail was red, and close to the root had a metal ligature, something in the shape of the tie of a man's pigtail" (Archer 1833, Vol.1, p.196). 25.10.1828: „The horses were generally large powerful animals from the jungles of Lacka (famous for its breed), and all the light-coloured ones were frightfully stained on their sides, tails, and limbs, with a brickdust pigment" (Mundy [2]1858, p.157). 5.12.1837: „We passed by the camp of the Nawab of Banda, who is come to visit G. <= Generalgouverneur>, and has a camp as large as ours, with such strange-looking painted horses pawing about it" (Eden 1930, p.41).

154 Vergl. Bautze 1988, pp.106–107. Siehe besonders die Abbildung in Fabb 1986, no.7, ein Foto des Maharaja von Orcha auf aufgezäumtem Pferd mit entsprechenden Insignienträgern.

155 Francklin 1805, p.202: „The arms of the Oudipoor rajepoots consist of a matchlock, a lance and a sabre, though the former are not so much used as the two latter".

156 Geburtsdatum folgend Shyamaldas 1886, Vol.2, p.789: 5. Tag der dunklen Hälfte des Monats Margashirsha, V.S.1729. Königsweihe: 4. Tag der hellen Hälfte des Monats Ashvin (Asoj), V.S.1755, p.730. Todestag: 1. Tag der hellen Hälfte des Monats Paush (Pos), V.S.1767. Nach Narayan 1913, p.155, war Sangram Singh 27 Jahre alt, als er V.S.1756 auf der Gaddi saß, in bezug auf das Todesdatum stimmt er mit Shyamaldas überein. Nach Somani 1976, p.307 ging Amar Singh am 28.9.1698 nach Udaipur und wurde dort erst im Januar 1699 gekrönt (am 5. Tag der dunklen Hälfte des Monats Magh, V.S.1756). Regierungsdauer nach Shyamaldas 1886, Vol.1, p.238: 12 Jahre, 3 Monate, 5

157 Mitra 1973. Siehe auch Shyamaldas 1886, Vol.2, pp.828–843. Eine weitere Krönungszeremonie fand am 4.7.1708 statt, vergl. Bhatnagar 1974, p.56. Zur Biographie siehe auch Reu 1943, pp.XXXV–XLIII; pp.102–133.

158 Folgend Bhatnagar 1974, pp.12, 19 (1. Tag der dunklen Hälfte des Monats Phalgun, V.S.1756), 268. Harnath Singh 1965, Sheet 2, no.27, nennt folgende Daten (Geburt, Königsweihe, Tod): 6. Tag, dunkle Hälfte Mangsar, V.S.1745; 7. Tag, helle Hälfte Magh, V.S.1756; 14. Tag, helle Hälfte Asoj, V.S.1800. Regierungsdauer: 43 Jahre, 8 Monate, 7 Tage. Gahlot 1966 gibt folgende Daten in A.D.: 3.9.1688 (p.92); keine Angabe außer daß die Krönung vor dem November 1701 stattgefunden haben muß (p.92) und 1.9.1743 (p.101). Shyamaldas 1886, Vol.2, nennt in selber Reihenfolge folgende Daten: 14.11.1688 (6. Tag, dunkle Hälfte Margashirsha, V.S.1745, p.1217), 1700 ohne nähere Angabe (V.S.1756, p.1297), 22.9.1743 (14. Tag, helle Hälfte Ashvin <Asoj>, V.S.1800, p.1299). Jai Singh war der älteste Sohn seines Vorgängers Bishan Singh und dessen Gattin Indra Kunvari, Tochter des Kashi Singh Jodha, einem Rathor aus Khairwa. Zur Biographie siehe auch Atmaram 1979.

159 Es war der 2.5. folgend Mitra 1973, p.331 bzw. der 1. folgend Bhatnagar 1974, p.54. Der Text der Rückseite der Abb.30 erscheint in lesbarerer Form bei Shyamaldas 1886, Vol. 2, p.769f, wo der 11. Mai genannt wird.
160 Folgend Reu 1948, p.1 (14. Tag der hellen Hälfte des Monats Shravana, V.S.1695) bzw. p.52 (V.S.1775). Er soll 80 Jahre, 3 Monate und 20 Tage gelebt haben. Siehe auch Lal 1922, pp.54–58.
161 Topsfield 1986, no.16; Sotheby's, 26.4.1994, lot 22; Maggs Bull.14, December 1968, no.109; Maggs Bull.32, February 1980, no.25, Plate IV; Reu 1948, Frontispiz; Lal 1922, Illustration gegenüber p.54.
162 Im einzelnen wird gesagt, daß ein gewisser, im Bild nicht präsenter Mukund Das sowie Durgadas Rathor nicht von Chamaras („camvar") bzw. „chamhagi", von Shyamaldas mit „say gir" erklärt, begleitet sind, was für letzteren das Bild bestätigt. Vergl. Shyamaldas 1886, Vol.2, p.770. Diese Bezeichnung bestätigt Tod: „The Hara Rao, ..., carried of the chattar-changi, 'the golden sun in the sable disk', the regal insignia of Mewar..." (Tod 1920, Vol.3, p.1513) bzw. „...the sacred standard bears his image <gemeint ist die Sonne, d.Verf.>, as does that Scythic part of the regalia called the changi, a disc of black felt or ostrich feathers, with a plate of gold to represent the sun in its centre, borne upon a pole" (Tod 1920, Vol.2, p.659f). Der Text der vorliegenden Malerei erwähnt auch die Ereignisse des folgenden Tages, sagt z.B. wo welche Könige ihr Lager hatten (Ajit Singh in Kisan Vilas, Jai Singh in Sarvaritu, vergl. Dev Nath 1938, p.21), wer wo während eines Darbars am Abend saß.
163 Bhatnagar 1974, p.54f; Bhargava 1979, p.144; Somani 1986, p.317.
164 Bhatnagar 1974, p.57.
165 Harnath Singh 1965, Sheet 3, no.30.
166 Vergl. z.B. Gayatri Devi / Rama Rau 1976. Aufschlußreicher ist die Geschichte Elihu Jans, einer Frau am Hofe von Lucknow in der Mitte des 19. Jahrhundererts. Siehe Knighton 1921, pp.223–323. „One wife, four wifes, fifty wives will not suffice a king, whilst a queen is content with one husband, if he will but be faithful. But when was a man ever faithful?" fragt Elihu Jan, p.238.
167 Die rückseitige Beschriftung einer Malerei, die Maharana Amar Singh im Sabrat Vilas beim Holifeiern zeigt, beginnt mit „badi sabrat vilas re darikhane śri maharana..."(Topsfield 80, p.62). Die Beschriftung vorliegenden Blattes beginnt ähnlich: „badi sabrat bilas ra bhav ro pano...". Zum Sabrat Vilas der Holifeierlichkeiten siehe Topsfield 80, no.58 (= Topsfield 81, fig.175); Cimino 1985, no.41 (= Sotheby's, 26.4.1994, lot 25). Eine um 1750 datierte Malerei zeigt einen anderen Teil derselben Anlage: Gangoly 1961, p.93, no.44, Plate XXVI (= Andhare 1987, Plate 99).
168 Die Schwimmhilfen sind auch in einer späteren Malerei Mewars zu sehen: Binney 1979, no.17, p.68f.
169 Die größtenteils namentlich bekannten Königinnen werden aufgezählt in Shyamaldas 1886, Vol.2, p.981f. Von diesen gebaren drei Königinnen vier namentlich genannte Söhne, von denen einer, Arjun Singh, Sohn der Tochter Jhala Karn Singhs, drei Monate nach der Geburt starb. Welche der Maharanis die drei Töchter Sangram Singhs gebar, wird nicht angegeben. Von zwei namentlich nicht genannten Konkubinen hatte Sangram Singh zwei weitere Söhne: Narayan Das und Kesri Das.
170 Vashistha 1995, col.Plate 25. Zu früheren, thematisch vergleichbaren Szenen siehe Desai 1985, no.73, p.91; Topsfield / Beach 1991, no.20, p.61. Zu späteren Zeugnissen siehe Welch 1973, no.8, p.29 (= Kramrisch 1986, no.68); Zur Szenerie: Welch / Beach 1965, no.34, p.79 (= Welch 1985, no. 254, p.377); Topsfield 1990a, no.22, pp.60–61 (mit 2 weiteren Publikationshinweisen). Tandan 1982, col.Plate XXXIII.
171 Daten nach Sharma 1972, pp.24, 45 und 274. Shyamaldas 1886, Vol.2, p.860 nennt den 12.Februar 1783 als Geburtsdatum (11. Tag der hellen Hälfte des Monats Magh, V.S.1839). Zum Leben des Herrschers siehe neben Sharma 1972 auch Shyamaldas 1886, Vol.2, pp.860–874. Zur Geschichte der „rajasthanischen Helena" bzw. „Hindu Iphigenia" (Krishna Kumari von Udaipur), siehe Sharma 1972, pp.53–92. Ebenso Tod 1920, Vol.I, pp.535–542; Lal 1922, p.74f; Sarkar 1984, p.331f; Somani 1985, pp.124–138.
172 Man Singh wird von Kunsthistorikern in der Malerei häufig mit Takht Singh, seinem Sohn und Nachfolger, verwechselt. Vorliegende Malerei erlaubt wegen des (noch) nach unten hängenden Ohrringes analog einer 1830 A.D. datierten Malerei keine spätere Datierung (Sotheby's N.Y., 25.3.1987, lot 106).
173 „Dès que cette cérémonie est achevée, chacune des femmes fait son compliment à l'époux sur la beauté, les graces et les bonnes qualités de l'épouse. Santé, fortune, fécondité, prospérité, on lui fait mille souhaits heureux; après quoi l'époux conduit son épouse dans le lit nuptial. On éteint les lumières! toutes les femmes demeurent dans la salle: alors toute pudeur est bannie; chaque dame se pique à qui dira le plus de bagatelles sur la consommation du mariage, qui se fait au bruit de leur conversation. Dès que l'époux croit l'affaire faite, on rallume les lampes; et aussi confus que Mars et Venus surpris dans les filets de Vulcain, ils se retirent dans une chambre où on leur a préparé un bain. Pour les dames, elles doivent toujours rester dans la salle, et elle ne manquent pas de visiter le champ de bataille pour trouver les marques de la virginité perdue, avec lesquelles elles rendent témoinage da la vertu de l'épouse" (Gentil 1822, p.68f).
174 Vergl. Sotheby's N.Y., 25.3.1987, lot 106, wo ein Herrscher (Man Singh?) sich ebenso mit drei Frauen auf einem Bett zu vergnügen beginnt. Siehe auch Goswamy 1986a, no.29 (= Goswamy 1986b, no.5).
175 Zu dieser Berufsgruppe in Jodhpur siehe vor allem Marwar Darbar 1894, p.123f, mit einer Originalfotografie. Eine in das Jahr 1814 datierte Miniatur aus Jodhpur zeigt, wie eine inschriftlich über dem Hauseingang auf dem Bild identifizierte „Bhagtana" von einer Kupplerin dem wartenden Herrscher („Ajit Singh") gebracht wird: Pal / Markel / Leoshko 1993, p.147. Die Inschrift der Bildseite wurde weder transkribiert noch übersetzt.
176 Vergl. Sotheby's, 16.4.1984, lot 44 (= Sotheby's N.Y., 2.11.1988, lot 108); Drouot (Etude Daussy-Ricqlés) 16.12.1988, no.14, p.31; Parke-Bernet 21.10.1965, no.158; Sotheby's, 7.12.1977, lot 18; Falk / Digby 1979, no.31, p.66; Archer 1960, Tafel 46; Sotheby's, 14.12.1987, lot 29. Zur „weiblichen" Phantasie (ein trunkener Mann wird gestützt) nach demselben Schema vergl. Drouot (Succession K. Essayan), 24.6.1982, no.89; Lowry / Beach 1988, no.417, p.346; Poster et al.1994, no.55, p.100.
177 Zur Jagd in Rajasthan im allg. vergl. Tod 1920, Vol.2, p.660f., 750f. Zu Einzelbeschreibungen vergl. Tod 1920, Vol.3, p.1748–1750 (Treibjagd, Kota); Rousselet ²1877, pp.204–206 (Treibjagd, Mewar), pp.220–222 (Mewar). Bei den zahlreichen späteren, für englische Vizekönige und dergl. veranstaltete Jagden ist in bezug auf die Beschreibungen Vorsicht geboten, vergl. Dekobra 1931, pp.174–181.
178 Losty 1991, fig.9, p.78 (= Beach 1992, fig.69, p.96).
179 Zu diesen Daten siehe Bautze 1990b, S.108, Anm.24.
180 Modave 1971, p.486, 486. Die Beschreibung des Jagdschlosses von Kota ist zeitgenössisch mit vorliegender Malerei, Abb. 143.
181 „Every horse, whether of the cavalry or not, has, in addition to the rider, for the most part two attendants, one who cleans and takes care of the animal, and is therefore called the horse-keeper <Sais>, and another denominated as

the grass-cutter, who gathers forage, consisting of the roots of grass, which he digs up with an iron instrument resembling a mason's trowel. These roots, being carefully washed, constitute an excellent food; and in fact no other could well be obtained in a climate which, during the season when the hot wind prevails, is so completely bare of vegetation, that not a single blade can be discerned above ground;..." (Thorn 1818, p.84f). Vergl. auch Yule/Burnell 1984, p.885f („syce"), ferner Mundy [n]1858, pp.9,133,137, 221; Eden 1930, p.266.

182 „Wenn in den Abendstunden die kühlere Luft die Briten ins Freie treibt, wird man durch die vielen Equipagen, Reiter...an die Heimath erinnert, und man könnte sich ganz dahin versetzt glauben, zeigten nicht die mit Kuhschwänzen nebenher laufenden Pferdehüter und die in Turbanen und weissen Gewändern gekleideten Kutscher und Bedienten, dass es das Land der Hindu ist, ..." (Orlich 1845, S.221; Orlich [2]1845, Band 2, S.133f).

183 „The matchlocks both of Lahore and the country are often highly finished and inlaid with mother-of-pearl and gold: those of Bundi are the best" (Tod 1920, Vol.2, p.752). In einer anderen vergleichbaren Malerei sind sogar figürliche Szenen auf dem Gewehrkolben (Reiter, Elefant) zu erkennen, siehe Sotheby's, 28.4.1981, lot 119. Zu aktuellen Beispielen vergl. Welch 1963, Plate 71; Skelton et al. 1982, no.437; Ricketts / Missillier 1988, no.177.

184 Zur Beschreibung der für dieses Fest verbindlichen grünen Kleidung siehe Broughton 1892, p.51f.

185 Archer 1833, Vol.1, p.12: „The Meer Shikar, or Master of the Chase, was attired in „Lincoln Green",...". Vergl. auch Tod 1920, Vol.3, p.1512.

186 Einen verherrlichenden Überblick über die verschiedensten Tigerjagdarten Rajasthans gibt der selbst „Tiger von Rajasthan" genannte Großwildjäger Kesri Singh in seinem 1959 erschienenen Buch.

187 Zur besten Abbildung dieser Malerei siehe Barrett / Gray 1963, S.158 (= Desai 1985, no.95 mit weiteren Publikationsangaben). Unter Maharao Ram Singh feuern, von Schilfvorhängen verdeckt, die Frauen des Maharao auf das Tier. In einer früheren Malerei Kotas schießen Frauen von demselben Jagdturm aus auf einen Löwen, der nicht durch einen Büffelköder angelockt wurde, vergl. Leach 1986, col. Plate XIII, no.77.

188 Somani 1985, pp.31–64. Vergl. auch Shyamaldas 1886, Vol.2, pp.1543–1580. Ari Singh war der zweite Sohn Maharana Jagat Singhs, der ebenfalls in der Beschriftung auf Kat.Nr. 198 genannt wird.

189 Die Inschrift nennt den 15. Tag der hellen Hälfte des Monats Jeth, V.S.1819. Zur Abbildung siehe Sotheby's, 26.4.1994, lot 42. Zur Tigerjagd Ari Singhs vom 8. der hellen Hälfte des Monats Magha, V.S.1818 siehe Vashishtha 1984, citra 62, phalak 60.

190 Christie's, 5.5.1977, lot 146, Plate 35 (= Christie's, 3.7.1980, lot 42).

191 Zu dieser Episode vergl. Tod 1920, Vol.3, p.1512f.; Somani 1985, p.61.

192 Vashistha 1995, col. Plate 52; zu weiteren großformatigen Tigerportraits auf Stoff siehe Sotheby's N.Y., 21.5.1981, lot 76; Drouot (Francois de Ricqlés), 7.4.1993, no.98.

193 Siehe z.B. Dickinson/Khandalavala 1959, Plates I, III, VI, IX, XI–XIII; Christie's, 24.4.1980, lot 153 (abgebildet unter lot 137), um nur einige zu nennen.

194 Nach Dickinson/Khandalavala 1959; Randhawa/Galbraith 1968, pp. 101–109; Randhawa/Schreier-Randhawa 1980; Banerji 1954; Khandalavala 1971; Shyamaldas 1886, Vol. 2, pp.530–531, hier „Samant Singh" genannt. Es mögen Einzelheiten an dieser Geschichte nicht zwingend korrekt sein. Unbestritten bleibt aber die Präsenz der mit Nagari Das identifizierten Personen in zahlreichen Kishangarh-Malereien.

195 Siehe Dickinson/Khandalavala 1959, Plate II (= Banerji 1954, fig.6), mit auffälliger Übereinstimmung der Sitzhaltung. Ferner Sotheby's, 14.12.1987, lot 77. Vergl. auch Randhawa/Schreier-Randhawa 1980, Plate I.

196 Siehe Sotheby's N.Y., 21./22.3.1990, lot 53; Sotheby's, 10.10.1977, lot 17; Christie's, 5.5.1977, lot 97. Zur Tanpuraspielerin der Abb. 144 vergl. Hatanaka 1994, no.104, p.173 (= Sotheby's, 14.12.1987, lot 78).

197 Vergl. Sharma 1970, pp.19–114. Siehe auch Kutar 1983, pp.32–37.

198 Zur klassischen Beschreibung hinduistischer Asketen siehe Tavernier 1925, Vol.2, pp.153–158. Die in dieser Ausgabe nicht abgebildete („of no great interest or importance being rudely drawn"), von Tavernier aber detailliert beschriebene Tafel ist der häufig aufgelegte Stich nach Picart, vergl. Mitter 1977, fig.35.

199 Zu den verschiedenen Arten dieser *mala* genannten Ketten vergl. Parks 1975, Vol.1, p.259: „The rosaries usually worn by the Byragies are of large rough berries, called mundrasee;... they are the seeds of a tree and they are sacred. They wear them of different lenghts, but the beads are all of the same size. Brahmans wear them, and fakirs are seldom without one. These long malas are worn round the neck, falling to the knees, or over the right shoulder, and under the left arm." usw.

200 Zusammenfassend zu diesem Maler siehe Bautze 1995, besonders Anmerkungen 67–76. Zu einer ähnlichen Drogenorgie Pemjis, die wahrscheinlich denselben, aschebeiebenen Mann rauchend vor seiner Hütte zeigt, siehe Eskenazi 1977, no.8 und Farbillustration auf vorderem Umschlag. Zum Selbstportrait Pemjis siehe Vashistha 1995, col. Plate 41.

201 Welch 1973, p.37: „...deserves to be ranked among the best Rajasthani artists".

202 Wörtlich: „tasvir amalhara ki chai" und darüber, von anderer Hand: „pano amalya ko".

203 Zu dieser Form des Wedels siehe Purdon-Clarke 1898, Case A, no.9.

204 Derselbe Herr erscheint in einer unveröffentlichten Malerei in der privaten Sammlung seiner Hoheit Maharaja Brijraj Singhji von Kotah. Die Beschriftung auf dem oberen roten Rand liest: „gosvami 'sri vallabhji ka<m>kroli ka".

205 Daten nach Shyamaldas 1886, Vol.2, p.500, wo der 3. Tag der hellen Hälfte des Monats Shravana, V.S.1747 für den Geburtstag und, p.501, wo der 13. der hellen Hälfte des Monats Paush, V.S.1792 für den Todestag angegeben wird.

206 Daten nach Shyamaldas 1886, p.502, wo der 14. der dunklen Hälfte des Monats Magh, V.S.1769 angegeben wird.

207 Ehnbom 1985, no.69, p.150f. Ehnbom nennt die das Geburtsdatum des Prinzen angebende Quelle (1703) nicht. Das Bild befindet sich jetzt in der Sammlung von Dr. Alvin O. Bellak, Philadelphia. Siehe auch Ehnbom / McEwen 1985, vordere Umschlagseite.

208 Zu den unterschiedlichen hinduistischen Sektenzeichen siehe Birdwood 1880, Plate M „Sectarial Marks".

209 Da in diesem Kapitel die Gottheiten im Vordergrund stehen, sei zu den Herrschern, soweit sie nicht schon ohnehin aufgetreten sind, nur gesagt, daß Nr.2 der rechten Seite der Schwiegervater von Budh Singh war. Nr.4 war der Marathenführer, der Budh Singh bzw. Umed Singh half, den Thron Bundis zurückzuerobern. Die Herrscher der linken Seite sind allesamt aus Bundi, wobei Aniruddh Singh Vater und Vorgänger Budh Singhs ist. Krishna Singh gilt als der Vater Aniruddh Singhs.

210 Zu Darstellungen Orissas vergl. Glasenapp 1928, Tafeln 198–199.

211 Vergl. Tod 1920, Vol.2, pp.658–660. Rousselet [2]1877, p.212. Zu den entsprechenden Monumenten in Udaipur

siehe Dev Nath 1938, p.14f Zur Ursprungsgeschichte der einzelnen rajputischen Klane siehe Gahlot 1980.
212 Daten nach Somani 1976, pp.272 und 294. Shyamaldas Vol.2, gibt folgende Daten: 12.10.1631 (p.474, 2. Tag, dunkle Hälfte Kartik, V.S.1688), 25.2.1653 (p.401, 2.Tag, dunkle Hälfte Phalgun, V.S.1709, für den „rajya abhisekotsava"; als Datum des „rajya abhisek" wird der 22.10.1652, d.i. 4. Tag der dunklen Hälfte des Monats Kartik, V.S.1709, angegeben) und 3.11.1680 (p.473, 10. Tag, helle Hälfte, Kartik, V.S.1737). Narayan 1913, p.143 sagt, daß Raj Singh mit 21 Jahren im Jahre V.S.1709 die Nachfolge antrat. Nach Narayan 1913, p.151 starb Raj Singh am 10. Tag der dunklen Hälfte des Monats Phalgun im Jahre V.S. 1737.
213 Somani 1976, p.267.
214 Geburtsdatum nach Shyamaldas 1886, Vol.2, p.1750 (7. Tag, dunkle Hälfte Chaitra, V.S.1824). Datum des Regierungsantritts nach Somani 1985, p.74. Shyamaldas 1886, p.1703, gibt den 7.1.1778 (9. Tag, helle Hälfte Paush, V.S.1834) an; Brookes 1859, p.18, erwähnt lediglich das Jahr des Regierungsantritts, ebenso Narayan 1913, p.170 mit dem Zusatz, daß Bhim Singh zu dem Zeitpunkt 10 Jahre alt gewesen sei. Sterbetag nach Somani 1985, p.178, identisch mit Shyamaldas 1886, Vol.2, p.1749 (14.Tag, helle Hälfte Chaitra, V.S.1886); Narayan 1913, p.176 nennt den 5. Tag der hellen Hälfte des Monats Chaitra, V.S.1885; Brookes 1859, p.35, nennt den 31.3. als Todestag Bhim Singhs. An diesem Tage wurde, folgend Shyamaldas 1886, Vol.2, p.1749, der Leichnam Bhim Singhs eingeäschert.
215 Zu Abbildungen dieses Kultbildes mit den zur *puja* benutzten Utensilien wie Glocke und Lampe siehe v.a. Ward / Joel 1984, Seiten 151–169. Zur Abbildung des Tempels siehe Glasenapp 1928, Tafel 99. Zur Geschichte und Beschreibung des Tempels und der Rituale siehe Dev Nath 1938, pp.42–45; Yate 1880, p.53f.
216 Tod 1920, Vol.2, pp.598–602.
217 Somani 1985, p.101, wo die Beteiligten namentlich aufgeführt werden.
218 Siehe z.B. Topsfield 1990b. Vergl. Wiener 1974, no.70; Falk / Lynch 1989, no.24. Andrew Topsfield machte uns ferner auf folgende Darstellungen aufmerksam: Sangram Singh im Tempel des Eklingji, „Jotdan-Inventar" No.2/17 in einer Privatsammlung; No.2/23, entsprechend, ebenfalls in einer Privatsammlung und unpubliziert.
219 Somani 1976, pp.269–271. Zur Abb. vergl. Glasenapp 1928, Tafel 100.
220 Dev Nath 1938, p.29f. Den Namen „Jagannathray" belegt auch Shyamaldas in der Liste der von Maharana Jagat Singh I errichteten Bauten, siehe Shyamaldas 1886, Vol.2, p.1245.
221 Zur zeitgenössischen Schilderung der Adoptionsumstände siehe Brookes 1858, p.45ff. Geburtsdatum nach Shyamaldas 1886, Vol.2, p.2045. Datum des Regierungantritts entspricht der Angabe für den Krönungsdarbar nach Somani 1985, p.203. Die Angabe von Shyamaldas 1886, Vol.2, p.1909, stimmt mit der von Somani überein (13. Tag, helle Hälfte des Monats Shravan, V.S.1899; juristisch fand die Nachfolge bereits am 15.7. <Somani:14.7.> 1842 statt <8. Tag, helle Hälfte Ashadh, V.S.1899>). Narayan 1913, p.180, verweist lediglich auf das Jahr des Regierungsantriits. Todesdatum nach Somani 1985, p.240. Shyamaldas 1886, Vol.2, p.2044, nennt den 17. November (15. Tag, helle Hälfte, Kartik, V.S.1918), das Datum nach dem indischen Kalender bestätigt Narayan 1913, p.185.
222 Horvath 1954, Plate 97.
223 Vergl. Bhandarkar 1913, p.76f; Karsandas Mulji 1865, p.36.
224 Jindel 1976, p.19.
225 Karsandas Mulji 1865, p.40.
226 Karsandas Mulji 1865, p.36: Lakshman Bhatt befand sich zum Zeitpunkt der Geburt Vallabhas mit seiner Frau auf der Flucht, die damit verbundene Aufregung verursachte den früheren Geburtstermin.
227 Vergl. Ambalal 1987, p.50ff mit Abbildung p.43 und p.50f; Vashistha 1984, p.77, no.86; Maggs Bull.No.17, August 1970, no.73, p.92; Maggs Bull.No.24, December 1975, nos.235–236; Drouot (Claude Boisgirard et Axel de Heeckeren), 8.7.1981, no.602, um nur einige zu erwähnen.
228 „Pushti Marga, or the eat-and-drink doctrine" Karsandas Mulji 1865, p.41.
229 „Of these sixty or seventy Maharajas (gemeint sind leitende Anhänger des Vallabhacharya Sampradaya), there are only two or three who have any knowledge of Sanskrit (der altindischen Hauptsprache für religiöse Texte): „'Vallabhacharya taught that privation formed no part of sanctity, and it was the duty of the teacher and his disciples to worship their deity not in nudity and hunger, but in costly apparel and choice food; not in solitude and mortification, but in the pleasures of society and the enjoyment of the world...'" Karsandas Mulji 1865, p.45. Diese Vergnügungssucht der „Maharajas" führte zum berühmten „Maharaj Libel Case" vor dem Gericht in Bombay und war Auslöser der frühesten Monographie in englischer Sprache über diese Religionsgemeinschaft überhaupt, vergl. Karsandas Mulji 1865.
230 Ambalal 1987, p.51; Talwar / Krishna 1979, p.7.
231 Ambalal 1987, p.52.
232 Ambalal 1987, p.42f.
233 Karsandas Mulji 1865, p.41. Ambalal 1987, p.44.
234 Vergl. Karsandas Mulji 1865, p.43. Talwar / Krishna 1979, p.4. Zu Darstellungen Vithalnaths und seiner 7 Söhne in der Miniaturmalerei siehe Maggs Bull.No.22, March 1974, no.65; Ambalal 1987, p.10, p.45.
235 Die einzelnen Kultbilder wurden, mit Ausnahme von Balakrishnaji, in Karsandas Mulji 1865, Tafel gegenüber p.100, illustriert. Zur deutschen Übersetzung der meisten der einzelnen Kultbildnamen und Abbildungen siehe Charton 1979, Abbildung 29.
236 Vergl. Bautze 1988/89, Appendix I, Nr.22; Ambalal 1987, p.54 unten; Navanitapriyaji: Ambalal 1987, p.54 oben, p.115.
237 Vergl. Ambalal 1987, p.55, p.98.
238 Vergl. Ambalal 1987, p.56 oben.
239 Vergl. Ambalal 1987, p.56 unten.
240 Vergl. Ambalal 1987, p.58.
241 Vergl. Ambalal 1987, p.59, p.99.
242 Zur Diskussion dieser Staatsgottheit und entsprechenden Abbildungen siehe Bautze 1987b und 1989.
243 Bautze 1992.
244 Vergl. die Ende des 18. Jahrhunderts von George Thomas gemachte Beobachtung in Mewar: „They <die Rajputen> are fond of glittering armour; and clothe their horses with a thick quilting, which it is said will resist the stroke of a sabre". Eine zeitgenössische Kota-Zeichnung eines Pferdes mit der Schabracke der Abb. 159 befindet sich in einer Privatsammlung.
245 Zur ausführlichen Diskussion dieses hochbedeutsamen Bildes siehe Bautze 1993b.
246 Zur Beschreibung und zum Symbolismus dieses Teils der Wohnung Shri Nathjis siehe Jindel 1976, p.56.
247 Vergl. Ambalal 1987, p.21 und p.52.
248 Vergl. Bautze 1993, S.89, Abb.12. Er hieß, analog einer veröffentlichten Malerei (Pal 1983, R45) entweder „Goswami Shri Gobindji Maharaj" oder, nach einer unpublizierten Miniatur, „Chote Devtaji Purushottamji".
249 Zur Lokalität, zum Tempel und zum Kult siehe v.a. Jindel 1976; Francklin 1805, pp.197 und 348; Broughton 1897, pp.156–157; Tod 1920, Vol.2, pp.608–620; Yate 1880, p.54f; Dev Nath 1938, p.57f.

250 Yate 1880, p.54; Dev Nath 1938, p.58.
251 Zur Erklärung des Wortes siehe Krishna 1984, p.134 und f.n.1, p.140. Zum Gebrauch der Pichvais siehe v.a. Skelton 1973, p.25.
252 Zu tatsächlichen, entsprechend bemalten Pichvais siehe z.B. Sotheby's, 24.11.1986, lot 292. Ambalal 1987, p.77. Zum Sommer-Pichvai mit Shri Nathji siehe Sotheby & Co, 10.12.1974, lot 210.
253 Vergl. Krishna 1984, Plates 3 und 5.
254 Zu einer Fotografie, in der praktisch alle Utensilien des Vallabhacharya-Bilderkultes erkennbar sind siehe Gutman 1982, p.153.
255 Der früheste uns bekannte Pichvai war in einer Londoner Privatsammlung. Er stammt aus der Hand desselben Malers, der in Kota den Bara Mahal innerhalb des alten Forts ausmalte. Der Pichavai ist zeitgleich mit den stilistisch übereinstimmenden Wandmalereien im Bara Mahal, die in das Jahr 1828 (A.D.) datiert sind.
256 Vergl. z.B. Talwar / Krishna 1979, Plates 26, 27, 31; Christie's, 11.12.1973, lot 211; Skelton 1973, nos.6–8, pp.43–47; Sotheby's N.Y., 2.–3.12.1982, lot 225.
257 Eine entsprechende Darstellung des 18. Jahrhunderts ist Archer 1952, Plate 4 zu entnehmen.
258 Aus der Miniaturmalerei vergl. als Einzeldarstellung Christie's, 3.7.1980, lot 47.
259 Die einzelnen Feste werden der Reihe nach mit Nennung der Daten nach dem indischen Kalender und kurzen Beschreibungen aufgezählt in Skelton 1973, pp.85–24; Talwar / Krishna 1979, pp.13–14; Goswamy 1982, p.126. Die 60 Hauptfeste unter Einschluß der 24 werden tabellarisch aufgelistet in Ambalal 1987, p.163f.
260 Vergl. Isacco / Dallapiccola 1982, p.59 (= Christie's, 19.4.1979, lot 68, Plate 7); Talwar / Krishna 1979, Plate 14; Skelton 1973, nos.4, 12, 13; Neven 1976, no.155, p.89; Leroy Davidson 1968, no.152, p.100; Sotheby's, 4.5.1977, lots 422–423; Sotheby's N.Y., 14.12.1979, lots 161–162; Sotheby's, 24./25.4.1991, lot 752; Trubner 1950, no.119; siehe auch z.T. die in Amnerkung 256 genannten Beispiele.
261 Zu Beispielen aus der Miniaturmalerei siehe Boner / Fischer / Goswamy 1994, Nr.206, Nr.268 bzw. Farbtafel 20, Nr.387 und Nr.478.
262 Vergl. Ambalal 1987, p.47.
263 Ambalal 1987, p.53.
264 Zu weiteren Malereien, auf denen Govardhanlalji mit seinem Sohn Damodarlalji die Puja zelebriert, siehe Talwar / Krishna 1979, Plate 7B; Christie's, 9.12.1974, lot 117, Plate 20.
265 Zur besten, leider unveröffentlichten Studie der heutigen Malerateliers in Nathdvar siehe Charton 1979.
266 „Citara ghasiram hardev". Ähnliche Bildunterschrift in Ambalal 1987, p.90, linke Abbildung: „citara ghasiram hardev śri nathdvara". Eine andere Bezeichnung, die bei Ghasiram zugeschriebenen Bildern anstelle von „citara" gebraucht wurde war „musavir", vergl. Christie's N.Y., 3.10.1990, lot 64 („musvavir <sic> ghasiram śri nathdvara").
267 Ein Foto von Lakshmilal Jagannath Sharma aus Nathdvara zeigt Govardhanlalji bei derselben Puja mit bereits abrasierten Koteletten, die in Abb. 163 noch zu sehen sind, siehe Gutman 1982, p.54.
268 Vergl. z.B. Gutman 1982, p.117, links oben: „Painter Ghasiram Nathdwara" unter einem Portrait Damodarlaljis. Dieselbe Beschriftung erscheint unter einem Altersportrait Govardhanlaljis, Gutman 1982, p.46. Ähnliche Bildzuschrift in Ambalal 1987, p.89 oben: „Ghasiram Nathdwara".
269 Siehe Rousselet / Scott 1985, Farbillustration auf vorderem Umschlag bzw. Mason 1986, no.51, wo „Portrait of a Prince of the ruling house of Sindhia" zu lesen ist.
270 Zu Ghasirams Werk, dessen Bilder sogar in Deutschland gedruckt worden waren, siehe Ambalal 1987, pp.86–90; Vashistha 1995, Plates 57–58, pp.86–87.

Devnarayan – ein Volksgott und sein Epos

1 Siehe Smith 1991, Binford 1976 und Lapoint 1978.
2 Diese Technik des Erzählens findet man in Rajasthan vor allem auch im Zusammenhang mit dem Kult von Pabuji (siehe Smith 1991). Andere Beispiele dieser „picture storytelling tradition" gibt es z.B. in Gujarat bei den *chandvaro*-Textilien (siehe Fischer *et al.*, 1982) und in Bengalen bei den *pat*-Bildrollen (siehe Mair, 1988). Vergleiche lassen sich auch erstellen mit dem *Bänkelgesang* in Europa und dem *pien-wen* in China (Mair, 1988).

Pushkara – Brahmas Pilgerort am Lotosteich

1 Diese Tatsache hängt natürlich auch mit den großzügigen Schenkungen königlicher Familien Rajasthans und mit der Verwaltung des Brahma-Tempels durch einen Zweig des Dashnami-Sampradaya zusammen. Viele Badestätten (*ghats*) des Pilgerortes tragen den Namen ihrer Stifter aus den ehemaligen Rajput-Staaten Rajasthans, z.B., „Kota-Ghat", „Bundi-Ghat", „Jaypur-Ghat", „Jodhpur-Ghat", usw.
2 *sati/sati-mata* und *jhumjhar* sind Bezeichungen für Sati- bzw. Heldendenkmäler, denen oft auch übernatürliche und heilende Kräfte beigemessen werden.
3 Es gibt aber auch Jaina-Tempel und eine muslimischen Moschee in Pushkara, die für die Jaina- und Muslim-Bevölkerung des Pilgerortes stellvetretend sind.
4 *garhapatya*, *daksina*, *ahavaniya* – das Häusliche-, das Südliche- und das Opferungsfeuer.
5 Dem englischen Offizier James Tod, der im Dezember 1817 Pushkara besuchte, wurde berichtet, daß Savitri an jenem Ort auf dem Hügel verschwand, an dem sie Askese geübt hatte. An dieser Stelle soll eine Quelle entstanden sein. Viel später, als Brahmas Opfer in Vergessenheit geraten war, soll ein König auf der Jagd zu dieser Stelle angekommen sein (siehe unten für eine Parallelversion dieser Geschichte.) Als er sich dort wusch, wurde er von seiner Krankheit geheilt. Daraufhin zerriß er seinen Turban und hing die Fetzen an den Bäumen auf. Später kehrte er zurück und baute dort einen Tempel bzw. gründete den Wallfahrtsort. Diesem Bericht zufolge wäre dann Savitri (d.h. eine Göttin) die zentrale Gottheit des Pilgerortes. Diese wurde jedoch im brahmanisch geprägten Pushkara-Mahatmya in die vedische Mythologie des Gottes Brahma einbezogen und als erste älteste Frau Brahmas umgedeutet.
Neben diesen zwei Bedeutungsebenen gibt es eine dritte, die speziell für Pilger aus Bengalen von Wichtigkeit ist. Für jene Pilger gilt Savitri als Frau von Satyavan, dessen Geschichte im Mahabharata erzählt wird. In dieser Geschichte stirbt Savitris Gatte im jungen Alter. Savitri, die ihrem Gatten treu bleibt, folgt dem Todesgott Yama, bis er ihren Mann wiederbelebt hat.
6 Diese Geschichte knüpft an Teile des Ramayanas und des Bagaravat Bharat (das mündliche Epos der Gujars) an. Die 24 Rshis werden später als die 24 Helden des Bagaravat Bharat wiedergeboren.

Bibliographie

Rajasthan – Bilder indischen Lebens

Asopa, Jai N.: Origin of the Rajputs. Studies in Rajput History and Culture Series I. Delhi 1976.
-.- : A Socio-political and Economic Study (Northern India). Jaipur, 1990.
Bhandhari M.M./M.K. Sebastian: Tribes of Banswara and Udaipur with Special Reference to Plant Wealth; in: Khanna, D.P.S. (ed.): Glim pses of the Indian Tribal life; Delhi, 1992; pp. 90-106.
Bhandarkar, R.G.: Vaisnavism, Saivism and minor religious systems. (Reprint) Varanasi, 1965.
Biswas, R.K. et al.: Magische Hände. Sinnliche Künste aus Indien. Schallaburg, 1993.
Census of India, 1931 siehe Hutton J.H.
Erdman, Joan L.: The Maharaja's musicians; in: Vatuk,S.(ed.): American studies in the anthropology of India. New Delhi, 1978.
Erskine, K.D.: The Mewar Residency. Rajputana Gazetteers Vol.II A&B Text and Statistical Tables. Gurgaon (Reprint). 1992.
-.-: The Western Rajputana States Residency and Bikaner Agency. Rajputana Gazetteers, Text and Statistical Tables, 2 Vols. Gurgaon (Reprint), 1992.
Fisher, Nora (ed.): Mud, Mirror and Thread. Folk Traditions of Rural India. Ahmedabad, 1993.
Goetz, Hermann: Rajasthan Art & Architecture, edited by Jain, J. and J. Jain-Neubauer. Wiesbaden, 1978.
Gupta, C.S. (ed.): Census of India, 1961, Vol. XIV: Rajasthan, Part VII-B: Fairs & Festivals. Census Operations Rajasthan, Jaipur, 1966.
Hutton , J.H.(ed.): Tour Notes of the Census Commisssioner for India; in: Census of India, 1931, Vol.1-India, Part III-Ethnographica I, B. Ethnographical Notes by various authors/ hands. Delhi, 1935.
Jain, Jyotindra: National Handicrafts and Handloom Museum, New Delhi. New Delhi, 1989.
Jain, Kailash C.: Ancient Cities and Towns of Rajasthan. A Study of Culture and Civilization. Delhi, 1972.
Jain-Neubauer, Jutta: Thar. die Wüstenkönige Indiens. Kunst und Kostbarkeiten von Maharajas und Nomaden. Stuttgart, 1991.
Kalia, Asha: Art of Osian Tempels. Socio-economic and Religious Life in India, 8th-12th centuries A.D. New Delhi, 1982.
Kathuria, Ramdev P.: Life in the courts of Rajasthan. During the 18th Century. New Delhi, 1987.
Khanna, D.P.S.(ed.): Glimpses of the Indian Tribal Life. Delhi, 1992.
Kreisel, Gerd: Die Siva-Bildwerke der Mathura-Kunst. Ein Beitrag zur frühhinduistischen Ikonographie. Stuttgart, 1986.
Kutar, Agnete: Die Sas-Bahu-Tempel in Nagda (Rajasthan). Eine Tempelmonographie. Freie Universität Berlin, Dissertationsschrift. Berlin, 1983.
Lethbridge, Sir Roper: The Golden Book of India. A Genealogical and Biographical Dictionary of the Ruling Princes, Chiefs, Nobles, and Other Personages, Titled or Decorated of the Indian Empire. London, 1893.
Mathur, U.B.: Folkways of Rajasthan. Jaipur, 1986.
Michell, George : The Royal Palaces of India. London, 1994.
Mulk Raj Anand et al.: Hommage to Jaipur. Bombay, o.D.
Nath, Aman & F. Wacziarg: Arts and Crafts of Rajasthan. Ahmedabad, 1987.
Nath, R.: Antiquities of Chittorgadh. The HRD Series: Art & Architecture of Rajasthan, Vol.1. Jaipur, 1984.
Panagariya, B.L. & N.C. Pahariya: Political, Socio-economic and Cultural History of Rajasthan (Earliest Times to 1947). Jaipur, 1993.
Pramar, V.S..: Haveli. Wooden Houses and Mansions of Gujarat. Ahmedabad, 1989.
Prasad, R.N.: Raja Man Singh of Amber. Calcutta, 1966.
Ratnavat, S. Singh: Rajput Nobility (with special reference to the Kachhawaha Nobility of Jaipur during 1700-1858 A.D.). Jaipur,1989.
Reu, Bisheshwar Nath: Glories of Marwar and the Glorious Rathors. Jodhpur, 1943.
Rudolph, S.H. & L.J. Rudolph (eds.): Essays on Rajputana. Reflections on History, Culture and Administration. New Delhi, 1984.
Saksena, Jogendra: Art of Rajasthan, Henna and Floor Decorations. Delhi 1979.
Sharma, Dasharatha (ed.): Rajasthan through the Ages. Vol. I (From the Earliest Times to 1316 A.D.). Bikaner, 1966.
Sharma, G. N.: Social Life in Medieval Rajasthan (1500 to 1800 A.D.). Agra, 1968.
-.- : Rajasthan Studies. Agra, 1985.
-.- : Haqiqat Bahida, H.H. Maharana Fateh Singhji of Udaipur (Staatsakten, 1884-1930). Vol.1 u. 2 (bisher erschienen), Udaipur, 1994.
Shyamaldas: Virvinod. 2 Bände, Udaypur, 1886.
Shyamlal: The Bhangi, a Sweeper Caste. Its Socio-economic Portraits. Bombay, 1992.
Singh, R.L.(ed.): India – a regional Geography. National Geographical Society of India. Varanasi, 1971.
Strasser, Robert: Rajasthan Gujarat Indien. Landeskunde und Führer zu Kunststätten. Teil 1: Rajasthan. Stuttgart, 3.Aufl. 1992.
Talwar, K. & Kalyan Krishna: Indian Pigment Painting on Cloth. Historic Textiles of India at the Calico Museum, Ahmedabad, Vol. II. Ahmedabad, 1979.
Tod, James: Annals and Antiquities of Rajasthan or the Central and Western Rajput States of India. Ed. William Crooke, 3 vols. Delhi (Reprint), 1971.
Wheeler, Stephen: History of the Delhi Coronation Durbar, held on the First of January 1903 to Celebrate the Coronation of His Majesty King Edward VII, Emperor of India. London, 1904.

Historische Belege aus der Münzkunde

Abels, B.-U.: Ein Beitrag zur Entwicklung der Gadhia-Münzen; in: Beiträge zur Allgemeinen und Vergleichenden Archäologie, Band 4, 19 82, S. 109–123.
Allan, J.: Catalogue of the Coins of the Gupta Dynasties and of Sasanka, king of Gauda. A Catalogue of the Indian Coins in the British Museum. London, 1914.
Cunningham, A.: Coins of Mediaeval India. Varanasi (Reprint), 1967.
Göbl, R.: Dokumente zur Geschichte der Iranischen Hunnen in Baktrien und Indien. Wiesbaden, 1967.
-.- : Sasanian Numismatics. Manuals of Middle Asian Numismatics, Vol.1. 1971.
-.- : System und Chronologie der Münzprägung des Kusanreiches. Veröffentlichungen der Numismatischen Kommission, Sonderband. Wien, 1984.
Gopal, L.: Early medieval coin-types of Northern India. Numismatic notes and monographs, 12. 1966.
Paruck, F.: Sasanian Coins. New Delhi, 1976.
Roy, P.C.: The coinage of Northern India. New Delhi, 1980.
Webb, W.W.: The Currencies of the Hindu States of Rajputana. New Delhi, Varanasi (Reprint), 1972.

Die Herkunft der Rajputs

Banerjee, Anil Chandra: Lectures on Rajput History; Calcutta, 1962.
–.– Medieval Studies; Calcutta, 1958.
Bose, Nemai Sadhan: History of the Candellas; Calcutta, 1956.
Fuchs, Stephen: The aboriginal tribes of India; Delhi, 1973.
Khan, Shaukat Ali: History and historians of Rajasthan; Delhi, 1981.
Kulke, Hermann und Rothermund, Dietmar: Geschichte Indiens; Stuttgart, 1982.
Mahajan, Vidya Dhar: Early history of India; Delhi [2]1970.
Puri, B.N.: India under the Kushanas; Bombay, 1965.
Qanungo, Kalika Ranjan: Studies in Rajput History; Delhi, 1960.
Rizvi, S.H.M.: Mina: the ruling tribe of Rajasthan; Delhi, 1987.
Sharma, D.: Early Chauhan Dynasties; Delhi, 1959.
Sharma, D.: The origin and original habitat of the Chauhans; in: Gupta, H.R.(ed.), Essays presented to Sir Jadunath Sarkar; Hoshiarpur, 1958.
Sharma, G.N.: Folk literature of Rajasthan as a source of our historical studies; in: Handoo, Jawaharlal (ed.), Folklore of Rajathan; Mysore.
Sherring, M.A.: The tribes and castes of Rajasthan; Delhi, 1975.
Smith, Vincent A.: The medieval Hindu kingdoms from the death of Harsha in A.D.647 to the Muslim conquest; in: The Oxford history of India; Oxford, 1958.
Tod, James: Annals and Antiquities of Rajasthan, Vol. 2 (reprint); New Delhi, 1983.
Vaidya, C.V.: History of mediaeval hindu India, Vol. II, Early History of Rajputs; Poona 1924.
Wilhelm, Friedrich: Das nördliche Indien bis zum Einbruch des Islam; in: Fischer Weltgeschichte Band 17: Indien; Frankfurt a.M., 1967.

Frauen in Rajasthan

Altekar, A.S.: The Position of Women in Hindu Civilization. Delhi 1959.
Bedekar, V.V.: Sati: Meaning and Scope (pamphlet), o.O., O.J.
Bumiller, Elisabeth: May You Be the Mother of a Hundred Sons. A Journey Among the Women of India. New York, 1990.
Datta, V.N.: Sati. A Historical, Social and Philosophical Enquiry into the Hindu Rite of Widow Burning. New Delhi, 1988.
Gaur, Meena: Sati and Social Reforms in India. Jaipur, 1989.
Gayatri Devi und Santha Rama Rau: A Princess Remembers. The Memoirs of the Maharani of Jaipur. London, 1976.
Harlan, Lindsay: Religion and Rajput Women. The Ethics of Protection in Contemporary Narratives. Berkeley, 1992.
Jacobson, Doranne: The Caste Wife: Cultural Norm and Individual Experience; in: American Studies in the Anthropology of India. Sylvia Vatuk (ed.). New Delhi 1978, pp. 95–138.
Jung, Anees: Unveiling India. A Woman's Journey. New Delhi,1987.
Leslie, Julia: Suttee or Sati: Victim or Victor; in: Roles and Ritual for Hindu Women, J. Leslie (ed.). Delhi 1992, pp.175–191.
Manushi no. 42-3, Sonderausgabe über Sati. Delhi,1988.
McGee, Mary: Feasting and Fasting. The Vrata Tradition and Its Significance for Hindu Women. Ph.D. Diss. Harvard Divinity School, 1987.
Narasimhan, Sakuntala: Sati. A Study of Widow Burning in India. New Delhi, 1990.
Rudolph, Susanne H. und Lloyd I. Rudolph: Rajput Adulthood: Reflections on the Amar Singh Diary; in: Essays on Rajputana. Reflections on History, Culture and Administration, S.H. Rudolph und L.I. Rudolph (eds.). New Delhi 1984, pp. 177–210.
-.- : Authority and the Transmission of Values in the Rajput Joint Family; in: Essays on Rajputana. Reflections on History, Culture and Administration, S.H. Rudolph und L.I. Rudolph (eds.). New Delhi 1984, pp. 211–232.
Sangari K. und S. Vaid: Sati in Modern India: A Report; in: Economic and Political Weekly, 1. Aug.1981, pp. 1285–88.
Saxena, R.K.: Education and Amelioration of Women. Jaipur, 1978.
Sharma, Arvind et al: Sati. Historical and Phenomenological Essays. Delhi, 1988.
Sharma, G.D.: Rajput Polity. A Study of Politics and Administration of the State of Marwar, 1638–1749. New Delhi, 1977.
Sharma, G.N.: Social Life in Medieval Rajasthan. Agra, 1968.
Singh, K.B.K.: Marriage and Family System of Rajputs. A Study of Tradition and Change. New Delhi, 1988.
Singh Ratnawat, Shyam: Rajput Nobility. With special reference to the Kachhawaha Nobility of Jaipur during 1700–1858 A.D. Jaipur, 1989.
Suguna, B.: Working Women and Religion. New Delhi, 1994.
Thompson, Edward: Suttee. London, 1928.
Upreti, H.C. und Nandini Upreti: The Myth of Sati. Some Dimensions of Widow Burning. Bombay ,1991.
Women and Media Committee of the Bombay Union of Journalists: Trial by Fire. Report, 1987.
Ziegler, Norman: Action, Power and Service in Rajasthani Culture: A Social History of the Rajputs of Middle Period Rajasthan. Ph.D. Diss. Univ. of Chicago, 1973.

Bajra – die Pflanze aus der Unterwelt

Henderson, Carol: Famines and Droughts in Western Rajasthan: Desert Cultivators and Periodic Resource Stress; in: The Idea of Rajasthan – Explorations in Regional Identity, Vol. II. Hrg. Schomer, K. et al., Manohar American Institute of Indian Studies, 1994, pp.1–29.
Sharma, H.S. und Sharma, M. L.: Geographical Facets of Rajasthan, Kuldeep Publications, Ajmer, 1992.
Rao, A. S.: Climate, Climatic Changes and Palaeo-Climatic Aspects of Rajasthan; in: Sharma, H.S. und Sharma, M. L.: Geographical Facets of Rajasthan, Kuldeep Publications, Ajmer, 1992, pp.38–44.

Töpferei und Terrakotta-Kunst

Agrawala, R.C.: Three interesting Saiva Terracottas in the Bikaner Museum; in: Artibus Asiae XIX, 1956, pp.61ff.
Agrawala, V.S.: The Religious Significance of the Gupta Terracottas from Rang Mahal; in: Lalit Kala no.8, October 1960, pp.63–68.
ASI-AR/IR Indian Archaeology, a Review for the Year... [wie angezeigt], Archaeological Survey of India, New Delhi.
Jain, Jyotindra: Bavaji und Devi. Wien, 1973.
Kreisel, Gerd: Die Siva-Bildwerke der Mathura-Kunst. Ein Beitrag zur frühhinduistischen Ikonographie. Stuttgart 1986.
-.-: Südasien-Abteilung. Linden-Museum Stuttgart, 1987.
-.-: Sundari die Schöne. Terrakotta-Kunst aus Indien. Linden-Museum Stuttgart, 1989.
Kumar, Krishna: A Dhyana-Yoga-Mahesamurti and Some Reflections on the Iconography of the Mahesa Images; in: Artibus Asiae XXXVII, 1975, pp. 105–120, 12 pls.
Kumar, Pramod: Terracotta Icons of Molela; in: Arts of Asia, January-February 1983, pp.88–93.
Rhyd, Hanna: Rang Mahal. The Swedish Archaeological Expedition to India 1952–1954. Acta Archaeologica Lundensia, Ser. in 4°. No.3. Lund, 1959.

Sankalia, H.D./Deo, S.B./Ansari, Z.D.: Excavations at Ahar (Tambavati). Poona, 1969.

Shah, U.P.: Terracottas from the Former Bikaner State; in: Lalit Kala no.8, October 1960, pp.55–62, Fig.1–31.

Westphal-Hellbusch, S.: Die Verehrung von Pferd und Reiter im Nordwesten des indischen Subkontinents; in: Baessler-Archiv, N.F. Band XIX, 1971, S.1–28, 30 Abb.

Textilkunst – die Farben Rajasthans

Bühler, Alfred: Indian Resist-Dyed Fabrics; in: Handwoven Fabrics of India. Jasleen Dhamija und Jyotindra Jain (eds.). Ahmedabad 1989.

Bühler, Alfred, Fischer, Eberhard und Marie-Louise Nabholz: Indian Tie-Dyed Fabrics. Historical Textiles of India at the Calico Museum, Vol. IV, Ahmedabad, 1980.

The Costumes of Royal India. The Metropolitan Museum of Art. New York 1986.

Dhamija, Jasleen: Regional Weaves of India; in: Handwoven Fabrics of India. Jasleen Dhamija und Jyotindra Jain (eds.). Ahmedabad 1989.

Gillow, John und Nicholas Barnard: Traditional Indian Textiles. London 1991.

Gittinger, Mattiebelle: Master Dyers to the World. Technique and Trade in Early Indian Dyed Cotton Textiles. Washington, 1982.

Hacker, Katherine F. und Krista Jensen Turnbull: Courtyard, Bazaar, Temple: Traditions of Textile Expression in India. Seattle 1982.

Jain-Neubauer, Jutta: Thar. Die Wüstenkönige Indiens. Kunst und Kostbarkeiten von Maharajas und Nomaden. Stuttgart, 1992.

Mohanty, Bijoy Chandra und Jagadish Prasad Mohanty: Block Printing and Dyeing of Bagru, Rajasthan. Ahmedabad, 1983.

Murphy, Veronica und Rosemary Crill: Tie-dyed Textiles of India. Tradition and Trade. Middletown, London und Ahmedabad, 1991.

Nath, Aman und Francis Warziarg: Arts and Crafts of Rajasthan. Ahmedabad und New York 1987.

Seiler-Baldinger: Classification of Textile Techniques. Ahmedabad, 1979.

Die Welt der höfischen Malerei

Abu'l-Fazl'Allami: The A'in-i Akbari. Translated from the original Persian by H. Blochmann. Second edition revised and edited by D.C. Phillott. Vol.I. <Reprint:> New Delhi: Oriental Books Reprint Corporation, 1977.

Adams, Archibald: The Western Rajputana States. A Medico-Topographical and General Account of Marwar, Sirohi, Jaisalmir. London: Junior Army & Navy Stores, ^{2}1900.

Agarawala, Ram Avatar: History, Art & Architecture of Jaisalmer. Delhi: Agam Kala Prakashan, 1979.

Allen, Charles / Dwivedi, Sharada: Lives of the Indian Princes. London: Century Publishing, 1984.

Ambalal, Amit: Krishna as Shrinathji. Rajasthani Paintings from Nathdvara. Ahmedabad: Mapin Publishing Pvt. Ltd., 1987.

Andhare, Shridhar K.: Painting from the Thikana of Deogarh. In: Bulletin of The Prince of Wales Museum of Western India, No.10, 1967, pp.43–53, Plates 44–56.

-.- Chronology of Mewar Paintings. Delhi: Agam Kala Prakashan, 1987.

Andhare, Shridhar / Nahar Singh: Deogarh Painting. New Delhi: Lalit Kala Akademi, 1977 (Lalit Kala Series Portfolio No.16).

Archer, Major: Tours in Upper India, and in Parts of the Himalaya Mountains; with Accounts of the Courts of the Native Princes, &c. 2 Vols. London: Richard Bentley, 1833.

Archer, Mildred: Indian paintings from court, town and village. London: Arts Council of Great Britain, 1970.

Archer, Mildred / Rowell, Christopher / Skelton, Robert: Treasures from India. The Clive Collection at Powis Castle. London: The Herbert Press in association with The National Trust, 1987.

Archer, W.G.: Kangra Painting. London: Faber and Faber Limited, 1952 (The Faber Gallery of Oriental Art).

-.- Indische Miniaturen. Laupen-Bern: Iris Verlag, 1957.

-.- Kotah. In: Marg, Volume XI, Number 2, March 1958, „Rajasthani Painting", pp.65–67.

-.- Indische Miniaturen. Recklinghausen: Verlag Aurel Bongers, 1960.

Archer, W. G. / Binney, Edwin: Rajput Miniatures from the Collection of Edwin Binney, 3rd. Portland, Oregon: Portland Art Association, 1968.

Athar Ali, M.: The Apparatus of Empire. Awards of Ranks, Offices and Titles to the Mughal Nobility (1574-1658). Delhi: Oxford University Press, 1985.

Atmaram, Kavi: Sawai Jaisingh Charita. Edited and compiled with notes, references and chronological data by Gopal Narayan Bahura. Jaipur: Maharaja Sawai Man Singh II Museum, 1979 (Maharaja Sawai Man Singh II Memorial Series, No.4).

Bacon, Thomas: First Impressions and Studies from Nature in Hindostan; embracing an Outline of the Voyage to Calcutta, and five Years' Residence in Bengal and the Do'ab, from MDCCCXXXI to MDCCCXXXVI. 2 Volumes. London: Wm. H. Allen and Co., 1837.

Bahadur, K.P.: The Rasikapriya of Keshavadasa. Translated into English verse. Delhi/Varanasi/Patna: Motilal Banarsidass, 1972.

Bahura, Gopal Narayan: Literary Heritage of the Rulers of Amber and Jaipur. With an Index to the Register of Manuscripts in the Pothikhana of Jaipur (1. Khasmohor Collection). Jaipur: Maharaja Sawai Man Singh II Museum, 1976 (Maharaja Sawai Man Singh II Memorial Series, No.2).

Banerji, Adris: Kishengarh Paintings. In: Roopa Lekha Vol.XXV, no.1, Summer 1954, pp.13–25.

Barrett, Douglas / Gray, Basil: Indische Malerei. Genève: Editions d'Art Albert Skira, 1963 (Die Kunstschätze Asiens).

Batra, H. C.: The Relations of Jaipur State with East India Company (1803–1858). Delhi / Jullundur / Lucknow: S. Chand & Co., 1958.

Bautze, Joachim: Portraits of Bhao Singh Hara. In: Berliner Indologische Studien. Band 1, 1985a, pp.107-122 + Plates.

-.- Drei Miniaturen aus Kota im Linden-Museum Stuttgart. In: TRIBUS, Jahrbuch des Linden-Museums Nr.34, Dezember 1985b, pp.89–120.

-.- Portraits of Rao Ratan and Madho Singh Hara. In: Berliner Indologische Studien. Band 2, 1986a, pp.87-106 + Plates.

-.- Eine Garuda-Standarte aus Kota im Linden-Museum Stuttgart. In: TRIBUS, Jahrbuch des Linden-Museums Nr.35, Dezember 1986b, pp.57-82.

-.- Drei „Bundi"-Ragamalas. Ein Beitrag zur Geschichte der rajputischen Wandmalerei. Stuttgart: Franz Steiner Verlag Wiesbaden GmbH, 1987a (Monographien zur indischen Archäologie, Kunst und Philologie, Band 6).

-.- Zur Darstellung der Hauptgottheiten Kotas in der Malerei der zweiten Hälfte des 18. und der ersten Hälfte des 19. Jahrhunderts. In: Berliner Indologische Studien, Band 3, 1987b, pp.253-278, Abbildungen1-24.

-.- Zwei Entwurfsskizzen aus Kota im Linden-Museum. In: TRIBUS, Jahrbuch des Linden-Museums Nr.37, Dezember 1988, pp.83-117.

-.- Portraitmalerei unter Maharao Ram Singh von Kota. In: Artibus Asiae, Vol.XLIX, 3/4, 1988/89, pp.316–350.
-.- Shri Brijnathji and the Murals in the Chattar Mahal, Kota. In: Praci-Prabha, Perspectives in Indology. Essays in honour of Professor B.N. Mukherjee, ed. by D.C. Bhattacharya <and> Devendra Handa. New Delhi: Harman Publishing House, 1989, pp.319-326, Plates 63-71.
-.- The Ajmer Darbar of 1832 and Kota Painting. In: South Asian Studies.Vol.6, 1990a, pp.71-91.
-.- Ikonographie und Datierung der späteren Jagdszenen und Portraits Bundis. In: TRIBUS, Jahrbuch des Linden-Museums Nr.37, Dezember 1990b, pp.83–117
.-.- Lotosmond und Löwenritt. Indische Miniaturmalerei. Stuttgart: Linden-Museum, Stuttgart, 1991.
-.- Some Notes on the „Shoulder Ornament" in the Art of Northern India. In: Silk Road Art and Archaeology 2, Kamakura: Journal of the Institute of Silk Road Studies, 1991/92, pp.215-238.
-.- Victory and Death of Maharao Bhim Singh of Kota. In: South Asian Archaeology 1989. Papers from the Tenth International Conference of South Asian Archaeologists in Western Europe, Musée national des Arts asiatiques-Guimet, France, 3–7 July 1989. Ed. by Catherine Jarrige. Madison / Wisconsin: Prehistory Press, 1992, pp.317–326.
-.- New Documents on Seventeenth Century Portrait Painting at Indargarh. In: Lalit Kala No.26, 1992a, pp.18–21, Pb.VI–VII (7 figs.).
-.- Islamische Malereien aus Indien. In: Morgenländische Pracht. Islamische Kunst aus deutschem Privatbesitz. Herausgegeben von Claus-Peter Haase, Jens Kröger und Ursula Lienert. Hamburg: Museum für Kunst und Gewerbe Hamburg, 1993a, pp.247–283, 289–294.
-.- Gott und König in Kotah. In: TRIBUS, Jahrbuch des Linden-Museums Nr. 42, November 1993b, pp.79–96.
-.- Jhala Zalim Singh, a great patron of Rajput painting. In: Festschrift Klaus Bruhn (St<udien zur> I<ndologie und I<ranistik> 1994). Reinbek: Verlag für Orientalistische Fachpublikationen, 1995.
Beach, Milo Cleveland: Painting at Devgarh. In: Archives of Asian Art, XXIV, 1970–1971, pp.23–35.
-.- Rajput Painting at Bundi and Kota. Ascona: Artibus Asiae Publishers,1974 (Artibus Asiae Supplementum XXXII).
-.- Mughal and Rajput Painting. Cambridge: Cambridge University Press, 1992 (The New Cambridge History of India I:3).
Bhadrabahu: siehe unter Kalpasutra
Bhandarkar, R.G.: Vaisnavism, Saivism and Minor Religious Systems. Strassburg: Verlag von Karl J. Trübner, 1913 (Grundriss der Indo-Arischen Philologie und Altertumskunde, III.Band, 6. Heft).
Bhargava, V.S.: Rise of the Kachhawas in Dhundhar (Jaipur). From the earliest times to the death of Sawai Jai Singh (1743 A.D.). Ajmer / New Delhi: Shabd Sanchar, 1979.
Bhatnagar, V.S.: Life and Times of Sawai Jai Singh (1688-1743). Delhi: Biblia Impex, 1974.
Binney, Edwin: Panorama de la Miniatura de la India. Miniaturas de la Colecci'on Edwin Binney III. M'exico/Monterrey: Fonapas / El Colegio de Mexico / Promocion de las Artes, 1979.
Birdwood, George C.M. The Industrial Arts of India. London: Chapman and Hall, 1880.
Boner, Georgette / Fischer, Eberhard / Goswamy, Brijender Nath: Illustriertes Gesamtverzeichnis indischer Bilder <der> Sammlung Alice Boner. Geschenk an das Museum Rietberg, Zürich. Zürich: Museum Rietberg Zürich, 1994.
Bothmer, Hans-Caspar Graf von: Die islamischen Miniaturen der Sammlung Preetorius. München: Verlag Karl M. Lipp, 1982.
Brand, Michael / Lowry, Glenn D.: Akbar's India. Art from the Mughal City of Victory. New York: The Asia Society Galleries, 1985.
Brijbhushan, Jamila: The World of Indian Miniatures. Tokyo/New York/San Francisco: Kodansha International Ltd., 1979.
Brooke, J<ohn> C<heape>: Political History of the State of Jeypore. Calcutta: Office of the Superintendent of Government Printing, 1868 (Selections from the Records of the Government of India, Foreign Department, No.LXV).
Brookes, J<ohn> C<heape>: History of Meywar. Calcutta: Baptist Mission Press, 1859.
Broughton, Thomas Duer: Letters written in a Mahratta Camp during the Year 1809. Descriptive of the Character, Manners, Domestic Habits and Religious Ceremonies of the Mahrattas. Westminster: Archibald Constable and Company, 1892 (Constables Oriental Miscellany of Original and Selected Publications, Vol.IV).
Chaitanya, Krishna: A History of Indian Painting: Rajasthani Traditions. Delhi: Abhinav publications, 1982.
Chakrabarti, Jadab Chandra: The Native States of India. Calcutta: S.K. Shaw,1895.
Chandra, Pramod: Indian Miniature Painting. The Collection of Earnest C. and Jane Werner Watson. Madison: Wisconsin Press, 1971.
-.- Tuti-Nama. Tales of a Parrot - Das Papageienbuch. Commentarium. Graz: Akademische Druck u. Verlagsanstalt, 1976 (Codices Selecti. Commentarium Vol.LV*).
Chandra, Satish: Parties and Politics at the Mughal Court 1707-1740. New Delhi: People's Publishing House, [n]1979.
Charton, Patrick M.: „Nathadvara". Religiöse und profane Kunst. (Eine Studie über die Maler, die Techniken und die Ikonographie der Malereischule von Nathdwara). Magisterarbeit, vorgelegt der philosophisch-historischen Fakultät der Universität Heidelberg, April 1979 (unveröffentlicht).
Chiefs and leading Families: Chiefs and leading Families in Rajputana. Calcutta: Office of the Superintendent of Government Printing, India, [2]1903.
Christie's: Christie's, Manson & Woods Ltd., London. Illustrated sale catalogues on Oriental Manuscripts and Miniatures. Indian Art. Zitiert nach Jahren und Verkaufsdaten.
Cimino, Rosa Maria: Life at Court in Rajasthan. Indian Miniatures from the Seventeenth to the Nineteenth Century. Firenze: Mario Luca Giusti, 1985.
-.- Spazio e Tempo nella Miniatura del Mewar. In: Rivista Degli Studi Orientali, Volume LXI, Fasc. I-IV, 1987, Roma: Bardi Editore, 1988,pp.115-188.
Coomaraswamy, Ananda Kentish: Catalogue of the Indian Collections in the Museum of Fine Arts, Boston. Part V: Rajput Painting. <Nachdruck:) Varanasi / Delhi: Bharatiya Publishing House, 1981.
Coronation Durbar: Coronation Durbar Delhi 1903 Illustrated. Madras: Wiele & Klein, 1903. Costumes of Royal India: The Costumes of Royal India. Edited by <the> Hokkaido Museum of Modern Art <and> The Seibu Museum of Art. Hokkaido / Tokyo: The Hokkaido Shimbun / The Tokyo Shimbun, 1988.
Cran, Robert: Miniatures Indiennes. Neuchâtel: Musée d'ethnographie, 1980. Das, Asok Kumar: Miniatures. In: Marg, Volume XXX, No.4, September 1977, pp.77-94, 102.
-.- Amber-Jaipur Painting. In: Cultural Heritage of Jaipur, ed. by Jai Narayan Asopa. Jaipur: Rajasthan History Congress, 1979, pp.121-132.
-.- Ramjidas Chatera, an Eighteenth Century portrait Painter from Jaipur. In: Cultural Contours of India. Dr. Satya Prakash Felicitation Volume, edited by Vijai Shankar Srivastava, New Delhi: Abhinav publications, 1981, pp.317-328.
Dekobra, Maurice: Perfumed Tigers. Adventures in the Land of the Maharajahs. London <etc>: Cassell & Company Ltd., 1931.
Desai, Vishakha Nirubai: Life at Court: Art for India's Rulers 16th - 19th Centuries. Boston: Museum of Fine Arts, 1985.

Dev Nath Purohit: Mewar History. Guide to Udaipur. Bombay: The Times of India Press, 1938.

Dhar, Lakshmi: Padumavati. A Linguistic Study of the 16th Century Hindi (Avadhi). London: Luzac & Co., Ltd., 1949.

Dickinson, Eric / Khandalavala, Karl: Kishangarh Painting. New Delhi: Lalit Kala Akademi (Lalit Kala Series of Indian Art).

Digby, Simon: The Literary Evidence for Painting in the Delhi Sultanate. In: Bulletin of the American Academy of Benares, Vol.I, 1967, pp.47-57.

Doshi, Saryu: Masterpieces of Jain Painting. Bombay: Marg Publications, 1985.

Drouot: Drouot bzw. Nouveau Drouot, Paris, Catalogues de vente, Miniatures Orientales etc., zitiert nach Jahren und Auktionsdaten.

Duff, James Grant: History of the Mahrattas. 3 Volumes. Bombay: at the „Exchange Press", 1863.

Eden, Emily: Up the Country. Letters written to her Sister from the Upper Provinces of India. With an Introduction and Notes by Edward Thompson. London: Humphrey Milford / Oxford University Press, 1930.

Eden, Fanny: Tigers, Durbars and Kings. Fanny Eden's Indian Journals 1837-1838. Transcribed and edited by Janet Dunbar. London: John Murray, 1988.

Ehnbom, Daniel J.: Indian Miniatures. The Ehrenfeld Collection. New York: Hudson Hills Press, 1985.

Ehnbom, Daniel J. / McEwen, Amy V.: Indian Miniatures from the Ehrenfeld Collection. In: Festival of India in the United States 1985–1986. New York: Harry N. Abrams Inc., Publishers, 1985, pp.2–3, 90–99, Umschlagseite.

Ehnbom, Daniel / Topsfield, Andrew: Indian Miniature Painting to be exhibited for sale by Spink and Son Ltd. London: Spink and Son Ltd., 1987.

Eskenazi: Miniature Indiane des XVIII Secolo. Milano: Eskenazi, 1977.

Fabb, John: The British Empire from photographs: India. London: B.T. Batsford Ltd., 1986.

Falk, Toby: Mughal and Rajput Painting. In: Indian Painting. Mughal and Rajput and a Sultanate Manuscript. London: P & D Colnaghi & Co Ltd., 1978, pp.9–108.

Falk, Toby / Digby, Simon: Paintings from Mughal India. London: Colnaghi, 1979.

Falk, Toby / Lynch, Brendan: Images of India. London / New Delhi: Indar Pasricha Fine Arts, 1989.

Folsach, Kjeld von: Islamic Art <in> The David Collection. Copenhagen: Davids Samling, 1990.

Francklin, William: Military Memoirs of Mr. George Thomas; who, By extraordinary Talents and Enterprize, rose from an obscure Situation to the Rank of a General, in the Service of the Native Powers in the North-West of India <...>. London: John Stockdale, 1805.

Gahlin, Sven: The Courts of India. Indian Miniatures from the Collection of the Fondation Custodia, Paris. Zwolle: Fondation Custodia / Waanders Publishers, 1991.

Gahlot, jagdishsingh: rajputane ka itihas. tritiya bhag<:> jaypur va alvar rajyom ka itihas. jodhpur: hindi sahitya mandir, 1966 (A.D.). <Die Geschichte Rajasthans. Teil 3: Die Geschichte der Königreiche von Jaipur und Alwar. Auf Hindi>.

-.- rajasthan ke rajvam'son ka itihas. sampadak: vijaysimh gahlot. jodhpur: rajasthan sahitya mandir, 1980 <A.D.> (Die Geschichte der Königsgeschlechter Rajasthans, auf Hindi).

Gahlot, Poornima: Ready Reckoner for Indian Eras. Jodhpur: Rajasthan SahityaMandir, 1979.

Gangoly, Ordhendra Coomar: Critical Catalogue of Miniature Paintings in the Baroda Museum. Baroda: B.L. Mankad for the Museum and Picture Gallery, Baroda, 1961.

Gayatri Devi / Rama Rau, Santha: A Princess Remembers. The Memoirs of the Maharani of Jaipur. London: Weidenfeld and Nicolson, 1976.

Glasenapp, Helmuth von: Heilige Stätten Indiens. Die Wallfahrtsorte der Hindus, Jainas und Buddhisten, ihre Legenden und ihr Kultus. München: Georg Müller Verlag, 1828 (Der indische Kulturkreis in Einzeldarstellungen).

Goetz, Hermann: The Art and Architecture of Bikaner State. Oxford: Bruno Cassirer, 1950.

Gosvami, premcandra (Hsg.): rajasthan ki laghucitra 'sailiyam (pratham khanda). jaypur: rajasthan lalit kala akadami, 1972 <kurzer Überblick über die Malschulen Rajasthans, auf Hindi>.

Goswamy, Brijender Nath: Rasa, les neuf visages de l'art indien. Paris: Galeries nationales du Grand Palais, 1986a.

-.- Essence of Indian Art. San Francisco: Asian Art Museum of San Francisco, 1986b.

Goswamy, Brijender Nath / Fischer, Eberhard: Wunder einer Goldenen Zeit. Malerei am Hof der Moghul-Kaiser. Indische Kunst des 16. und 17. Jahrhunderts aus Schweizer Sammlungen. Zürich: Museum Rietberg Zürich, 1987.

Goswamy, Karuna: The Cult. In: Krishna the Divine Lover. Myth and Legend through Indian Art, ed. by Enrico Isacco with the editorial supervision of Anna L. Dallapiccola. London / Boston: Serindia Publications / David R. Godine, 1982, pp.123-142.

Gray, Basil: Painting. In: The Art of India and Pakistan, a commemorative Catalogue of the exhibition held at The Royal Academy of Arts London, 1947-8. Edited by Sir Leigh Ashton. London: Faber and Faber Limited, 1950, pp.83-197.

Gupta, K.S.: Mewar and the Maratha Relations (1735-1818 A.D.). New Delhi: S. Chand & Co. (Pvt.) LTD, 1971.

Gutman, Judith Mara: Through Indian Eyes. 19th and Early 20th Century Photography from India. New York: Oxford University Press / International Center of Photography, 1982.

Guy, John, et alii: Arts of India: 1550-1900. Eddited by John Guy and Deborah Swallow. London: Victoria and Albert Museum, 1990.

Härtel, Herbert / Auboyer, Jeannine: Indien und Südostasien. Berlin: Propyläen Verlag, 1971 (Propyläen Kunstgeschichte, Band 16).

Harnath Singh: Geneological Table of Kachawahas. Jaipur: Shree Veer Press, 1965.

Hatanaka, Kokyo (Ed.): Indian Court Miniature Painting. Kyoto: Kyoto Shoin Co., Ltd., 1994.

Hearn, Gordon: The Seven Cities of Delhi. A Description and History. Calcutta/ Simla: Thacker, Spink & Co., [2]1928.

Heber, Reginald: Narrative of a Journey through the Upper Provinces of India, from Calcutta to Bombay, 1824–1825... 2 Volumes. London: John Murray, 1828.

Hendley, Thomas Holbein: Ulwar and its Art Treasures. London: W. Griggs, 1888. -.- The Rulers of India and the Chiefs of Rajputana, 1550 to 1897.<...> With ... Illustrations ... From Miniatures in the Royal collection ... from portraits in Government House, Calcutta ...; and from portraits and miniatures lent by Indian Princes, or copied by Native Artists. London: W. Griggs, 1897.

Hodgkin, Howard / McInerney, Terence: Indian Drawing. London: Arts Council of Great Britain, 1983.

Holman, Dennis: Sikander Sahib. The Life of Colonel James Skinner, 1778-1841. London/Melbourne/Toronto: Heinemann, 1961.

Horvàth, Tibor: The Arts of Asia in the Francis Hopp Museum of Eastern Asiatic Arts in Budapest. Budapest: Publishing House of the Fine Arts Foundation, 1954.

Hussein-Khan, Mir Gholam: The Siyar-ul-Mutakherin, A History of the Mohamedan Power in India during the last Century. Revised ... and collated ... by John Briggs. Vol.1. London: The Oriental Translation Fund of Great Britain and Ireland, 1832.

Irvine, William: Later Mughals. Edited and augmented...by Jadunath Sarkar. 2 Bände in einem <Reprint:> New Delhi: Oriental Books Reprint Corporation, 1971.

Ivanov, A.A. / Lukonin, V.G. / Smesova,L.S.: Juvelirnye zseedsja izdelija wostoka. Moskva: Iskusstvo,1984.
Ivory, James: Autobiography of a Princess. Also being the Adventures of an American Film Director in the Land of the Maharajas. New York <etc.>: Harper & Row, 1975.
Jacob, S.S. / Hendley, Thomas Holbein: Jeypore Enamels. London: W. Griggs,1886.
Jacquemont, Victor: Etat politique et social de l'Inde de sud en 1832. Extraits de son Journal de Voyage. Avec une introduction de M. Alfred Martineau. Paris: Société de l'Histoire des Colonies Françaises et Librairie Ernest Leroux, 1934.
Jagatnarayan: kota ke maharav ummed simh dvitiya evam unka samay. kota: neha vikas praka'san, 1983 <Maharao Umed Singh II von Kota und seine Zeit, auf Hindi>.
Jain, Jyotindra: Utensils. Ahmedabad: The Gujarat State Handicrafts Development Corporation Ltd. / Vishalla Environmental Centre for Heritage of Art, Architecture and Research, o.J.
-.- Utensils. An Introduction to the Utensils Museum Ahmedabad. Ahmedabad: Vishalla Environmental Centre for Heritage of Art, Architecture and Research, 1984.
Jain, Kesharlal Ajmera / Jain, Jawaharlal (Hsg.): The Jaipur Album or all about Jaipur. Jaipur: The Rajasthan Directories Publishing House, 1935.
Jaisi, Malik Muhammad: Padmavati of Malik Muhammad Jaisi. Translated by A.G. Shirreff. Calcutta: The Royal Asiatic Society of Bengal, 1944 (Bibliotheca Indica, Work No.267, Issue No.1552, New Series).
Jindel, Rajendra: Culture of a Sacred Town. A Sociological Study of Nathdwara. Bombay: Popular Prakashan, 1976.
Kalpasutra: Kalpasutra. Eighth Chapter of the Dasasrutaskandha of Bhadrabahu with Hindi and English Versions and Coloured Reproductions of Original 16th Century Miniatures. Editor and Hindi Translator: Mahopadhyaya Vinaya Sagar. English Translation: Mukund Lath. Note on Paintings: Chandramani Singh. Jaipur: Prakrit Bharati, 1977 (Prakrit Bharati Series Text 1).
Karsandas Mulji: History of the Sect of Maharajas, or Vallabhacharyas in Western India. London: Trübner & Co., 1865.
Keene, H.G.: Madhava Rao Sindhia, otherwise called Madhoji. Oxford: at the Clarendon Press, 1891 (Rulers of India. Ed. by William Wilson Hunter).
Keshavadasa: kesava-gramthavali, khamda 1 (rasikapriya aur kavipriya). sampadaka: sri vi'svanatha prasad misra. ilahabad: himdustani ekedemi, 1954. Siehe auch unter Bahadur 1972.
Kesri Singh: The Tiger of Rajasthan. London: Robert Hale Limited, 1959.
Kewal Ram: Tazkiratul-Umara of Kewal Ram. Biographical Account of the Mughal nobility 1556-1707 AD. English translation from Persian by S.M. Azizuddin Husain. New Delhi: Munshiram Manoharlal Publishers Pvt. Ltd., 1985.
Khandalavala, Karl: Kishangarh Painting. New Delhi: Lalit Kala Akademi, 1971 (Lalit Kala Series Portfolio No.12).
Khandalavala, Karl / Doshi, Saryu: Miniature Paintings (on Pattas, Palm-leaf and Paper). In: Ghosh, A. (Hsg.): Jaina Art and Architecture, 3 Volumes, New Delhi: Bharatiya Jnanpith, 1975, Vol.3, pp.393-427.
Kheiri, Sattar: Indische Miniaturen der islamischen Zeit. Berlin: Ernst Wasmuth, (1921) (Orbis Pictus / Weltkunst-Bücherei, Band 6).
Knighton, William: The Private Life of an Eastern King Together with Elihu Jan's Story or The Private Life of an Eastern Queen. Edited, with Introduction and Notes by S.B. Smith. London <etc.>: Humphrey Milford / Oxford University Press, 1921.
Koller: Galerie Koller Zürich, Illustrierte Auktionskataloge, Asiatica. Zürich. Zitiert nach Jahren und Verkaufsdaten.
Kraatz, Martin / Meyer zur Capellen, Jürg / Seckel, Dietrich (Hsg.): Das Bildnis in der Kunst des Orients. Stuttgart: Franz Steiner Verlag, 1990 (Abhandlungen für die Kunde des Morgenlandes, L,1).
Kramrisch, Stella: Painted Delight. Indian Paintings from Philadelphia Collections. Philadelphia: Philadelphia Museum of Art, 1986.
Kreisel, Gerd: Linden-Museum Stuttgart: Südasien-Abteilung. Stuttgart: Linden-Museum Stuttgart, 1987.
Krishna, Kalyan: Painted Pichavais. In: Paroksa. Coomaraswamy Centenary Papers. Ed. by Gulam Mohammed Sheikh, K.G. Subramanyan, Kapila Vatsyayan. New Delhi: Lalit Kala Akademi, 1984, pp.134-141.
Krishnadatta: Pratap Prakasa by Krishnadatta Kavi (A contemporary account of the life in the royal court at Jaipur in the late 18th century). Ed. with annotations by Gopalnarayan Bahura. With a Note on Arms & Weapons by Y<aduendra> Sahai. Jaipur: Maharaja Sawai Man Singh II Museum, 1983 (Maharaja Sawai Man Singh II Memorial Series, No.5).
Kühnel, Ernst / Goetz, Hermann: Indische Buchmalereien aus dem Jahângîr-Album der Staatsbibliothek zu Berlin. Berlin: Scarabaeus Verlag, 1924 (Buchkunst des Orients, 2. Band).
Kutar, Agnete: Die Sas-Bahu-Tempel in Nagda (Rajasthan). Eine Tempelmonographie. Inaugural-Dissertation ... des Fachbereichs Altertumswissenschaften der Freien Universität Berlin. Berlin (Selbstverlag), 1983.
Kutzner, J. C.: Die Reise Seiner Königlichen Hoheit des Prinzen Waldemar von Preußen nach Indien in den Jahren 1844 bis 1846. Berlin: Verlag der Königlichen Geheimen Ober-Hofbuchdruckerei, 1857.
Lal, Krishna: Bidri Ware <in the> National Museum Collection. New Delhi: National Museum, 1990.
Lal, Shridhar: The Glories of Rajasthan. Jodhpur: <Jodhpur Darbar>, 1922.
Latif, Momin: Bijoux Moghols. Bruxelles: Société Générale de Banque, 1982.
Leach, Linda York: Indian Miniature Paintings and Drawings. Cleveland: The Cleveland Museum of Art, 1986 (The Cleveland Museum of Art, Catalogue of Oriental Art. Part One).
Leroy Davidson, J.: Art of the Indian Subcontinent from Los Angeles Collections. Los Angeles: UCLA Art Council / UCLA Art Galleries, 1968.
Lewis, R. E.: 50 Indian Miniatures and Drawings. Catalogue November. San Rafael, California: R. E.Lewis, Inc., 1976.
Lowry, Glenn D. / Beach, Milo Cleveland et alii: An Annotated and Illustrated Checklist of the Vever Collection. Washington/Seattle/London: Arthur M. Sackler Gallery, University of Washington Press, 1988.
Losty, Jeremiah Patrick: The Art of the Book in India. London: The British Library, 1982.
-.- Abu'l Hasan. In: Master Artists of the Imperial Mughal Court. Edited by Pratapaditya Pal. Bombay: Marg Publications, 1991. Maathir-ul-Umara: The Maathir-ul-Umara being Biographies of the Muhammadan and Hindu Officers of the Timurid Sovereigns of India from 1500 to about 1780 A.D. by Nawwab Samsam-ud-Daula Shah Nawaz Khan and his son 'Abdul-Hayy. Translated by H. Beveridge and revised, annotated and completed by Baini Prashad. Vol.2. Calcutta: Asiatic Society, 1952 (Bibliotheca Indica, Work Number 202, Issue Number 1562).
Maggs Bull.: Maggs Bros. Ltd. 41 Bulletins of Oriental Miniatures & Illumination, London (1987 eingestellt, zitiert nach Bulletin no. und Jahr).
Magnificent Jewels: Maginificent Jewels which will be sold at auction by Christie's (International). Geneva, 16.5.1991.
Malcolm, John: A Memoir of Central India, including Malwa, and adjoining Provinces. With the History, and copious Illustra-

tions... 2 Volumes. London: Kingsbury, Parbury, & Allen, ^{2}1824.

Malleson, George Bruce: An Historical Sketch of the Native States of India in Subsidiary Alliance with the British Government. With a Notice of the Mediatized and Minor States. London: Longmans, Green, and Co., 1875.

Manoharsimh ranavat (Hsg.): 'sahjaham ke hindu mansabdar. jodhpur: rajasthani granthagar, 1983 <Die Hindus unter den Würdenträgern unter Shah Jahan, auf Hindi>.

Markevitch, Elizabeth / Lynch, Brendan: Indian Jewellery. O.O.: Sotheby's, 1987.

Martinaeu, Alfred: Le Général Perron. Généralissime des Armées de Scindia et du Grand Mogol, 1753-1834. Paris: Société d'éditions géographiques, maritimes et coloniales, 1931.

Marwar Darbar: Report on the Census of 1891. Volume II: The Castes of Marwar. Illustrated. Jodhpore: Published by Order of the Marwar Darbar, 1894.

Mason, Pippa: Indian Painting during the British Period. London: Hobhouse Limited, 1986.

Mathur, Pushpa Rani: Costumes of the Rulers of Mewar (with Patterns and Construction Techniques). New Delhi: Abhinav Publications, 1994.

McNear, Ann: Persian and Indian Miniatures from the Collection of Eferett and Ann McNear. Chicago: The Art Institute of Chicago, 1974.

Mehta, Nanalal Chamanlal: Studies in Indian Painting. A Survey of some new Material ranging from the Commencement of the VIIth Century to circa 1870 A.D. Bombay: D.B. Taraporevala Sons & Co., 1926.

Mishrana, surya malla: vam's bhaskar. sampadak: ramkarna asopa. 8 Bände. o.O., o.J. <Die Geschichte Rajasthans, besonders Bundis, größtenteils auf Hindi>.

Mitter, Partha: Much Maligned Monsters. History of European Reactions to Indian Art. Oxford <etc.>: Clarendon Press, 1977.

Mitra, mira: maharaja ajit simh evam unka yug. jaypur: rajasthan hindi granth akadami, 1973 (Maharaja Ajit Singh <von Jodhpur> und sein Zeitalter. Auf Hindi).

Mohanlal Gupta: Arms from The Museum, Alwar. Jaipur: The Department of Archaeology & Museums, o.J.

Molitor, Juliane Anna Lia: Portraits in sechs Fürstenstaaten Rajasthans vom 17. bis zum 20. Jahrhundert. Voraussetzungen – Entwicklungen – Veränderungen. Mit besonderer Berücksichtigung kulturhistorischer Faktoren. Wiesbaden: Franz Steiner Verlag, 1985 (Beiträge zur Südasienforschung, Band 92).

Moorhouse, Geoffrey: India Britannica. London <etc.>: Harvill Press / William Collins & Co Ltd, 1983.

Moti Chandra: Jain Miniature Paintings from Western India. Ahmedabad:Sarabhai Manilal Nawab, 1949 (Jain Art Publication Series No.1).

Mundy, Godfrey Charles: Pen and Pencil Sketches in India. Journal of a Tour in India. London: John Murray, ^{3}1858.

Narayan, ram: rajasthan ratnakar. rajputane ke guhilvam'si rajyom ka itihas. hindi bhasa mem. bhag pratham, taramga 2. ajmer: vaidik-yantralay, samvat 1970, san 1913 isvi <Die Geschichte des Guhilgeschlechts Rajputanas, Teil 1, 2. Lieferung, auf Hindi>.

Narendra Singh: A brief History of Jaipur. In: Jain, Kesharlal Ajmera / Jain, Jawaharlal (Hsg.): The Jaipur Album or all about Jaipur. Jaipur: The Rajasthan Directories Publishing House, 1935, Chapter II.

-.- Thirty decisive battles of Jaipur. Jaipur: J.E.P. Works, 1939.

Nath, Aman / Singh Jodha, Samar: Jaipur, the last destination. Bombay: India Book House Pvt Ltd, 1994.

Neven, Armand: Peintures des Indes. Mythologies et légendes. Bruxelles: Crédit Communal de Belgique, 1976.

Okada, Amina: Versprochene Unsterblichkeit. Bildnisse vom Hof der Moghul-Kaiser des 17. Jahrhunderts aus dem Musée Guimet in Paris. Zürich: Museum Rietberg Zürich, 1988 (Publikation Nr.3 der Rietberg-Serie zur indischen Kunst).

Okada, Amina / Isacco, Enrico: L'Inde du XIXe Siècle. Voyage aux Sources de l'Imaginaire. Marseille: AGEP, 1991 (Les Grands Voyages du XIXe Si`ecle).

Orlich, Leopold von: Reise in Ostindien in Briefen an Alexander von Humboldt und Carl Ritter. Leipzig: Verlag von Mayer und Wigand, 1845.

-.- Reise in Ostindien in Briefen an Alexander von Humboldt und Carl Ritter. 2 Bände. Leipzig: Verlag von Gustav Mayer, ^{2}1845.

Pal, Pratapaditya: Court Paintings of India, 16th-19th Centuries. New York: Navin Kumar, 1983.

-.- Indian Painting. A Catalogue of the Los Angeles County Museum of Art Collection. Vol.I: 1000-1700. Los Angeles: Los Angeles County Museum of Art, 1993.

Pal, Pratapaditya / Glynn, Catherine: The Sensuous Line. Indian Drawings from the Paul F. Walter Collection. Los Angeles: Los Angeles County Museum of Art, 1976.

Pal, Pratapaditya / Markel, Stephen / Leoshko, Janice: Pleasure Gardens of the Mind. Indian Paintings from the Jane Greenough Green Collection. Los Angeles / Ahmedabad: Los Angeles County Museum of Art / Mapin Publishing Pvt. Ltd., 1993.

Parihar, G.R.: Marwar & the Marathas (1724–1843 A.D.). Jodhpur: Hindi Sahitya Mandir, 1968.

Parke-Bernet: Parke-Bernet Galleries, Inc. New York, Illustrated sale catalogues on Indian Miniatures etc. Zitiert nach Jahren und Auktionsdaten.

Parks, Fanny: Wanderings of a Pilgrim in Search of the Picturesque. With an Introduction and Notes by Esther Chawner. 2 Volumes. Karachi <etc.>: Oxford University Press, 1975 <Nachdruck der 1850 bei Pelham Richardson in London erschienenen Ausgabe>.

Pfeiffer, Ida: A Woman's Journey round the World, from Vienna to Brazil, Chili, Tahiti, China, Hindostan, Persia, and Asia Minor. An unabridged Translation from the German. London: Office of the National Illustrated Library, o.J. <ca.1851>.

Poster, Amy G. et alii: Realms of Heroism. Indian Paintings at The Brooklyn Museum. New York: The Brooklyn Museum/ Hudson Hills Press, 1994.

Purdon Clarke, C.: Catalogue of the Collection of Indian Arms and Objects of Art presented by the Princes and Nobles of India to H.R.H. the Prince of Wales, on the occasion of his Visit to India in 1875-1876 now in the Indian Room at Marlborough House. London: W. Griggs, 1898.

Raducha, Joan A.: Paintings from the Earnest C. and Jane Werner Watson Collection. In: Two Faces of South Asian Art: Textiles and Paintings. Wisconsin-Madison: Elvehjem Museum of Art, 1984, pp.61-135.

Randhawa, Mohinder Singh / Galbraith: Indian Painting. The Scene, Themes and Legends. Calcutta/Bombay/New Delhi: Oxford & I<indian> B<ook> H<ouse> Publishing Co., 1968.

Randhawa, Mohinder Singh / Schreier Randhawa, Doris: Kishangarh Painting. Bombay: Vakils, Feffer & Simons Limited, 1980.

Ray, Simon / Spink, Michael: Treasures of the Courts. To be exhibited for sale by Spink and Son Ltd... London: Spink and Son Ltd., 1994.

Renié, Pierre-Lin / Vignau, Sabine du: L'Inde. Photographies de Louis Rousselet 1865–1868. Bordeaux: Musée Goupil, 1992.

Reu, Bisheshwar Nath: Glories of Marwar & the Glorious Rathors. Jodhpur: Archaeological Department, 1943.

-.- Rathod Durgadas (A Well-known Hero of Marwar). Jodhpur: Archaeological Department, 1948.

Ricketts, M. Howard / Missillier, M. Philippe: Splendeur des Armes Orientales / Splendour of Oriental Arms. Paris: ACTE-EXPO, 1988.

Rousselet, Louis: L'Inde des Rajahs. Voyage dans l'Inde centrale et dans les Présidences de Bombay et du Bengale. Paris: Librairie Hachette et Cie, [2]1877.

Rousselet, Louis / Scott, Philippa: India of Rajahs. Milan: Franco Maria Ricci, 1985.

Roy, Ashim Kumar: History of the Jaipur City. New Delhi: Manohar, 1978.

Russel, William Howard: The Prince of Wales' Tour: A Diary in India; ... London: Sampson Low, Marston, Searle & Rivington, [2]1877.

Sanderson, Gordon / Hasan, Zafar: Loan Exhibition of Antiquities. Coronation Darbar, 1911. An illustrated Selection of the principal Exhibits. Delhi: Archaeological Survey of India, 1911.

Sangram Singh: Catalogue of Indian Miniature Paintings (Collection of Kumar Sangram Singh of Nawalgarh). Jaipur: The Rajasthan Univerity Library / The Rajasthan Lalit Kala Akademy, 1965.

-.- Exhibition of Dhundhar Painting. From Raja Man Singh to Sawai Man Singh. Jaipur: Jaipur Adhai Sati Samaroh Samiti, 1977.

Sarkar, Jadunath: A History of Jaipur, c. 1503–1938. Revised and edited by Raghubir Sinh. Hyderabad: Orient Longman, 1984.

Sen, Geeti: Paintings from the Akbar Nama. A Visual Chronicle of Mughal India. Calcutta <etc.>: Lustre Press Pvt Ltd., 1984.

Sen, Sujit Narayan: Catalogue on Damascene and Bidri Art in the Indian Museum. Calcutta: Indian Museum, 1983 (Indian Museum Catalogue Series No.5).

Shah, Umakant Premanand: More Documents of Jaina Paintings and Gujarati Paintings of Sixteenth and later Centuries, Ahmedabad: L.D. Institute of Indology, 1976 (L.D. Series 51).

Sharma, gopinath: bharatiya citrakala aur rajasthan. In: varsiki 63, jaypur: rajasthan lalit kala akadami, 1963 <indische Malerei und Rajasthan, auf Hindi>.

Sharma, G<opi> N<ath>: Rajasthan Studies. Agra: Lakshmi Narain Agarwal, 1970.

Sharma, Mathuralal: kota rajya ka itihas. 2 Vols. kota: di kota primtimg pres, 1939 (Die Geschichte des Königreichs Kota, auf Hindi).

Sharma, O.P.: Indian Miniature Painting. Tokyo: Asahi Shimbun, 1973.

-.- Indian Miniature Painting. Exhibition compiled from the Collection of the National Museum, New Delhi. Brussels: Bibliothèque Royale Albert Ier, 1974.

Sharma, Padmaja: Maharaja Man Singh of Jodhpur and his times (1803-1843 A.D.). Agra: Shiva Lal Agarwala & Company, 1972.

Shastri, R.P.: Jhala Zalim Singh (1730–1823). The de-facto ruler of Kota, who also dominated Bundi and Udaipur, shrewd politician, administrator and reformer. Jaipur: <Raj Printing Works>, 1971.

Shyamaldas, (kaviraj): virvinod. 2 Bände. udaypur: rajayantralaya, 1886 (A.D.). <Die Geschichte Rajasthans, vor allem Udaipurs. In einer Art Bardenhindi geschrieben>.

Skelton, Robert: Indian Miniatures from the XVth to XIXth centuries. Venezia: Neri Pozza Editore, 1961 (Cataloghi di Mostre 13).

-.- Rajasthani Temple Hangings of the Krishna Cult from the Collection of Karl Mann, New York. New York: The American Federation of Arts, 1973.

-.- Indian Painting of the Mughal Period. In: Islamic Painting and the Arts of the Book. Edited by B.W. Robinson. London: Faber and Faber Limited, 1976, pp.231-274, Plates 107-138 (The Keir Collection).

Skelton, Robert, et alii: The Indian Heritage. Court Life & Arts under Mughal Rule. London: Victoria & Albert Museum, 1982.

Smart, Ellen S. / Walker, Daniel S.: Pride of the Princes: Indian Art of the Mughal Era in the Cincinnati Art Museum. Cincinnati: Cincinnati Art Museum, 1985.

Somani, Ram Vallabh: History of Mewar (From earliest times to 1751 A.D.). Jaipur: C.L. Ranka & Co., 1976.

-.- Later Mewar. Jaipur: Current Law House, 1985.

Sotheby's: Sotheby's bzw. Sotheby & Co, London. Sale Catalogues of Oriental Manuscripts and Miniatures; Indian Art. Zitiert nach Jahren und Auktionsdaten.

Sotheby's Geneva: Sotheby's Geneva. Sale Catalogues of Islamic and Oriental Art. Zitiert nach Jahren und Auktionsdaten.

Sotheby's N.Y.: Sotheby Parke Bernet bzw. Sotheby's, New York. Sale Catalogues of Oriental Manuscripts and Miniatures; Indian Art. Zitiert nach Jahren und Auktionsdaten.

Soustiel, Jean / David, Marie-Christine; Miniatures Orientales de l'Inde: Les Ecoles et leurs Styles. Paris: Jean Soustiel, 1973.

Spink: Painting for the Royal Courts of India. To be exhibited for sale by Spink & Son Ltd. London: Spink & Son Ltd, (1976).

Spink, Michael: Islamic Jewellery. To be exhibited for sale by Spink and Son Ltd. London: Spink and Son Ltd., 1986.

-.- Islamic and Hindu Jewellery. To be exhibited for sale by Spink and Son Ltd. London: Spink and Son Ltd., 1988.

Stronge, Susan: Bidri Ware. Inlaid Metalwork from India. London: Victoria & Albert Museum, 1985.

Stronge, Susan / Smith, Nima / Harle James Coffin: A Golden Treasury. Jewellery from the Indian Subcontinent. London: Victoria and Albert Museum, 1988 (Victoria and Albert Museum. Indian Art Series).

Talwar, Kay / Krishna, Kalyan: Indian Pigment Paintings on Cloth. Ahmedabad: Historic Textiles of India at the Calico Museum, 1979 (Historic Textiles of India at the Calico Museum, Volume III).

Tandan, Raj Kumar: Indian Miniature Painting. 16th through 19th Centuries. Bangalore: Natesan Publishers, 1982.

Tavernier, Jean-Baptiste: Travels in India by Jean-Baptiste Tavernier, Baron of Aubonne. Translated from the original French Edition of 1676 with a biographical sketch of the Author, Notes, Appendices, &c. by V. Ball. Second Edition edited by William Crooke. 2 Volumes. Oxford/London: Oxford University Press / Humphrey Milford, 1925.

Terlinden, Christiane: Mughal Silver Magnificence (XVI-XIXth c.). Bruxelles: Antalga, 1987.

Thorn, William: Memoir of the War in India, conducted by General Lord Lake... London: Printed for T. Egerton, Military Library, 1818.

Thornton, Edward: A Gazetteer of the Territories under the Government of The East India Company, and of the Native States on the Continent of India. 4 Volumes. London: Wm.H. Allen & Co., 1854.

Tod, James: Annals and Antiquities of Rajasthan or the Central and Western Rajput States of India. Edited with an Introduction and Notes by William Crooke. 3 Volumes. London <etc.>: Humphrey Milford/Oxford University Press, 1920.

Tooth, Arthur: Indian Paintings from the 17th to 19th centuries including examples from Rajasthan, the Punjab Hills, Deccan and other areas. 7 October to 24 October. London: Tooth Paintings Ltd., 1980.

Topsfield, Andrew: Paintings from Rajasthan in the National Gallery of Victoria. A Collection acquired through the Felton Bequests' Committee. Melbourne: National Gallery of Victoria, 1980.

-.- Painting for the Rajput Courts. In: The Arts of India. Edited by Basil Gray. Oxford: Phaidon, 1981.

-.- Paintings from the Rajput Courts. London: Indar Pasricha Fine Arts, 1986.
-.- The City Palace Museum Udaipur. Paintings of Mewar Court Life. Ahmedabad: Mapin Publishing Pvt. Ltd., 1990a (Museums of India).
-.- Maharana Amar Singh at Eklingji. In: The Ashmolean, No.18, Summer & Autumn 1990, pp.14–16.
-.- The Royal Paintings Inventory at Udaipur. In: Indian Art and Connoisseurship: Essays in honour of Douglas Barrett, ed. John Guy, im Druck.
Topsfield, Andrew / Beach, Milo Cleveland: Indian Paintings and Drawings from the collection of Howard Hodgkin. New York: Thames and Hudson, 1991.
Trubner, Henry: The Art of Greater India 3000B.C.-1800 A.D. Los Angeles: Los Angeles County Museum, 1950.
Untracht, Oppi / Parpola, Marjatta: Metal Marvels: South Asian Handworks. Porvoo: Porvoo Museum, 1993.
Vadivelu, A.: The ruling Chiefs, Nobles & Zamindars of India. Vol.I. Madras: G.C. Loganadham Bros., 1915.
Vashishtha, radhakrishna: mevad ki citrankan parampara <rajasthani citrakala ki prarambhik pristhabhumi>. jaypur: yunik tredars, 1984 <Etwa: die Tradition der Mewarbilder, auf Hindi>.
Vashistha, R.K.: Art and Artists of Rajasthan (A Study on the Art & Artists of Mewar with reference to Western Indian School of Painting). New Delhi: Abhinav Publications, 1995.
Ward, Geoffrey C. / Joel, Seth: Die Maharadschas. München: Christian Verlag GmbH, 1984 (Schatzkammern und Herrscherhäuser der Welt).
Weber, Rolf: Porträts und historische Darstellungen in der Miniaturensammlung des Museums für Indische Kunst Berlin. Berlin:Museum für Indische Kunst Berlin, 1982 (Veröffentlichungen des Museums für Indische Kunst, Band 6).
Welch, Stuart Cary: The Art of Mughal India. Painting & Precious Objects. New York: The Asia Society Inc., 1963.
-.- A Flower from every Meadow. Indian Paintings from American Collections. New York: The Asia Society, Inc., 1973.
-.- India. Art and Culture 1300–1900. New York: The Metropolitan Museum of Art / Holt, Rinehart and Winston, 1985.
Welch, Stuart Cary / Beach, Milo Cleveland: Gods, Thrones, and Peacocks. Northern Indian Painting from two Traditions: Fifteenth to Nineteenth Centuries. New York: The Asia Society, Inc., 1965.
Wiener, Doris: Indian Miniature Paintings. Tenth Annual Exhibition. New York: Doris Wiener Gallery, 1974.
Worswick, Clark / Embree, Ainslie: The Last Empire. Photography in British India, 1855–1911. London: Gordon Fraser, 1976.
Yate, C. E.: Gazetteer of Meywar. In: The Rajputana Gazetteer. Volume III. Simla: Government Central Branch Press, 1880, pp.3–73.
Young, Desmond: Fountain of the Elephants. London: Collins, 1959.
Yule, Henry / Burnell, A.C.: Hobson-Jobson. A Glossary of Colloquial Anglo-Indian Words and Phrases, and of Kindred Terms, Etymological, Historical, Geographical and Discoursive. New edition by William Crooke. <Reprint der ursprünglich bei 1903 in London bei John Murray erschienenen Ausgabe>: New Delhi: Munshiram Manoharlal Pvt. Ltd., 1984.

Devnarayan – ein Volksgott und sein Epos

Binford, Mira R. 1976: Mixing in the color of Ram of Ranuja. In: Hinduism: New essays in the history of religions. Bardwell L. Smith (Hg.). Leiden: E.J. Brill.
Blackburn, Stuart H. et al. (Hg.) 1989: Oral epics in India. Berkeley etc.: University of California Press.
Fischer, Eberhard et. al. 1982: Tempeltücher für die Muttergöttin in Indien. Zürich: Rietberg Museum.
Lapoint, Elwyn C. 1978: The epic of Guga: A North Indian oral tradition. In: American studies in the anthropology of India. Sylvia Vatuk (Hg.). Delhi: Manohar Publishers.
Mair, Victor H. 1988: Painting and performance. Honolulu: University of Hawaii Press.
Malik, Aditya 1993: Avatara avenger, and king: Narrative themes in the Rajasthani oral epic of Devnarayan. In: Flags of fame. Studies in South Asian folk culture. H. Brückner, L. Lutze, u. A. Malik (Hg.). Delhi: Manohar Publishers.
–.– (im Druck:) Tod der Helden – Geburt der Götter: Mündliche Epen und Volkskulte in Rajasthan. In: Formen und Funktionen mündlicher Tradition. Walther Heissig (Hg.) Düsseldorf: Rheinisch-Westfälische Akademie der Wissenschaften.
–.– (im Druck): Powers of the timid: Aspects of humour in the Rajasthani oral epic of Devnarayan. In: Humour in South Asia: Social and regional Varieties. Chr. Oesterheld u. C.P. Zoller (Hg.). Delhi: Manohar Publishers.
–.– (im Druck): Stringing a necklace of heads: Sacrifice and death in the cult of Devnarayan. In: The meaning of death in South Asia. E. Schömbucher u. C.P. Zoller (Hg.). Delhi: Manohar Publishers.
–.– (im Druck): Devnarayan. In: Encyclopedia of South Asian Folklore. P.J. Claus u. M. Mills (Hg.). New York: Garland Publishing House. [Erscheint 1997]
Smith, John D. 1991: The epic of Pabuji. Cambridge: University Press.
Singh, Bahadur 1993: The episode of the golden Siva image in the Bagaravat. In: Flags of fame. Studies in South Asian folk culture. H. Brückner, L. Lutze u. A. Malik (Hg.). Delhi: Manohar Publishers.

Pushkara – Brahmas Pilgerort am Lotosteich

Bailey, Greg 1983: The mythology of Brahma1. Delhi: Oxford University Press.
Bhardwaj, Surinder M. 1973: Hindu places of pilgrimage in India. Berkeley: University of California Press.
Ensink, Jacob 1974: Hindu pilgrimage and vedic sacrifice. In Ludwik Sternbach felicitation volume, Part One. Lucknow: Akhil Bharatiya Sanskrit Parishad.
Malik, Aditya 1993: Das Pushkara-Mahatmya. Ein religionswissenschaftlicher Beitrag zum Wallfahrtsbegriff in Indien. Stuttgart: Franz Steiner Verlag Wiesbaden.
Smith, Brian K. 1989: Reflections on resemblance, ritual and religion. New York: Oxford University Press.
Staal, J. F. 1983. Agni: The Vedic ritual of the fire altar. Berkeley: Asian Humanities Press.
Thieme, Paul 1952: 'brahman'. In: Zeitschrift der Deutschen Morgenländischen Gesellschaft, 27: 100–137.
Tod, James 1829/1960: Annals and antiquities of Rajasthan. London: Routledge and Kegan Paul.

Abbildungsnachweis

B.-U. Abels, Memmelsdorf: Abb. 25, 26, 27, 28, 29.
J.K. Bautze, Berlin: Abb. 113-118, 121, 130, 133, 142, 143, 148, 149, 151; Kat.Nrn. 193, 195, 200, 201.
M. Dhamotharan, Jodhpur: Abb. 60-66.
U. Didoni, Linden-Museum Stuttgart: Abb. 16, 111, 119, 123, 124, 134, 140, 160-162; Kat.Nrn. 3, 21, 23, 59, 64, 65, 67, 74-77, 79, 80, 88-90, 114, 120, 133, 145, 156, 159, 167, 168, 177, 196, 198, 203-206.
Foto Gauls, Koblenz: Abb. 127, 129, 138, 145, 147.
R. Gurney, Durlach: Kat.Nr. 25.
T. Hannemann, Linden-Museum Stuttgart: Abb. 33.
I. Heermann: Abb. 31, 52, 56.
G. Heil, Berlin: Abb. 30, 120, 122, 125, 128, 139, 141, 153, 154, 157, 158, 163, 164; Kat.Nrn. 197, 199, 202.
I. Herrmann, Karlsruhe: Abb. 7, 8; Kat.Nrn. 2, 18, 24, 26, 27, 78, 162-166.
T. Iriarte, Karlsruhe: Abb. 44; Kat.Nrn. 141, 209.
G. Kreisel, Stuttgart: Abb. 1-6, 10, 11, 13, 17, 20-24, 39, 43, 46, 48-51, 53-55, 57-59, 67-73, 75-79, 82, 87, 88, 97, 98, 104, 112, 155, 156; Kat.Nrn. 6, 58, 125, 133a, 134, 158.
A. Malik, Heidelberg: Abb. 165-173; Kat.Nrn. 136, 136a.
Mehrangarh Museum, Jodhpur: Kat.Nr. 152.
H. Metzger, Grünstadt: Abb. 126, 131, 132, 135, 144, 146, 150, 152, 159; Kat.Nr. 194.
A. Nuding/ G. Ziller, Stuttgart: Abb. 9, 12, 14, 15, 18, 19, 32, 34-38, 40-42, 45, 47, 74, 80, 81, 83-86, 89-96, 99-103, 106, 108; Kat.Nrn. 1, 4, 5, 7-17, 20, 20a, 22, 28-57, 60, 62, 63, 68-70, 72, 73, 82-87, 91-97, 99-113, 115-118, 121-124, 126, 127, 129, 130, 131, 135, 137-140, 143, 144, 146, 148-151, 153, 153a, 154, 155, 156a, 157, 160, 161, 169-176, 178-192, 207, 208, 210-219.
M. Singh Nagar, Jodhpur: Abb. 105, 107a, 107b, 109, 110.

Danksagung

Zum Gelingen der Ausstellung „Rajasthan – Land der Könige“ und der hier vorliegenden Begleitpublikation haben eine Vielzahl von Personen und Institutionen beigetragen. Informationen, Hinweise und vielfältige Hilfestellung verdanken wir von indischer Seite besonders den Hoheiten Maharaja Gaj Singh II of Jodhpur-Marwar, Maharao Brijraj Singh of Kotah und Maharana Arvind Singh of Mewar, in Jodhpur außerdem Maharaj Sajjan Singh und Maharaj Swaroop Singh, Rao Raja Mahendra Singh, Kr. Mahendra Singh of Nagar, Dr. Naval Krishna und Herrn Mahendra Sharma, in Nagaur Frau Preety Singh, in Kota H.H. Rajmataji of Kotah und Prithvi Singh, in Udaipur Prof. Dr. G.N. Sharma und in Jaipur Dr. R.C. Agrawala, Herrn B. Singh Parmar, Frau Prof. Pawan Surana und Th. Mohan Singh of Kanota. Herr Dalpat Singh Bhati aus Lavera, Herr Dalpat Singh Jodha und Herr Dayal Singh Rathor aus Jodhpur haben uns auf Reisen in ihre Dörfer begleitet. Ihnen und ihren Familien gilt unser besonderer Dank für ihre Gastfreundschaft und für die Einblicke in ihre Lebenswelt.

In New Delhi erhielten wir Anregungen und tatkräftige Unterstützung von Herrn Botschafter Frank Elbe sowie von Frau Dr. Jutta Jain-Neubauer, Herrn Dr. G. Lechner und Frau P. Matusche vom Max Müller Bhavan, Herrn A. „Shri“ Würfel und nicht zuletzt durch Herrn M.K. Martand Singh.

In Deutschland danken wir Dr. Bernd Augustin, Herrn G. Bambawale, Dr. Joachim Bautze, Herrn Jörg Drechsel, Dr. Horst Metzger, Herrn Honorargeneralkonsul H. Nanz und Herrn Namgyal G. Ronge sowie der indischen Botschaft in Bonn und hier besonders Herrn Botschafter K.K. Rana, dem indischen Generalkonsul Herrn A. Prasad, dem indischen Fremdenverkehrsbüro und Air India in Frankfurt und dem Indischen Kulturzentrum Berlin. In Stuttgart wurde das Projekt von der Deutsch-Indischen Gesellschaft e.V., Zweigstelle Stuttgart, hilfreich begleitet.

Für Leihgaben sind wir in besonderem Maße dem Mehrangarh Museum Trust in Jodhpur zu Dank verpflichtet. Wertvolle Beiträge stammen außerdem aus deutschen Privatsammlungen, u.a. aus den Sammlungen Habighorst, Haubold, Heil, Metzger und Singh. Allen Leihgebern sagen wir an dieser Stelle einen ganz herzlichen Dank für ihre Kooperationsbereitschaft.

Den Mitarbeitern des Linden-Museums, den Autoren, dem Graphikdesigner Kishan Desai, den Fotografen, dem Architekturbüro Weese & Jacobs und dem Kunstverlag Gotha danken wir für die Realisierung des Projekts, wozu uns die finanzielle Unterstützung durch folgende Sponsoren hilfreich war:
Herr W.G. van Agtmael, E. Breuninger GmbH & Co., Stuttgart,
Baden-Württembergische Bank AG, Stuttgart,
Robert-Bosch GmbH, Stuttgart,
Jörg Drechsel Ethnographica, Karlsruhe
Daimler-Benz AG, Stuttgart,
Bankhaus Ellwanger & Geiger, Stuttgart
Energiesysteme GmbH & Co, Heidelberg,
EVT Energie- und Verfahrenstechnik, Stuttgart,
Gasversorgung Süddeutschland GmbH, Stuttgart,
Maschinenfabrik Gehring, Ostfildern,
Herr Frank Händle, Händle GmbH u.Co KG, Mühlacker,
Firma Richard Hengstenberg, Esslingen,
Herr Johannes Hesse, Stuttgart,
Herr Manfred Holl, Sindelfingen,
Firma Holy GbR, Metzingen,
Hotel Intercontinental Stuttgart,
Hotel Royal, Stuttgart,
Anwalts- und Notariatskanzlei Dr. Jauch, Dr. Kunz, v. Wahlert und Partner, Stuttgart,
Landesbank Baden-Württemberg, Stuttgart,
Landesgirokasse-Stiftung Kunst und Kultur, Stuttgart,
Mannheimer Versicherung AG, Mannheim,
Herr Helmut Nanz, Stuttgart,
Schaller und Partner, Mannheim,
Herr Ulrich Schill, Brauerei Robert Leicht AG, Stuttgart,
Schwabengarage, Stuttgart,
Norbert Selig GmbH, Stuttgart,
Siemens AG, Stuttgart,
Firma Andreas Stihl, Waiblingen,
Stuttgarter Bank AG, Stuttgart,
und Herr Reinhard Uhl, Stuttgart.